한국의
새 길을
찾 다

근현대사가 가르쳐준 교훈과 다가올 미래

한국의 새 길을 찾다

한국의 새 길을 찾는 원로 그룹 지음
NEAR 재단 편저

청림출판

한 그루의 나무가 모여 푸른 숲을 이루듯이
청림의 책들은 삶을 풍요롭게 합니다.

근현대사에서 오늘의 답을 구하다

정덕구
NEAR 재단 이사장

그동안 대한민국은 많은 것을 이루고 축적했으나 미래로 전진하는 길을 찾지 못해 방황하며 오랜 정체기에 빠져있다. 또한, 국가 사회의 이중 구조가 심화되는 가운데 정치사회적으로 분열과 갈등의 늪에서 헤어나오지 못하고 있다. 지금 마치 두 나라처럼 갈라져서 목숨 걸고 싸우는데 이를 해소·통합해야 할 국가 리더십은 말기적 퇴행화 과정에서 무기력한 상태에 있다.

다른 나라들은 한국의 성취를 높이 평가하는데 한국 국민들은 미래에 대한 희망 인자를 찾지 못해 답답하고 우울하다. 이것이 지금 대한민국의 민모습이다. 이에 지혜와 명철을 가진 원로·현자들이 이러한 '한국문제군'을 심각하게 받아들여 대한민국의 새 길을 찾아나섰다. 마이동풍으로 그동안 그들의 울림 있는 외침을 흘려보내며 가슴에 새기는 지도자가 없으니 실로 불행한 일이다. 이제 마지막 선택으로 지난 100여 년의 근현대사를 반추하고 추적하며 미래로 가는 새 길을 찾으려 한다.

이 책은 그 결과물로서 오늘의 대한민국이 안고 있는 문제의 근원과 뿌리를 찾아내고, 그 해법을 모색하고 있다. 우리의 근현대사를 조망해보면 '성공과 성취의 역사'가 있고 '반성과 회한의 역사'가 있다. 이 두 부분은 한국 근현대사에 있어 불가분의 일체로, 모두가 소중한 우리의 발자취라고 할 수 있다.

이제 우리 근현대사가 품고 있는 성공과 성취의 역사와 반성과 회한의 역사를 모두 하나로 묶어 품으려 한다. 이를 바탕으로 근현대사에 대한 균형 있는 역사 인식을 함께 공유하고 분열의 시대를 넘어 미래로 가는 새 길을 찾기 위해 모든 지혜를 모아본다.

왜 역사에 길을 묻는가

그러면 왜 역사에 오늘의 문제와 내일의 길에 대한 답을 물어야 하는가? 오늘날의 문제는 그 근원과 뿌리를 찾기 어려울 만큼 씨줄과 날줄이 난마같이 얽히고설켜 있다. 오랜 역사의 흐름 속에서 문제는 더 복잡하게 얽히며 농축되어왔다. 그동안 집권 세력마다 문제를 해결하겠다고 공언했지만, 본질에 달려들지 않고 그 표피에 이념적 코팅만 한 채 물러나며 문제를 키워왔다. 우리는 오랜 역사의 흐름 속에서 문제가 형성되어왔다는 데 주목하고 역사 속에서 그 답을 찾으려 한다.

역사 인식의 양극단화가 배태한 두 나라 현상

그동안 우리는 하나의 역사를 놓고 두 개의 역사 인식이 양극단에서 대립하고 충돌해왔다. 돌이켜보면 이 엄존하는 역사 인식의 양극단화는 오늘날 대한민국의 분열·반목·대치 상태의 뿌리인 것이다. 한국의 근현대사는 성취와 성공의 역사인 것이 분명하고 그로 인해 풍요와 번영의 나라를 이루었지만, 반면 많은 반성과 회한을 품고 있는 것이 사실이다. 이 두 가지 요소 모두가 한국의 근현대사이므로 어느 하나만을 드러낸다면 균형 상실의 우를 범할 것이다.

왜 우리는 오랫동안 근현대사에 대하여 인식의 공유 없이 분열과 반목을 계속해왔는가? 동서고금을 막론하고 각 나라의 역사에는 밝고 찬란한 역사도 있지만 때로 잔혹한 흑역사도 있었고 실로 감추고 싶은 역사도 함께 자리잡고 있음을 모두가 잘 안다. 찬란한 성공의 역사는 어두운 역사에서 반성과 회한을 통해 에너지를 얻어 만들어진다는 것도 우리는 잘 안다. 따라서 역사를 바로 인식하려면 이러한 성공의 역사와 어두운 회한의 역사를 균형 있게 바라보아야 한다. 그리고 성공과 회한의 역사 사이에서 교호성과 상관성을 중심으로 둘 사이의 교집합을 찾아내도록 부단히 노력해야 한다.

이를 위하여 건국 이후 74년 동안 대한민국을 지탱해온 항일독립운동 민족주의 건국 세력, 김일성 왕조의 반민족적 남침 전쟁으로부터 나라를 구하려는 구국 수호 세력, 그리고 산업화와 민주화를 성취한 근대화 세력 간의 융합과 통합을 이루기 위해 모두가 함께 노력해야 한다. 이러한 공통의 역사 인식을 바탕으로 국론 통일을 이루고 극단의 분열 정치가 가져온 '두 나라 현상'을 폐기해 대한민국의 활기찬 미래를 경작耕作해나가야 한다.

15인의 원로와 8인의 현역 학자들

이제 '한국문제군'의 씨앗과 뿌리를 찾아내고 양극단화되어 있는 역사 인식을 하나로 묶어내기 위한 길고 험한 여정을 떠나려 한다. 누구와 함께 이 무거운 짐을 질 것인가? 이것이 NEAR 재단의 가장 큰 고민이었다. 이 작업을 같이할 분들을 모실 기준부터 정해야 했다. 그것은 '명경지수와 같은 마음을 갖고 편향되지 않으며 사적 이해당사자이지 않고 오랫동안 처음을 나중같이, 나중을 처음같이 나라와 사회를 걱정하며 살아오신 국가 원로·현자'라는 기준이었다. 그중 가장 중요하고 충족하기 어려운 기준은 '처음을 나중같이, 나중을 처음같이' 살아오는 것이다. 그래야만 근현대사를 균형된 역사 인식하에 관찰·조망할 수 있기 때문이다. 오랜 논의 끝에 큰 틀에서 위의 기준에 맞는 국가 원로·현자를 찾아뵙고 뜻을 같이하게 된 것은 우리 모두의 기쁨이다. 그리고 그분들에게 혹시 있을지도 모를 치우침과 오래 묵은 인식을 걸러내고 보완하기 위해 현역 석학을 합류시켜 토론과 대화, 대담을 이어가게 되었다.

근현대사가 우리에게 던져준 10가지 질문

우리는 근현대사에 대한 추격과 반추 과정에서 '근현대사가 우리에게 던진 10개의 기본 질문'을 찾아 정리했다. 이 기본 질문들은 원로·현자와 현역 교수들의 대담과 토론, 집필에 있어서 기본 준거가 되었다.

1 구한말 서세동점기에 왜 우리는 일본의 식민 통치를 막지 못했나? 그

것은 불가항력적인 것이었나?

2 이승만 대통령은 남한만의 단독정부를 수립했고 동서 냉전 시대 초기에 해양 세력과 친화하며 자유세계의 일원이 되었다. 이 선택은 옳았는가? 이승만 대통령의 공과 과에 대해 어떻게 평가해야 하는가?

3 박정희 대통령의 민족 중흥과 경제 발전은 어떤 역사적 의미를 갖고 있는가? 그의 독재는 압축 성장을 위한 불가피한 수단이었나? 아니면 정권 연장을 위한 도구였나? 역사는 그를 과연 어떻게 자리매김해야 할 것인가?

4 한국의 압축 성장, 압축 고도화를 통한 경제와 사회의 발전을 견인했던 내적·외적 요인은 무엇이었나? 특히 한국의 산업화 전략이 성공할 수 있었던 핵심 요인은 무엇이었나?

5 소득 수준 상승과 민주화 성공은 깊은 연관이 있다는 것이 통설이다. 소위 소득 효과와 대체 효과의 논리이다. 한국은 1인당 GDP 6,000달러 수준에서 민주화 운동이 폭발적으로 확대되어 87년 체제라는 결실을 얻었다. 그 동인은 무엇이었을까? 한국의 민주화 과정은 어떤 특성을 갖고 있는가?

6 한국의 산업화·민주화 세력은 역사 발전에 어떤 기여를 하고 무슨 문제를 남겼나? 현재 한국의 주류 세력을 구성하고 있는 그들은 우리 역사에서 어떤 평가를 받아야 하나?

7 소위 87년 체제는 그동안 한국의 정치·사회 발전을 위해 어떤 기여를 했고 어떤 문제를 안고 있는가? 그것이 현실과 어떤 부조화 현상을 가져오고 있는가? 이제 수명을 다했으니 새로운 체제로 교체하는 것은 또 하나의 역사 반전일까?

[8] 산업화·민주화·선진국화를 이룬 풍요로운 대한민국의 국민은 왜 행복하지 못하는가? 오래 농축된 한국문제군의 실체는 무엇이고 왜 그동안 이러한 문제들이 오래 방치되었는가?

[9] 한국은 왜 분열 공화국이 되었나? 그 씨앗과 뿌리는 무엇이고, 또 무엇이 이를 확대·증폭시켜왔는가? 우리는 과연 분열이 잘되는 국민성을 갖고 있는가?

[10] 우리는 또 한 번의 국가 융성기를 맞이할 수 있을 것인가? 다음 세대를 위하여 현세대는 어떻게 행동하고 어떤 결단을 내려야 하는가? 현재 진행 중인 위기, 앞으로 닥쳐올 위기를 어떻게 극복할 것인가? 수없는 위기를 극복하며 현재에 이른 한국의 위기관리 역량으로 현존하는 위기, 닥쳐올 위기를 과연 극복할 수 있을 것인가? 무엇을 더 배양하고 강화해야 하는가?

이 기본 질문들은 지난 100여 년을 관통하는 질곡의 역사, 반성·회한의 역사와 함께, 과거 수천 년간 찾기 힘든 성공과 성취, 번영의 역사를 꿰어내는 질문들이다. 우리는 이러한 한국문제군의 씨앗과 뿌리를 찾기 위해 분투했다. 그 원인과 뿌리를 추적하는 데는 많은 인내와 집중력이 필요했다.

국가 원로·현자들은 말한다.

- 우리 역사는 반전, 재반전을 통해 발전과 후퇴를 반복해왔다. 통한과 질곡의 역사는 오늘날의 풍요와 번영의 기초 에너지가 되었고 한민족 특유의 기와 끼, 그리고 생존 본능을 일깨우는 자명종이었다. 평화가 오면

우리는 유목민처럼 분열한다. 그리고 위기가 오면 적전 분열을 일으키고 정체성을 잃고 나서야 다시 단결하여 잃었던 것을 되찾으려 분투한다. 그 과정에서 기초 자산인 끈기와 생명력이 더욱 배양되어 다음 단계의 성공을 배태한다. 그렇게 역사의 반전, 재반전이 이어져왔다.

- 우리는 그동안 너무 빨리 달리며 질주했다. 그 결과 단기간 내에 절대 빈곤을 없애는 데는 성공했지만 빈부의 격차가 커졌고 국가 사회의 이중 구조화는 국민의 정신적 혼란과 피폐 속에 영혼의 근육을 약화시켰다. 이 사이에 한국 사회는 단층화되고 양극단화가 심화되었다. 과잉 이념정치는 국정 전반을 이념의 색깔로 코팅하고 국민정신도 부지불식 간에 이념의 색깔로 훼손되고 있다. 지금 다면 복합 위기라는 것이 찾아오는데, 정치는 지엽적 문제를 놓고 죽기 살기로 싸운다. 갑자기 얻은 풍요와 번영 대신 우리 국민은 인간의 기본적 품성과 가치를 잃고 있다. 무엇이 더 중요한지 혼돈에 빠지며 스스로 영혼의 근육을 파괴시키고 있는 것이다. 그러면서 쫓기며 방황한다. 지금 세기적·세계적 위기 속에서 적전 분열하며 대한민국은 또 한 번 역사의 대반전을 희구하고 있다.

* * *

마침내 국가 원로와 현역 학자들이 쏟아낸 모든 지혜, 경륜, 통찰을 정리하여 한 권의 책으로 펴내게 되었다. 이것은 우리 모두의 기쁨이며 고통을 이겨낸 결과물이다. 모처럼 근현대사 전반을 재조명하고 오늘날 문제군의 씨앗과 뿌리를 찾아 정리했다는 점에서 약간의 자긍심을 느낀다.

15인의 원로·현자들이 토해내는 균형감 있는 역사 인식, 8인의 현역 석학들의 학문과 현실감에 무한한 경의를 표한다. 그분들의 노고와 충심에 머리 숙여 감사드린다. 모두가 자기의 책이 명저였으면 하고 기대한다. 그러나 항상 미완성 교향곡이 또 하나 탄생되었다는 아쉬움과 회한 속에 책을 덮는다. 생각해보면 명작을 그리는 것은 명경지수와 같은 평정심 속에 고독이라는 보이지 않는 몸짓과 사유하는 마음의 산책, 경세하려는 눈빛, 아낌없이 부수고 다시 시작하려는 내려놓음이 함께 농축되어 만들어지는 한 방울의 진액과도 같은 것이다. 또 한 권의 미완성 교향곡을 국민 여러분께 바치며 다시 몸을 낮춘다. 명작을 얻기 위한 위의 몸부림을 다하지 못했다는 회한도 있다.

지난 1년 동안 우리는 근현대사로부터 문제의 뿌리와 해법을 찾아내고 미래의 길을 얻기 위해 분투해왔다. 기본 구상부터 집필까지 NEAR 재단과 문제 의식을 공유하며 길잡이 역할을 해주신 김진현 전 과학기술부 장관께 특별한 감사의 말씀을 드린다. 송호근 한림대학교 석좌교수는 작업 과정에서 많은 아이디어를 제공해주시고 이 책이 나올 때까지 길을 잃지 않도록 많은 충언을 해주셨다. 깊이 감사드린다. 이 책의 중요성과 무게감을 인정하고 좋은 책으로 편찬해주신 청림출판의 고병욱 대표님과 임직원 여러분, NEAR 재단의 변정아 연구부 팀장의 노고와 헌신에 감사드린다.

NEAR 재단이 창립된 지 15년이 지났다. 그동안 메아리는 없어도 지치지 않고 국가, 사회에 외침과 울림을 줄 수 있도록 도와주고 격려해주신 국민 여러분께 머리 숙여 감사드린다. NEAR 재단은 '열정에는 질량불변의 법칙이 적용되지 않는다'고 믿고 계속 정진해나갈 것이다. 이제 이 책을 열며 저자·담론자·대담자의 역할을 해주신 귀한 분들을 여기에 기록한다.

저자 소개

〈기획·총괄〉

정덕구

NEAR 재단 이사장

前 산업자원부 장관·재정경제부 차관·IMF 및 뉴욕 외채 협상 수석대표

〈국가 원로·현자 15인〉

김성수

우리마을 설립자 및 촌장·푸르메재단 명예이사장

前 대한성공회 대주교·성공회대학교 총장

이홍구

서울국제포럼 이사장

前 국무총리

이종찬

우당교육문화재단 이사장·국가안보전략연구원 명예이사장

前 국회의원·국가정보원 원장

김진현

세계평화포럼 이사장

前 과학기술처 장관·서울시립대학교 총장

김병익

문화과지성사 상임고문·문화평론가

前 한국문화예술위원회 초대위원장·문학과지성사 대표·한국기자협회장

김종인

대한발전전략연구원 이사장

前 국회의원·청와대 경제수석·보건사회부 장관

최상용
고려대학교 정치외교학과 명예교수
前 주일본대한민국대사관 대사 · 한국정치학회 회장

김학준
前 인천대학교 총장 · 동아일보 회장

이태진
한국역사연구원 원장 · 서울대학교 명예교수
前 국사편찬위원장 · 서울대학교 인문대학 학장 · 역사학회 회장

윤동한
한국콜마 창립자 및 회장 · 서울여해재단 이사장
前 대웅제약 부사장 · 한국중견기업연합회 부회장

김황식
삼성문화재단 · 호암재단 이사장
前 국무총리 · 대법원 대법관

송민순
前 북한대학원대학교 총장 · 국회의원 · 외교통상부 장관 · 청와대 안보실장

김대환
인하대학교 경제학과 명예교수 · 일자리연대 상임대표
前 노동부 장관 · 경제사회발전노사정위원회 위원장

김도연
울산공업학원 이사장 · 서울대학교 명예교수
前 교육과학기술부 장관 · 국가과학기술위원회 위원장 · 포스텍 총장 · 울산대학교 총장

이광형
KAIST 총장 · 기획재정부 중장기전략위원회 위원장
前 국가교육회의 위원 · 경찰청 미래비전위원장

〈현역 학자 8인〉

송호근
한림대학교 석좌교수

강원택
서울대학교 정치외교학부 교수

김남국
고려대학교 정치외교학과 교수

김병연
서울대학교 경제학부 교수

박태균
서울대학교 국제대학원 교수

김은미
서울대학교 언론정보학과 교수

장덕진
서울대학교 사회학과 교수

권현지
서울대학교 사회학과 교수

강국이 된 한국, 잃어버린 인간의 기본을 찾아서

김성수

우리마을 촌장 · 前 대한성공회 대주교

"지난 1,000년 동안 열강들 사이에서 숨죽이고 살던 대한민국이 이제는 고래 싸움에서 등 터지고 사는 새우가 아니라 반도체·자동차·선박·배터리·휴대폰 등을 발판으로 세계 10대 경제대국이 되었고, 지난 10년 동안 BTS를 앞세운 K-팝 음악과 〈기생충〉을 필두로 〈오징어게임〉, 드라마 등의 문화 콘텐츠로 세계를 지배했고, 소프트파워 군사력을 키워 어느 나라도 건드릴 수 없는 강대국, 고래가 되었습니다. 한국에는 밝은 미래가 기다리고 있습니다."

영국 킹스칼리지런던KCL 국제관계학 교수 라몬 파체코 파르도Ramon Pacheco Pardo 박사가 자신의 책《새우에서 고래로Shrimp to Whale》에서 한 말입니다. 그렇습니다. 우리나라는 지난 반세기가 조금 넘는 시간 동안 그야말로 눈부신 발전과 성과를 이루었습니다. 6·25 전쟁으로 완전히 폐허가 되어버리고 남과 북으로 완벽하게 분리가 된 땅에서 기적이 일어난 것입니다. 그러나 이런 성공 신화에 마냥 취해 있을 수만은 없습니다. 그동안 이루어 놓은 성취만큼이나 되돌아봐야 할 문제들이 있기 때문입니다.

가장 대표적인 것이 물질만능주의입니다. 전쟁 직후 세계 최빈국이었던 우리나라가 세계 10대 경제대국으로 발전하는 동안 치렀어야 하는 대가이기도 합니다. '동방예의지국'이라고 불리던 우리나라가 금수저와 흙수저로 사람을 나누고, 돈이 없으면 사람 대접도 제대로 받지 못하는 '헬조선'이 되었습니다. OECD 국가 중 출산율은 꼴찌이고 자살률은 1위가 되는 불명예를 안기도 했습니다. 그뿐입니까? 국민행복도는 언제나 제일 밑바닥을 헤매고 있는 형국입니다.

정치를 보면 점입가경입니다. 진보와 보수가 완전히 반목하고 있는 '두 나라 현상'이 뚜렷해졌습니다. 정권이 바뀔 때마다 쏠림 현상으로 현기증이 날 정도입니다. 진보는 그들에게 없는 '상위 10% 특권층의 혜택'에 대한 콤플렉스 때문에 보수를 비난하고, 보수는 그들에게 없는 '평등하게 잘 사는 세상'에 대한 위기의식 때문에 진보를 비난한다고 하지만, 이것이 도가 지나쳐서 건국과 같은 중요한 역사조차도 서로 다른 역사관을 주장하는 데까지 이르렀습니다. 왜 우리는 극단적으로 한쪽 면만을 보게 되었을까요?

그동안 압축근대화를 겪으면서 경제라는 한 마리의 호랑이를 잡기 위해 충실한 사냥개를 희생시키기도 하고, 때로는 사냥꾼이 치명상을 입는 희생도 마다하지 않았기 때문입니다. 우리는 세계 10대 경제대국이라는 성과를 이루었지만 그 과정에서 소중한 가치들을 많이 놓쳤고 이제 부작용이 나타나고 있습니다. 그것이 물질만능주의이며, 두 나라 현상이고, 정치적 팬덤화 현상입니다.

조금 다른 측면에서 볼까요? 파키스탄 홍수에서 확실히 알 수 있는 지구의 기후재앙 문제입니다. 다국적 기후연구단체 WWA의 연구 결과에 따르면 파키스탄에서는 2022년 우기(몬순) 동안 폭우와 피해로 6월 중순부터 3개월여 동안 전국의 사망자가 1,700명, 부상자는 1만2,800명에 달한다고 하는데, 지구온난화 등의 기후변화가 홍수를 더욱 악화시켰다고 합니다. 파키스탄뿐만 아닙니다. 세계 곳곳에서 열돔 현상으로 인해 수천 마리의 가축이 폐사하기도 하고 3월부터 뇌염이 발생하는가 하면, 아프리카에서는 가뭄 탓에 수천만 명이 굶주리기도 했습니다.

기상 이변 현상이 빈번하게 발생하는 것은 삶의 터전인 지구가 위험한계에 도달했기 때문입니다. 우리는 이 지구위험한계를 인식하고 더 이상 악화되지 않도록 관리해야 합니다. 지구위험한계를 관리하는 것은 우리가 아플 때 체온을 관리하는 것과 같습니다. 체온이 42도 정도가 되면 우리 몸은 고위험 상태에 도달하게 되고, 그 경계를 넘어서면 목숨을 잃을 수 있으므로 산 상태와 죽은 상태 간의 한계인 42도에 도달하기 전에 조치해야 합니다.

구약성서에는 "하느님께서 우주 만물을 창조하시고 인간에게 모든 것을 관리하는 관리인의 임무를 부여하셨다"라는 내용이 나옵니다. 비록 뱀의 유혹에 넘어가 에덴동산에서 쫓겨나는 신세가 되긴 했지만 인간은 여전히 이 지구의 가장 책임 있는 관리자이자 생존자임을 부인할 수 없습니다. 더욱이 우리나라같이 생존 자원의 자급도가 극도로 낮은 나라에서는 말 그대로 '생존하기 위해서'라도 지구를 잘 관리하고 보호해야 합니다.

물질만능주의, 저출산, 자살률, 그리고 두 나라 문제와 기후 문제 등이 우리의 발목을 붙잡고 있습니다. 어떻게 해결해야 할까요?

세계 3대 투자가 중 한 명인 짐 로저스Jim Rogers는 세계에서 대단히 자극적인 나라 중 한 곳으로 대한민국을 선택했습니다. 물론 북한과의 통일 이후에 가지게 될 한국의 미래 가치를 높이 평가한 것이 한몫을 했다고 합니다. 남한의 경제력과 지능, 지성 그리고 북한의 높은 출산율과 풍족한 자원이 앞으로 많은 발전을 예견하게 한다는 것입니다. 역사학자 아널드 토인비Arnold Toynbee는 한국의 홍익사상에 대한 말을 듣고 "21세기는 한국이 지배한다"라고 예언했습니다. 미국의 샘 리처드Sam Richards 교수는 학생들에게 "세계의 일부가 되고 싶으면 한국으로 가라"라고 말했다고 합니다.

과연 우리나라의 미래는 어떻게 될까요? 이분들이 예언한 것처럼 21세기를 지배하는 미래 강국이 될 수 있을까요? 아니면 낮은 출산율과 높은 자살률, 그리고 두 나라 현상 등으로 발목이 잡혀서 21세기에 가장 먼저 이 지구상에서 사라져버리는 국가가 될까요?

* * *

이 책은 NEAR 재단 출범 15주년을 기념해 2022년 6월 30일 '한국의 근현대사의 미래: 성취·반성·회한 그리고 길'이라는 주제로 개최한 대규모 세미나의 결과물입니다. 15명의 국가 원로와 8명의 현역 학자가 대담과 토론을 벌였습니다. 여기에서 '한국의 근현대사가 우리나라 국민에게 던져준 10가지 기본 질문'을 찾아내어 제시하고 있습니다. 이 10가지 질문 중에는 식민 통치부터 민족 분단, 박정희에 대한 평가, 산업화·민주화 세력이 남긴 것, 선진국 대한민국이 행복하지 못한 이유, 한반도 평화와 통일 한국, 대한민국의 미래에 대한 고민까지 모두 담으려고 노력한 흔적이 엿보입니다.

"해 아래 새것이 없고, 이 세상에는 아무런 흠이 없는 완벽한 것은 없다"라고 합니다. 이 책도 사람들이 모여서 만든 작품이기에 간혹 부족한 점이 발견될 수 있고, 더러 의견이 다른 내용이 포함되어 있을 수도 있습니다. 그래서 저는 이 책이 우리가 당면한, 그리고 당면해야 할 모든 문제를 해결할 만병통치약이라고 생각하지 않습니다. 다만 비교적 모범적인 삶을 살아온 원로들과 학자들이 우리 근현대사를 진지하게 되돌아보며 우리의 미래를 고민하고 있다는 사실에 안도하면서, 여러분도 함께 고민에 동참하기를 추천합니다. 부디 이 책을 통해 조금이나마 우리의 근현대사를 균형감 있게 이해하고 새로운 미래를 만들어갈 지혜를 얻으시기 바랍니다.

차 례

2부 근현대사와의 대화

Round-table 1 한국 근현대사의 성취와 회한은 무엇인가

Round-table 2 풍요와 품위 상실 사이 우리 문화는 어디로 가는가

Round-table 3 한국 정치, 민주주의의 성숙과 시련

Round-table 4 한국의 법치 수준과 사법 제도의 발전 방향

Round-table 5 한국 경제의 발전 경로와 지속 가능한 미래

대한민국의 새 길을 찾기 위한 성찰과 숙고의 시간

정덕구 NEAR 재단 이사장

이 책은 우리의 근현대사를 재조명하며 고뇌 속에 찾아낸 문제집이고 답변서이며 교훈집이다. 혜안과 경륜을 심고 마음의 거울에 비춰 그려낸 지도책이다. 이제 이 지도를 들고 미래로 가는 길을 찾아갈 것이다.

한국의 미래, 긍정론과 부정론의 대립

세계 주류 세력으로 부상하는 대한민국

한국 근현대사는 민족 수난기, 독립과 민족 분단, 6·25 전쟁과 절대 빈곤을 극복하고 경제 발전과 민족중흥을 이룩하여 산업화·민주화·선진국화를 이룬 성취와 성공의 역사임에 틀림없다. 실로 한국은 1945년 후 독립한 제3세계 신생 국가 중 유일하게 근대화에 성공하고, 식민 상태에서 자유 국가로, 최후진국에서 선진국으로, 그리고 최빈국에서 부국으로 변신한 나라다. 정치 민주화, 시민과 언론의 자유, 경제 근대화, 고등 교육과 과학기술의 발전을 이루고 사회와 문화의 다원성, 개방과 국제화를 이룩했다. 동북아시아의 끝에 있는 한반도, 그것도 남북이 단절된 나라에서 세계의 한국으로 스스로 자리매김한 나라다.

반도체 신화, 세계 최고의 한국형 원자로, 세계 가전제품 시장 석권, 그리고 전기차, 심지어 세계 무기시장에서도 강자로 부상했다. 더욱이 이러한 하드파워는 과학기술과 소프트파워의 발전과 함께 융합되고, K-컬처K-culture가 문화 강국으로서 세계를 풍미하는 수준까지 끌어올려 전 세계 음악, 영화, 드라마 분야에서 주류로 등장했다. 국제 사회에서의 신뢰도가 높아져 '한국'이라는 이름이 상표가 되고 한글이 다른 나라의 젊은 세대 사이에서 읽히며 쓰이고 있다. 따라서 지난 근현대사는 우리 민족의 수천 년 역사에서 처음으로 세계의 주류 세력으로 자리매김할 정도로 파격적인 성취를 이룬 역사가 아닐 수 없다. 큰 틀에서 볼 때 우리의 근현대사는 어둡고 치욕스러운 역사의 진행 과정에서 좌절하지 않고 이에 대한 반성과 회한을 통해 국민정신을 결집하고 에너지를 비축하여 이를 성공의 역사로 연결시켰다는 면에서 매우 독특하고 값진 역사의 발자취인 것이다.

지금 대한민국은 진정 선진국인가

그러면 산업화·민주화·선진국화를 이룬 한국의 국민은 왜 행복하지 못할까? 그들은 무엇 때문에 신음하고 왜 미래를 포기하는가? 한국은 진정 '헬 조선'인가? 한국이라는 풍요와 번영의 나라에 고착화된 한국문제군의 실체는 무엇인가? 왜 역사학자 니얼 퍼거슨Neil Furguson은 한국을 "코로나 이후 가장 회복력 있고 민주주의의 강점을 갖춘 나라"라고 칭찬했는가?[1] 왜 미국 외교전문지 〈포린폴리시Foreign Policy〉는 "한국이 2040년

경 세계를 이끄는 4개국 GUTS(Germany, US, Türkiye, South Korea: 독일, 미국, 튀르키예, 한국) 중 하나가 될 것"이라고 호평했는가?[2] 그들이 긍정적인 평가를 내릴 때 한국 사회의 응달진 곳에 감추어진 문제들을 충분히 살펴보았는가?

영국 옥스퍼드대학교 인구연구소는 2010년 당시 합계출산율 1.23을 기록한 우리나라를 향해 "한국 정부가 저출산과 고령화 문제에 특단의 결단을 하지 않는 한 한국은 2750년에 지구상에서 가장 먼저 사라질 나라가 될 것"이라고 추정했다. 그러면 2022년 3분기의 합계출산율 0.79[3]는 무엇을 말해주는가? 더욱이 유발 하라리가 저서 《사피엔스Sapiens》에서 분석한 '한국문제군'에 대한 설명은 대한민국의 어두운 부분과 국민의 피폐한 정신세계의 단면을 적나라하게 설명해준다.

> "한국은 선진 경제국가이자 가장 앞선 기술 보유국으로서 전도유망하지만 지구 다른 어느 지역보다 오늘날 우리 인류가 직면한 딜레마를 더욱 압축해 보여준다. GDP와 생활 수준이 극적으로 올라가는 동안 자살률이 세계 최고 수준으로 치솟는다. 한국은 행복도 조사에서 멕시코, 콜롬비아, 태국 등 경제적으로 더 어려운 나라보다 뒤처져 있다. 권력(경제력)을 획득하는 데는 매우 능하더라도 그것을 행복으로 전환하는 데는 그리 능하지 못한 것이다."

지금 대한민국이 서 있는 곳

김진현 선생은 말한다.

"지금 대한민국은 기로에 서 있다. 건국 이후 가장 복합적인 초특급 위기와 단군 이래 처음으로 '세계 대국'의 꿈이 동시에 넘실거리는 분기점에 있다. 압도적 위기와 장대한 희망, 절망의 세대의 신음과 좌우 기득권 성공 신화의 환성이 동시에 퍼지고 있다. 한인 특유의 개인적 재능의 세계 비약, 종교 세력의 극성, '촛불'의 거부 항거, 젊은이들의 혁신 기상 등의 에너지가 국력으로 조화되고 수렴되면 일본과 근본적으로 다른 길, 선진국善進國, 21세기 제2의 스위스가 되는 꿈도 설계할 수 있다. 지구촌 인류 사회에 평화의 새 길을 보여줄 여지도 있다. 그러나 세계사적 인구 추락, 사회 해체, 신뢰 연대의 독특한 악화, 공동선의 추락, 특히 건국 이후 시간이 갈수록 분열하는 국가 정체성의 위기, 내전 상태에 이른 '남남 갈등' 등을 볼 때 이미 대한민국이 국가로서 존립 위기에 처했다는 진단도 가능하다.

건국 이후뿐 아니라 단군 이래 한민족의 역사 그리고 대한민국을 넘어 아시아 역사를 넘어, 지구 인류사에서 처음 닥치는 도전을 맞는 분기점에서 대한민국의 갈 길을 묻고 찾아야겠다. 국민은 이에 목마르다. 한때 우리 모두 그리도 목말라했던 자주독립국가, 절대 가난 탈출, 시민 자유 그리고 세계적 대한민국, 그 성공이 완성되는 듯한 이 순간에 다시 건국 이후 최대의 초특급·총체적·복합적 위기를 맞고 있다."

풍요와 번영 속에 잃어버린 품격과 피폐한 영혼

김병익 선생은 말한다.

"더욱이 지금 우리의 정신세계는 혼란하고 피폐하다. 우리는 너무 급하게 성장하는 과정에서 품격을 잃었고 부끄러움 없이 허세를 부리고 두려움 없이 세상을 접하며 스스로 영혼의 근육을 파괴해왔다. 문화적 허욕과 사회적 무책임, 정치적 팬덤화, 여론·언론의 경망스러움을 키워오며 우리의 자화상을 만들었다. 이것이야말로 지나치게 빠른 성장이 치르는 허망한 대가이며 성찰의 고통 없이 이룬 욕망의 속모습이다. 이제 품위 있는 문화를 위한 사회 교육, 그리고 준절한 예의 사회를 키워나가기 위한 문화 훈련이 필요하다."

큰 틀에서 반추해보면 짧은 시간에 만들어낸 풍요와 번영의 뒤안길에 드리워진 어두운 그림자에서 우리는 인간의 기본적 인성과 행동 규범이 크게 훼손되어온 사실을 발견한다. 황금만능주의가 팽배하고 승자독식형 경쟁 사회가 오래 지속되었다. 이 과정에서 국민의 정신세계는 더욱 혼돈에 빠지고 공동체와 개체 사이에 오래 형성되어온 관계가 와해되며 극도의 개인주의, 이기주의 사회로 변해왔다. 그 결과 세계 최악의 인구 절벽에 처해 결국 소멸할 수도 있다는 극단적 평가도 나왔다.

절대 빈곤층은 늘어가고, 사회 안전망이 덜 체계화된 가운데 온 가족 자살이 빈번히 늘어난다. 그들은 극단의 자학적 심리 상태 속에서 영혼의 근육이 극도로 취약해져 스스로 한계에 빠진 것 아니겠는가? 지금 한국에서 인간의 존엄과 가치가 잘 지켜지고 있는지 깊은 회한에 빠진다. 청년층의 실업이 구조화되며 그들이 지쳐가고 있는 반면 잘못 배분된 정부의 보조금은 그들이 점점 노동 시장에서 멀어지는 원인을 제공하기도 한다. 노동 가치에 대한 윤리 의식이 퇴색되며 일을 하지 않고도 생존하려는 국민이 늘어난다. 문제는 이런 현상을 포퓰리즘 정치가 조장한 면이 크다는 점이다.

선진도상국증후군에 빠진 선진도상국

이 상황이 오래 지속되는 가운데 사회는 축소불균형縮小不均衡의 회로에 빠져들고 있다. 이 과정에서 농축된 한국문제군은 더욱 어지러운 모습으로 굳어져가는데 의회 정치의 난맥으로 정치·정책 프로세스의 생산성은 끝 모르고 추락하고 있다. 이렇게 현존하는 문제들을 그대로 방치하고 어떻게 우리의 미래를 경작할 수 있겠는가?

그동안 간간이 제기되었던 체계적·입체적 문제 해법은 목소리 큰 이해 집단들의 아우성 속에 묻혀버렸다. 그리고 점점 품격이 상실된 상태에 빠져들고 있는 정치권에서 이러한 문제의식의 해법을 구하는 것은 연목구어緣木求魚가 되었다. 그들은 자신의 칼의 크기에 부심하며 본질적인 문제 앞에서는 몸을 숨겨왔기 때문이다. 그러다 보니 한국에는 오늘에 대한 성찰과 깨달음도 보이지 않고 내일의 문제에 대한 체계적 논쟁도 보이지 않는다. 이 과정에서 선진 사회의 필수 요건인 사회적 신뢰 자산은 점점 줄어들고 분열 공화국의 오명을 감수해야 했다. 이 모든 요인이 선진도상국증후군先進途上國症候群을 형성하고 이 때문에 선진국 문턱에서 주저앉은 선진도상국先進途上國으로 스스로 격하되는 것이다.

사회의 이중 구조와 이분법적 분열 정치

이것은 반세기 내에 이루어진 압축근대화 과정에서 사회에 이중 구조가 형성되고 단층화됨에 따라 사회심리나 인식의 양극화가 급속도로 진행된 데 기인한다는 것이 다수 의견이다. 이에 더하여 민족 분단의 고착화도 중요한 원인 중의 하나로 지목되고 있다.

문제는 금세기 들어 이 상황을 이용해 정치가 '성취와 성공의 역사'와 '반성과 회한의 역사'를 이분법적으로 양분하여 정치 이념화하고 이를 자양분으로 하여 세력을 키워왔다는 점이다. 국민을 분열·분노·대립의 국면으로 끌고가며 사회를 마치 '두 나라 현상'으로 불릴 만큼 양분시켜 온 것이다.

우리 역사에서 산업화와 민주화를 분리해서 해석할 수 없다. 이 전체가 합쳐져 선진국화로 이어진 것인데 보수 정당이나 진보 정당 모두 이 중 어느 하나에만 집착해 국민 분열을 조장하고 이익 추구형 집단으로 전락함으로써 씻을 수 없는 역사적 과오를 저질러온 것이다.

이렇게 정치가 이익 집단 패거리 정치로 천착되어가는 동안 정치권 내부의 인물 생태계는 그레샴의 법칙Gresham's law이 지배해 악화가 양화를 구축하며 점점 황폐해졌다. 이에 따라 국민의 마음을 하나로 묶어내야 할 국가 리더십은 말기적 현상이라고 표현할 만큼 혼돈 상태에 빠졌고 미래를 안내할 나침반은 잘 작동되지 않고 있다. 그 결과 사회의 문제 해결 능력이 극도로 취약해지고 미래로 나아갈 동력은 약화일로에 있다.

고속열차에 타지 못한 비창조적 다수와 정치

이 문제의 씨앗은 발전 부분 간 속도의 차이에서 비롯된 것이다. 그동안 우리는 고속열차에 타고 시골의 중간역, 간이역을 그대로 통과하며 시간을 최단축하여 어느 정도 목적지에 다가갔다. 많은 승객은 풍요와 번영을 즐기지만 중간역, 간이역 부근에 살고 있던 사람들은 무엇을 성취했는지, 무엇이 어떻게 변했는지 잘 모른다.

이제 경제 강국·과학기술 강국·문화 강국이 된 한국은 시대의 흐름에 따라 앞으로 더 빠른 속도로 질주해야 하지만 국내 정치나 사회 현상의 벽 앞에서 주춤한다. 초고속으로 경제적 성과를 얻었고 소득도 올랐지만 국민의 정신세계와 영혼의 근육은 그 속도를 따라가지 못하고 뒤처져 있다. 오늘날에는 지난 60년 동안보다 훨씬 빠른 속도로 기술 진보가 진행되고 있고 앞으로 다가올 디지털 전환 시대에는 그 속도를 가늠하기 어렵다. 이 시대에서는 불가피하게 창조적 소수와 비창조적 다수의 생산성 차이가 극명해지고 광속 사회에서 경쟁에서 뒤처진 국민은 좌절하며 지쳐가고 있다. 그들에게 무슨 미래가 보이고 희망이 싹트겠는가? 이러한 현상을 국가 리더십이 오래 방치하며 잘 관리하지 못하고, 해법을 찾지 못하는 가운데 정치, 경제, 사회의 모든 분야에 걸쳐 양극화와 분절화, 단절화, 단층화가 계속되었다. 비창조적 다수는 신음하고, 정치는 그들에게 해법을 제시하거나 생존법으로 무장시키는 대신 포퓰리즘이라는 설탕물을 먹이며 달래왔다. 경제적 성공이 지속 가능하게 하려면 정치·사회적 비용이 최소화되어야 한다. 그러나 금세기 들어 한국에는 그동안 지불되지 않은 과거의 비용이 이연移延되어 한꺼번에 청구되면서 사회적 비용이 기하급수적으로 폭증했다. 지속 성장을 위해 적절한 창조적 파괴, 변화와 혁신이 필요하지만 기득권 세력이 혁신의 길을 방해하고 경제 정책이 정치·사회적 문제를 해결하는 수단이 된 지 오래다. 한국 정치에서 관심은 경제보다 사회 문제에 더 치우치고, 창조적 소수를 확장하려는 노력은 포기된 채 비창조적 다수의 표에 매달리며 스스로 지쳐가고 있다.

종말론적 위기 속 존재와 부존재의 갈림길

아울러 지구촌 전체에서 인간과 지구의 불화 관계가 돌이킬 수 없는 경지에 다다르고 인간에 대한 지구의 대반격이 계속되고 있다. 그 결과 인간은 극심한 자연재해와 전염병의 창궐 속에서 죽어가고 삶의 터전은 황폐해지고 있다. 이제 인류의 생존을 위한 자원은 고갈되고 인류는 호모사피엔스의 종말론적 위기에 처할 것이라는 경고에 빠져들고 있다. 이 과정에서 생존 자원의 자급도가 극도로 낮은 한국은 현금의 탈세계화 그리고 각자도생의 시대로 가는 국제 질서 속에서 존재와 부존재의 위험에 노출되고 있다. 정치 지도자들은 근원적인 문제에 접근하기를 피하며 숨어 있고, 오로지 오늘이 중요한 국민에게 이러한 문제들은 관심 대상이 아니다. 더욱이 인구 절벽이나 지구적 재앙 같은 근원적 문제를 깊이 고뇌하는 국가 지도자를 찾아보기 힘든 오늘날 현실을 바라보며 깊은 자괴감에 빠진다. 이제 우리의 위기는 생존·비생존 차원의 절박한 수준으로 치닫고 있다.

근현대사가 우리에게 남긴 10가지 교훈

근현대사가 우리에게 준 뼈아픈 질문에 답하기 위해 우리는 치부까지 드러내보여야 했다. 이 과정에서 역사를 균형감 있게, 솔직하고 열린 마음으로 바라보아야 한다는 소중한 가르침을 얻었다. 또한, 밝은 역사와 어두운 역사, 성공과 실패의 역사 모두가 우리 역사임을 깨달았다. 맑은 눈을 갖고 역사를 바라보려는 과정에서 귀중한 교훈도 발견했다. 우리는 다음과 같은 교훈을 바탕으로 미래로 가는 길을 찾을 수 있다는 확신을 얻었다.

1 우리가 창조적 파괴를 통해 자강력을 키웠을 때 정체성을 지킬 수 있었고 역사는 순항하고 발전했다. 반대로 창조적 파괴를 기피하고 미루며 대내외적으로 발생된 문제들을 방치할 경우 반드시 국난을 겪었다. 자강력을 키우지 못했을 때 열강의 침략에 무너지며 정체성을 상실했던 근현대사의 교훈은 지금 우리가 처한 현실에 그대로 관통하고 있다. 오늘날 동맹은 자국 이익이 앞서는 관계로 변했으므로 자강력 없이는 유지되기 힘들다.

2 국가 리더십이 확고히 서서 국론을 통일하고 갈등을 해소할 때 미래를 향해 나아갈 수 있다. 반면, 국가 리더십이 국민의 마음을 하나로 모으지 못하고 문제 해결 능력을 상실할 때 국난을 겪는다. 다만 독재·독단에 의한 리더십은 비록 국가를 융성하게 하더라도 민주주의를 후퇴시키고 다양성을 억압하며 일방주의에 치우쳐 견제와 균형에 의한 국가·사회적 자정 기능을 마비시킨다.

3 우리 민족 특유의 기와 끼 그리고 생존 본능이 국가 발전의 기본 에너지다. 이러한 생존 본능에는 민족적 자긍심과 도덕적 우월감이 기초에 깔려 있다. 한국 국민 특유의 에너지를 함께 농축시켜 잘 활용한 정부는 성공하고 이를 분열·분산시켜 약화시킨 정부는 실패한다. 그러나 우리 민족은 개성이 강하고 자존감이 강해 쉽게 분열되는 특징도 있다.

4 우리는 위기와 고난을 겪을 때에도 항상 적 앞에서 갈라져 싸웠다. 조선조 임진왜란 직전, 구한말, 8·15 해방 직후 그리고 금세기의 붕당 정치에서 확인할 수 있다. 바로 적전 분열의 인자를 갖고 있는 것이다. 이 악순환의 고리를 잘라 위기 앞에서 단결하고 국론이 통합되어야 위기를 잘 극복할 수 있다.

5 이제 소위 87년 체제에 대한 종합적이고 체계적인 대안을 모색할 때라는 교훈을 얻을 수 있다. 우리가 안고 있는 복잡계적 한국문제군을 시급히 해결·해소하려면 최우선적으로 정치 문화와 정치 생태계를 바꿔야 하고 정치 체제를 창조적으로 파괴해야 한다. 국가적 의사결정 기구의 쇄신이 절실히 요구되기 때문이다. 이제 산업화 세력, 민주화 세력의 후예들이 과거에 집착하며 비현실적 이념을 내세워 이끌어가는 붕당 정치는 창조적으로 파괴되어야 한다. 과잉 이념 정치는 국론을 분열시키고 패거리 붕당 정치를 키우고 결국은 이익 추구형 정치로 전락한다. 따라서 이제는 탈이념 시대, 실사구시의 시대로 전환되어야 한다. 이와 관련하여 산업화·민주화 세력과 그 후예 등 구세대 세력은 뒤로 물러나 선진국 세대에게 길을 열어주어야 한다.

6 우리는 그동안의 압축 고도화 과정에서 그때그때 발생한 문제들을 치유하지 않고 오래 방치해왔다. 그 결과, 해결되지 않은 문제들이 쌓이고 농축되어 국가 사회에 엄청난 이연 비용을 요구하니 이것이 족쇄가 되어 더 이상의 발전을 기약하기 힘들다. 의회 정치의 난맥 상태가 오래 지속되어 정치·정책 프로세스의 생산성이 극단적으로 낮아지고 국가 사회의 문제 해결 능력이 약화된 것이 결정적 원인이었다. 이러한 생태계 파괴 문제는 짧은 시간에 치유될 수 없고 생각과 행동 규범의

획기적 변화 속에 끊임없는 혁신과 노력을 오래 지속해야 한다.

7 초고속의 압축 고도화가 국가 사회의 이중 구조를 낳았고, 분열 정치가 두 나라 현상을 가져왔으며, 과잉 이념 성향이 역사 인식을 양극단화했다. 성공의 역사, 반성과 회한의 역사를 이분법적으로 분리시켜 역사 인식의 양극단화를 가져왔고 이것이 분열 공화국의 하나의 씨앗이 되었다. 특히 고도성장을 견인했던 자본과 노동 사이의 불화가 해소되지 못해 극단의 대립으로 심화되는 상황이다. 금세기 들어 정치가 이러한 분열을 더욱 조장하고 양극단의 진영 정치로 이행된 것도 분열 공화국을 더욱 견고하게 했다. 이 모든 현상을 해소하려면 국가 운영에 있어서 일방주의를 버리고 균형감을 회복하며 국가 사회의 이중 구조를 해소하는 것이 일차적이고 근본적인 대책이다.

8 공공 부문의 인물 생태계가 점점 조악해지고 악화가 양화를 구축하니 좋은 정치 리더를 길러낼 수 없고 국가 리더십이 취약해지는 원인이 된다. 특히 정치권은 가치형 인물보다 생존형 인물들이 많아지고 일부 가치형 인물들은 위축되어 뒤에 서게 되니 정치 풍토는 품격과 품위를 잃고 저속해진다. 이곳에 가기를 꺼리는 가치형 인물이 점점 늘어나고 세월이 흐를수록 정치권의 인물 생태계는 침하·파괴된다.

9 사회의 품격이 퇴락하고 국민의 영혼은 피폐해졌다. 황금만능주의, 극단의 경쟁 체제, 국가와 사회의 이중 구조하에서 생성된 독성이 인간의 기본적 인성과 행동 규범을 파괴했고, 국가 공동체와 국민 사이의 관계 방정식이 깨지며 극도의 개인주의, 이기주의가 팽배해졌다. 이 과정에서 사회·가족의 해체와 사회적 분노·분절 현상이 심화되었다. 이제 모두가 잃어가는 기본적 가치를 회복하고 인간으로서의 존엄과 가치를

중시하며 공존의 생태계를 일구어가야 한다.

10 현재 진행되고 있는 지구적 재앙, 신냉전 추세, 탈세계화, 미중 갈등 심화, 북한의 극단적 생존 게임, 생존 자원의 공급 체계 교란, 인구 절벽, 세계 거시경제 파동 등 이루 헤아릴 수 없는 문제가 확산 일로에 있다. 국가 리더십이 국민의 마음을 얻어 함께 극복해도 어려운 문제들이다. 그러나 나라는 현재 이러한 위기 앞에서 집단 패싸움 중이다. 보다 큰 시야와 균형감, 통합의 리더십을 갖춘 국가 지도자가 절실히 필요한 때이다.

한국의 새 길, 결단의 시대

이상과 같은 교훈을 통해 역사는 앞으로 우리가 가야 할 길을 제시하고 있다. 그 길은 매우 간단명료하다. 지금 결단하라는 것이다. 지금 우리는 꽉 막힌 외길에 서 있다. 그래서 우리에게 역사의 대반전이 필요하고 그 반전은 창조적 파괴를 통해서만 가능하다. 창조적 파괴 이전에 우리에게는 인식의 전환이 필요하고, 모든 것이 절박한 지금이 바로 적기다.

이제까지 우리는 앞뒤 안 가리고 질주 본능이 시키는 대로 달리며 거푸집이 큰 나라를 만드는 데 성공했다. 이제 현존하는 복잡계적 한국문제군을 정리하는 데 진력해야 할 때다. 그리고 국가 공동체, 가정, 국민이라는 생존의 주체들이 존재의 이유와 기본 가치를 되찾고 제자리에 돌려놓기 위해 모든 노력을 다해야 한다. 무엇이 우리가 진정 추구해야 할 가치이고 길인지 깨달아야 한다. 그리고 국가가 갖고 있는 기본적인 병리 현상의 치유에 총력을 기울여야 한다. 기본을 회복하는 데 국가적·국민적 대결단이 필요한 때다. 그리고 이것은 인간 세상을 바라보는 인식의 혁명에서 출발한다.

이 인식의 혁명을 실현하려면 우선 기존에 우리의 정신세계를 지배해왔던 쏠림과 질주 본능에서 벗어나야 한다. 과거에 꽂힌 시선을 미래로 돌려야 한다. 이를 통해 시장 경제와 사회 안전망의 균형점을 찾고 시장에서 승자의 파티party와 함께 패자의 피난처shelter가 균형을 이루어야 한다. 정부 정책의 우선순위에서도, 어떻게 더 빨리 성장할 것인가보다는 국가 사회 이중 구조를 해체하고 뒤처진 국민의 삶을 회생시킬 수 있는 전략이 앞서야 한다. 그래야만 정치·사회적 비용의 족쇄를 풀어 지속 가능한 성장이 보장되는 것이다. 이것은 국가 사회의 생태계를 건강하게 복원하는 과제와 맞닿아 있다.

우리는 또 한 번의 국가 융성기를 맞이할 것인가

과학기술 역사가들은[4] 조선시대 이후 우리 역사에 세 번의 국가 융성기가 있었다고 분석한다. 제1기는 1400년에서 1450년까지의 세종 시대로서, 정치적 안정 속에 안보를 튼튼히 하고 과학기술을 진흥하여 국력을 증강하고 민생을 안정시킨 시기였다. 제2기는 1700년에서 1800년에 이르는 영조·정조 시대로서, 탕평책으로 정치를 안정시키고 실학 사상을 바탕으로 경제를 진흥하고 과학기술을 한 단계 발전시켰다.

제3기는 1950년에서 2100년까지로, 민족중흥과 선진국 시대로 지칭한다. 분명히 20세기 후반은 민족중흥의 시기였다. 그러면 지금 우리는 진정 선진국 시대를 구가하고 있는가? 그리고 우리의 미래는 일류 선진국 시대로 열려 있는가?

금세기 들어 우리는 정치 리더십의 난맥 속에 분열 공화국이 되고 있으며 국가 사회의 이중 구조 속에 축소불균형 사회로 이행되고 있다. 과학기술 진흥이 계속 이어지고는 있으나 창조적 파괴를 위한 노력이 지체되어 과학기술 생태계는 조악해지고 교육은 낙후되어 디지털 전환 시대의 최후의 승자가 될 수 있을지 불확실하다.

이제 우리는 창조적 파괴를 통해 또 한 번의 국가 융성기를 만들어야 한다. 그러려면 정치·경제·사회·과학기술 생태계 전반을 건강하게 회복시켜야 한다. 기존의 침하된 생태계하에서 무슨 새로운 것이 창출될 수 있겠는가. 건강한 생태계의 복원이 없다면 국가 융성기, 선진국 시대는 점점 멀어져 갈 것이다.

악순환의 고리, 결단할 수 없는 상태에서의 결단

창조적 소수의 성공으로 국가의 역량은 확대되지만 비창조적 다수는 더욱 뒤처진다. 지난 60년간 두텁게 자리잡은 중산층이 양극단으로 옮겨지며 최빈층의 폭이 커지고 있다. 정치가 사회 계층의 양극단화에 편승해 정당의 정체성이 좌우로 갈리고 협치의 거리는 점점 멀어져간다. 분열과 반목, 충돌이 심화되면서 사회 구조의 단층화·분절화도 점점 심화된다. 이 모든 현상이 악순환의 고리 속에서 뒤엉켜가는데 국가 리더십은 해법을 찾지 못하며 신뢰 상실에 빠진다. 따라서 우리에게 지금 필요한 것은 이러한 악순환의 고리를 끊는 국가적 결단이다. 창조적 파괴를 포함한 혁명적 결단마저 필요할 만큼 상황은 위중하다. 이러한 결단을 내리고 이끌어갈 국가 리더십을 어떻게 세울 수 있을 것인가?

최근세사에서 창조적 파괴와 혁신을 가장 게을리한 세대가 현세대라는 사실을 잊지 말아야 한다. 특히 국가·사회의 모든 문제를 오래 방치함으로써 이중 구조를 구조화하는 데 기여한 21세기 정치 리더에게 깊은 반성이 요구된다. 그동안 근현대사의 분절을 추구하고 대안의 모색 없이 저항과 분노만을 부추기며 이념 집단·이익 집단으로 생존해온 정치 세력이 절실히 자성할 수 있는 기회가 바로 지금이다. 결단할 수 없는 상태에서 하는 결단이 가장 가치 있다.

우선 공공 부문의 창조적 혁신부터

국가·사회적 창조와 혁신에는 우선순위가 있다. 제일 먼저 손대야 할 부분은 공공 부문이다. 공공 부문은 정치권·관료·공공기관·시민사회·언론·학교와 같은 사회적 공기公器를 말한다. 지금 공공 부문의 생태계는 침하를 넘어 파괴 단계에 있다는 것이 중론이다. 그리고 모두가 가치추구형 존재여야 함에도 생존형 존재로 내려앉고 있다는 평가를 듣는다. 그럼에도 불구하고 그들은 가장 저항이 심한 기득권 세력이다. 그리고 공공 부문은 가장 막강하지만 가장 비효율적이라는 평가를 받는다. 심지어 오늘날에는 공공 부문에서 멀리 떨어져 있을수록 세계 무대에서 성공하는 세상이 되었다. 공공 부문의 실패는 87년 체제의 한계성과 맞닿아 있다. 국가 리더십의 약화 속에 국가적 문제 해결 능력이 퇴조했기 때문이다. 정치는 흉물이 되었고 관료는 잘못된 정치에 굴종하며 작아지고 비대한 공기업의 퇴락이 함께 어우러지며 권력을 누리기만 하고 책임은 지지 않는 풍토가 만연해 있다. 더욱이 시민 사회는 정치화의 길로 들어서고 언론은 생존의 기로에 서고 학교는 기득권을 지키며 생존에 급급하다. 이러한 생존형 공공 부문이 민간 부문의 갈 길을 제어하며 국가 사회 전면에 걸쳐 생산성의 저하를 가져왔다는 평가가 지배적이다.

따라서 공공 부문 생태계를 건강하게 복원시키지 않고서는 고질적인 한국문제군을 해소하기 어렵다. 공공 부문 개혁의 첫째 관문은 국가·사회의 의사 결정 메커니즘governance을 재구성하는 것이다. 이것은 87년 헌정 체제에 대한 재검토 작업에서 시작된다. 취약한 제왕적 대통령제를 폐지하고 정당 제도와 선거 제도 전반을 재검토하여 정치 생태계를 일신해야 한다는 것이 우리 원로·현자들의 공통된 견해다. 국가 리더십의 복원, 인물 생태계의 회생, 붕당 이념 정치의 퇴출을 이루지 못하면 대한민국은 혼란과 분열 속에서 성공한 미래를 바라보기 힘들다. 두 번째 과제로, 민간의 자율과 창의를 방해하는 각종 규제를 원점에서 재검토해야 한다. 국민의 자유와 생산성, 국가의 규율과 안전이 조화롭게 어우러지는 나라가 선진국인 것이다. 이 두 가지 선결 과제를 중심으로 공공 부문 개혁을 시작할 적기가 지금이다. 공공 부문의 창조적 혁신이 이루어져야 이를 바탕으로 다음 단계의 혁신이 가능하다.

누가 창조적 파괴를 가로막는가

창조적 파괴를 가로막고 있는 것은 취약한 국가 리더십이고 기득권자의 저항이고 국민의 두려움이다. 이러한 장애 요소를 뚫고 나가려면 특단의 결단력이 필요하고, 영웅적 용기, 계획의 정교한 디테일, 치밀한 방법론이 필요하다. 목숨까지 걸어야 할 이 창조적 파괴를 누가 주도할 것인가? 지금 우리에게 큰 바위 얼굴이 필요한 이유이다. 우선 파괴된 인물 생태계를 건강하게 복원해야 한다. 무엇보다, 국민에게 인식의 혁명이 오지 않는다면 진정한 변화는 기대할 수 없다.

1부

근현대사에 대한 새로운 인식

대한민국 통사通史: 근대화 혁명의 성공과 실패

김진현 세계평화포럼 이사장 · 前 과학기술처 장관

외세와 열강이 밀려들던 19세기 최후의 은둔국the last hermit kingdom이자 1950년대까지도 최후진국이었던 한국은 가장 빠른 시간 안에 선진국으로 우뚝 섰다. 1945년 이후 독립한 제3세계의 150여 국가 중 유일하게 근대화 발전의 기준과 정의를 충족했다. 조선은 서세동점西勢東漸의 근대화 물결 속 최후의 은둔국이었고, 유교의 본원지인 중국보다 더 유교적이었다. 이 전통을 이어받은 5,000만 국민의 나라인 한국은 불과 건국 2세대 만에 '완벽한 근대화 혁명'을 이룩한 유일한 나라가 되었다.

그러나 한국 국민이 전개한 변화와 성장, 개발과 발전을 그저 '성공'이라 표현하기엔 부족하다. 이것은 '혁명'이고 '기적'이다. 선진국들의 500년 근대화 과정과 비교해도, 1945년 이후 독립한 150개 가까운 제3세계 개발도상국의 근대화 과정과 비교해도 독보적이다. 근대화 과정에 있어서 짧은 시간에 변화를 지향하며 극적인 전개 양상 면에서 볼 때 미국, 영국, 유럽 등 어떤 서양 선진국보다도 앞선다. 비서양 선진국의 성공 모델이라는 일본, 싱가포르와도 비교할 수 없는 기적을 연출했다.

1948년 건국 이후 74년의 기록만으로도 미국의 독립혁명, 프랑스의 바스티유 혁명, 영국의 산업혁명, 일본의 메이지유신의 혁명성에 못지않다.

대한민국 근대화 발전의 성공 스토리는 신화이자 고전, 이론이 되었다. 대한민국은 '근대의 기준'에서 보면 완전히 선진국 수준에 이르렀다. 기존 선진국을 능가하여 세계 1등이라 할 수 있는 분야까지 생겼다. 단군 이래 최초의 역사적 '대사변'이다.[1] 초압축적인 대한민국 근대화 성공의 통계 기록은 아무도 부정할 수 없는 진실이다.

이제 대한민국은 완성의 한고비를 넘어, 절정에 이른 듯하다. K-팝과 한류의 세계화는 단순한 자부심을 넘어 '완전한 선진화(정치·경제·문화의 선진화)'의 만심慢心을 드러내기까지 한다.

세계는 이제 근대를 넘어 탈근대·초근대·역근대로 향하고 있다. 그러나 지금 이 땅엔 극단의 근대화 혁명과 극단의 역발전, 도착, 반근대화가 공존하고 있다. 지금부터 대한민국 선진화의 실체를 통사적·통합적·실체적으로 분석하고 정리해보자.

대한민국 근대화 혁명

제3세계 피식민국 중 유일하게 선진국이 된 나라

선진국들의 합동 통계청이라 할 수 있는 OECD의 각 분야 통계, 미국 인권단체 프리덤하우스Freedom House의 자유지수, EIUEconomic Intelligence Unit의 민주주의지수, EIU와 국경없는기자회RSF의 언론자유지수까지 이제 대한민국은 그 어떤 통계 조사 결과로도, 각 분야의 이론적 개념 규정으로도 거의 완벽한 선진국으로 부상했다.

우리와 비교할 수 있는 국가가 없다. 싱가포르, 대만, UAE 등은 소득 수준이 우리보다 앞섰으나 정치·사회·국방·경제 관계 등에서는 선진국과 거리가 멀다. 대한민국은 GDP 규모로 세계 10위, 수출과 수입 무역규모에서 모두 8위에 올랐다. G20 정상회의를 두 번이나 개최했고, G7 회의에 옵저버(비회원 초청국)로 참석하고, 올림픽과 월드컵을 모두 치른 나라로 우뚝 섰다. 이뿐만 아니라 제3세계 국가 중 개화와 개방이 가장 늦었음에도, 근대화·해양화·국제화·세계화의 최종 지체자임에도 불구하고, 유엔을 비롯해 세계은행, ICC(국제상업회의소), IMO(국제해사기구), WHO(세계보건기구), 인터폴(국제형사경찰기구), IPCC(기후변화에 관한 정부 간 협의체) 등 국가 간 공식 국제기구의 수장도 7명이나 배출했다.

이제 기존의 선진국을 앞서 200개 가까운 세계 국가 중 1등, 2등 하는 기록이 나오기 시작했다. GDP 대비 과학기술 연구개발비 2등, 메모리반도체 생산 1등, 무비자 해외여행 대상국 2등(한국 여권의 힘이 세계 2등이라는 뜻이 된다), 유니세프UNICEF 해외원조 2등, 크리스천 해외 선교 2등, 중국 유학생 1등(미국 유학생 3등)까지…….

특히 〈강남 스타일〉부터 본격화된 한류의 세계화는 BTS와, OTT 플랫폼을 점령한 K-콘텐츠의 힘으로 우리나라를 굳건한 '세계의 대한민국'으로 부상시켰다. 이는 한국의 21세기 꿈의 실현이자, 지난 두 세기에 걸쳐 세계인의 꿈이었던 '아메리칸 드림'이 사라지고, 오늘날 미국 Z세대가 오히려 한국의 BTS에게서 '코리안 드림'을 찾고 있는 현상과도 무관하지 않다.[2] '한강의 기적'이라는 산업화, 학생 시민 혁명으로 대표되는 민주화, K-팝과 한류로 대표되는 문화까지, 대한민국은 경제·정치·문화의 선진화를 완성한 '완전 선진국'이 되었다고 주장하는 목소리도 나오고 있다.

5대 강국론, G7, 중견국가론, 30-50 클럽

OECD 가입을 앞두고 김영삼 전 대통령은 한국을 '5대 강국'으로 부르자 했다.

김 전 대통령의 발언을 전후하여 1993년에는 대외경제정책연구원KIEP에서 2010년에 대한민국이 G7이 될 것을, 1996년에는 한국개발연구원KDI에서 2010년에 G8이, 2020년에 G7이 될 것을 예측했다. 이후 대통령 선거에 나선 김대중, 김종필 당시 후보 모두 5대 강국론을 합창하기도 했다.

그런가 하면 노무현 전 대통령의 취임 1주년 기념사에서는 세계 12위 경제대국으로서 동아시아 균형자 역할을 강조했고, 이명박 전 대통령은 2012년에 "오늘 67회 광복절을 맞아 우리 대한민국이 당당히 선진국 대열에 진입했음을 확인합니다"라고 선언했다. 1997년 OECD 가입 무렵부터 집권자들에게 경제 성장론을 중심으로 '선진국', '대국'이라는 자평이 주류가 되었다.

2018년 이후로는 '30-50 클럽 7대국'이란 표현도 등장했다. 1인당 소득 3만 달러와 인구 5,000만이 넘는 선진국 7위가 되었다는 뜻이다. 그러나 대국이 되겠다는 뜻의 중심이 경제이고 경제제일주의적 선진국론이라는 함정에 빠졌다. 그리하여 국제화, 정치, 지방자치, 복지 부문에서 현저한 낭비, 일탈, 왜곡의 비정상이 일상화되었다.

외국의 평가와 한국 모델의 등장

그 어느 세계 지성도 모든 것이 부족한 취약국가로 출발한 대한민국이 선진국으로 도약할 것이라는 가능성을 예측하지 못했다. 한국의 기록은 감격스럽다. 과거 외국의 평가를 되돌아보면 더욱 그러하다. '나이 어린 취약 국가' 대한민국은 선진국 지성의 눈에는 쓸모없고 장래가 없어 보여 버려야 할 국가였다.

1951년 10월 1일 영국 〈타임스〉 사설은 한국의 민주주의 발전을 기대하느니 "쓰레기통에서 장미꽃이 피기"를 기대하는 것이 낫겠다고 빈정댔다. 이승만 전 대통령의 북진 통일 주장을 반박하고 38선을 휴전선으로 해야 한다는 주장을 펴며 나온 말이었다.

1961년 10월 미국의 권위 있는 외교 계간지 〈포린어페어스〉는 하버드대학교 최초의 한국학 강의교수인 에드워드 와그너Edward Wagner의 '한국에서의 실패Failure in Korea'라는 논문을 싣는다.

물론 〈타임스〉나 와그너 교수의 논문 내용은 그때나 지금이나 진실이 아니다. 그는 그리도 부정하던 박정희 정부로부터 1975년에 한국무역협회가 기증한 50만 달러의 기금으로 한국학 교수직을 설치하는 작업을 맡게 된다. 그가 〈포린어페어스〉에 글을 쓴 지 15년 만의 변화다.

미국에서 대한민국의 성공 가능성을 처음으로 인정한 인사는 월터 로스토우Walter Rostow 교수일 것이다. '경제발전단계론'을 제창했던 그는 1966년 6월 9일 존슨 대통령의 안보보좌관이 되기 직전인 1965년 5월 3일, 동숭동에 있는 서울대학교에서의 특별 강연에서 한국이 경제 성장의 3단계인 도약 단계에 들어섰다고 긍정적으로 평가했다.

그러나 20세기까지는 한국의 잠재력과 2020년대 선진국이 될 가능성을 예견한 외국 지성이 없었다. 로스토우의 서울대학교 강연으로부터 8년 뒤 1973년 11월 14일부터 열린 '인류의 전망' 세미나의 논의 수준만 보아도 알 수 있다. 미래학자 허만 칸이 이끄는 미국 허드슨연구소와 고려대학교 아시아문제연구소가 공동으로 개최한 이 세미나는 당대 최고 한미 지성의 만남으로, 한국으로서는 최고 비용이 투입된 국제회의였다.

허드슨연구소의 연구 결과가 제시한 1990년대 한국의 주력 산업은 제조업도 통신·전자도 아닌 관광이었다. 1990년 인구 4,000만에 이른 한국은 매년 일본 관광객 2,000만 명을 수용하며 100억 달러의 외화 수입을 올리는 것이 최고의 소득원이라고 했다. 이탈리아와 스페인의 관광산업을 예로 들며 일본의 지리적 인접성이 한국의 비교 우위라는 논리였다. 그 자리에 토론자로 함께했던 나는 그 말을 즉각 부정했다. 역사와 문화의 뿌리 그리고 국민의 의지를 모르는 이의 한계였다.

1979년에 들어서서 '한국 모델Korea Model'이라는 말이 외국 학자들에게서 나오기 시작했다. 영국 서섹스대학교의 한스 싱어Hans Singer는 한국국제연구소의 의뢰로 1979년 11월 〈변화하는 세계에서 한국 모델의 미래는 있는가?Has the Korean Model Future in A Changing World?〉라는 연구 보고서를 냈다. 그는 빠른 경제 성장, 비교적 평등한 소득 배분, 수출 지향의 세 가지를 한국 모델의 특징으로 규정했다. 그의 결론은 후진국의 수출 리더십은 브라질, 인도가 앞설 것이고 선진국 지향 자본 집약적, 선진기술 집약적 산업화도 불가능하기 때문에 한국은 기능 집약적 기술 산업화를 지향해야 한다는 권고였다. 선진국의 막내가 되기보다는 후진국의 맏형이 되라는 결론이었다. 선진국은 꿈도 꾸지 말라는 것이었다.

다른 나라들이 한국의 경제 대국, 기술 대국, 지식 대국, 민주 시민 국가, 문화 예술 선진국 등 근대화 발전 선진성을 본격적으로 거론하기 시작한 것은 21세기에 들어서부터라고 할 수 있다. 프랑스의 기 소르망Gue Sorman, 자크 아탈리Jacque Attali, 미국의 제러미 리프킨Jeremy Rifkin 등의 지식인이 과학기술, 디지털 통신, 문화 예술 부문을 주목하면서부터다.

특히 아탈리는 저서 《21세기의 역사Une Breve Historie de L'avenir》에서 21세기에 경제·정치 세력으로 주목한 11국(한국·일본·중국·인도·러시아·인도네시아·오스트레일리아·캐나다·남아프리카·브라질·멕시코) 중에서도 대한민국을 아시아 최대 세력으로 뽑아 한국뿐 아니라 세계를 놀라게 했다. 그는 한국을 새로운 경제적·문화적 모델로 보고 탁월한 테크놀로지와 문화적 다이내미즘이 세계를 매혹하고 중국·말레이시아·인도네시아·필리핀은 물론 심지어 일본까지도 한국 모델을 '성공하기 위한 모델'로 모방하게 될 것이라 했다. 지금으로부터 16년 전의 글이다. BTS가 유엔 총회 무대에 올라가고, 일본의 편의점에까지 한류 열풍이 침투한 오늘날의 모습을 예견한 듯하다.

무역과 과학기술이라는 극적 도약

가장 극적인 도약은 무역 부문이다. 그중에서도 수출이다. 1948년의 세계 100위에서 2019년 9위에 이르는 놀라운 성장을 기록하고 특히 1971~1995년 사이의 25년 동안에는 10억 달러에서 1,000억 달러까지 100배에 이르는 수출 증가를 시현했으며 1948~1971년 사이의 23년간 1,900만 달러에서 10억 달러에 이르는 55배의 수출 증가까지 기록했다. 이는 전 세계 어느 무역사에도 없는 극적인 기록이다.

무역 규모에서 한국의 4배를 넘는 미국과 중국, 한국의 3배에 가까운 독일을 제외하면 선진국 중 일본, 프랑스, 영국과 한국의 격차는 거의 사라져가고, 이탈리아, 스페인의 무역 규모는 이미 제쳤다. 극적이란 표현으로는 부족한 대도약이자 개벽적인 숫자라고 할 수 있다.

한국의 과학기술 부문 박사 수는 8명에서 19만2,320명으로 늘어났다. 이를 자세히 살펴보자. 한국 과학기술은 건국 이후 1960년대 초까지도 사실상 국제적으로 비교 대상조차 되지 못했다. 1945년까지 2,000만 한국인 중 이공계 박사는 모두 8명이었다.[3]

해방 이후 1951년까지 이 땅에서는 단 한 명의 박사 학위자도 배출하지 못했다. 이공계는 물론 인문·사회·예능 분야도 같은 수준이었다. 그래서 이승만 박사의 가치가 더욱 높다. 대한민국의 첫 박사 학위 수여식은 전쟁의 포화가 계속되는 1952년 4월 26일 부산대학교 판잣집 강당에서 열렸다. 부산으로 피난한 서울대학교는 빌린 판잣집 강당에서 총 6명에게 첫 박사 학위를 수여했다.[4] 이 행사에는 이승만 전 대통령부터 백낙준 전 문교부 장관, 국제연합한국재건단 단장이 참석했다. 대한민국 첫 박사 학위 수여가 가진 의미를 당시 집권자가 얼마나 크게 보았는지 알 수 있는 대목이며, 박사 학위 수여자 6명 중 4명이 이공계였다는 것도 상징적이라 할 수 있다.

이승만 전 대통령은 또한 '제2의 이순신' 같은 기술자를 강조하며 1956년부터 원자력 연구 인력 훈련에 착수했다. 1인당 소득 60달러 시절에 1인당 학비 6,000달러 규모의 국비 장학금으로 원자력 연구 유학을 보냈다.[5]

대한민국은 2020년 기준 GDP 대비 R&D 투자 비중(4.81%)이 세계에서 2등인 나라가 되었다. 1위인 이스라엘 바로 다음으로 기존 선진국을 초월했다고 볼 수 있다.

물론 갈 길은 멀다. 과학기술 논문 발표 수나 세계 점유율은 12위로, 연구원 수나 박사 배출의 속도와는 격차가 있다. 2010년대 들어 논문 발표 수는 꾸준히 늘고 있으나 여전히 12위에 머물고 있다. 그만큼 경쟁이 심해졌다는 뜻이다. 반도체·디지털·배터리·5G·6G에서는 확실한 선진 그룹에 속하나 후발국의 추격이 맹렬하다. 미래 성장 동력인 신흥기술, 즉 AI·양자·첨단 바이오·우주 등에서는 선진국과의 격차가 확연하고, 미국·중국·EU에 비하여 규모의 경쟁에서 불리한 원천적 한계가 있다.

무엇이 근대화 혁명을 성공시켰는가

한국 근대 혁명은 여러 조건을 종합적으로 관통하여 평가해야 한다. 과거 역사적 조건과 근대·현대·당대적 조건, 우리만의 자생적 요소와 외부 유입 요소, 자발적 변화와 외압에 의한 변화, 국내적 조건과 국제 조건이 선순환했다.

자생적 조건

한국인의 자질, 역사 전통, 문명의 수준은 문자, 활자, 종이, 역사 기록, 과학기술, 금속에서 보듯 창조의 DNA를 가졌다. 상원사 동종(725년), 무구정광대다라니경(751년), 직지 인쇄(1377년), 한글, 거북선, 《조선 왕조 실록》 등이 그 예다.

자유가 주어지기만 하면 폭발하는 한국인의 개인 재능 요소Individual Talent Element, ITE는 1894~1997년 사이 네 차례 조선에 들렀던 이사벨라

비숍 여사의 기록에서 볼 수 있다. 그녀는 한국인의 민족적 우수성, 총명과 예술성, 빠른 습득, 특히 조선의 억압 체제를 벗어난 시베리아에서의 한인 활동의 우월성을 증언하고 있다.[6] 영국 맥밀란출판사에서 펴낸《한국의 땅과 사람들The Land and The People of Korea》에도 아주 명확하게 나타난다. 주한 영국대사관 문화관으로 근무했던 저자 마저리 필머 에반스Marjory Filmer Evans는 한국인을 이렇게 묘사했다.

"한국인은 동양 민족 중 가장 친할 수 있다. 그들은 서양 방식을 쉽게 받아들인다. 이는 가장 늦게 바깥 세계로 나선 나라로서 기이한 특성이다. 몇 가지 특별한 성격을 갖고 있다. 용감하고 속물적이고 완고하고 신랄(반항)하며 유머러스하고 극히 예술적이다. 계급의식이 강해서 이 나라에 결정적으로 필요한 전문가·기술자·숙련공·장인을 하대하고 노동자를 무시한다. 배우기는 쉽게 하나 가르치기는 어렵다. 늘 지름길을 원하기 때문이다. 자주 자신감이 넘친다. 대단한 음악 애호가이다."

그 극치는 미국의 최고 일본 전문가로 주일 대사를 지낸 에드윈 라이샤워Edwin Reischauer 하버드대학교 교수의 평가다. "한국인의 개성적이며 자기주장이 강한 성격으로 인해 아시아에서 중국, 일본도 아니고 한국만이 민주주의를 할 수 있다"라고 평가했다. 이것은 한국 근대화에서 어쩌면 가장 중요한 자생적 조건이다. 총명, 배움에 능하고 고집 세고 개성적인 성격이 극성의 교육열과 합쳐져 자유 세계를 무대로 한류, K-팝, K-스포츠로 분출하고 있는 것이다.

내부 개혁과 자발적 응용, 창조의 실적도 상당했다. 건국 초기부터 되짚어보자면 농지 개혁과 교육 의무화, 산림의 녹화, 원자력 개발을 예로 들 수 있다. 특히 1960년대 초 독일로 떠난 광부와 간호사들, 남아메리카로의 이민 등 해외 진출이 가져온 실적도 주목해야 할 것이다.

충돌과 적응, 친서양과 친기독교

특히 식민 종주국과 피식민국민과의 관계에서의 특징이 독립운동 과정이나 근대화 세력 형성에서 다른 제3세계와 결정적 차이를 만들었다.

아시아, 중동, 아프리카, 제3세계 국가 등의 경우 그들의 독립운동과 저항의 원천이 유럽 기독교 백인 제국주의에 대항하는 반서양·반백인·반기독교 민족주의였다. 그리고 서로 지리적으로, 문명적으로 거리가 먼 사이였다. 그러나 한국의 근대 민족주의 독립운동의 표적은 일본이었다. 지리적으로 가깝고 역사적으로 같은 동양, 중국, 일본과 비교해 근대화 출발점, 민족주의 출발선이 다른 것이다.

한국의 독립운동가들, 이승만, 김구는 물론 3·1 독립선언서 발기 33인의 구성에서 보듯이 반일 민족주의는 친서양·친기독교·친근대화였다. 인도의 간디, 베트남의 호치민, 중국의 마오쩌둥이 모두 비기독교인 데 비하여 한국의 이승만은 1919년 상해 임시정부 수립 후 '아시아 최초의 기독교 국가' 건립을 선언했다. 심지어 반미·반서양 '주체' 종교 수장인 김일성조차 부모가 기독교 신자였고 목사의 보호를 받고 자랐다.

독립운동뿐 아니라 교육·문화·스포츠·해외 교류에 이르기까지 한국 근대화 초기의 시작과 도입, 정착에서 기독교와 서양적 요소는 결정적 역할을 했다. 이들 서양 근대의 틀·행위·기능에 전통의 저항 없이, 오히려 열성적으로 수용한 것이 다른 제3세계의 근대화, 민족주의 운동과 결정적으로 다른 것이다.

이 대목에서 1784년 이승훈의 자발적 천주교 입교와 세계 기독교 사상 최초의 비서양·자발적·자생적 교회 활동을 상기할 수 있다. 그리하여 비서양권 최다수의 가톨릭 성인(121명)을 배출한 나라가 되었다. 서양 것, 근대적인 것에 대해 종교적·이념적·전통적·인종적으로 거부감, 저항감이 없다는 것이 제3세계 민족주의 운동과의 근본적 차이이고, 이것이 또한 제3세계에서 유일하게 근대화에 완벽히 성공한 까닭의 특수성이다.

경제·산업·소비·교육·문화에서의 강제된 해양화

한국 근대화 과정에서 제3세계 특히 여타 아시아 국가들과 차이가 나는 결정적 이유와 조건에서 두 번째 큰 특징은 경제·산업·소비·교육·문화에서의 해양화다.

1945년의 38선과 6·25 전쟁 이후 세워진 휴전선의 장벽은 대륙 진출을 막음으로써 우리나라로 하여금 강제로 '해양화'하게 했다. 다른 선택의 여지 없이 문화, 정치, 유교 사상 등 2,000년간 지속된 대륙의 압도적인 영향을 완벽하게 차단했다. 국토와 민족의 분단으로 가족이 이산되는 등 아픔도 컸지만 이러한 분단 상황을 해결할 수 있는 내부 역량은 우리나라나 북한 어디에도 없었다. 분단 77년이 된 지금까지도 그렇다.

분단의 남쪽 대한민국은 대륙으로 가는 길, 기차와 자동차를 타고 중국 대륙, 러시아, 유럽 대륙으로 가는 길이 완벽하게 막혔다. 바닷길 외에는 밖으로 나갈 방법이 없었다. 그래서 1945년 이후 대한민국에서 외국을 가는 것은 '해외'로 가는 것이었다. 바다 해양국가와의 거래가 살길이었다. 대한민국은 해양국가화 말고는 다른 선택의 길이 없었다.

해양화는 미국 주도였다. 대한민국 입장에서는 38선 분단도, 1953년 DMZ 설정도 미국이 주도했다(북한 입장에선 소련과 중국). 건국도 이승만의 고집과 미국이 주저하면서 만든 소극적 대한 정책의 합작품이었다. 그리고 유엔에 의한 국가 승인도 미국이 주도했다.

미국의 정책은 전쟁과 전쟁 뒤처리, 그리고 냉전 시기 군사 관계를 설정하는 것이 목표였다. 비록 군사·군부 관련 사항이 주도하는 한미 관계였으나 한민족 역사에서는 서양 세력, 그중에서도 20세기 최선진·최대 강국인 미국과 관계의 전개는 한국 역사에서뿐 아니라 다른 제3세계 국가와의 비교에서도 볼 수 없는 독특한 부산물을 만들었다. 특히, 당시 미국에는 W. 윌슨 대통령으로 대표되는 자유주의 국제파가 존재했고 이것은 후일 한국의 미래에 특별한 영향을 주었다.

군부가 이끈 대한민국의 근대화가 그것이다. 분단과 6·25 전쟁은 필연적으로 미국의 원조는 물론 한국의 재정도 국방 예산에 최우선으로 배정할 수밖에 없었다. 한국의 엘리트로서 가장 조직적으로, 가장 집단적으로, 가장 많은 인력이 근대적 훈련을 받은 분야가 바로 군부다. 1953년 휴전 이후 1960년대까지 2만 명이 넘는 군 장교가 미국의 각종 군사학교에서 교육을 받았다. 대륙은 막히고 돈과 기회 부족으로 밖으로 나가기도 어려운 때, 군부는 한국 최대의 근대 엘리트 훈련 기관이었다. 그것도 최선진국 미국에서 2만여 명의 장교가 현지 교육을 집단적으로 받았다는 사실은 한국 근대화 엘리트 형성뿐 아니라, 전후 제3세계 국가들의 경험과도 다르고 서양 근대화 경험과의 비교에서도 독특하고 특별한 현상이다.

1950~1960년대 군인 엘리트의 근대화 훈련 수준은 관료·금융인·교사·교수보다 높았다. 기업인이라는 말보다 상인, 장사꾼이란 말이 어울

리던 시절이었다. 1961년 5·16 군부 정권의 등장은 엘리트 세력 분포라는 기준으로 보면 힘의 흐름이었다. 그 군부 엘리트에 의한 산업화와 울산공업단지 건설, 중화학공업 수출, 해외 건설 등 군관산軍官産 복합체의 권력 구조에 따른 경제 제일주의 근대화의 성공이 대한민국 근대화 발전의 첫 신호가 된 것이다.

미국 랜드연구소의 찰스 울프 주니어Charles Wolf Jr. 박사는 1960년 4·19 혁명 후 한국의 경제개발계획 자문을 위하여 2개월간 당시 산업부서였던 부흥부에 체류하며, 1965년 최종 보고서를 작성했다. 그 내용은 한국이 국방비 부담 과중을 걱정하나 한국 군인의 병영생활을 통한 근대 집단 공동체 생활의 체험과 문맹 퇴치 교육, 그리고 기능 능력 훈련 등은 근대화에 큰 기여가 될 것이라고 판단했다. 당시 부흥부 출입 기자였던 나는 공장을 지을 수 있도록 산업 원조를 우선할 것을 주장하며 신랄하게 비판했으나 긴 시간을 두고 종합적으로 평가해보면 그의 판단이 더 실체적·통합적·미래지향적이었음을 알 수 있다.

물론 군관산 복합체에 의한 경제 제일주의 근대화 성공이 시민의 자유, 민주 정치, 다원 사회, 개방 문화라는 서양 근대화 발전의 이론 원형에서는 일탈이라고 할 수 있다. 특히, 그러한 근대화 방식을 경제 근대화 이후의 정치 민주화와 노사관계, 계층 세대 갈등의 원천이었다. 그러나 1945년 이후 제3세계 근대화 과정의 실제, 경제 근대화에서 정치 민주화, 사회 문화 개방에 이르는 근대화 성공 경험과 이론에서 보면 대한민국의 해양화와 군부가 이끈 경제 근대화는 한국 근대화에서 중요한 맥락이라 할 수 있다.

한 나라의 수도 한복판에 미군 병사와 병영 기지가 대규모로 주둔해 있다는 사실은 안보 측면에서 비자주성 특징임이 분명하다. 그러나 인류 문명 사상 최초의 본격적 시민 민주주의 국가로 인종 차별 제거라는 제도적 실험에 가장 앞선 미국은, 그 어떤 대한민국의 권위주의 강권 독재자도 반민주 최후의 선을 넘지 못하게 만들기도 했다. 4·19 이승만의 자진 하야를 압박했던 것, 박정희와 전두환에 대항한 민주화 세력을 지원하고 보호했던 것, 특히 김대중 납치와 사형을 막은 결정적 압력 등이 그런 것이다.

역대 정권의 언론 탄압, 언론인 탄압에 대한 공개적, 비공개적 비판과 언론 자유 진영에 대한 물질적(인쇄 용지) 지원 등이 특히 가시적인 것이다. 그래서 '독재의 한계'가 다른 제3세계 국가, 즉 북한, 버마, 파키스탄, 중동 이슬람제국, 싱가포르와 비교하여 결정적으로 차별화했다. 1953년 휴전 이후 근 20년 넘게 지속된 교회, 재단 등 민간은 물론 미국 정부(국무성) 주도에 의한 국회, 사법기관, 대학, 언론기관 중견 인사들의 조직적인 미국 훈련 시찰 계획이 추진되었다. 이와 함께 영국(콜롬보 계획), 독일, 프랑스 근대 '선진국'들이 규모는 작으나 유사한 지원 계획을 추진했고 이는 대한민국을 제3세계와 달리, 근대화 발전의 성공 국가로 만드는 압도적이며 결정적 요인이었다.

분단, 이산, 단절은 대한민국 민족주의의 역사적·지리적 아픔의 한 응어리다. 또한 강제된 해양화와 미국 주도 근대화는 경제·정치·사회 선진화의 안내자이자 촉진자이면서 발전 과정에서 정치 권력의 독재 극단화를 방지하는 완충제이기도 했다. 제3세계 어느 나라에서도 찾아볼 수 없는 특징이다.

미국과 대한민국의 독특한 해양화·근대화 관계를 바탕으로 미국은 대외관계 최고 성공 모델로 한국을 공개적으로 제시했다. 힐러리 클린턴 전 미 국무장관의 아프간 지원 이유를 보자.

> "아프간 지원 이유는 한국의 과거 성공에서 찾을 수 있다. 한국에서 쿠테타가 일어난 것도, 민주화 노력이 진행되다가 중단되었던 일도, 대형 부패가 일어나던 일도 보았을 것이다. 그러나 한국에서 미국이 장기간 투자해온 전략적 가치를 찾아볼 수 있다."[7]

원조와 특수, 후발자 이익

해방 후 한국이 받은 외국 원조는 여타의 제3세계 국가와 다른 독특한 요소다. 제3세계 국가는 제2차 세계대전 후 독립과 더불어 식민 관계가 청산되고, 외국군 철수 이후 경제 관계도 일반적인 시장 무역 관계로 변한다.

그러나 한반도는 오히려 전후에 해방되며 미군과 소련군이 새로 진주한다. 일본 점령군 해산이 목적이었다. 북한에 진주한 소련군은 전승국이 패전국에 하는 일반적인 유형대로 한국의 유일한 공업지대인 북한의 시설을 소련으로 약탈해간 데 비하여 미군은 8·15 광복 후에 진주하며 밀, 쌀 수입을 위한 차관과 전쟁지역 구제 원조를 하게 된다. 승전국이 패전국에서 배상을 받지 않고 오히려 전쟁 피해 경제 원조를 하는 세계사 초유의 일이었다.

1945년 미 군정과 1948년 정부 수립은 물론 6·25 전쟁으로 이어지는 원조가 있었다. 한국금융연구원이 1984년에 펴낸《한국경제사연표, 1945-1983》에 나오는 미군 원조 기록만 살펴보아도 쌀, 밀의 수입과 식량 수급 가격, 재원과 미 원조액 등이 자주 등장한다.

6·25 전쟁에서 1958년 경제 안정기, 전시 인플레 수습기는 물론, 1962년 제1차 5개년 계획의 발동과 수출 제일주의가 정착하며 1964년 1억 달러 수출 달성이라는 기록을 세우기까지, 미국의 경제 원조, 식량 원조, 군사 원조는 한국의 재정 외환의 최대 몫이었다. 미공법 480호 식량 원조는 1960년대 중반까지도 중요한 먹거리 재원이었다. 1945년 이후 1961년까지 한국이 받은 외국 원조 31억2,999만 달러는 UNKRA(유엔 한국부흥원회) 분 1억2,208만 달러를 제외하고는 모두 미국의 원조라는 것이 첫 번째 특징이다.

두 번째는 제2차 세계대전, 한국 전쟁과 관련된 군사 작전 미국점령지 역구제기금GARIOA과 유엔군 한국민간구호처CRIK에 의한 민간 긴급구호 원조이다. 미국은 제2차 세계대전 후 패전국인 일본·독일·오스트리아에 긴급구호용으로 45억 달러(2018년 달러 가치로 398억 달러)를 지급했다. 한국은 1945~1949년까지 GARIOA 원조로 5억200만 달러를, 6·25 전쟁이 발발되자 CRIK 원조로 1950년부터 1956년까지 4억5,737만 달러를 또 지원받았다. 미국 재원이 90%로 압도적이었다.

이승만 대통령은 한국의 공업화를 서둘러서 원조ECA/SEC, ICA자금으로 공업, 현대 공장 건설을 재촉하여 미국과 충돌했다. 그러나 미국은 사회 인프라 구축이라는 측면에 강조점을 두었다. 여기서 세 번째 특징이 나타나는데, 1958년 기술원조 부문을 보면 문교 부문 28.6%, 광공업 20.2%, 농업 및 자연자원 14.3%, 공공행정 7.8%, 교통 2% 등이었다. 사후적 해석이지만 이 같은 인력, 교육 인프라 구축이 한국의 독특한 해외(주로 미국이 90% 이상) 유학열과 겹쳐 1960~1970년대 산업 중화학 발전 도약을 가능하게 한 것이다.

1953~1960년의 무역은 원조가 없었으면 지탱할 수 없는 것이었다. 상품 수입에서 원조가 차지하는 비중은 1953년 58.3%에서 1957년 86.6%로 최고치를 찍었고, 1960년까지 8년 평균 74.2%에 이르렀다. 그만큼 우리 수출이 약했다는 뜻이다. GNP에서 원조가 차지하는 비중 역시 1953년 7.5%, 1957년 10.4%, 1960년 9%에 이르기까지 8년 평균 8.2%였다(당시 1인당 세계외국원조수원액으로는 이스라엘이 1등, 한국이 2등이었다).

특히 중요한 것은 국가 재정에서 원조의 높은 비중이었다. 미국 원조물자 판매대금을 재원으로 한 대충자금Counterpart Fund은 1957년, 1958년은 국가총세입의 52.9%, 51.5%를 차지했다. 1958년 조세 수입이 1,432조2,460억 환인 데 비해 대충자금 특별회계 세입이 1,876조 9,060만 환이었다(단기 4291년도 부흥백서). 조세 수입보다 30%나 많은 원조자금으로 국가 재정을 꾸려갔다. 그래서 대한민국 재무부 세무국보다 대충자금 관할 부흥부 기획국 관리과의 힘이 더 세기도 했다. 대한민국 부흥부 장관과 미국 대사관의 부대사격인 경제조정관은 매주 합동경제위원회CEB를 열어 원조자금 관리와 이와 관련된 정책, 제도를 협의했다. 이 CEB는 단순히 원조 액수나 배분의 차원을 넘어 사실상 전후 한국의 시장 경제 체제 구축의 산파 같은 기능을 했다. 이를테면 재무부 산하 전매청의 염전 부문 민영화를 권장한다. 물론 재무부 관료 체계는 산하 국영기업 축소에 반대한다. 그러면 대충자금의 재무부 예산 삭감을 무기로 압박, 재무부가 항복한다. 즉 국영기업을 축소하고 시장 기능을 확대할 것을 유도한다.

이런 메커니즘은 환율의 시장 기능 안정화에도 결정적 역할을 했다. 한국의 외환 획득에서 수출보다 때로는 미군 용역(미군 부대에서 주로 노동자로 종사한 한국인 용역)에서 얻는 달러 수익이 더 컸을 무렵, 물가가 많이 올랐음에도 이승만 전 대통령은 환율 현실화, 즉 원화가의 절하를 거부한다. 미국은 끊임없이 물가 상승분만큼 환율을 인상하여 시장 가격에 반영할 것을 주장하고 결국 다음 해 원조 규모와 맞물려 협상한다.

한국의 외화 획득 능력이 당시의 아프리카 최후진국들보다도 낮았음에도 이들보다 훨씬 안정적으로 시장 경제 체제를 구축한 데는 미국의 무상 원조를 지렛대로 한 국영기업의 축소, 통화 환율의 안정적 조정이 결정적 역할을 한 것이다.

이 점은 1980~1990년대 소련과 동유럽 등 공산권과 비非시장 전통 경제권이 시장 경제 체제로 이행하는 단계에서 겪는 크나큰 고통과 비교되며 자유화는커녕 경제의 시장화는 물론 정치 안정까지 깨지는 불행과 크게 대비된다.

미국은 직접 무상 원조를 줄이고 끊으면서 준공공차관DLF으로 옮기고 세계은행·IMF·GATT 등 국제기구와 함께 원조와 시장 경제 체제의 이행을 지속적으로 관리했던 것이다. 더하여 한국 정부와 한국 사회에 시장 경제 체제, 개방 경제 체제를 구축하고 강화하는 이념적·제도적 연구를 중심으로 하는 한국개발연구원KDI 역시 미국 원조로 만들었다.

한국 과학기술 근대화의 요람인 한국과학기술원KIST의 경우도 비슷하다. 모든 선진국, 후진국에서 근대 과학기술 학문과 연구의 기축은 대학이었다. 그러나 한국만은 대학도, 기업도 아니고, 정부 연구기관들도 아니었다. KIST가 한국의 베트남전 참전에 대한 존슨 미 대통령의 자발적 후의로 1965년에 태동되었다. 이 사실은 미국의 원조가 단순히 경제적·기능적 성격을 넘어 대한민국의 각종 근대 제도와 근대 기구가 탄생하고 정착하는 데 결정적으로 기여했음을 보여준다. 이 한미 관계에서 보이는 원조와 근대 제도 구축의 상호 보완성과 협조성의 선순환은 제2차 세계대전 후 독립한 제3세계 국가 어디에서도 볼 수 없는 독특한 측면이고 대한민국 초압축 성공의 한 요인이다.

물론 갈등도 있었다. 1962년 6월 10일 박정희 군사 정권의 통화 개혁은 사실상 사회주의 경제 체제 전환 시도였다. 통화 개혁 핵심 주체인 유원식, 당시 국가재건최고회의 최고위원의 원안이 그러했다. 단순한 통화 단위 변경의 개혁이 아니라 금융과 주요 산업의 국유화, 산업은행을 통한 민간기업의 공기업화와 금융의 통제, 민간은행 폐쇄가 기본 목표였다. 당시 미국은 격렬히 반대했고 국교 단절까지 압박했다. 결국 33일 만에 박정희 혁명 정부가 백기를 들었다.

한국의 시장 경제, 민간기업주의의 제도화와 정착에는 이런 외부 요건, 즉 원조와 외교, 주로 미국 또는 국제기구 압력이 결정적 역할을 한 것이다. 이승만 전 대통령은 대일 청구권 협정의 중요한 수단으로 미국 원조자금에 의한 일본산 제품 수입을 금지했다. 일본산 보이콧이었다. 그러나 미국은 자유 경쟁에 의한 '최저가격 구매' 시장 원리를 주장하며 원조자금 제공을 거절하고, 이 전 대통령을 후퇴시킨다.

6·25 전쟁의 불행은 우리나라 분단의 원천인 일본이 '6·25 특수'를 누림으로써 더욱 커졌다. 6·25 전쟁이 없었더라면 일본은 도쿄올림픽도 없고 1980년대까지도 전후戰後 상황이 계속되고 1980년대 말부터의 'Japan As No. 1'도 없었을 것이다. 1963년까지도 일본은 서양 기준에선 후진국이었으며 '10년 소득배증계획所得倍增計劃'이 최대 논쟁거리였다.

시간의 차이가 있었지만 마침내 한국에도 신풍이 불었다. 1965년 한국군의 베트남 참전으로 참전 군인들의 외화 수입은 물론, 베트남의 항만, 도로시설 건설, 군수 조달 등 각종 서비스 기회와 연관 무역이 확대되었다. 이것은 결정적으로 한국으로 하여금 최초로 '자신감을 갖는 해외 진출'의 효시가 되었다. 제1차 5개년 계획의 성공, 수출 1억 달러 달성과 함께 베트남으로 군인·건설인·무역인·해운항공인의 집단적 대량 진출은 한국 역사상 첫 국가적 거사로 이루어지는 해외 진출이었다. 대륙 중국과 해양 일본 사이에서 해외 진출이 막혔던 대한민국 국민으로서, 비록 돈은 미국서 나오는 것이지만 우리 힘으로 남의 땅, 남의 나라를 도울 수 있다는 실증적 경험은 해방 후 처음으로 얻어낸 자부심이고 자신감이었다.

이 베트남 특수는 미국을 빼고는 설명되지 않는다. 미국, 더 정확히는 미군, 좀 더 정확히는, 이를테면 건설업자의 경우 한국 주둔 미 8군과 공군, 해군의 관련 공사 인연의 연장으로 베트남 길이 열린 것이었다. 한국에서의 미군과 인연이 베트남 전장으로의 공사 수주 인연으로 이어진 것이다(이제 베트남은 중국의 대체 시장, 대체 투자처로 한국의 가장 확실한 미래 파트너가 되었다).

주한 미군과 베트남의 인연은 그대로 1973~1974년 제1차 세계 석유 파동을 계기로 한 사우디아라비아, 아랍에미리트, 바레인, 쿠웨이트, 이란의 중동 건설 붐으로 이어졌다. 아시아에 머물던 한국 건설업이 현대의 9억 달러 사우디 주베일 항구 공사와 같은 명실공히 세계적인 프로젝트를 통해, 세계 경쟁 무대로 도약했다. 베트남에서의 건설 사업이 전시 상황에서 미국 달러에 의한 특수한 지역 공사였다면, 오일 쇼크에서 오는 건설 공사는 중동, 이란, 아프리카를 무대로 하는 건설계에서 세계적인 거물 기업들과의 경쟁이며 동시에 기회였다. 이 중동 특수에는 미국 이외 영국과의 파트너십이 중요했다. 한국 건설업이 세계화로 나아가는 결정적 계기였다.

1980년대 말 이후 중국 개방은 한국에 거대한 새 시장의 기회를 주었다. 중국에게는 한국이 서양 제품 접근에서 가장 손쉬운 모방 상대이기 때문이다. 1992년 국교 수교 후 2021년까지 30년간 일방적 수출 초과 현상이 지속되었다. 지리적·상품적 친근성과 서양 선진국이나 일본과 달리 200만 교포를 두고 있다는 인적 요소까지 겹쳐 중국 특수라 할 수 있는 시대를 누렸다. 마치 해방 후 특히 1960년대 본격적 산업화 이후 일본이 한국에 서양 고등기술, 제품 생산의 중간 매개자와 변압기의 역할을 했듯이 부분에 따라서는 한국이 중국 공업화의 컨버터 역할을 했다. 중국이 포항제철의 공법과 새마을 사업을 배우고자 했던 것이 그 예다.

단군 이래 한국 역사에서 조공이 아닌 '공적 국가 원조'를 중국에 시혜하고 베푼 기간이 외환위기 전인 1992년에서 1997년까지였다.

일본 변압기

이런 한국의 후진성 극복 근대 경제 성장의 과정과 다른 제3세계 국가와의 결정적 차이는 전 식민 지배국 일본과의 특수 관계다. 다른 서양 선진국보다도 일본은 한국을 문화적·인적 억압에서 더욱 가혹하게 식민 지배했으며, 패전하면서도 한반도 분단으로 한국 민족주의 원한과 갈등의 원천을 제공하여 한국으로서는 용서하기 힘든 증오와 원한의 외부 요인이다.

그러나 한국의 초고속 성장 기반에는 일본이라는 모방·이해·수용이 가능한 중간자의 존재가 아주 중요한 역할을 한 것도 사실이다. 일반적으로 제3세계는 내부적으로 왕, 봉건 귀족이라는 존재와 경제 후진성으로, 서방 선진 세계의 초선진·초고등 기술과의 격차가 컸다. 일본은 미국 서구의 고압 기술 제품이나 제도를 일찍부터 자기 필요에서 중압, 중간 기술, 제품, 제도로 '일본화'하는 데 성공했다. 한국으로서는 가장 가까운 자리에 변압기 역할을 한 일본이 있었다.

해방 후 분단 전쟁의 대혼란에서 압도적으로 미국의 영향 아래 있었지만 이 땅에서 수용하고 소화하기에는 미국의 기술이나 제품이 너무 초고압이었다. 일본이 자신의 지리, 인력, 사회 조건에 맞게 조절한 '선진'은 지리와 역사, 문화의 유사성을 공유한 한국이 추적하고 모방하는 비용을 최소화하고 그 기간을 단축할 수 있는 모형이었다.

한국의 종합상사가 기능을 하기 전, 한국의 대외 무역은 실질적으로 미국이나 영국 등의 서양 무역상이 아니라 서울 반도호텔에 진을 친 일본 무역상, 오퍼상들이 대행했다. 무역인이라는 범주의 직업군이 존재하지 않았던 시절이었다. 삼성전자의 초기 TV 개발은 일본 NEC와 산요, 현대자동차와 현대조선은 일본 미쓰비시자동차와 미쓰비시중공업과 제휴한 것이었다. 포항제철은 일본 야하타제철의 전폭적 협력으로 초기 정착에 성공한 것이다.

'후발자 이득'을 만든 일본의 실질적 기능은 해방 후 한국 장사꾼, 상인들이 일제 식민 통치의 한국어 탄압과 일본어 강요에 의하여 모두 일본어를 하고 일본 책을 읽을 수 있게 만든 것이다. 1세대의 일본어, 2세대 또는 동생들의 미국 유학을 통한 영어가 한국 기업 문화의 결정적 특징이다. 삼성과 현대뿐 아니라 럭키, 금호, 한화 모두의 공통 특징이며 롯데그룹은 아예 일본이 모태였다.

그러나 일본은 대한민국의 초극대 수출 성공에도 불구하고 역사상 단 한 번도 무역 적자를 해소하지 못한 나라다. 만성적으로 일관된 과도한 수입 초과를 내고 있는 국가임을 간과해서는 안 된다. 자원 제공 국가와 일본을 제외하고 대한민국은 후진국은 물론 미국·유럽 선진국들과의 교역에서도 1980년대 이후 지속적으로 무역 흑자를 내고 있다.

극단성과 분열성, 변화의 발전과 근대화의 특징

세계사에서 유례없는 대한민국의 근대화와 선진국 도약의 성공은 결과적으로 역사에 유례없는 하나의 특징을 만들었다. 바로 극단성이다. 대한민국 성공의 극단성에는 양극성, 대극성에 반동성까지 겹쳐 있다. 극단의 단절과 분절·분열, 극단의 변종 도착과 반反발전, 역근대화 현상은 당연한 결과다. 출발선에서의 극단의 지체가 극단의 고속 직진으로, 극단의 빠른 성취로 간다. 이 나라는 극단적으로 폐쇄되어 문호가 닫혔던, 해외여행이 꿈이던 나라였다. 그러나 이제는 세계화를 반대하며 가장 격렬하게 자살까지 감행하는 NGO를 가진 '왜곡된 국제화' 선진국이 되었다. 극단의 군사 문화가 극단의 '민주화 운동'으로 가고, 결국엔 민주주의 정치가 아닌 시위 만능의 데모크레이지democrazy, 즉 단절과 분열의 정치가 되었다.

전통적인 가족주의와 근대의 개인주의가 만나 물질 중심의 가족 이기주의라는 변종을 만들었다. 민주주의에서 최고의 정치적 권력을 가진 대한민국 역대 대통령도 대부분 그들의 가족 때문에 불행한 끝을 맺었다. 경제 권력의 최고 실력자라고 할 수 있는 재벌 가문은 한둘의 예외를 빼고는 모두 가족 간 재산 싸움으로 사법 조치의 신세를 지게 된다. 정당, 기업,

교육계, 문화계, 노조, 모두 사회 공동체의 공준, 공법의 기초가 아니라 가족의 사리사욕이 우선하는 사용, 사영의 실제가 계속되고 있다. 민주주의, 시민, 평등, 모두 가치와 기제가 정착하지 못하고 왜곡, 도착, 변칙의 별종을 만들었다.

극단성은 순서와 단계를 거쳐 중간 영역을 조정하고 대화하며 성찰하는 과정을 생략하게 만든다. 빠른 속도로 집중하여 전개된 근대화 운동은 결국 통합과 숙의, 협지의 결여로 시스템적 결함과 위험을 안게 되었다.

공동체 구성원으로서나 법 체제 안의 '나'가 아닌 '나私人', 내 가족, 내 패거리의 사리가 최우선인 대통령이나 국회의원, 국무위원, 재벌 총수, 노동 지도자, 대학 교수, 종교 지도자들로 구성된 대한민국은 지금 그 왜곡과 도착, 역진의 절정에 있다.

냉전, 탈냉전, 미국 주도 세계화 시대까지는 대한민국이 이런 결함의 내부 체제로도 성공할 수 있었다. 그러나 이제 2022년 이후 21세기 신냉전, 새 지정학, 특히 개인 이노베이션보다 집단 이노베이션, 통합 리더십이 요구되는 뉴노멀 시대에는 더 이상 작동하기 어렵다. 더구나 환경적으로 지구온난화의 종말론적 위협까지 더해지고 있다.

단계와 순서 뛰어넘기

다른 제3세계에서나 선진국들의 근대화와 비교할 수 없는 특징의 하나는 초고속성, 비연속성, 무無에서 세계적인 것을 만들어내기이다. 서양 유럽의 산업화, 민주화는 모두 하나의 변화가 성숙해서 다음의 변화로 순차적으로 진화했다. 하나의 성숙이 다음 또는 다른 차원의 기원이 되고, 이것이 발전 성숙하여 다음 차원의 변화·발전의 동력으로 승화한다. 결과로 보면 돌출이 아니라 연속이다.

대표적으로 영국의 농업혁명과 공업혁명, 서비스 산업의 등장, 봉건사회에서 부르주아 시민의 등장, 중산층 복지사회로의 진행이 민주주의 정치와 맞물린다. 예를 들어 이탈리아의 피아트는 초기 마차 바퀴와 트랙터를 제조할 때는 농업 지대인 중부 볼로냐에 공장이 있었다. 그런데 한국은 미국의 시장, 일본 '변압기' 기능의 특수한 존재와 더불어 초고속으로 성장했다. 고속도로 건설도, 항만 건설도, 공장 건설도, 발전소 건설도, 선진국들이 놀랄 정도로 그 건설 기간을 초고속으로 단축시켜 비용을 아끼는 것, 그것이 경제성의 요체였다.

성공이 만든 실패

극단적 성공과 극단적 실패의 지속적 진행이다. 가장 대표적인 것이 출산율 저하와 인구 감소이다. 한국은 1960년 합계출산율 6명, 1970년 4.53명으로 세계에서도 높은 출산율을 기록하는 국가였다. 그러나 1961년 '가족계획 사업' 출발 후 1983년에는 인구 규모를 유지할 수 있는 출산율인 2.1명보다 낮은 2.06명을 기록했다. 불과 13년 사이 4.53명에서 2.06명으로 경이적 하락이다. 이 극단의 가족계획 성공으로 세계은행, 특히 로버트 맥나마라 총재가 극찬하는 산아제한 모범국이 되었다. 그는 1970년 5월 13일 내한하여 가족계획을 포함 한국 스스로의 노력에 의한 괄목할 만한 경제 발전 성취를 찬양했다.

불과 20년 사이 6명 선에서 2명으로, 다시 30년 사이에 1명 이하로, 드디어 2022년 3분기엔 0.79명을 기록했다. 출산율이 저하된 선진국들의 절반 수준이다. 저출산율에서 선진국 중 최고 기록이다. 전쟁이나 대재난의 일시적 예외를 제외하고 상상할 수 없는 인간 역사상 최저 기록이다.

이런 극적 가족계획 성공의 뒷길에는 또 하나의 기록이 있다. 낙태율이다. 《부자연스러운 선택Unnatural Selection》으로 유명한 마라 히비스텐달Mara Hvistendahl의 연구에 의하면 1977년 한국은 출산아 1명에 낙태아 2.75명으로, 역사상 어느 기록에서도 찾을 수 없을 정도로 높은 낙태율을 기록했다.[8]

출산율과 낙태율뿐 아니라 초고령사회로의 변화와 그에 따른 생산인구의 감소도 최고다. 전통 유교사회의 대가족 제도가 핵가족이나 전자가족, 즉 4인 가구 모델보다 2인 가구, 1인 가구가 되고, 따라서 거주 형태도 1인 가구가 다수화되어가는 속도 등 인류사에서도 기록적이다. 이 결과가 교육, 도시·지방, 주거, 산업, 소비, 노동에 부정적인 영향을 계속해서 미치고 있다. 미래는 더 가혹할 것이다.

이와 똑같은 '극단' 현상이 있다. 서로의 전통 중시로 인해 '근대 문물'을 의도적으로 '억압'했던 분야가 거꾸로 세계 최고로 올라간 기현상도 있다. 바로 커피다. 1961년 5월 29일 아침, 서울 시내 1,150곳 다방에서 커피가 일제히 사라졌다. 13일 전에 들어선 5·16 군사 정권이 커피와 양담배를 사치로 규정하고 금지한 것이다. 서울대학교 문리대 학생들이 중심이 된 '신생활 선도대'가 거리를 행진하고 다방까지 난입했다. 그러나 2020년대 서울에는 590개의 스타벅스가 세워져 인구 면적 비율로는 세계에서 스타벅스 매장이 제일 많은 도시가 되었다. 국세청 조사에 의하면 2022년 6월 기준 전국 커피음료점은 총 9만463개로 1년 전보다 1만 2,920개 늘었고 전달인 5월(8만9,668개)과 비교해도 795개가 증가했다.

지난 1년간 전국에서 하루 평균 35곳씩 카페가 문을 연 셈이다. 카페

수가 처음으로 9만 개를 넘어서면서 전국 편의점 수(5만415개)보다 무려 4만 개 이상 많아졌다. 인구 비례로는 단연 커피하우스의 원천인 선진국도 상상할 수 없는 고밀도의 커피 왕국이 되었다.

잘못된 근대화, 사회 갈등, 신뢰의 추락

근대화, 개인주의, 도시 중심의 개방화가 진행되고 자기중심주의와 자기과시가 늘어난다. 한국은 유교와 가족주의의 전통으로 인하여 몸과 외형에 손대는 것을 어려워했다. 그러나 절대 가난에서 해방과 급속한 도시화는 대한민국을 단순한 화장을 넘어 얼굴 모양까지 바꾸는 성형수술 최선진국으로 발돋움시켰다.

2014년 8월 15일 한국보건연구원의 국제미용성형외과협회 보고서 인용 발표에 의하면 2011년 기준 한국 1만 명당 시술 건수 131건, 2위 미국 100건, 3위 일본 75건으로 우리나라가 세계 1위이다. 미용 성형수술 건수 상위 25국 중 인구 비례로는 세계 1위다.[9] 오죽하면 한국성형학회 회장이 성형수술의 과잉과 탈세, 탈법의 만연을 개탄하며 부정 의술에 대한 정부 규제를 스스로 요청하기까지 했다.

같은 맥락으로 선진국과 비교 불가능한 정도의 사기죄와 위증죄, 무고죄 범죄가 만연하고 있다. 불신용, 반신용 사회화의 현상이다. 개인의 권리 확대와 인권 향상을 위한 법제도를 극단의 이기적인 사리 추구, 자기 확장의 수단으로 전락시키고 있다. 근대의 자유주의 질서를 극단의 이기 행위 수단으로 역진시키는 것이다.

이 결과이면서 또 원인이 바로 사회 분열, 사회 불신, 사회 갈등 비용의 초고속 증가다. 이미 정부도 2014년 세월호 사건 이전부터 문제의식을 가지고 있었다. 예를 들면 국무총리실이 2011년 6월 17일에 공개한 〈공정사회 실현을 통한 선진 인류 국가 구현〉 보고서가 그런 것이다.

외형의 정치적 민주화에도 불구하고 한국 정치 사회의 데모크레이지가 계속되는 양극화, 극단화 현상은 근본적으로 사회 자본의 결여에 있다. 다소 서구 편향적 개념으로 짜인 것이긴 하지만 런던의 레가툼연구소Legatum Inst.가 세계 167국을 대상으로 한 〈국가번영지수 2021Legatum Prosperity Index〉은 대한민국의 평가에서 극단성을 보여준다. 우리나라는 12개 분야 중 교육 2위, 보건의료 3위, 경제의 질 9위, 투자환경 19위, 안보안전 37위 등으로 종합 29위다.

그러나 개인 가족 관계, 사회 관계망, 개인 상호 신뢰, 제도 기관 신뢰, 시민 사회 참여 항목으로 구성된 사회 자본은 147위로 대만 21위, 중국 54위보다 격단의 차이를 보인다. 남수단이 꼴찌인 167위이고 아프간이 163위이다. 지난 10년간 계속 악화되고 있다. 제도 통계로 쉽게 잡히는 것은 월등하고 특등하지만 인간, 시민, 사회 관계, 신뢰는 꼴찌인 것이다. 결과 속 외형과 실체 간의 격차를 왜곡하고, 사회 갈등 비용의 증가를 나타낸다.

아주 독특한 국제화

역사적 연원이 크리스천 국가인 미국 다음으로 세계 두 번째로 많은 해외 선교사를 내보내는 나라가 대한민국이다. 대한민국은 크리스천 국가가 아니다. 전통 불교, 유교가 있고 인구 5,200만 명 중 크리스천은 가톨릭, 개신교, 그리스정교까지 다 합쳐도 1,500만 명 수준이다. 대한민국 인구의 3분의 1인 1,500만 명이, 조선조 말 이래 우리나라에 선교사를 파견했던 정통 크리스천 국가들보다 많은 크리스천 해외선교사를 파견하는 것이다. 독일 8,500만 명, 프랑스 6,700만 명, 영국 6,500만 명, 이탈리아 6,200만 명의 인구를 지닌 크리스천 국가들보다 훨씬 많은 선교사를 해외 169개국에 보내고 있다. 절대수가 두 번째이지 인구 비례, 특히 크리스천 인구 비례 해외파견 선교사로 따지면 평범한 1등이 아니라, 몇 배 많은 1등이 아니라 근 30배 많은 1등을 하는 나라다.

2022년 8월 중의원·참의원 선거와 기시다 내각 개각 파동으로 불거진 한국 통일교의 일본 정계 침투공작 스캔들도 한국 크리스천 해외 활동의 특이한 현상이라 할 수 있다.

비크리스천 문화권 중 유일한 크리스천 강국 대한민국은 대형교회 중 신자의 수로 세계 1, 2, 7, 9등 하는 교회 4개가 수도권에, 그리고 세계 50대 교회 중 23개가 있는 독특한 크리스천 국가다(아프리카 앙골라, 가나, 케냐, 르완다 등은 본래 전통종교가 없는 상태에서 서양 선교의 결과 기독교가 된 것이어서 우리와 차별된다).

도착倒錯, 때로는 반국가적 국제화

한국 크리스천의 세계화도 일부 포함해서, 한국 NGO의 국제화 활동에서도 한국의 수준으로나 세계적 양식으로나 이해할 수 없는 극단의 모습이 있다.

2013년 6월 12일 오후 제네바 제102차 국제노동기구ILO 연차 총회에서 대한민국 방하남 고용노동부 장관이 연단에서 국가대표 기조 연설을 하는 도중 전국민주노동조합총연맹(민노총) 부위원장, 전국공무원노조위원장, 전국교직원노조위원장, 공공운수노조연맹부위원장 등 민노총 대표단이 '한국 정부는 노동기본권을 보장하라'는 현수막을 펼치며 기습 시위를 했다. ILO 역사상 처음일 것이다. 더욱이 자기 나라 대표가 국제 회의에서 기조 연설하는 앞에서 그를 가로막고 의회장 중앙연단 앞 불법 시위를 벌인 것이다. 왜 국내에서는 대화 소통이 안 되고 이런 '극단의 무법 국제화'를 통해서만 표현되는가.

전 세계적 반세계화 운동 과정에서 항의 자살 사건이 일어난 것은 2003년 9월 10일 멕시코 칸쿤 데모가 최초이자 최후이다. 칸쿤 5차 WTO 각료회의를 진행하는 중에 현지에서 WTO 협상 반대 시위를 벌이던 전 한국농업경영인중앙연합회 이경해 회장이 흉기로 왼쪽 가슴을 찔러 숨졌다. 경제적으로는 WTO와 국제 질서의 덕을 보고 WTO의 2인자까지 세우는 나라의 농민이 '자살'이란 극단적 행위로 반WTO를 외치게 된 대한민국의 국제화를 세계는 어찌 평가할 것인가.

같은 일이 또 벌어졌다. 2005년 12월 13일 WTO 각료회의가 홍콩 컨벤션센터에서 열리고 있을 때 한국인 시위대가 회의장 앞 바다에 뛰어들어 반WTO 시위를 벌이고, 다시 시내에서 삼보일배 시위를 벌여 많은 시선을 끌었다.

일부 크리스천 해외 선교 활동도 과연 이런 것이 예수님의 가르침인가 의심할 정도의 도착적 행위를 한다. 2007년 7월 샘물교회 봉사단이 아프가니스탄 탈레반에 납치되며 희생자가 생기고 국가가 이들을 구출하기 위해 상당한 비용을 지불했다. 이들은 출발 전 인천공항에서 아프가니스탄 여행을 자제해달라는 외교부 경고문 옆에 서서 손으로 V자를 그리며 웃는 기념사진을 찍었다. 국가를 비웃었다.

샘물교회보다 앞서 2004년 6월 22일에는 이라크에서 저항테러단체에 납치되어 살해당한 김선일 씨가 있다. 순교 결의문까지 쓰고 적진에서 선교한 김 씨의 유가족은 국가를 상대로 구출하지 못한 책임을 물어 거액의 배상 요구 소송을 제기했다. 같은 무렵 일본 정부는 여행 금지 구역에서 피랍된 일본인 구출을 위해 쓴 비용 일체를 귀국한 피랍인에게 청구했다.

데모크레이지 민주주의

1989년 9월 26일 주한 로마교황청 이반 디아스 대사는 한국의 민주주의를 유치원생의 민주주의로 낮춰보며 '데모에 미친 민주주의', 즉 '데모크레이지'라 규정했다. 이 말은 당시 천주교 정의구현전국사제단의 문규현 신부의 방북이 교황청의 허락 없는 행동이었음을 지적하며 나왔다.[10] 대한민국은 거리, 국회, 관청은 물론 삼성과 현대자동차 사옥이 현수막으로 덮인 시위 데모 국가가 되었고, 칸쿤에서 홍콩에서 ILO 회의장 연단 앞에서까지 시위하는 세계적 시위 문화국이 되었다. 그리고 2009년 광우병 시위로부터 '촛불 시위 국가'로 승격되었다.

이런 변형의 도착은 일반 국민의 이익 집단에서 주도한 시위 행위만이 아니다. 국가 최고 통치자부터 현역 장관까지 앞장서 거리로, 광장으로, 나섰다는 데서 대한민국다운 역발전, 반근대화 역진의 극단성을 보게 된다.

2016년 1월 18일 박근혜 전 대통령은 경기도 성남의 차바이오컴플렉스에서 6개 부처 업무보고를 마친 뒤 인근 판교역 광장에서 열린 '민생 구하기 입법 촉구 1,000만 서명운동' 현장을 방문하여 서명했다. 박 전 대통령은 주소란에 '서울시 종로구 청와대'라 적었다. 청와대 주인이 노동법, 경제활성화법 처리가 안 된다고 성남시 판교역 광장의 시위에 나선 것이다. 국회와 야당을 상대로 정치를 했어야 했다. 그것이 민주주의의 길, 대통령의 길이다. 광장의 시위 서명운동에 나선 10개월 뒤 광화문 '탄핵 촛불'에 밀려 1년 뒤엔 '탄핵-감옥'이라는 대한민국 대통령 불행사의 또 하나의 절정을 만든다.

2003년 5월 10일 한명숙 환경부 장관은 '새만금 백지화 운동' 데모대가 부안에서 서울까지 행진한 지 44일째 되는 날 직접 양손으로 걸개를 들고 문규현 신부와 함께 삼보일배 시위에 앞장섰다. 5월 17일에는 같은 데모대 맨 앞줄에 허성관 해양수산부 장관이 플래카드를 들고 행진했다. 이틀 뒤 같은 정부 농림부 장관 김영진은 이에 반대하고 기자회견을 통해 새만금사업을 계속 추진하자는 주장을 전했다. 국가답지 않은, 반국가적 행위를 장관들이 했다. 그 데모에 앞장선 한명숙은 노무현 정부에서 국무총리까지 되고, '새만금 백지화'는 이루어지지 않았다.

모범이 되지 못한 대통령들

한국의 정치는 불연속·단절·분절·분열의 역사이다. 그 기저에는 1945년 미국과 소련에 의한 분단과 항일 독립운동 과정에서 대한민국 임시정부와 공산당 코민테른 계열과의 분절, 임시정부와 이승만 전 대통령의 분열, 더 앞서서는 고구려·신라·백제의 삼국시대와 고려, 조선을 붕괴시켰던 내부 분열 같은 역사적 사실이 있다.

한국사의 통시적 접근을 미루고 건국 이후만 살펴보자.

먼저, 1948년 건국 과정은 남한 항일 독립운동 세력 간의 투쟁 그리고 이승만, 한민당과 김구, 김규식의 중도 세력 간 건국 방식의 분절이었다. 그러나 유엔의 대한민국 승인으로 김규식, 조소앙, 안재홍 등 중도파 세력이 대한민국 체제로 통합되고 1950년 5월 30일 2대 국회의원 선거에는 김구 직계를 제외한 한독당까지 합류하며 사실상 건국 과정의 분절은 해소되었다.

1950년 5월 30일 선거를 계기로 만들어진 통합정치가 깨지게 되는 두 가지 사건이 일어난다. 하나는 선거 후 한 달도 지나지 않아 발발한 6·25 전쟁과, 공교롭게도 5·30 선거에 참여한 중도파 중진들이 대거 납북됨으로써 항일 독립운동의 큰 축이었던 중도파가 몰락한 사건이다. 또 하나는 전쟁이라는 국가 비상 상황에서 군부의 역량이 커질 수밖에 없다는 점이다. '항일 독립군'은 본래부터 무력했다. 그리고 수적으로 압도적인 일본군 경력의 한국군 수뇌부의 등장과 백두진, 민복기, 이익홍, 홍진기, 신현학 등 일제 관료 또는 전문인들의 과감한 등장은 6·25 전쟁 전 이승만 대통령의 반민족행위특별위원회 강제 해산과 더불어, 한국 민족주의의 정통성에 대한 깊은 고민을 남겼다.

1960년 8월 집권부터 다음 해 5월 16일까지, 9개월간 장면 정부의 부흥부장관은 주요한, 김우평, 태완선 3명이었다. 주요한이 세 번의 취임과 퇴임을 거듭하여 이·취임 장관은 5명이나 되었고, 평균 2개월도 재임하지 못하는 진기록을 세웠다. 더욱 슬픈 진기록은 구파 몫으로 등장한 김우평이 1960년 9월 12일에 임명되어 1961년 4월 12일 퇴임했다고 기록되었지만 지병으로 취임식, 퇴임식은 물론 한 번도 사무실에 나타나질 못했다는 사실이다.

4·19 혁명 뒤 야당이 된 기존 자유당에 단 3석만 허용하고 국회 의석의 90% 이상을 차지한 내각 책임제하의 민주당 정권은 같은 당 안의 신파(장면 총리)와 구파(윤보선 대통령)의 분열과 당쟁으로 시간을 낭비했다. 민주당 정권은 내부 분열로 불과 9개월 만에 자멸, 1961년 박정희 군사 정

권으로 넘어간다. 4·19 민주화 열기는 계승·발전되지 못하고 단절되었다. 오히려 이승만 독재를 부끄럽게 만든 유신 독재의 길을 열었다.

5·16 군부 혁명은 1392년 조선 태조 이성계의 군부 반란 이후 550년 만에 처음으로 등장한 군부 쿠데타였다. 1960~1961년 동안에는 민주공화국 출범 12~13년 만에 학생 혁명과 군부 쿠데타를 같이 겪은 큰 시대적 단절이 있었다. 항일 독립운동이라는 국가 정체성의 정통도, 짧지만 미군 후견하의 근대화 제도 정착의 시도도 모두 소산시키는 단절이었다.

5·16 혁명 군사 리더십은 지금까지 당연한 것으로 여겨졌던 항일 독립운동, 민간 엘리트, 보수 정치인 중심의 정치에서 전혀 새로운 형태의 국가 리더십을 만든다. 즉 군부와 관료와 산업(기업계)의 엘리트로 구성된 군관산 복합체다. 그 꼭대기에 박정희 사령관이 있고 한국 전통의 관료, 근대적 요소의 경제 기업 그리고 일본과 미국의 영향을 깊이 받은 군부의 복합체로 1973년 유신과 1979~1980년 전두환의 5·18 광주 비극을 거치면서 1993년 김영삼 정권 등장까지의 32년간(1961~1993년) 지속된다. 군관산 복합체 정치 리더십 체제는 정치 민주화, 시민 사회화, 경제 성장, 산업화, 다원화, 개방화의 근대 선진화 과정에 긍정적이든 부정적이든 결정적이고 가장 중요한 중추를 형성하고 만다.

한국 정치의 적전 분열, 결정적 시기의 적전 분열은 1979년 박정희 피살로 1980년 민주화의 봄이 왔을 때 김영삼, 김대중, 김종필의 양보 없는 권력 투쟁으로 전개된다. 결국 전두환에게 그리고 1987년 집권 군부의 6·29 선언으로 열린 공간이 왔을 때 또다시 YS, DJ 무한대립 분열로 노태우에게 정권을 갖다 바친다. 한국 '민주화 세력'의 적전 분열 정치의 원죄가 YS, DJ 대통령을 만들었다고 씻기지 않는다.

그런대로 유지해오던 이른바 보수 주류 대한민국 건국(6·25 전쟁 호국세력), 근대화, 산업화, 국제화 세력으로부터 이념적, 지역적 좌파로의 경사, 단절의 시작이었다. DJ 시절은 워낙 외환위기라는 위기의 실존과 미국 일극 주도의 탈냉전 시대 전개로, 국가 안보 위험이 가장 낮았던 시대여서 DJ로부터 시작되는 한국 좌파 정치 세력의 실체가 본격적으로 드러나지 않았다. 뒤이은 노무현의 등장, 이명박 정권 초기 기고만장한 보수 부활의 흥분과 서투른 좌파 청산 작업은 노무현 자살로 좌파 부활의 신호탄을 만들어주었다. 박근혜 탄핵과 문재인 등장은 노무현 자살의 후과이자 때로는 부정까지 서슴지 않는 좌파 부활의 싹이었다.

대한민국 정치사는 분단과 분절, 분열의 연속이었다. 한 번도 자발적인 개혁을 통한 통합, 협치, 융화, 승화를 이루어보지 못했다. 그래서 나온 가장 대한민국다운 역설은, 나라는 최선의 선진국, 때로는 1등, 5대, 7대, 10대 대국이 되었는데 대통령은 한 사람도 인간으로서, 어른으로서 모범으로 남은 자가 없고 모두 불행한 끝을 맺는다는 점이다. 이승만은 망명했고, 박정희는 가장 아끼는 군대 후배이자 고향 후배에게 사살되었고, 전두환과 노태우는 4,000억 원, 3,000억 원 수뢰로 형벌을 받았다. YS, DJ는 대통령 재임 중 자식이 부패 혐의로 감옥행을 겪었고, 노무현은 역사상 보기 드문 국가 최고 원수의 정치적 자살로 끝을 맺었다. 박근혜는 탄핵되었고, 이명박과 박근혜는 감옥살이를 했다. 현재도 보수 우파 한 단체가 주기적으로 신문에 광고를 내어 '문재인 당장 체포 조사하라'고 요구한다.

2015년 8월 23일부터 26일까지 핀란드 수도 헬싱키에서 동해 지명과 관련된 국제회의가 열렸다. 이 방문에서 나의 가슴을 후빈 것은 역대 대통령 한 분씩을 모시고 있는 헬싱키 공원이었다. 핀란드는 러시아와 스웨덴이라는 강대국 사이에서 피침과 식민지를 경험한 나라다. 대한민국은 수도 서울의 공원 광장에 동상을 세울 대통령이 없는 나라가 되었다. 화폐에 쓸 대통령이 없다. 한 사람의 예외 없이 불행한 끝을 맺고 사라지는 대통령들, 그런 대통령을 뽑은 국민들…….

대한민국 정치의 진실은 무엇인가. 정치가 이런 상태로도 선진국이 되었듯이 계속해서 존경할 만한 대통령이 없어야, 선진국을 유지할 수 있다는 것인가.

극단의 재벌 집중

한국의 전통과 초고속 경제 성장을 함께 고려하면 기업의 가족 기업화는 불가피하다. 가족 기업 이외의 기업 형태가 전통적으로 없었고 더구나 초고속 성장과 확장은 가족 인연을 중심으로 기업의 경영 리더십이 구성될 수밖에 없었다. 또 근대 경제 성장에 앞선 서양에서도 수로 보면 압도적으로 가족 기업, 특히 중소기업과 중견기업은 가족 기업이 많다. 독일, 스위스, 프랑스, 이탈리아, 네덜란드 그리고 일본 모두 건실한 가족 기업, 중견기업의 비중이 미국, 영국에 비하여 압도적으로 높다.

이들 전통 가족 기업, 중소기업, 중견기업의 수뿐만 아니라 고용, 생산성 경쟁력의 압도적 우위로 국가 경쟁력이 유지되고 있다. 중견기업 비중을 고용으로만 보더라도 독일(16.1%)을 비롯 일본, 프랑스, 스위스가 20% 선인 데 비하여 한국은 7.6%로 극히 적다.[11] 한국은 초고속 경제 성장과 산업화로 '신흥' 재벌의 집중도가 극단으로 높다. 초고속, 극단성의 특징으로 근대 성장 이전 전통 가족기업인 개성상인 그룹과 호남의 대표 기업인 삼양사 등은 재벌 축에 끼지도 못하게 되었다.

2022년 8월 2일에 친기업 신문인 〈한국경제신문〉은 증권시장KOSPI에서의 국내 10대 재벌 그룹(계열사 포함) 시가 비중(2022.8.18 기준)을 상세히 보도했다. 10대 그룹이 전체 시장 시가총액에서 차지하는 비율은 53.1%이다. 10대 그룹의 시가총액은 1,240조5,528억 원이었다. 그중에서도 삼성이 609.5조 원으로 약 50%를 차지하며 압도적 1위이고, LG가 217.4조 원, SK그룹이 159.1조 원, 현대차가 122.2조 원으로, 100조가 넘는 4대 그룹이 90% 가까이 되고, 포스코가 39.3조 원, 현대중공업이 31조 원, 한화가 21.5조 원, 롯데가 21.2조 원, GS가 11.8조 원 순으로 나타난다. 삼성그룹 가문에는 CJ, 한솔, 신세계 등이 있고, 현대 가문에는 6위 현대중공업 이외에도 KCC, 한라, 백화점, 보험, 해상, HDI 등이 있으며, LG 가문에는 9위의 GS 이외에도 10개 가까운 기업군이 있다. 각 그룹의 가문이 운영하는 기업군을 합치면 우리나라 10대 재벌 그룹의 실질적 증권시장에서의 점유율은 70%를 넘을 것이다. 이 역시 과거나 현재나 세계 증권시장 사상 있기 어려운 극성스러운 사례이다.

GDP 대비 각 나라 대표 기업의 매출을 조사해보면 삼성전자가 우리나라 전체 GDP의 13%를 차지하여 압도적인 1위를 차지하고 있다. 일본은 도요타가 9위 5.39%, 미국 기업은 10위 밖이다.

한국에서의 10대 가족 재벌 그룹의 집중도 특히 4대 재벌 그룹의 압도적 집중도를 주목해야 하는 이유는 단순히 산업 집중도, 공정 거래 독점이라는 문제의 차원보다 더 중요한 측면이 있다. 한 나라의 실체, 공식과 비공식 영역을 넘어 국가 정책의 사실상의 결정권자, 즉 외형적 행정, 사법, 의회 요소를 넘어 그 나라 전통·경제·사회·문화·권력까지를 통합·관할하는 집단 엘리트 중심축이 존재한다. 미국의 언론인 존 간서가 각 나라의 '내부Inside' 시리즈를 통해 분석한 '체제 중심축Establishment'이 그것이다. 영국은 금융 세력을 대표하는 재무부 사무차관, 미국은 〈포린어페어스〉를 발행하는 외교협회Council of Foreign Affairs 같은 것이다.

사실상 산업 전 업종을 경영하는 한국 특유 문어발 4대 그룹에 각각 사외이사를 구성하는 지주회사, 자회사, 손자회사에다, 교육·문화·언론·예술·복지·의료·스포츠 재단과 그 재단이 거느리는 아들·손자 기관만 계산해도 한 그룹당 50~150개에 이를 것이다. 이들이 평균 4명의 사외이사 고문을 그룹마다 각 단위 기관에 배치하면 여기에 동원되는 총리까지 포함해 전직 고관·법관·검찰·경찰·군인·교수·문화예술인들이 각 그룹마다 수백 명씩 될 것이다. 사실상 실력 있다는 대한민국 엘리트는 직·간접으로 싹쓸이하는 것이다. 박정희 시대는 군관산 복합체가 군 우위로 구성되었다. 2022년 현재 대한민국의 엘리트 중심축은 산관교문産官敎文 복합체, 즉 재벌 중심으로 재편되었다.

겉으로는 또 대결의 실체로는 촛불과 태극기(성조기, 이스라엘기)가 커 보이지만 이 팬덤 현상과 이 나라의 체제 깊숙이 박힌 재벌 중심 '산관교문 복합체' 실체 간의 모순이 어찌 전개될 것인가. 2022년 시점에서 다시 점검해야 할 과제이다.

삼성그룹 이재용 총수가 자녀 승계를 포기하겠다는 2020년 5월 6일의 선언(대국민 사과문)은 현재에도 미래에도 가장 주목할 정치·경제·사회의 핵심 논제다.

역사학자가 본 한국의 근현대사: 경제 발전과 민주화의 관점에서

이태진 한국역사연구원 원장·서울대학교 명예교수

한국 근현대사만큼 파란만장한 역사가 달리 있을까. 1894년의 청일 전쟁에서 일본제국의 전장터가 되고 러일 전쟁 후에는 일본제국에 국권을 강제로 빼앗긴 뒤 이후 근 40여 년간 식민 통치 아래서 수탈뿐만 아니라 여러 형태로 인력을 강제 동원당하는 고통의 역사를 겪었다. 1945년 8월 광복의 기쁨도 잠시, 남북 분단을 겪으면서 냉전의 국제 전쟁터가 되어 수많은 인명과 재산을 잃었다. 냉전의 틈바구니에서 좌우 이념의 대립으로 민족이 둘로 쪼개져 다시 하나가 될 전망을 거의 기대할 수 없는 상황이 근 70여 년 이어지고 있다.

이런 내력은 역사 이해에도 많은 균열과 갈등을 일으켜 고통의 무게를 더하고 있다. 국권 상실의 책임 전가 편집증, 식민주의 역사 왜곡의 자력 근대 부정, 신탁 통치 문제를 둘러싼 해방 정국의 혼돈, 항일 독립 전선의 구심이던 임시정부의 실종, 좌우 이데올로기 갈등의 긴 파장, 독재와 경제 개발의 상관관계 의혹, 민주화를 둘러싼 이념 대립 등 헤아릴 수 없이 많은 이슈가 뒤얽힌 역사, 누가 과연 한칼에 답을 낼 수 있겠는가?

세계 어느 나라도 겪지 못한 이 고난에 대한 객관적인 체계화 작업은 역설적으로 고난의 역사를 종결짓는 출발점이 될지도 모른다. 1996년 OECD 가입국이 되고, 2021년 세계 경제 10위 안에 든 '경이'의 역사는 어떻게 이루어질 수 있었던가? 이에 대한 해답도 고난의 역사에 대한 체계적 이해 없이는 얻을 수 없을 것이다.

돌이켜보면, 난마와 같은 역사 탓인지 지금까지 근대와 현대를 잇는 작업조차 이루어지지 못했다. 두 시대에 다리를 놓는 작업의 가능성을 점검하는 것에서부터 시작하여 수많은 이슈의 해결책 찾기에 도전해보기로 한다.

주요 근현대사의 오류와 진실 명세서

나라 잃은 진정한 사연, 일본의 '기획 침략주의'

일본제국의 근대화는 세계사적으로 특이하다. 도쿠가와 막부를 타도한 조슈長州 세력의 스승인 요시다 쇼인吉田松陰의 옥중 수기《유수록幽囚錄》이 일본제국 77년의 운명을 결정했다. 요시다 쇼인은 섬나라 일본이 구미 열강의 식민지가 되지 않기 위해서는 구미의 선진 기술을 속히 배워 그 힘으로 구미 열강에 앞서 주변 나라를 먼저 차지해야 한다고 주장했다. 이 '주변국 선점론'은 대상을 류큐-대만-조선-만주·몽골-중국 순으로 적은 다음, 여기서 힘을 배가하여 태평양으로 나가 오스트레일리아와 미국 캘리포니아로 가야 한다고 했다.[12] 놀라운 것은 이토 히로부미, 야마가타 아리토모 등 그의 제자와 후대 숭배자들이 그의 주장을 온 국력을 쏟아 순서도 틀리지 않고 그대로 실천에 옮겼다는 사실이다.[13]

조선·대한제국은 일본제국의 '주변국 선점' 정책의 초기 대상이 되어 청일 전쟁, 러일 전쟁으로 짓밟혀 국권을 빼앗겼다. 조선·대한제국의 무능을 논하기 전에 일본제국의 이런 독존적 침략주의의 잘못을 먼저 따져야 할 텐데 그런 설명이 좀체 먹히지 않는다. 전후 일본 역사학계는 이에 관해 침묵으로 일관하면서 제국주의 일반론을 고수하여 그 실체를 파헤치는 데 소극적이다. 한국은 최대 피해국인데도 국망國亡의 책임을 자국 위정자에게 돌리는 것에 급급한 나머지 새로 밝혀진 진실에 힘을 실어주지 않는다. 조선도 1880년대부터 전기, 전신, 전차 등 근대 시설과 광산 개발, 도시 개조에서 근대화 사업을 일으켰다. 이것들이 일본의 주변국 선점 정책에 짓밟히거나 빼앗기고 말았다는 사실을 누누이 밝히지만, 대중의 역사 인식은 이를 듣고 잠시 놀라다가 금방 제자리로 돌아간다. 역사학자들 가운데도 같은 수준에서 '식민지 근대화론'을 버젓이 내놓는다.

조선의 군주 고종은 적극적인 선진 문명 수용론자였다.[14] 일찍이 청나라를 오랑캐로만 보지 말고 배울 것이 있다면 수용하기를 주장한 북학파 연암 박지원의 팬이었다. 고종은 1873년 21세 나이로 아버지 대원군의 쇄국주의를 우려하여 '대원위大院位 대감' 결제 선을 중지하고 친정에 나섰다. 대원군은 안으로 준비를 더 한 다음 문을 열자고 했다. 아들 고종은 지금 문을 열어 저들의 기술 문명을 받아들여도 늦은 상황에서 문호 개방을 늦추면 더 격차가 커진다고 했다.

1875년 2월의 '조일수호조규'는 운요호雲揚號 사건으로 궁지에 몰려 체결된 것이 아니었다. 군주가 개국의 필요성을 절감하고 일본의 요구에 대해 능동적으로 대처하여 이루어진 조약이었다. 일본은 당초 13개 조로 된 조약안을 내놓았다. 10여 일간의 검토 끝에 조선 정부는 제13조 최혜국 조관은 다른 나라와 조약을 체결할 수 없게 하는 조항이라고 하여 삭제를 요구하면서 무려 9개 조에 자구 수정을 요구하며 체결에 임했다.[15]

1882년 5월의 조미수호통상조약은 구미 열강과의 첫 번째 조약이었다. 청국의 북양대신 이홍장은 미국과의 조약을 권장하면서도 조선이 청국의 '속국'임을 명기하기를 바랐다. 미국 정부의 전권 대표 로버트 슈펠트의 반대, 조선 정부의 신중한 접근으로 이홍장의 뜻은 실현되지 못했다.[16] 조선 정부는 독립국으로서 새로운 국제 사회에 진입하는 것이 목표였다. 이홍장은 이에 반발하여 위안스카이를 '총리통상교섭'이란 직함으로 조선에 보내 자주독립 외교를 방해했다. 조선 조정은 이를 극복하는 시련을 겪어야 했다. 미국과의 조약 체결 후 1886년까지 영국, 독일, 이탈리아, 러시아, 프랑스 등 구미 열강과 잇따라 조약을 체결한 것은 이에 대한 맞불 놓기였다.[17]

고종은 1882년 5월 조미수호통상조약이 체결된 직후 미국 에디슨 전등회사와 전기 시설 계약을 맺었다. 전기 시설만이 아니라 전신電信 시설 계약도 거의 동시에 이루어졌다. 군주 고종은 광산 개발과 철도 및 전차 시설에도 큰 관심을 가지고 실천에 옮겼다. 1899년 국고 은행으로 대한천일은행을 설립하여 조세의 은행 납부제도를 계획하고 1902년 시점에서는 지폐 발행의 중앙은행 설립을 위한 내자와 외자 동원을 도모했다.[18] 이 모든 개혁은 1904년 2월 러일 전쟁의 발발로 중단되거나 성과를 일본에 빼앗기고 말았다. 고종의 근대화는 어디까지나 일본제국의 '주변국 선점론'의 실행으로 짓밟히고 저지된 것이지 근대화 지향의 의지나 리더십이 없었던 것은 결코 아니었다.

국민 창출의 근대사 출범

고종은 일본과 청국이 교전 중이던 1895년 2월 〈교육조서詔書〉(이하 〈조서〉)를 반포했다. 〈조서〉는 "나라의 한恨에 대적할 사람", "나라의 모욕을 막을 사람", "나라의 정치 제도를 닦아나갈 사람"으로서 국민 창출의 취지를 밝혔다.[19] 1895년 을미년 상반기에 내려진 개혁 관련 교서敎書들은 위 〈조서〉를 포함하여 모두 국한문 혼용체였다. 서민 대중이 읽을 수 있도록 한문 교서 형식을 버렸다. 1896년 4월 창간한 한글 전용 〈독립신문〉 또한 국민이 될 서민 대중의 지식 정보 습득을 위한 것이었다. 고종은 국민 창출에 서민 대중의 능동성, 곧 자율성이 반드시 필요하므로 관민 협력 단체로 독립협회를 조직하게 하고 이 협회의 이름으로 신문을 창간했다.[20]

〈조서〉는 덕양德養·체양體養·지양智養의 3양三養을 강령으로 삼는다고 했다. 3양 교육은 17세기 영국의 존 로크가 처음 제창하여 18~19세기 미국의 중등학교 교육 지침으로 널리 활용되었다. 1895년 2월에 이것이 조선의 교육 강령으로 채택되었다는 것은 놀라운 일이 아닐 수 없다. 정조대왕은 세종대왕이 펴낸 《삼강행실도》와 16세기 사림士林이 만든 《이륜행실도》를 합하여 《오륜행실도》라는 이름을 붙여 펴냈고, 언해본으로 작성해 대민과 소민 가릴 것 없이 온 나라 사람이 나라의 주인으로서 실행할 윤리강령 독본으로 삼았다.[21] 고종의 3양 교육의 〈조서〉는 곧 정조대왕의 언해본 《오륜행실도》의 현대판이었다. 1895년 상반기에 '교육입국'의 취지로 반포된 〈조서〉는 한성사범학교, 소학교, 각국 외국어학교 설립을 후속시켰으나 그 성과가 대한제국의 출범으로 확대·발전하던 중, 일본제국의 본격적인 한반도 침략이 시작되었다. 1904년 러일 전쟁으로 일제가 국권을 위협하는 속에서도 황제는 황실 사람들이 학교 세우기에 나서도록 하고, 전국 각지에 소액의 하사금을 내려 이를 근거로 모금 운동을 벌여 고을마다 학교를 세우게 했다.[22] 1895년 2월의 〈조서〉는 1910년 국권을 빼앗길 때까지 15년이란 짧은 기간에도 많은 변화를 가져왔다. 1907년 2월부터 시작된 '국채보상운동'에서 참가자들은 나라가 부당하게 진 빚을 갚는 것은 '국민의 의무'라고 외치고 서울의 운동 본부를 의무사義務社라고 불렀다. 의무를 앞세운 국민 탄생의 역사는 세계사적으로 예를 찾아보기 어렵다.

1909년 3월 15일 자로 태황제 고종은 〈서북간도 및 그 부근 민인民人에 내리는 효유(문)〉에서 주권이 일제에 의해 크게 침탈된 책임이 자신에게 있는 것을 자책하면서 "대한은 나 한 사람의 것이 아니라 여러분의 것"이라고 하여 주권 이양을 선언했다.[23] "여러분의 몸을 튼튼히 하고, 여러분의 피를 뜨겁게 하고, 여러분의 지식을 닦아 때를 기다려 큰 공로를 세울 것"을 당부하면서 교육의 힘에 거는 기대를 다시 밝혔다. 태황제 고종은 "독립이라야 나라이며, 자유라야 (국)민이니, 나라는 곧 민이 쌓인 것積民이며, 민은 선량한 무리이다"라고 하여, 나라의 주인인 온 백성이 자유의 인으로서 나라의 주체가 되기를 거듭 부탁하였다. 동아시아 근대사에서 이런 자유인으로서 국민 유형이 선언된 것은 대한제국 외에 달리 찾아볼 수 없다.

일본제국 수뇌부는 덕수궁의 '이 태왕'(강제 병합 후 태황제의 호칭이 이렇게 바뀌었다)이 1907년 헤이그에 특사를 파견했듯이 곧 열릴 파리평화회의에 대표를 보낼 것을 우려하여 그를 독살했다.[24] 황제의 죽음은 3·1 독립만세운동의 기폭제가 되었고, 그 힘으로 4월에 상해에서 출범한 임시정부는 대한제국을 승계하는 '민국'으로서 대한민국이라고 국호를 정하고 헌법에 자유민주주의 공화제를 표방하였다. 이는 곧 1895년 2월 〈교육 조서〉가 추구한 자유의 국민 탄생 역사가 일구어낸 성과였다.

대한제국의 경제 발전 성과

대한제국의 근대화 사업은 과연 어느 정도로 국력을 신장시켰을까? 이는 일본제국의 침략 정책을 비판하는 근거로서 반드시 확인해야 할 문제다. 다시 말하면 단순히 서양 신문명의 이기利器에 관한 호기심에 그쳤는지, 아니면 국가 운영의 기반을 바꾸어 놓을 만한 개혁이었는지 확인할 필요가 있다. 학계의 주요 연구 성과 몇 가지를 소개한다.

우선, 국가 제일 산업인 농업의 근대적 개혁 성과가 이미 오래전에 밝혀졌다. 1975년에 발표된 김용섭의 연구가 바로 그것이다.[25] 이 연구는 '광무光武 연간의 양전量田과 지계地契 사업'의 성과를 지역 사례에 관한 실증적 분석을 통해 중요한 결론을 내리고 있다. 조선 왕조는 19세기 전반기에 이른바 삼정三政의 문란으로 민란을 겪고, 후반기 동학 농민전쟁을 수습하는 근본 문제의 하나로서 조세제도 개정과 더불어 전국의 토지를 정확하게 파악하는 사업을 실행하기로 결정했다. 〈교육 조서〉의 반포로 새로운 국민 창출이 시도되던 바로 그해 함께 시작된 일이었다. 그러나 이 계획이 실천에 옮겨지는 데는 넘어야 할 장벽이 많았다. 같은 해 후반기 일본제국은 조선의 자주 개혁에 반발하여 왕비를 시해하는 등 반격을 가해왔다. 해학海鶴 이기李沂의 건의에서 비롯한 토지제도 개혁은 3년 뒤 1898년 6월 양지아문量地衙門이 설치되면서 비로소 실행에 옮겨졌다.

1895년 10월 8일 왕비 살해 사건과 함께 경복궁은 완전히 일본군에 장악되고, 이듬해 2월 6일 새벽에 군주는 상궁의 행차를 가장한 가마를 타고 건청궁을 빠져나와 러시아 공사관으로 거처를 옮겼다. 여기서 김홍집의 친일 정권을 무너뜨리고 왕권을 회복하여 개혁 정사를 다시 시작했다. 근 1년 반을 소요하여 '서울 도시 개조 사업'의 한 부분으로 도심에 경운궁慶運宮(현 덕수궁)을 새로 짓고 러시아 공사관에서 나와 이곳으로 옮겨 1897년 10월에 대한제국을 선포하여 국체를 바꾸었다.[26] 이 대변혁 후 1898년 6월에 이르러 비로소 토지 측량을 담당할 양지아문을 설립했다.

1901년 양전 사업이 진행되는 가운데 지계아문이 설립되었다. 토지 측량과 함께 토지 소유권을 법적으로 인정하는 지계地契 발행을 위한 순서였다. 지계아문은 한성부와 13도 각 군에 있는 전토田土의 계권契券(토지 권리증)을 정리하여 발급하였다. 농지인 전토田土뿐만 아니라 산림·가사家舍까지 확대하였고 개항장이 아닌 곳에 있는 외국인의 토지 소유는 인정하지 않았다. 양지아문은 1902년 3월 지계아문에 통합되어 업무의 효율성을 높였다. 농민 토지 소유에 대한 제도적 개혁은 생산력의 증대와 세수원의 안정을 가져왔다.

이윤상은《1894-1910 재정 제도와 운영의 변화》에서 1897~1905년의 국가 예산 추이를 다음 표와 같이 제시했다.[27] 여기서 광무 양전 이듬해인 1899년부터 국가 예산의 규모가 점진적으로 증가하고 있는 것을 확연하게 볼 수 있다. 1903년부터의 증액은 1,000만을 넘어서고 다시 1905년에는 그 배에 가까운 액수가 되고 있다. 1905년 '보호조약' 강제 이후 일본의 국권 침탈이 없었다면 대한제국의 경제는 번성 일로의 길을 걸었을 것을 그대로 보여주는 통계이다.

최근에 황태연이 내놓은 대한제국의 GDP에 관한 연구도 주목할 점이 있다.[28] 그는 '광무 경제의 눈부신 성과'로 근대한국에 대한 외국인들의

조선·대한제국 정부 예산(단위: 元)

1897	1898	1899	1900	1901
4,190,427	4,525,530	6,471,132	6,161,871	9,078,682
1902	**1903**	**1904**	**1905**	
7,585,877	10,765,491	14,214,298	19,113,665	

관찰 기록과 '아시아 경제대국'으로의 도약에 대한 통계적 증거들을 각각 다루었다. 그는 위 이윤상의 통계에 대해 1905년까지의 예산액은 순수하게 대한제국이 세워 사용한 금액으로써, 이에 따르면 대한제국은 창건 9년 만에 예산을 약 4.6배로 늘린 것이라고 하고, 이것은 경제 규모의 확장이 그만큼 배가한 것을 보여주는 것이라고 평가했다.

대한제국과 대한민국 임시정부가 국제평화운동에 건 기대

1897년 10월 대한제국이 출범한 뒤, 광무황제(고종)는 자원 개발, 중앙은행 설립 등을 목표로 구미 열강으로부터 차관 도입에 열중했다. 한편으로는 국제우편연맹, 국제적십자사에 회원으로 가입하고 1903년에는 헤이그에 본부를 둔 만국평화회의에 가입했다. 한 해 앞서 1902년에는 즉위 40주년을 맞아 수교국 대표들을 서울에 초청하여 서울이 현대화한 모습을 보여주면서 중립국으로 승인받기 위한 사전 작업을 꾀했다.[29]

그러나 불행하게도 이 해에 동아시아에 콜레라가 만연하여 이듬해 봄으로 연기했지만, 한국 최초가 되었을 국제 이벤트는 끝내 실현을 보지 못하고 말았다. 1903년 8월 15일 광무제는 러시아 니콜라이 2세에게 매우 의미심장한 친서를 보냈다. 귀국은 곧 일본과 전쟁을 하게 될 것 같으며, 전쟁이 나면 서울은 일본군에 장악되어 아무런 조치도 취할 수 없으니 군사협력 관계를 맺자고 제안했다.[30] 이듬해 1월 일본군이 러시아군과 싸우기 위한 출동 준비를 시작하자 대한제국 정부는 전시戰時 중립국을 선언하여 6개국으로부터 응답을 받았다.[31] 그러나 일본 군부는 이를 무시하고 한반도를 요동 반도로 가는 진군 통로로 이용하는 한편 서울에 1개 사단 병력을 주둔시켜 국권 탈취의 배경으로 삼았다. 러일 전쟁은 10년 전의 청일 전쟁에서 놓친 과실을 다시 움켜쥐기 위한 '주변국 선점' 정책의 재가동이었다.

1900년에 접어들면서 구미 열강 사이에는 제국주의를 비판하는 국제 평화운동이 일어났다.[32] 1900년 미국의 철강왕 앤드루 카네기가 국제평화기금으로 4,000만 파운드를 내놓고, 이듬해에는 노벨 평화상 시상이 시작되었다. 국제평화운동은 일본제국의 주변국 침략 정책과 충돌하는 것이었다. 이토 히로부미를 비롯한 일본제국의 정치 지도자들은 '러시아가 동아시아에 진출하는 것을 막는 것이 곧 동양 평화의 길'이라고 억지 주장을 폈다. 일본은 미국의 시어도어 루스벨트 대통령의 대외 팽창 정책을 이용하여 러시아와의 전쟁에서 지원을 받아냈다. 한국으로서는 미국과 악연의 시간이었다. 루스벨트는 일본 정부가 전후에 만주 일원의 상업적 중립지대 확립 약속을 깨고 러시아, 청국 정부와 양해 사항을 만들어가는 배신을 지켜봐야 했다. 이후 미·일 간에는 어떤 유대도 만들어지지 않았다.

1914년 제1차 세계대전이 발발했다. 미국은 공화당 정권 시대가 끝나고 민주당 출신 우드로 윌슨 대통령 정부가 출범하면서 국제평화주의 노선의 선도 국가가 되었다. 윌슨 대통령은 초대 조지 워싱턴 대통령의 유럽 정치 불개입 원칙을 깨고 참전을 결정했다. 그리고 전후 평화 공존 체제를 모색하여 1919년 국제연맹The League of Nations을 탄생시켰다. 이 유례없는 쾌거도 순탄한 행로로 일관하지는 못했다.

헨리 캐봇 로지Henry Cabbot Lodge 상원의장을 비롯해 공화당이 장악한 상원의 반대로 미국은 국제연맹 창설의 주도국이면서도 회원국이 되지 못하는 아이러니가 빚어졌다. 그러나 미국의 인력과 지원금이 국제연맹에 투입되어 운영에 적지 않은 도움을 주었다. 특히 카네기 재단의 지원을 받은 하버드 법대 교수단이 중심이 된 '국제법의 법전화Codification 사업'은 지금까지 학설로 존재하던 국제법을 공법Public law의 지위로 올려놓았다. 1935년에 '법전화 사업' 7개 중의 하나로서 완성한 '조약에 관한 법'은 1905년에 일본제국이 대한제국에 강요한 '보호조약'을 역사상 효력을 발생할 수 없는 조약 셋 중의 하나로 판정하였다.[33]

1921년 3월 우드로 윌슨 대통령은 국제연맹 가입의 필요성을 알리는 전국 유세 중에 뇌일혈을 일으켜 직무 수행이 어렵게 되었다. 다음 대통령 선거는 공화당 출신의 워런 하딩Warren Harding의 승리로 돌아가고 이후 1933년까지 공화당 시대가 계속되었다. 1932년 11월 대통령 선거에서 민주당 출신의 프랭클린 루스벨트Franklin Roosevelt가 당선했다. 그는 우드로 윌슨 대통령 재임 때 해군 차관을 역임한 열렬한 윌슨주의자Wilsonian였다. 그는 국제연맹이 강력한 제제 장치를 가지지 못한 단점을 보완하는 새로운 국제 평화 유지기구로 유엔의 창설을 제안했다. 제2차 세계대전을 통해 국제연맹을 개조Recreation한 형태로 새 기구를 발족시킬 필요성을 느끼고 그 실현에 노력하였다.[34] 그는 철저한 반 식민주의자로서 '카이로 선언'에서 일본제국 통치하의 한국인의 상태를 '노예'와 같다고 언명하였고, 또 영국의 처칠 수상과는 식민지 전면 철폐 문제를 놓고 여러 차례 의견 충돌을 겪었다.[35] 처칠은 식민지를 무차별적으로 해방하면 대영 제국의 경제 기반이 무너질 것을 우려하였다. 루스벨트는 네 번째 임기 중 1945년 4월에 사망하여 부통령 해리 트루먼Harry Truman이 뒤를 이었다. 루스벨트 대통령이 제안한 유엔은 7개월 뒤 9월 샌프란시스코에서 국제 평화와 안전을 보장하고 국제 협력 증진을 목표로 정식으로 출범했다.

유엔에서 미국은 명실상부한 인류 평화 공존 체제 확립을 주도한 국가가 되었다. 미국이 창설을 주도한 국제연맹과 유엔은 제국주의 시대의 식민주의를 척결하는 것을 과제로 삼았다. 그것은 기본적으로 일본제국에 불법한 방식으로 국권을 빼앗긴 한국의 편이었다. 연맹과 연합이 여러 가지 상황으로 한국의 항일 투쟁을 온전하게, 완벽하게 지원하지 못한 점이 있었어도 자주 독립을 추구한 한국과 대척 관계는 결코 아니었다.

해방 정국: 반미 사상의 오류

한반도의 해방 정국은 이데올로기 각축장이었다. 이때 형성된 좌우 대립의 유산은 오늘날까지 한국 정치에 적지 않은 영향을 끼치고 있다. 해방 정국에서 사회주의 세력은 미국을 제국주의로 간주했다. 이 인식은 후대 좌파 이데올로기에 적지 않은 영향을 끼치고 있다. 해방 정국의 미 군정이 과연 제국주의적이었는지에 대한 진지한 검토가 필요하다.

미 군정은 한국의 서민 대중의 70% 정도가 중도, 좌익 특히 좌익에 쏠려 있는 현실을 확인했다. 일제 말기의 극심한 수탈로 기아에 허덕이는 서민 대중에게 사회주의는 곧 메시아의 소리였다. 미 군정은 일본제국 파시즘으로 피폐할 대로 피폐해진 한국의 농민을 구하기 위해 어느 정책보다도 큰 비중으로 농지 개혁 정책을 폈다. 자유민주주의 국가 수립을 위해서는 자영농의 창출이 필수라는 인식에서였다.

그러나 이에 대한 한국 학계 평가는 1990년대까지 매우 부정적이었다. 예컨대 황한식의 〈미 군정하 농업과 토지 개혁 정책〉[36]은 이 분야 연구의 개척 위치에 있으면서 미 군정의 토지 개혁에 대해 부정적으로 평가했다. 미 군정이 지주 이익을 대변하는 한국민주당 중심의 보수 세력에 의존하고, 하지 소장을 비롯한 군정 당국자들이 토지 개혁에 대한 인식이 부족하여 '개혁'에 대한 의지가 부족한 점 등을 들어 혹평했다. 이 글이 실린《해방전후사의 인식》이 당시 운동권에 끼친 영향으로 볼 때, 이 시기 학생 운동권의 반미 의식 조장에 준 영향을 부인할 수 없다.

카이로 회담에서 루스벨트 대통령을 수행한 국무성 관리 아서 번스Arthur Bunce는 "한국 문제의 처리는 관련 강대국들의 국제적 협력을 통해서 이루어져야 한다"고 했다. 즉 중·소·미·영의 국제위원회를 설립하여 이에 의한 '한국 대표 국민회의'를 구성하고, 여기에서 총독을 대신할 대통령을 선출하여 국회를 구성하도록 해야 한다는 일련의 프로그램을 제시했다.[37] 그는 회담이 끝난 후인 1944년 4월에《한국의 장래The Future of Korea》 I, II를 출간했다. 여기서 같은 문제가 상세하게 다루어졌다.[38] 후술하듯이 번스의 연구는 곧 프랭클린 루스벨트 대통령의 유엔을 통한 한국의 '신탁 통치'에 필요한 경제 분야의 입안으로 이루어졌다. 미 국무부는 카이로 회담을 전후하여 한국의 미래를 위해 치밀하게 계획을 수립하고 있었다.

1946년 2월 11일 번스는 주한 미군 경제고문 및 국무성 경제사절단 단장으로 한국에 왔다.[39] 1946년 3월 4일 군정장관 러취A.L.Lerch는 미 군정의 농무장관 이훈구를 대동하고[40] 기자들 앞에 서서 구 일본인 소유 농지에 대한 분배 계획을 곧 발표할 예정이라고 공지하고, 3월 7일에 실제로 이를 공표했다.[41] 입안자 번스의 이름을 따서 '번스안'으로 불리는 '구 일본인 농지 매각안'은 번스가 준비한 개혁안 중의 첫 번째였다. 그를 중심으로 한 사절단의 토지 개혁안은 곧 '노예와 같은' 처지의 한국 농민들의 생활을 바꾸어놓기 위한 것이었다.

'번스안'이 공개된 후 사안의 중대성에 비춰 시행 주체가 한국인이 되어야 한다는 '한국인화'가 제기되었다. 이에 미 군정은 '번스안'의 시행을 보류하고 1946년 12월 12일 중도 세력[중도 우의 김규식, 중도 좌의 여운형, '(좌우)합작파'라고도 불림]을 중심으로 '남조선과도입법의원'을 구성하여 이에 회부, 한국 측의 의견을 수렴했다. 조·미연락위원회는 '번스안'과 입법의원 '산업노농위원회안'을 놓고 논의를 거듭하여 1947년 10월 11일 대체적인 합의로 '입법의원 토지 개혁 법안'을 만들었다. 그러나 같은 시기에 미·소 공동위원회의 무산이란 변수가 생겼다. 1947년 5월 21일에 열린 2차 미·소 공동위원회는 난항을 거듭했다. 미 군정 당국은 공동위 해산에 대비하여 남한 단독정부 수립을 위한 작업에 착수했다.

국무부에서 파견한 경제고문단 단장 번스의 이름으로 제시된 토지 개혁안은 그대로 실시되지는 못했지만, 전문적이고 구체적 내용을 가지고 남한에서의 토지 개혁 논의를 활성화한 공적은 부인하기 어렵다. 해방 정국에서 어느 정당이나 전문가도 토지 개혁에 관한 구체적인 입안을 내지 못하고 있었던 현실에 비추어 보면[42] 번스 경제고문사절단의 역할이 가지는 역사적 의의는 누구도 부정할 수 없다.

이승만 정부에서의 농지 개혁 문제는 여러 가지 해석이 얽혔다. 그러나 2004년 정병준의 연구는 교통 정리에 성공했다. 정병준은 미 국무부

의 관련 자료를 발굴하여 이승만 정부에서 농지 개혁이 시행된 경위를 다음과 같이 밝혔다.[43]

이승만 정부는 1950년 3~4월에 제헌국회가 통과시킨 농지 개혁 법안을 6월에 공포했다. 그러나 전쟁의 발발로 실제로 이를 시행에 옮긴 지역은 충남 서산군 근흥면 같은 극히 일부 지역에 한정되었다.[44] 이런 가운데 한국 전쟁이 발발하여 북한 인민군은 점령 지역에서 북한식 '토지 개혁'을 실시했다. 이에 대한 미국 정보 당국의 조사는 한국의 농지개혁이 토지 소유권을 인정했으나, 북한 토지 개혁은 배타적 소유권이 아닌 경작권만 인정한 점, 지가 상환에서도 남한 것이 법령상 매년 수확의 35~45% 납부로 된 것에 반해 북한 것은 47~77%가량으로 농민들에게 매우 불리한 것으로 확인했다.[45]

이승만 정부는 부산 수도 시절에 미점령 지역인 경상도와 부산에서 농지 개혁을 시행했으나, 논란이 거듭하여 1950년 10월 서울 수복 후에는 오히려 1년 연기를 결정했다. 이에 대해 북한 인민군 점령 지역에서의 토지 개혁을 예의 주시해온 미국 정부는 농지개혁의 즉각 재개를 요청하여 연기가 번복되었다. 그리하여 1952년 중반에 농지개혁은 비로소 전 지역에서 시행이 종결되었다. 분배 농지의 총 면적은 54만1,996정보, 농지를 부여받은 농가는 165만 호, 1952년 현재 소작으로 남은 농지는 약 2%에 불과한 성과를 거두었다. 남한 지역에서의 농지 개혁은 미 군정기에서부터 한국 전쟁기까지 미국이 시종 강력한 추진력을 발동한 것으로 밝혀졌다.

여기에 덧붙일 것은 미국에 대한 또 다른 오해로 1951년 9월에 개최된 샌프란시스코 대일평화조약의 한국 참가 문제다. 현재 일반적으로 미국 정부가 한국의 참가를 반대한 것으로 알려져 있고, 이는 미국의 최대 허물로 반미 사상의 중요한 근원의 하나가 되었다. 그러나 한국 대표 참가를 반대한 것은 미국이 아니라 영국이라는 것이 새롭게 밝혀졌다.[46] 미국은 시종 한국의 참가를 주장한 것과 달리 영국은 중국에서의 경제 네트워크 가동을 염두에 두고 한국(남한) 참가가 중국과의 관계에 미칠 악영향을 우려하여 한국 참가를 반대했다.

미국은 1951년 7월 한국 전쟁을 종결짓는 정전 회담을 앞두고 한국 대표 참가 주장을 포기하여 결과적으로 영국의 반대 의견을 따른 것이 되었다. 중국(중공)은 정전 회담의 당사국이었다. 잘못된 고정 관념에 대한 학구적 확인 작업의 필요성을 절실히 느끼게 하는 사례다.

1945년 8월 15일 광복과 대한민국 정부 출범

미 군정과 임시정부 환국

1945년 8월 15일 일본제국 쇼와 천황의 '무조건 항복' 방송이 있자 한반도는 만세 소리로 뒤흔들렸다. 그러나 광복의 기쁨도 잠시 38도선의 남과 북에 미군과 소련군이 진주하면서 분단의 어두운 그림자가 드리웠다. 1945년 8월 15일 여운형과 안재홍이 중심이 되어서 좌·우를 망라하여 '건국준비위원회'를 결성했다. 평양에서는 조만식 등이 주축이 되어 '평안남도 건국준비위원회'를 결성했다.[47] 일본으로부터 행정권, 치안권을 인수하기 위해 만든 조직이었다. 8월 22일에 소련군이 평양에 입성하여 25일에 사령부를 설치했다. 9월 2일 도쿄의 미국 맥아더 사령부는 북위 38도선 경계로 미·소 양국이 한반도를 분할 점령한다고 발표했다. 9월 8일에 미군이 인천에 상륙했다.

여기서 이 시대의 좌·우 갈등에서 빚어지는 복잡한 정국의 전개를 다 설명할 수는 없다. 당대 주요 인물인 이승만 박사, 김구 주석, 그리고 조선 공산당 당수 박헌영 3인의 주요 발언 소개로 당시 정국의 분위기를 전하는 데 그치기로 한다.

이승만 박사는 해외 항일 독립지사 가운데 가장 빨리 귀국했다. 1945년 10월 18일 자 〈자유신문〉[48]은 "33년 만에 고토故土를 밟은 건국의 거인, 이승만 박사 미리 연락先通도 없이 오늘 저녁 돌연 공로空路로 입경"이라는 제목으로, 그의 입국 기사로 1면을 채웠다. 그리고 10월 23일 자에 다음과 같은 그의 발언이 보도되었다.

1. 연합국 측에서 우리의 자주독립의 실력을 인정하도록 조직적으로 행동해야 한다.
2. 우리의 생명 자존권을 위해 시급히 북위 38도 문제를 해결해야 한다.
3. 우리의 자주독립을 방해하는 것이 있다면 어떠한 세력과도 싸워야 하겠고 조선의 신탁 통치와 같은 것은 절대로 있을 수 없다.

그의 독립 교훈의 제1성 "합치자(뭉치자)"도 이때 보도되었다. '신탁 통치'라는 말이 신문에 보도된 것도 이 기사가 처음이었다. 이승만 박사의 귀국은 여러 정당이 하나로 모이는 운동이 일어나는 계기가 되었다. 한국민주당(송진우), 조선공산당(박헌영), 국민당(안재홍)의 대표들이 국민대회준비회의 알선으로 10월 17일과 24일 두 차례 모인 뒤 충칭 임시정부의 전면적 계승 지지를 선언하는 결의를 발표했다.[49] 11월 23일 김구 주석을 비롯한 일행이 마침내 개인 자격으로 김포 공항을 통해 입국했다. 〈자유신문〉은 11월 24일 자로 "광복 혈투 30년, 6거인巨人 역사적 환국, 일체로 면회를 사절하고 고토故土 와서 침묵의 제일야第一夜, 금일부터 활동 개시에 기대"라는 제목으로 임정 요인 6인의 입국을 보도했다.[50]

11월 24일 밤 8시에 김구 선생은 경성방송국의 마이크를 통해 환국 인사를 했다. 2분가량의 짧은 방송이었다.

> "친애하는 동포들이여, 20년간이나 꿈에도 잊지 못하고 있던 조국 강산에 발을 들여놓게 되니 감량 무계無計합니다. 나는 5일 충칭을 떠나 상해로 와서 22일까지 머물다가 23일 상해를 떠나 당일 경성에 도착하였습니다. 나와 나의 각원閣員 일동은 한갓 평민의 자격을 가지고 들어왔습니다. 앞으로는 여러분과 같이 우리의 독립 완성을 위하여 진력하겠습니다. 앞으로 전국 동포가 하나로 되어 우리의 국가 독립의 시간을 최소한도로 단축시킵시다. 앞으로 여러분과 접촉할 기회도 많을 것이고 말할 기회도 많겠기에 오늘은 다만 나와 나의 동사同事 일동이 무사히 이곳에 도착되었다는 소식을 전합니다."[51]

11월 25일 환국 3일째를 맞아 김구 주석은 오후 12시경에 돈암장의 이승만 박사를 찾아 장시간 요담하였다. 조선공산당 대표 박헌영은 11월 28일에서야 김구 주석 환국 후 처음으로 기자 회견에 임했다. 즉 "진보적 민주주의 원칙, 민족 통일전선 결성은 해내·해외 정당 집결에서만 완성될 수 없고, 대중단체의 전면적 참가 곧 전국노동조합평의회, 전국 농민조합총연맹, 전국 청년총동맹, 전국 부녀총동맹 등과 천도교를 위시한 기타 민주주의 단체의 총 참가에서 결성되어야 한다"라는 것을 발표하였다. 충칭 임시정부 요인들의 개인 자격 입국은 좌익계가 경계해 마지않아야 할 조직이 없어진 것을 뜻하였다. 박헌영은 이 시점에서 그간 국민적 여망을 모아온 이승만 박사, 김구 주석을 비롯한 상해·충칭 임시정부의 권위를 사실상 부정하였다. 그는 '진보적 민주주의'를 내세우고 각종 연맹의 단체를 앞세워 좌익 세력 특유의 전술을 처음 드러냈다. 그가 사용한 '진보적 민주주의'는 우리나라 정치사에서 이후 1987년 민주화 전후까지 어느 정치 세력도 사용하지 않은 용어로 눈을 끈다.

연합국 신탁 통치안의 내력

1943년 11월 23일 카이로에서 미국의 프랭클린 루스벨트 대통령, 영국의 윈스턴 처칠 수상, 중국의 장제스 총통이 만나 일본에 대한 연합국의 대응과 아시아 전후 처리 문제를 논의했다. 연합국은 승전하더라도 각기 자국 영토의 확장을 도모하지 않을 것이며 일본이 제1차 세계대전 후 타국으로부터 약탈한 영토를 되돌리는 것으로 했다. 특히 한국에 대해 앞으로 자유 독립 국가로 승인할 것을 결의했다. 조선인의 '노예 상태'에 유의하여 '적당한 시기'에 조선을 자주적으로 독립시킬 것을 합의했다.

루스벨트 대통령은 강력한 반식민주의자로서 전후 모든 식민지를 해방할 것을 다짐하면서 이 회담에서 처칠 수상과 여러 차례 충돌하기도 했다.[52] 그러나 루스벨트 대통령의 의지는 강경했다. 스스로 'The United Nations'란 말을 고안하여 1942년 1월 1일 26개국 대표가 모인 아르카디아(워싱턴 D.C.) 회담에서 추축국과 싸우기로 하는 '연합국 선언'에서 이를 처음 사용했다.

1945년 2월 4일부터 11일까지 흑해 연안 얄타에서 미국의 프랭클린 루스벨트 대통령, 소련의 당 서기장 이오시프 스탈린, 영국의 윈스턴 처칠 수상이 만났다. 사안은 나치 독일의 패전 후 관리 문제였다. 제4차 대통령 선거를 앞두고 프랭클린 루스벨트가 제안한 회담이었다. 루스벨트 대통령은 유엔 창설을 통한 식민지 처리 문제에서 사회주의 국가 소련에 거는 기대가 컸다. 스탈린은 실제로 이 회담에서 유엔에 참여할 것을 약속했다. 소련은 루스벨트의 요청에 따라 대일본 전쟁 곧 태평양 전쟁에도 참여할 것을 약속했다. 루스벨트는 소련의 참여로 전쟁을 더 일찍 종결하여 미국인의 희생을 줄이기를 원했다.

1945년 5월 2일 연합국이 독일 베를린을 점령했다. 이에 따라 7월 17일에 독일 포츠담에서 미국의 트루먼 대통령, 영국의 처칠 수상, 소련의 스탈린 당 서기장이 만났다. 그간 연합국 간의 회담을 주도하던 루스벨트 대통령이 4월 12일에 사망하여 부통령 트루먼이 대통령직을 승계했다. 영국 대표도 중간에 윈스턴 처칠에서 클레멘트 애틀리로 바뀌었다. 독일 항복 후의 유럽의 전후 질서를 논의하기 위한 자리였다. 3국의 외무장관들도 자리를 함께했다.[53] 3국 정상은 전후 유럽 질서 확립을 위해 협력의 중요성을 공유하고 곧 창립할 유엔에서의 협력도 다짐했다. 그 관계가 18개월 후에 '냉전'으로 일시에 무너질 줄은 아무도 예상하지 못했다. 이때 스탈린은 트루먼에게 소련군이 일부 점령할 한국의 통일을 존중할 것을 약속하기도 했다.

앞서 얄타 회담에서 루스벨트 대통령은 스탈린에게 신뢰를 보냈다. 그는 스탈린이 유럽에서 차지할 우세 가능성에 대한 모든 경고를 털어버리면서 이렇게 말했다. "나는 스탈린이 그런 사람이 아니라는 예감을 가졌다. (중략) 그는 어떤 것을 차지하려 하지 않고 민주주의와 평화의 세계를 위해 나와 함께할 것으로 생각했다"라고 회상했다. 트루먼 대통령도 7월 17일 포츠담 회담 첫날에 스탈린을 두고 "나는 그를 상대할 수 있었다. 그는 정직하고 무척 똑똑했다"는 소감을 남겼다.[54] 한마디로 스탈린은 '가면 술책'을 썼고 두 사람 중 트루먼이 이를 의심하기 시작한 것은 나중이었다. 트루먼은 포츠담 선언 이후로 스탈린을 만나지 않았다.

1945년 8월 15일 일본이 무조건 항복한 후 얄타에서 한 약속대로 12월에 모스크바에서 미·영·소 3국의 외무장관들이 만났다. 합의문 III에서 조선의 신탁 통치가 공식적으로 명기되었다. 즉 "한국의 독립을 위해서는 미국, 소련, 영국, 중국의 공동관리로 '공동위원회 Joint Commission'를 설립하여 최고 5년간의 4개국 신탁 통치 four-power trusteeship가 필요하다"라고 규정했다.

광복 후 미군과 소련군이 얄타 회담 합의에 따라 38도선 이남과 이북에 진주하여 각기 사령부를 세우고 군정을 실시했다. 위 모스크바 3상 회담의 합의에 따라 남조선의 미군 사령부와 북조선의 소련 사령부가 만난 것은 3개월 뒤였다. 서울에서 열린 미·소 공동위원회는 1946년 3월 20일부터 1947년 10월까지 존속했다.

모스크바 3상 회의의 합의는 즉각 신문, 방송을 통해 알려지고 곧 '신탁 통치' 반대와 찬성의 회오리바람이 한반도에 몰아쳤다. 1946년 1월 2일 조선공산당이 신탁 통치 지지를 선언했다. 이에 반해 우익 정당과 단체들은 반대의 목소리를 높였다. 조선공산당의 지지는 스탈린의 '가면 술책'에 박자를 맞춘 것이었다. 그런데 연합국이 신탁 통치를 할 것이라는 소문은 1945년 12월 모스크바 3상 회의 이전에 이미 나돌았다.

미국에서 10월에 귀국한 이승만 박사가 10월 22일 신문기자단 회견에서 "조선의 신탁 통치와 같은 것은 절대로 있을 수 없다"라고 한 발언이 신문에 보도되었다. 10월 24일 무렵부터 미 국무부 측이 한국에 대한 신탁 통치 의사를 표명하기 시작했고, 국내에서도 10월 28일 국민당이 '신탁 관리'를 절대 반대한다는 성명을 발표했다. 정당의 반대 의견으로는 이것이 처음이었다. 10월 29일 이승만 박사는 기자단 회견에서 김구 씨의 귀국이 곧 있을 것이며 그의 환국을 계기로 "신탁 통치설의 어두운 그림자 불식도 삼천만의 완전 집결로 가능하게 될" 것이라고 발언했다. 신탁 통치설은 사회적으로 국제 정세에 대한 이해보다 민족 자존감을 훼손하는 것으로 받아들여졌다. 적어도 상해·충칭의 임시정부를 정통으로 인식하는 측에서는 그랬다.

모스크바 3상 회의 전에 한국에서 신탁 통치설이 나돈 것은 그것이 미 국무부의 방침이었기 때문이었다. 1943년 초에 이미 미 정부는 한국을 연합국이 신탁 통치하다가 독립시킨다는 것을 구상하였고, 최종적으로 3상 회의에서 최장 5년간 4국에 의한 관리를 구체적으로 내놓았다. 프랭클린 루스벨트 대통령은 전후에 유엔을 중심으로 모든 식민지 해방 문제를 실현하는 방책을 구상하고 있었다.[55] 즉 국제연맹과는 달리 강대국의 합의체를 두어 인류 평화 공존 차원에서 문제를 풀어가는 구상을 굳히고 있었다. 그것은 곧 국제연맹의 '개조Recreation'였다.[56] 늦어도 카이로 회담 전후에 국무부는 루스벨트 대통령의 뜻을 받들어 여러 가지 방안을 준비하고 있었다. 일제 치하 조선(한국)의 실정을 "노예와 같다"라고 하면서 구체적인 혁신 방안으로 농지개혁안을 준비한 것도 그중의 하나였다. 1945년 4월 루스벨트가 사망하고 부통령 트루먼이 대통령을 승계한 뒤에도 이 방침은 흔들리지 않았다. 12월 모스크바 3상 회의에 참석한 미국 국무장관 제임스 번스는 열렬한 루스벨트 지지자로서 루스벨트의 뜻을 관철하는 데 전념했다. 이에 대해 트루먼 대통령은 그의 독단적인 업무 처리에 불만이 적지 않을 정도였다.[57] 트루먼은 이때 이미 스탈린을 의심하고 있었다.[58]

1947년 3월 트루먼 독트린에서 소련과의 관계로 '냉전'이란 표현이 나왔다. 같은 해 7월에 소련은 마셜 플랜 참가를 거부하고 10월에 동구 공산 국가들과 코민포름Cominform을 결성했다. 1948년 4월 1일 소련은 그간의 연합국 약속을 깨고 베를린을 봉쇄했다. 그야말로 자유 진영과 공산 진영의 대립이 찬바람을 불러일으켰다. 1949년 1월 31일 중국 공산당 군의 베이징 입성은 스탈린을 동북아 정책에서 크게 고무시켜 주었다. 루스벨트 대통령의 유엔을 통한 인류 평화 공존 체제 실현의 꿈은 그의 사후에 커다란 시련에 직면했다.

미·소 공동위원회의 결렬과 남한 단독정부 수립

1946년 3월에서 5월 사이 서울에서 제1차 미·소 공동위원회가 열렸다. 소련은 남한 내 반탁 세력을 제외하고 정부를 수립하자고 제안했다. 이에 대해 미국은 반탁은 표현의 자유이므로 제외는 부당하다고 맞서면서 남북한 간 경제 교류를 통한 38도선 철폐 문제를 다루려고 했다. 소련은 이에 반대하여 회의는 폐회했다.

미·소 공동위원회가 결렬한 후 정국은 대립과 혼란으로 치달았다. 남과 북은 완전히 서로 다른 길을 걷기 시작했다. 같은 해 6월 3일 이승만은 남북이 합할 수 없는 상황이 된 것으로 판단하고 정읍에서 남한 단독정부 수립을 주장했다. 당시의 국제 정세에 비추어 이 발언은 이른 시기에 나온 파격적인 것이었다. 1946년 12월 이승만은 냉전 시대로 다가가는 국제 정치 세계의 흐름을 정확히 읽고 있었다. 한국 정치인 가운데 이런 능력을 가진 이는 결과적으로 그가 유일했다. 9월 7일 군정 당국은 공산당 간부 박헌영 체포령을 내렸다. 이에 맞서 9월 19일 평양의 소련 군정 당국은 남한의 박헌영에게 좌우합작 방해 지령을 내렸다. 이에 부응하여 9월 24일 '9월 총파업', 10월 1일 '대구 폭동'이 잇따라 일어났다. 12월 2일 이승만은 미국을 방문하여 미 정부 당국에 남한 단독정부 수립을 주장했다.

미국은 소련의 비타협에 직면해서도 신탁 통치 실현이 동아시아에서 소련을 견제하는 효과로 미국의 이익에 부합한다고 판단했다. 한반도 전체에 대한 소련의 지배를 막고, 서방권 영향력 행사를 확보하는 데 필요한 비용 최소화의 길이며, 또 분단의 역사적 책임에서 벗어나는 길이라고 판단했다.[59] 1946년 12월 12일 군정 당국은 신탁 통치에 강하게 반대하는 이승만과 김구를 제외하고 중도 우파의 김규식과 중도 좌파의 여운형을 중심으로 남조선 과도입법의회를 구성했다. 1947년 5월에서 8월까지 제2차 미·소 공동위원회가 열렸으나 양국 대표는 임시정부 수립 협의 대상으로 참석할 정당과 사회단체에 대한 합의를 보지 못한 상태에서 결렬했다. 그해 9월 남북한 문제 일체가 유엔으로 이관되었다. 1945년 12월 모스크바 3상 회의의 합의로서 신탁 통치 문제는 결국 냉전의 갈등 속에 유엔으로 넘겨졌다. 유엔은 인구 비례에 의한 남북한 총선을 계획했으나 소련이 북한에서의 총선거 자체를 반대했다.

1948년 2월 7일에 충칭 임시정부 수석이었던 김구가 남북 주둔군 철수 후에 자유 선거를 시행할 것을 주장했다. 같은 날에 좌익계는 남한 단독정부 수립을 반대하면서 유엔 한국임시위원단을 거부하는 총파업과 시위를 벌였다. 좌익은 5월로 예정된 남한의 총선거를 방해하기 위해 '제주도 4·3사건'을 일으켜 많은 양민이 학살되는 참극이 빚어졌다. 그런 속에 4월 19일 김구와 김규식은 남북 협상을 위해 입북했다.

5월 10일 유엔 감시 아래 남한에서 총선거가 시행되었다. 5월 14일 북한은 이에 맞서 대남 전기 송출을 중단했다. 5월 31일 제헌국회가 개원하고, 국호를 '대한민국'으로 정했다. 7월 20일 국회는 초대 대통령으로 이승만, 부통령으로 이시영을 각각 선출했다. 이시영은 상해에서부터 충칭까지 김구와 함께 임시정부를 지킨 인물이었다. 8월 15일 대한민국 정부 수립이 선포되고, 9월 1일 북한에서 총선거가 시행되어 2일에 최고 인민회의가 김일성을 국가수반으로 뽑았다.

한국 전쟁과 이승만 정권의 행로

1948년 8월 15일 대한민국 정부가 수립된 후 12월 12일에 유엔 총회는 대한민국 정부를 한반도에서 유일한 합법 정부로 승인했다. 12월 27일 북한은 소련군이 철수했다고 발표했다. 1949년 1월 1일 미국은 한국을 승인하여 초대 대사(무초Mucho)를 임명했다. 4월 10일 유엔 안전보장이사회는 한국의 유엔 가입을 부결시켰다. 만장일치제에서 소련이 반대했다. 미 국무부는 미군 철수를 완료했다. 6월 26일 김구가 경교장에서 피살되는 사건이 발생했다. 9월에 남로당 빨치산 투쟁이 시작되고 11월 군경이 이를 섬멸했다.

1950년 1월 12일 미국 에치슨Acheson 국무장관이 "한국은 미국의 태평양 방위선 밖"이라고 언명했다. 스탈린과 마오쩌둥의 영토 야심을 저지하기 위한 미국의 동북아시아 방위선을 재확인하는 중에 나온 발언이었다. 장제스 정부가 대만으로 밀려난 것에 대한 미국 조야의 충격을 반영하는 것이었다. 2월 16일 이승만 대통령은 이에 대한 대책 모색으로 일본 도쿄로 가서 맥아더 사령부GHQ를 방문했다. 4월 3일 농지개혁법이 국회를 통과했다. 5월 30일 제2대 국회의원 총선거가 시행되고 6월 16일에 제2대 국회가 개원했다. 새로 출범한 대한민국의 평화적 국정 운영은 여기까지였다.

1950년 6월 25일 북한의 김일성 정권은 소련과 중공의 지원으로 남침을 단행했다. 유엔의 안전보장이사회가 즉각 한국 전쟁을 북한의 남침으로 규정하고, 이에 발맞추어 세계 16개국이 참전을 선언한 가운데 유엔군이 편성되었다. 9월 15일 맥아더 사령관이 인천상륙작전을 개시하여 반격이 시작되었다. 한국군도 유엔군에 편성되었다. 1951년 1월 한국군이 압록강에 이르렀을 때 중공군이 개입하여 전세는 다시 역전되었다. 국군이 서울에서 다시 철수하고(1·4 후퇴) 이후 38선을 중심으로 각축을 벌이던 끝에 1951년 7월에 개성에서 첫 휴전 회담이 열렸다. 휴전 회담은 여러 차례 거듭하던 끝에 1953년 7월 27일에서야 체결되어 정전停戰이 실현되었다. 이승만 정부는 '북진 통일'을 외치면서 휴전 회담에 반대하고, 최종 정전 회담에서도 불참으로 정전 당사국이 되지 못했다. 3년여의 전쟁은 남북한 약 300만 명의 사망자와 실종자를 내면서 한국 사회를 말 그대로 폐허로 만들었다.

초대 대통령 이승만의 임기는 1952년 8월에 종료했다. 1950년 5월 30일, 제2대 국회의원 선거 결과는 무소속이 절대 다수인 특이한 상황이 연출되었다. 이승만은 재선이 어려워지자 무소속이 절대 다수인 국회에서 대통령을 선출하는 것은 무의미하다는 이유를 들어, 1951년 11월 30일 대통령 직선제의 개헌안을 정부가 국회에 제출하였다. 동시에 1951년 12월 23일 자유당을 발족하여 당수가 되었다. 정부와 국회가 충돌하는 사태(부산 정치 파동) 속에 7월에 '발췌개헌안'으로 대통령 직선제가 가결되었다. 그리고 이듬해 8월에 정·부통령 선거를 통해 이승만이 대통령, 함태영이 부통령으로 각각 당선되었다. 전시 중 임시수도에서 벌어진 이런 정치 풍경은 민주주의와 평화의 획득이 얼마나 어려운 것인가를 보여주었다.

1954년 5월 20일, 국회의원 선거에서 자유당은 원내 다수당이 되자 이승만의 종신 집권이 가능하도록 "초대 대통령에 한정하여 중임 제한을 없앤다"라는 것을 골자로 개헌안을 발의했다. 가결 정족수 136명에 1명이 모자랐다. 부의장(최순주)은 부결을 선포했으나 이틀 후 자유당은 반올림 논리로 135명을 정족수로 간주하여 정정 가결을 선포했다(사사오입四捨五入 개헌). 이 사건을 계기로 민주국민당의 보수파와 자유당의 탈당파, 흥사단 등의 반 이승만 세력이 모여 1955년 9월에 민주당을 창당했다. 1956년 대통령 선거에서 이승만은 재선에 성공하여 8월 15일 3대 대통령으로 취임했다.

미국의 원조 경제와 전쟁 이후 변화

전후 복구에서 미국의 경제 원조가 차지하는 비중은 매우 컸다. 미국은 1953년부터 1959년까지 한국의 요구인 10억 달러를 훨씬 웃도는 16억 2,200만 달러를 원조했다. 한국은 생산 시설의 조속한 복구와 생산 능력의 확대를 위한 생산재 도입을 요구했다. 반면에 미국은 한국의 재정 적자 해소와 인플레이션 억제를 중시하여 소비재 및 원자재의 공여를 강조했다. 어떻든 미국이 제공한 소비재나 원자재는 물가·금융·외환·재정의 안정에 큰 도움을 주었다. 그리하여 1956년에는 전쟁 복구를 일단 완료할 수 있었다.

6·25 전쟁 이후 인구가 증가하고 인구 이동이 일어났다. 농촌을 떠나 도시로 이주하는 사람들이 늘어나, 농촌 인구의 비중은 1949년 71%에서 1960년 58.3%로 줄어들었다. 6·25 전쟁을 거치면서 전통적인 가족 관계와 사회 질서에도 큰 변화가 나타났다. 농지 개혁으로 지주 계급이 소멸하고, 피난살이를 하면서 신분 차별도 없어졌다. 휴전 이후에는 출생률이 크게 상승하여, 1955년부터 1960년까지 이른바 '베이비붐baby-boom' 현상이 나타났다.

정당 역사로 본 1950년대와 이승만 정권의 종말

1948년 8월 15일 이승만 정부 출범 후, 11월 12일 신익희, 윤치영 등이 이승만 대통령 지원 인사들로 대한국민당을 창당했다. 그러나 1949년 2월 10일 김성수의 제안으로 한민당과 합쳐 민주국민당(민국당)이 되었다. 신익희는 상해 임시정부에 참여하고 환국 후에는 미군정청 남조선과도입법의원의 의장, 정부 수립 후에는 민의원 의장을 역임하였다. 그는 1948년 김구, 김규식의 남북협상론에 반대하여 이승만의 단정 수립에 참여했다. 민국당은 곧 김성수가 임정 세력 가운데 남한 단정 수립에 찬성하여 이승만 정부를 지지한 신익희계를 끌어들여 한민당의 당세를 강화한 것이었다. 그러나 후술하듯이 곧 농지개혁법 문제로 이승만 세력과 결별하여 단명에 그쳤다.

농지 개혁은 해방 후 사회 안정의 가장 중요한 문제였다. 김성수의 한민당은 처음에는 농지개혁안에 부정적이었으나 유진오의 설득으로 제헌 국회에서 이를 통과시켰다.[60] 한민당에서 민국당으로 바뀌어서도 지주 기반 때문에 농지의 보상 및 상환의 비율 제정에서 정부와 충돌했다. 정부안이 12~15%를 제시했을 때, 민국당은 30%를 주장했다. 이 때문에 농민들로부터 비난을 받아 제2대 국회의원 선거에서는 크게 위축되는 결과를 초래했다.

앞에서 언급했듯이 1950년 5월 30일 제2대 국회의원 선거의 득표 결과가 총의원 210석 가운데 무소속이 121석이나 되자 이승만 대통령은 자신의 정당을 창당하고 대통령 직접선거제로 바꾸는 개헌을 단행하기로 했다. 1951년 12월 17일 이승만 대통령의 지지 세력이 모여 민국당에 대항하는 정당으로 자유당을 창당했다. 정치 단체 외에 시민단체, 앞서 한민당 때 탈당한 부류와 대한국민당 탈당파 등, 이승만을 지지하는 세력이 모두 모였다. 이승만의 명성이 '단극單極'의 정치 구조를 가능하게 했다.

이승만 대통령은 민국당을 지주가 많은 '토리당'이라고 비난했다.[61] 이 사실에 비추면 영국에서 토리당에 맞서 싸운 부르주아지 당 휘그당에 스스로 비견해서 자유당의 당명을 붙였던 것으로 보인다. 자유당은 휘그당의 별칭이었다.[62] 자유당은 민국당의 지주 중심 성향에 대응하여 상공업 중심의 부르주아지 사회 지향 정치를 표방하였을 수 있으나, 전쟁의 참화를 겪은 당시 사회에서 그 목표에 근접하는 경제 기반을 갖추는 것은 쉬운 일이 아니었다.[63] 어디까지나 지향성의 표시였다.

1952년 임시수도 부산에서 제2대 대통령 선거를 앞두고 자유당은 비민주적인 모습을 적지 않게 보였다. 1952년 1월 18일, 국회는 자유당 측에서 발의한 대통령 직선제와 단원제 개헌안을 부결했다. 정부는 국회의 다수당인 민국당과 알력을 일으키면서 국회 해산안을 요구했다. 5월 25일 경상남도, 전라남·북도 3도에 비상계엄령을 내리고 7월 7일에 헌법을 일부 개정하여 대통령 직선제로 바꾸었다(발췌개헌). 이렇게 해서 8월 15일 제2대 정·부통령 선거에서 자유당 출신 이승만, 함태영이 각각 당선되었던 것이다.

1954년 5월 20일 국회의원 선거에서 자유당은 다수당이 되어 이승만의 종신 집권이 가능하도록 한 '사사오입 개헌' 파동을 일으켰다. 이 사건을 계기로 1955년 9월 18일 민국당의 보수파와 자유당의 탈당파 등이 이승만 반대 세력 결집 형태로 민주당Democratic Party을 창당했던 것이다. 국민 다수는 아직 이승만 정권은 정통성을 가지고 있다고 믿는 사람이 많았다. 전후에 일어난 경제 부흥의 기운은 자유당의 장기 집권에 꿈을 부풀렸다. 1956년 3월 5일 자유당은 전당대회에서 이승만과 이기붕을 각각 대통령, 부통령 후보로 지명하였다. 이승만은 고령을 이유로 불출마를 선언하였으나 이는 어디까지나 재추대 효과를 노리는 제스처였다. 여러 사회단체가 나서 이승만의 출마를 요구하는 궐기대회를 열었다. 민주당은 신익희와 장면을 각각 정·부통령 후보로 내세웠다. 그러나 5월 5일 신익희가 호남 유세에서 돌아오던 열차 안에서 갑자기 사망하였다. 1956년 5월 15일 선거에서 이승만은 무 경쟁자로 3선에 성공하였고, 부통령은 민주당의 장면이 자유당 후보 이기붕을 이겼다. 1956년 11월 10일 조봉암, 박기출, 김달호 등이 진보당을 창당했다. '제3의 길', 즉 민주사회주의 또는 사회민주주의를 지향하는 진보당의 등장은 1950년대 정국의 이변 같은 일이었다.

조봉암은 초대 이승만 정부의 농림부 장관으로 6개월 정도 농지개혁법 시행에 관여했다. 1956년 진보당을 결성하고 지방에서 지역당 조직을 확대해 가자 이승만 정권은 정치적 위협을 느끼고, 국무회의에서 조봉암은 아직도 공산당원이라고 의심하는 발언을 했다. 1958년 1월 9일 이승만 정부는 조봉암을 검거하여 8개월 만에 사형에 처했다(진보당 사건).[64] 1960년 3월 15일 이승만은 4선에 도전하여 득표수 963만3,376표로 100%의 득표율을 얻고 부통령 이기붕은 79.2%를 득표했다. '3·15 부정선거'는 광복 후 대한민국 정치사에 큰 오점으로 남았다. 무엇이 광복 후의 정국을 이렇게 막다른 골목으로 몰아넣었던가.

1950년대 정치적 에너지의 근원이 될 수 있는 것은 항일 투쟁의 경력과 명성이었다. 투쟁의 중심이었던 임시정부 세력이 개인 자격으로 환국해야 하는 상황, 그마저 한국동란 속에 다수가 납북되면서 정치 세력 간의 교합交合과 견제의 에너지가 크게 상실되었다. 집권자로서 이승만은 유일한 항일 독립운동의 영웅으로 남았다. 제헌국회의 의장에서 대통령으로 선출된 그는 정부의 정통성 그 자체가 되었다. 그는 자신이 대통령 직선제에서 항상 승리할 수 있다는 자신을 가지고 국민의 직접적 의사 표시와 선거를 강조했다. 자만심 넘치던 이승만의 독주는 결국 1960년 부정선거로 일순간에 붕괴했다. 자유민주주의이건 중도 지향의 사회민주주의이건, 정치적 이념 실현은 근대적인 사회경제적 기반이 뒷받침되어야 한다. 광복 후 농지 개혁과 한국 전쟁 후 상공업 진흥은 권력의 균형적 발전을 보장하기에는 아직 너무나 빈약했다. 그래서 정부 출범 후의 거의 유일한 정치적 영웅의 몰락은 쉽게 다가왔다.

1960년대 이후 경제 개발과 사회변동, 그리고 자유민주주의 시련

1960~1970년대 박정희의 경제개발 정책과 독재

한국동란 후 '100만 대군'은 한국에서 가장 큰 집단이었다. 1960년 3·15 부정선거에 대한 저항으로 4·19 혁명이 일어나 이승만 정권이 무너졌다. 교육입국의 대한민국에 '100만 학도'가 따로 있었다. 민주당은 1955년 9월에 반 이승만 세력이 모여 만든 정당으로 그동안의 투쟁에 대한 국민적 기대를 모았다. 민주당은 전신으로 한민당과 민국당 때부터 집요하게 추진하던 의원내각제를 채택했고 1960년 6월 15일 국회는 내각책임제 안을 의결했다. 7월 29일 총선거에서 민주당이 대승했다. 그리고 8월에 윤보선이 국회에서 대통령에 선출되고 바로 이어 장면 내각이 성립했다.

총선 직후 민주당은 구파와 신파로 분열했다. 구파는 한민당, 민국당 출신 계열, 신파는 1955년에 합류한 인사들이었다. 이들은 이념이나 정책이 아니라 인사 문제로 서로 대립했다. 의원내각제에서 정당 지도부가 의원들을 통제할 수 있는 내부 메커니즘으로서 '정당 기율party discipline'이 결여한 상태였다.[65] 대통령이 두 번째로 총리로 지명한 장면은 의원 총수 233명 중 딱 과반수인 117명의 지지로 인준받았다. 불안정한 과반수로 장면 총리는 9개월의 재임 기간 중 3번이나 개각해야 했다. 게다가 구파는 10월에 신민당을 세워 독립하고 신파는 민주당으로 남았다. 이듬해 1월에 혁신당, 통일사회당 등이 결성되는 가운데 정국은 혼란으로 빠져들었다. 5월 13일 남북 학생 대표가 만나 통일촉진궐기대회를 개최하자

사회적 불안은 더해졌다. 이런 혼란과 불안 속에 1961년 5월 16일 육군 소장 박정희가 '혁명군'을 이끌고 한강철교를 건너 서울을 장악했다. 약 250명의 장교가 3,500명의 군인을 동원하여 쿠데타를 일으켰다. 의원내각제의 정치 혼란에 대한 국민의 불만을 이용한 정변이었다. 박정희는 민주당 정국이 자유당 때와 다를 바 없다고 보았다.

박정희는 4·19 학생 의거 하루 전날인 1961년 4월 18일에 〈국민에게〉라는 제목의 시를 썼다.[66] 이 시를 보면 그는 자유당 말기부터 이미 쿠데타를 꿈꾸고 있었다.

"황파荒波에 시달리는 우리 동포,
언제나 구름 개이고 태양이 빛나리,
천추千秋에 한이 되는 조국 질서 못 잡으면,
내 민족 앞에 선혈 바쳐 충혈 원혼 되겠노라"

군사혁명위원회 의장 육군참모총장 장도영의 이름으로 발표한 '혁명 공약'은 ①반공 국시 ②국제협약 준수 ③부패와 구악 일소 ④민생고의 시급한 해결 ⑤공산주의와 대결할 수 있는 실력 배양 ⑥2년 후 양심적인 정치인들에게 정권 이양 등을 약속했다. 5월 18일 장면 내각이 총사퇴하고 혁명위원회는 정부 조직으로 '국가재건최고회의'를 열고 6월 10일 ①국가재건최고회의법 ②중앙정보부법 ③농어촌고리채정리법 등을 발표했다. 실질적인 '혁명' 지휘자 박정희가 국가재건최고회의 의장이 되었고 처음 보는 국가정보기구로 중앙정보부를 세워 2위 실력자 김종필이 맡았다. '공약'에 담은 개혁 의지는 이전의 정부나 정당에서 보지 못하던 내용이 많았다. 1962년 1월 13일 국가재건최고회의는 '경제개발 5개년 계획'을 발표하고 7월에는 이를 실행하는 중심 정부기구로 경제기획원을 신설했다.

1962년 3월 23일, 대통령 윤보선이 사임했다. 같은 해 12월 17일 국가재건최고회의는 헌법을 개정하여 국민투표를 통해 대통령 중심제로 바꾸어 한국은 다시 제1공화국 때와 마찬가지로 대통령 중심제 국가가 되었다. 그리고 1963년 10월 15일 선거에서 공화당 후보 박정희가 제5대 대통령(1963년 12월~1967년 6월)이 되었다. 제3공화국 대통령 박정희도 민주공화당의 국회 지배를 통해 자유당 창당 후의 이승만 대통령처럼 국회의 저항을 받지 않고 독주할 수 있었다. 민주공화당은 언론인, 교수 등 여러 사회 지도 인사를 영입하여 서구의 대중적 정책 정당같이 발전하지는 못했지만, 한국 정당사에서 이전 정당과 다른 근대성이 강한 정당이었다.[67]

박정희 정권은 국가 경제 개발에 모든 것을 걸었다. 경제개발 5개년 계획은 '경공업 중심', '중공업 중심', '중화학공업 중심' 순으로 진행되고, 마지막으로 '자력 성장'을 목표로 내세웠다. 제1차 계획이 진행 중이던 1960년대 당시 한국은행 기준으로 1인당 국민총소득GNI은 80~90달러였다. 제3차 계획을 종료한 다음 해인 1977년에는 3,937달러가 되었다.[68] 14년 만에 거둔 경이적인 성과였다. 박정희 정권의 경제 개발은 한국의 경제 기반을 새로 만드는 것이었다.

제1차 경제개발 5개년 계획의 결과, 경제 성장률이 목표 7.8%를 웃돌았다. 경제 활성화의 기초인 물류 유통 인프라 구축으로 도로의 고속화 사업이 선행적으로 계획되었다. 제2차 계획(1967~1971년)은 식량 자급화와 산림 녹화, 화학·철강·기계공업의 건설에 의한 산업 고도화, 10억 달러 수출 달성(1970년), 고용 확대, 국민 소득의 비약적 증대, 과학기술의 진흥, 기술 수준과 생산성의 향상에 목표를 두었다. 이 시기에 고속화 도로 사업이 여러 곳에서 추진되었다.[69] 경부고속도로 기공과 준공(1968년 2월~1970년 7월), 경인고속도로 준공(1968년 12월), 서울 제3한강교 개통과 남산 1호터널 개통(1969년 12월~1970년 1월), 호남고속도로(대전-전주) 개통(1970년 12월) 등이 연이어 추진되었다.

제3차 계획(1972~1976년)의 목표는 중화학 공업화를 추진하여 경제의 안정적 균형을 이루는 데 두었다. 이 단계에서 서울의 도시 규모도 커져 '서울의 3핵 도시 구상'에 따라 여의도·영등포 일대를 상업 중심지로 설정하고, 강남과 잠실 토지 구획 정리 사업을 통해 금융 업무 중심지로 설정하였다.[70] 이때 강남지구의 중심 도로가 유류 수입의 주거래 대상국인 이란의 수도 이름을 따서 '테헤란로'로 붙여졌다(1977년 2월).

1962년 대통령 직선제 헌법 개정은 임기를 4년 중임제로 했다. 그 원칙에 따라 두 번째(제6대) 대통령 임기는 1967년 7월 1일부터 1971년 6월 30일까지 부여되었다. 제2차 경제개발계획(1967~1971년)은 중임의 임기와 거의 비슷했다. 그러나 대통령 박정희는 중임 기간에 제3차 경제개발계획을 준비하면서 3선을 위한 개헌 작업에 착수했다. 개헌안을 국민투표로 확정지었고 1971년 4월 선거를 통해 박정희는 제7대 대통령 선거에서 3선에 성공하여 7월 1일에 부임했다.

제7대 대통령 임기 1년이 지난 1972년 8월에 박정희 대통령은 '경제 안정과 성장에 관한 긴급 명령'을 발표하고 10월에 '유신'을 선언했다. 국회를 해산하고 계엄령과 대학 휴교령을 내렸다. 11월에 '유신헌법'을 공포하여 12월에 통일주체국민회의 대의원에 의한 간선제로 7대 대통령의 임기는 1년 5개월로 끝내고 제8대 대통령(1972년 12월~1978년 12월)으로 취임했다. 중화학공업 육성을 내건 제3차 경제개발 5개년 계획 기간 중이었다.

네 번째 대통령(8대)의 임기는 제3차 경제 개발계획 기간(1972~1976년)의 대부분과 겹쳤다. 이 기간에 포항제철 준공(1973년 7월), 영동고속도로(수원-강릉) 및 동해고속도로(강릉-동해) 완공(1975년 10월), 항만청 신설(1976년 3월), 수·출입 은행 발족(기재부 산하, 1976년 4월), 안동 다목적 댐 준공(1976년 10월) 등과 같은 성과가 나왔다. 세 번째 임기 중반에 제3차 경제개발 계획을 짜면서 더 많은 재임 기간의 필요성을 느끼고 스스로 취한 '반칙의 선택'이라고 느껴질 정도로 경제개발 정책은 일관성과 연속성을 견지했다. 대학생들의 3선 개헌 반대에서 시작한 장기 집권에 대한 저항은 갈수록 거세졌다. 국가 경제개발과 준법 정신이 충돌한 시기였다.

제8대 대통령 재임 기간 6년의 정국은 혼란이 더 가중했다. 1971년 4월 제7대 선거에서 야당 후보였던 김대중이 1973년 8월 도쿄에서 납치된 사건은 국내 여론에 큰 파란을 일으켜 그해 12월에 함석헌, 장준하, 백기완 등이 직선제로의 재개헌을 위한 100만인 서명운동을 시작했다. 이에 박정희 정권은 1974년 1월부터 1975년 5월까지 '긴급조치'를 9회나 연발했다. 1974년 8월 15일 광복절 기념 식전에서 대통령 저격 사건이 일어나 대통령 부인이 사망했다. 같은 해 8월에는 신민당 전당대회에서 김영삼이 당 총재로 선출되어 투쟁력을 높였다. 그래도 박정희 정권은 아랑곳없이 9월에 여의도에 새 국회의사당을 준공하여 국회를 이곳 도시 외곽으로 내보냈다. 1974년 10월 〈동아일보〉 기자들이 언론수호 투쟁을 선언하자 정권의 간섭과 강제가 심해지면서 1975년 3월 160여 명의 기자들은 언론수호투쟁위원회(위원장: 이부영)를 결성하였고, 이는 다른 언론사에도 영향을 끼쳤다. 제3차 경제개발 계획이 종료하는 1976년에 수출이 80억 달러, 이듬해는 100억 달러에 달했다.

1978년 통일주체국민회의 대의원에 의한 대선에서 박정희는 99.8% 득표로 제9대 대통령에 당선되었다. 1960년 3·15 부정선거 때 이승만 대통령의 득표율 100%를 방불케 하는 득표였다. 한 해 앞서 시작한 제4차 경제개발 5개년 계획(1977~1981년)은 성장·형평·능률을 기조로 자력 성장 구조를 확립하고, 사회개발을 통하여 형평을 증진하며, 기술 혁신과 능률 향상을 목표로 했다. 1977년 7월에 부가가치세와 의료보험제가 시행되었고, 1979년에 1인당 국민총소득 4,625.4달러를 기록했다.

1978년 10월 윤보선, 함석헌, 문익환 등 재야인사 및 재야단체가 '민주 구국 선언'을 발표했다. 1979년 3월 윤보선, 김대중 등 재야인사들이 '국민연합'을 결성했다. 1979년 5월 김영삼은 신민당 총재 경선에서 이철승을 누르고 복귀했다. 그러나 여당은 10월에 김영삼을 국회에서 제명했다. 10월 18일 정부는 학생 시위로 부산에 비상계엄령을 선포하고, 20일에는 마산과 창원에 위수령을 발동했다. 10월 26일 박정희 대통령은 궁정동 만찬 자리에서 중앙정보부장 김재규에게 피살되어 68세로 생을 마감했다(10·26 사태).

1961년 5월부터 1979년 10월까지 18년 5개월 동안 계속된 박정희 정권은 강력한 경제 개발 드라이브로 한국 사회에 큰 변화를 일으켰다. 어느 정권이나 정부가 보여주지 못한 국민의 삶의 질을 크게 바꾸어놓은 경제 정책을 펼쳤다. 21세기 대한민국이 세계 경제 10위권 안에 든 것도 이때 닦은 기반으로 얻은 것이라는 평가가 많다. 박정희는 '잘살아보세'의 민족적 염원 실현이 중임제 임기로는 어림도 없다고 스스로 생각하고 장기 집권의 길을 선택한 모양새였다. 그는 스스로 만들어간 통치 체제를 '한국적 민주주의'라고 변명했다. 1976년 10월 7일 자 '한국적 민주주의'에서 "특히 공산주의의 위협이 있는 나라에서는 서구식 자유민주주의의 성장이 불가능하다. 우리의 유신 체제는 이러한 귀중한 교훈에서 우러난 '한국적 민주주의'라는 것을 재인식해야 할 것이다"라고 했다.[71] 민족경제 건설을 내세운 그의 장기 독재는 '불의와의 투쟁'이란 다른 차원의 정치적 저항의 대상이 되었다.

1980년대 신군부 집권과 민주화 운동

박정희 정권이 막을 내리면서 새 시대가 열리나 싶었다.

1979년의 12·12 사태로 신군부가 등장하면서 정국은 다시 안개 속으로 빠져들었다. 대학생뿐만 아니라 대학 교수들까지도 3김(김영삼, 김대중, 김종필)의 유대 합의로 군부가 나서지 않도록 하기를 촉구하는 성명서를 냈다. 사회 명사와 주요 단체들도 수없이 군부의 정치 간여를 반대하는 성명을 냈다.

1980년 5월 13일 전국 대학생 10만여 명이 서울역 앞에 집결하여 시위를 벌이면서 계엄령 철폐를 요구했다. 이에 5월 17일 전두환 보안사령관을 중심으로 한 신군부는 전국에 비상계엄령을 선포·확대하고 정치 활동을 전면 금지했다. 계엄사령부는 김대중, 문익환 등을 소요 조장 혐의로, 김종필, 이후락 등은 권력형 부정축재 혐의로 연행했다. 김영삼도 가택 연금을 당했다.

1980년 5월 18일 광주시에 진입한 계엄군과 시민 사이의 충돌로 '광주 민중 민주화 항쟁(광주 사태)'이 시작되었다. 5월 31일 신군부는 '국가보위비상대책위원회'(국보위)를 설치하여 의장에 최규하 대통령을 앉히고 전두환 보안사령관 겸 중앙정보부장이 상임위원장이 되어 전권을 쥐었다. 7월 4일 계엄사령부는 김대중을 '광주 사태'와 연관하여 군법회의에 회부했다. 8월 21일 전군 지휘관 회의는 전두환을 국가 원수로 추대하기로 결의했다. 그리고 8월 27일 전두환 국보위 상임위원장은 통일주체국민회의에서 제11대 대통령에 선출되어 국가 원수 자리를 차지했다. 박정희 시대에서도 보지 못한 '군부로부터 권력이 나오는' 특이 상황이 빚어졌다. 군부의 무력으로 정권을 유지하는 형세였다. 한국의 중산층은 비교적 높은 민주 의식을 소지하고 있었으나 광주민중항쟁 전후의 공포 분위기 속에 꼼짝할 수 없었다.[72]

1980년 10월 27일 신군부는 '유신헌법' 중 일부를 고쳐 민심을 사려고 했다. 대통령을 간접선거로 선출하되, 선거인단은 국민이 선출하도록 개정했다. 제5공화국 헌법은 제4공화국 유신헌법과 마찬가지로 자유민주주의를 부정하는 헌법이었다. 입법·행정·사법의 3권이 대통령에게 집중된 헌법으로서 유신 시대와 같이 군부의 지지에 기반을 둔 군부 독재체제를 지향했다.[73]

신군부는 박정희 시대의 경제개발 성과의 지속 확대를 정권의 명분으로 삼았다. 앞에서 살폈듯이 박정희 정권의 경제개발 계획은 제3차까지 '성장' 일변도여서 문제점이 많이 발생하여 제4차에서는 '형평·능률'의 기조로 바꾸었다. 제4차 경제개발 5개년 계획은 10·26 사건으로 중도하차한 꼴이 되었다.

전두환 정권이 세운 '제5차 경제사회발전 5개년 계획'은 이를 이어받는 형식이 되어 안정·능률·균형을 기조로 했다. 1986년부터는 세계적인 '3저低 현상(저유가, 저달러, 저금리 현상)'을 맞아 경상 수지의 흑자 전환, 투자 재원의 자립화로 경제의 질적 구조를 튼튼하게 했다.

그러나 전두환 정권 7년(1980년 8월~1988년 2월)은 국민적 지지를 얻기 매우 어려웠다. 정권 초기의 광주 사태는 무한 책임의 짐이 되었다. 대다수 국민은 박정희 정권과는 달리 전두환 정권에 대한 지지에 소극적이었다. 학원과 '민주 인사'에 대한 탄압의 무단은 쇠망치 같았다. 그래도 운동권 학생들의 도전은 꺾이지 않고 치열하게 벌어졌다. 산업화의 결실로 도시 중산층 형성이 뚜렷해졌으나, 시민이 시위에 직접 끼어드는 현상은 아직 보이지 않았다. 전두환 정권 7년간 한국 경제의 연평균 성장률은 8.7%로 세계 평균 3.04%보다 5.66%나 높았다. 1인당 국민총소득은 박정희 대통령이 사망한 1979년 4,625달러, 전두환 집권 끝 해 1986년에는 7,066.5달러였다. 경제 정책 성공은 7년 권좌 유지의 유일한 방패막이가 되었다.

전두환 집권 기간 7년 내내 대학교 학생회가 여러 형태로 결속하면서 신군부와 싸웠다. 1987년 6월 전국 18개 도시에서 박종철 군 고문·은폐 규탄 및 호헌 철폐 국민대회를 개최하여 '6월 민중 항쟁'이 시작되었고 운동권 학생들이 마침내 신군부 7년 권좌를 무너뜨렸다. 중산층의 상징인 넥타이 부대가 연도에 늘어서서 학생들의 격렬한 시위에 성원을 보내는 광경이 잦아졌고, 산업 현장에서 땀 흘리는 노동자들도 노조 결성에 열중했다. 노조가 결성되는 등 산업화 사회의 변화가 정치 현장과 관계를 보이기 시작했다.

6월 10일 집권 여당 민정당은 전당대회에서 대통령 후보로 노태우를 선출했다. 1987년 6월 26일 전국 37개 도시에서 100만여 명이 시위하는 가운데 6월 29일 노태우 민정당 대표가 대통령 중심제 직선제 개헌을 선언하고 김대중의 사면 복권을 비롯해 구속자 석방 등 8개 항을 선언했다(6·29 민주화 선언). 1987년 '민주화' 운동은 학생들의 일선 투쟁만이 아니라 중산층, 노동자들의 응원 속에 이뤄진 대변혁이었다. 그해 12월 16일 제13대 대통령 선거에서 민정당 후보 노태우가 당선했다.

제13대 노태우 대통령의 집권기(1988년 2월~1993년 2월)는 '제6차 경제사회발전 5개년 계획'(1987~1991년) 시기와 거의 비슷했다. '안정·능률·균형'에서 한 걸음 나가 '경제 선진화와 국민 복지의 증진'을 기본목표로 설정하여 21세기 선진 사회 진입에 대비한다는 기치를 내걸었다. 한국경제는 이제 시민의 복지와 함께 자율적인 경제 활동을 바탕에 깔 정도로 크게 성장했다. 1980년대 초반 자동차 산업이 발달하고 소득이 증대되면서 '마이카 시대'가 열렸다. 강남 지역의 아파트 건설로 강변도로가 여기 저기 개통되던 끝에 1982~1986년 사이에 현재의 올림픽대로가 개통되었다. 1986년 아시안 게임에 이어 1988년 9월 서울 올림픽대회가 개최되었다. 이제는 정부보다 국민 각기의 자율적 경제 활동력에 의한 국가 경제력 신장이 더 큰 비중을 차지하는 상황이 되었다.

1987년 '민주화' 개정헌법과 제6공화국 시대

1987년 '6월 항쟁', 곧 국민의 민주화에 대한 열망이 마침내 제5공화국을 무너뜨렸다. 간접 선거에 반발하는 국민과 야당은 직선제로의 개헌을 요구했다. 1985년의 국회의원 선거에서 승리한 야당들이 이 과정에 큰 힘을 더했다. 10월 27일 국민투표에서 직선제 개헌안이 국회를 통과했다. 신민주공화당(공화당)은 김종필을 총재로 선출하고,[74] 신한민주당은 김영삼 총재를 대통령 후보로 내세웠다. 평화민주당(평민당)은 창당과 함께 김대중을 총재 및 대통령 후보로 선출했다.[75] 그러나 야당 후보들은 단일화에 실패하여 1987년 12월 16일 대통령 선거에서 다시 신군부 세력의 민정당 후보 노태우에게 패했다. 1987년 한국의 민주화는 군부 독재 세력이 무너진 라틴아메리카 여러 나라의 경우와는 달리 군부 독재 세력이 계속 권력을 유지한 독특한 일이었다.

1987년에 제정된 제6공화국 헌법은 비민주적 특성을 가진 제4, 5공화국 헌법과는 달리, 청년·학생들과 국민이 15년이라는 오랜 기간의 투쟁 끝에 쟁취한 것이었다. 과거의 헌법은 모두 정권 교체기마다 최고 집권자의 의지에 따라 바뀌었는데, 이번 헌법은 최초로 정권 교체와 함께 수정되었다.[76] 새 헌법의 전문前文은 1919년 임시정부 이래 자유민주주의 체제에 대한 국민의 여망을 최대한 짚었다. 이를 옮기면 다음과 같다.

"유구한 역사와 전통에 빛나는 우리 대한국민은 3·1 운동으로 건립된 대한민국임시정부의 법통과 ①불의에 항거한 4·19 민주이념을 계승하고, 조국의 민주개혁과 ②평화적 통일의 사명에 입각하여 정의·인도와 동포애로써 민족의 단결을 공고히 하고, ③모든 사회적 폐습과 불의를 타파하며, 자율과 조화를 바탕으로 자유민주적 기본 질서를 더욱 확고히 하여 정치·경제·사회·문화의 모든 영역에 있어서 각인의 기회를 균등히 하고, 능력을 최고도로 발휘하게 하며, 자유와 권리에 따르는 책임과 의무를 완수하게 하여, 안으로는 국민 생활의 균등한 향상을 기하고 밖으로는 항구적인 세계 평화와 인류 공영에 이바지함으로써 우리들과 우리들의 자손의 안전과 자유와 행복을 영원히 확보할 것을 다짐하면서 1948년 7월 12일에 제정되고 8차에 걸쳐 개정된 헌법을 이제 국회의 의결을 거쳐 국민투표에 의하여 개정한다."

위 1987년 헌법의 전문은 1948년 7월 17일에 반포된 제헌헌법의 골격을 그대로 유지했다. 제헌헌법 이후에 있었던 새로운 역사에 관한 언급으로 ①, ②, ③이 들어갔다. ①, ②는 제헌헌법 이후에 있었던 4·19 혁명 및 남북 교류 시도 등의 역사를 담았다. ③은 제헌헌법에서 "모든 사회적 폐습을 타파하고 민주주의 제諸제도를 수립하여 정치, 경제, 사회, 문화의 모든 영역에 있어서 각인의 기회를 균등히 하고 능력을 최고도로 발휘케 하며"라고 한 개인의 자유, 자율 보장의 부분에 수식을 더했다. 제헌헌법의 '민주주의 제제도'를 '자유민주적 기본 질서'로 고쳐 자유가 더 강조되었다. 결론적으로 1987년 개정헌법의 전문은 1948년 제헌헌법 정신의 재확인이며, 1960년대 이래의 경제개발 과정에서 겪은 독재의 파행을 지양하는 자유민주주의 체제의 새로운 재출발의 국민적 합의였다.

1987년의 민주화 헌법은 대통령의 임기로 5년 단임제를 채택했다. 당시 국민의 최대 관심사는 권력자의 장기 집권 경향을 막고 민주적 정권교체를 이루는 것이었기 때문에 5년 단임제 헌법에 문제를 제기하는 사람은 거의 없었다. 이후 노태우에서 김영삼, 김영삼에서 김대중, 다시 새천년민주당 노무현으로 정권이 교체됨으로써 제6공화국 헌법은 '성공한 헌법'으로 평가받게 되었다.[77] 그리고 이후의 대통령도 모두 이 헌법 아래 제6공화국의 이름으로 역임했다. 다만 제18대 박근혜 대통령에서 제

19대 더불어민주당 문재인으로의 교체에는 헌법상의 탄핵이 작용하는 이변이 있었다.

1990년대 이후 '진보 세력'과 중도 지향 세력의 등장

'진보 세력'의 부상과 좌경화

1987년 '민주화' 이후 정권이 단임제로 일곱 번 바뀌었다. '민주화'를 서로 다르게 해석하면서 정권이 번갈았다. 국민 다수는 자유민주주의가 국시國是로 이어지기를 바랐다. 학생운동권도 변했다. 온건 세력이 퇴장하고 급진 세력만 남아 노조 세력과 손을 잡고 '좌경 혁신'을 표방했다. 약자 보호 '메시아주의'가 활개쳤다. 동유럽의 사회주의 블록이 와해하는 가운데 일어난 현상이었다.

1980년 신군부 치하에서 학생운동권에 좌익 사상이 거의 지배하다시피 했다. 20년 전 4·19 의거(혁명) 때와는 크게 달랐다. 군부 세력의 재등장에 이념적 해석과 조직력을 강화하면서 일어난 현상이었다. ①NLNational Liberation계, 곧 민족해방파와 ②PDPeople's Democracy계, 곧 민중민주파 두 세력이 뿌리를 내렸다. ①세력의 '민족해방민중민주주의 혁명론'은 마오쩌둥 사상과 김일성 주체사상에서 영향을 받은 것으로 분석된다. 현재의 사회를 일제 치하의 시기와 같은 수준의 구 식민성을 갖춘 미국의 식민지로 규정하고 지금이 곧 민주주의 혁명 단계라고 했다.[78] ②세력은 현재의 대한민국 사회를 '신식민지 국가독점자본주의'로 규정하고 민중민주주의 혁명을 추구했다.[79] 순수 마르크스주의에 의한 노동계급 혁명을 내세웠다.

두 세력의 혁명 사상은 해방 정국에 만연했던 좌익 세력의 정치 노선의 재현을 방불케 했다. 1979년에 박현채가 주도하여 제1권을 내기 시작한《해방전후사의 인식》(한길사)은 운동권에서 바이블 역할을 했다. 이 책은 미 군정의 역할을 거의 제국주의 세력으로 규정했다. 1987년에 출간된 제3권은 해방 후 좌익 운동, 조선공산당과 3당 합당,[80] 미 군정기의 국가기구, 군정기의 노동 운동, 농민 운동, 여순 사건 등을 본격적으로 다루었다. 당시 현대사는 역사학계에서 아직 본격적으로 개척하지 못한 상태로서 운동권의 수요에 맞추어 개발되는 실정이었다. 그때는 아직 관련 1차 사료가 발굴되지 않은 상태로 '자의적' 해석에 따른 미 군정 비판이 많았다. 그런데 앞에서 살핀 '1987년 민주화 헌법'에는 이 운동권 세력의 이념과 주장이 전혀 반영되지 않아 오히려 기이한 느낌을 준다. 좌익 운동의 기반이 아직 학생운동권에서 크게 벗어나지 못한 까닭이었을까?

학생운동권 연원의 좌익 성향은 1989년 11월 12일에 이른바 '사노맹社勞盟 사건'으로 수면 위로 부상했다. 사노맹은 '남한사회주의노동자동맹'의 약칭으로 이 조직은 반제국주의, 반파쇼와 민족 해방을 목표로 하여 당시의 노태우 정부를 타도한 후 대한민국을 사회주의 국가로 만드는 것을 표방했다.[81] 또 1987년에 '전국교사협의회'가 발족했고 이를 모태로 1989년 5월에 '전국교직원노동조합(전교조)'이 결성되었다. 전교조는 7월 14일까지 지부 15개, 지회 115개, 분회 565개를 결성하고, 467명의 교수까지 참여하여 대중적 기반을 닦았다.[82] 초·중·고등학교 교사들이 노동조합을 조직한 것으로서 노태우 정부는 이를 불법조직으로 규정하여 1999년 7월에 이르러 합법화되었다.[83] 해방 정국에서도 보지 못했던 이 교육자 노동조합 조직은 각급 학교 학생들의 의식화를 목표로 삼았다.

1987년 민주화 헌법이 자유민주주의를 재확인한 것에는 아랑곳없이 좌익 운동권의 계급 혁명 추구의 정치적 기도가 거침없이 표면화했다.

노동계도 움직였다. 1960년에 발족한 친정부 성향의 한국노동조합총연맹(한국노총)과 별개로 1987년 민주화 선언 후에 이념적 조직이 태동했다.[84] 1988년 12월 22일 '지역별·업종별 노동조합 전국회의(전국회의)'가 결성되어 산하에 '노동법 개정 및 임금 인상 투쟁 본부'를 설치하고 단병호(서노협 의장)를 전국본부장으로 선출했다.[85]

1989년 각 직장에서의 파업과 조합 설립 운동이 절정에 달하여 '전국노동조합협의회'가 발족했다.[86] 이 조직은 1995년에 참여 범위를 더 확대하고 산업별 노동조합의 건설을 과제로 삼아 발전적으로 해체하여 '민주노동조합총연맹'을 결성하기로 했다. 1995년 11월 11일 창립 대회가 열려 862개의 단위 노조가 가입하여 조합원 42만여 명을 확보했다. 초대 위원장으로 권영길, 수석부위원장으로 단병호가 각각 선출되었다.[87] 이 조직의 승인 문제는 1997년에서야 해결을 보았다. 김영삼 정부는 이를 불법시하였으나 정치권이 '제3자 개입 금지' 및 '복수 상급단체 금지'와 같은 기존의 노동관리법을 폐지하게 됨으로써 합법화되었다.

민주노총(또는 민노총)의 창립은 대한민국 노동조합 운동에 큰 변화를 가져왔다. 타협적인 성향을 가진 한국노총의 영향력이 약해지고, 민주노총이 강경한 투쟁력을 발휘하여 정치적 영향력을 키웠다. 민주노총은 '노총가勞總歌'에 다음과 같은 구절을 넣어 노동자 계급 혁명 지향성을 표시했다. NL계의 이념 지향을 강하게 느끼게 하는 내용이다.[88]

"노동자 주인 되는 날까지 힘차게 투쟁하여라"(제1절)

"민족의 자주 민주 통일로 힘차게 진군하여라"(제2절)

1997년 '민노총' 합법화, 1999년 '전교조' 합법화는 정치권의 분위기를 크게 바꾸어놓았다. 김영삼, 김대중 정부 때 민주화 열풍 속에 일어난 일이었다. 그들이 외치는 '약자 보호'의 소리는 조직 기반 구축에 힘을 실어주었다.

2000년 즈음, 학원 발원의 민중민주운동이 두 조직을 배경으로 사회와 정계에 연결되면서 보수와 진보의 편 가르기 현상이 나타났다. 학원의 학생운동권에 더하여 교사와 노동자층이 거대 조직을 구성하여 정치적 영향력을 행사하며 진보 혁신의 계급 혁명 지향의 동력을 발휘했다. 스스로 진보를 표방하고 상대편을 기득권 보수로 몰았다.

1998년 2월 제15대 대통령 김대중 정부가 들어서면서 운동권 세력은 여당과 합세하여 기세를 높였다. 2000년 김대중 대통령의 평양 방문은 NL 계열의 남북통일 지향 여망의 실현을 가져오는 듯했다. 그러나 김대중 대통령은 학생운동권 연원의 주의 주장과 일정하게 거리를 유지했다. 1971년 제7대 대통령 선거 때 김대중은 박정희의 경제개발 정책에 대해 '대중경제론'으로 맞섰다. 김대중은 자유와 민주주의 그리고 사회 정의와 함께 공정한 시장 원리에 기초하고 있는 서독의 사회 시장 경제 제도를 모델로 하는 '대중경제론'을 지켰다.[89] 운동권 세력은 김대중 정권을 통해 다음 대선 후보로 노무현을 선택하여 그를 제16대 대통령으로 당선시키는 데 성공했다. 노무현 역시 경제 정책에서 미국과의 FTA 체결을 선택하여 시장 경제 원리를 지켰다. 이 시기에 일어난 국론 양분 현상은 한국 정치가 대립으로 치달아 전진이 실종된 상태를 초래하였다.

1987년 민주화 이후 '진보 세력', 곧 사회주의 세력이 급부상한 까닭은 무엇인가? 1978년 민주화 헌법이 자유민주주의 체제를 재확인했는데도 이에 아랑곳하지 않고 반대편의 사회주의 세력이 급부상한 것은 이변이다. 박정희 시대에도 그 기운이 전혀 없었던 것은 아니지만 사회적인 힘이 실리지는 않았다. 그 세력이 크기 시작한 것은 신군부의 엄혹한 통치 체제와 무관하지 않다. 신군부 통치가 가지는 여러 가지 모순과 문제점이 사회주의 이론의 정당성에 대한 확신을 심어주었다. 그리하여 철권통치 아래 조직이 지하에서 세력을 심어 키우다가 '민주화 선언' 이후 표면으로 부상했다. 한국 경제는 1980년 1인당 국민총소득 4,298.2달러에서 1990년 1만 달러를 넘어섰다. 이런 가운데 개발도상국에서나 볼 수 있는 사회주의 메시아의 소리가 높아진 것은 초고속 성장 속의 한국만이 가진 경험이라고 하지 않을 수 없다.

시민 단체의 등장과 부침

제15대 김영삼 대통령(1993년 2월~1998년 2월)은 이전의 신군부 시대와 구별하여 스스로 '문민정부'라고 부르면서 한국 경제의 국제적 발전을 배경으로 '세계화Globalization'를 외쳤다. 세계 정치경제 질서 체제의 변화에 능동적으로 대응하고 선진 경제와의 협력 강화를 위하여 1996년 경제협력개발기구OECD에 가입했다. 1980년대 말 냉전 체제 붕괴 이후 국제 관계가 경제적 이해관계 중심으로 변화함에 따라 냉전 체제를 전제로 한 우리의 안보·경제·외교의 질적 변화가 불가피한 상황이 되었다. 국제 경제의 세계화와 개방 경제 체제 확산에 능동적으로 대응할 필요성이 생겼다. OECD 가입을 통해 국민총생산 및 무역 규모 세계 13위, 자동차 생산 5위, 반도체 생산 3위 등 경제 역량에 상응한 국제적 지위 확보와 유대 협력이 필요했다.

그러나 이듬해 1997년에 아시아 금융위기Asia Financial Crisis, 곧 태국 등 동남아시아의 연쇄적 '외환 위기' 속에 위기 대응에 실패하여 국가 부도의 '국제 금융 위기(IMF 환란)'를 겪었다. 그래도 2010년 1인당 국민총소득은 2만8,082.8달러로 외환 위기 이전의 상황을 회복했다. 바로 이 상황에서 시민(사회) 단체가 곳곳에서 출현했다. 1989년 경제정의실천시민연합을 필두로 인권·여성·아동·정치·경제·환경·교육·문화·정보화·풀뿌리 등 사회 여러 분야에 걸쳐 사회결사체가 등장했다. 1990년대 중반의 전성기를 거쳐 2021년 6월 30일 현재 그 수는 행안부 등록 1만 5,336개에 달한다.[90] 정부와 시장에 대한 '비판형'과 '협조형', 그리고 시민사회 영역의 자율성을 반영하는 '자생형' 등으로 사회적 역할과 정치적 영향력을 발휘했다.[91] 매스컴과 언론에서 시민 사회단체의 주장이 중요하게 취급되며 보도되었다.[92] 정부가 '시민들의 요구'가 결집된 시민사회단체의 주장에 귀 기울이는 것은 민주주의 발전을 위한 중요한 기반이 되었다. 그러나 2010년대 이후 좌우 이념 지향으로 시민들에게 신뢰를 잃어가는 경향이 지적되는 가운데 시민단체의 세계는 점차 좌우 이념 대립의 또 다른 현장으로 바뀌어갔다.

중도 지향 세력의 등장과 보수 정치의 행로

보수와 진보의 대결, 그리고 시민 단체의 영향력은 대한민국 밀레니엄 정국의 새 흐름이었다. 보수 깃발 아래 고소득층과 어깨를 나란히 한 대열

가운데 중도 지향 세력이 독자적인 영역을 확보해가는 추세가 나타났다. 이를 직시하면서 '중도'를 표방하는 정치 세력이 등장했다. 중산층이 늘어난 데 따른 변화였다.

2000년 전후 중산층의 규모는 전 인구의 66.9%에 달한 것으로 조사되었다.[93] 과거 자유 민주주의 신봉으로 보수의 대열에 속했던 중산층이 이제 계층의식에 근거한 정치의식의 새로운 지향성, 곧 '중도'를 표방하는 변화를 보이기 시작했다. 중산층의 형성에 따른 중도 지향 세력의 등장은 앞에서 본 1989년 이래의 시민 단체 등장과 거울의 양면 같은 관계였다. 1960년대 이후, 40년간의 경제 발전 성과로 선진국과 마찬가지인 보수, 중도, 진보 3대 세력의 정당 병렬 형태를 갖추었다. 동·서 역사 어디서도 예를 찾기 어려운 선진국을 향한 초고속 행진이었다.

2000년 새천년을 맞아 한국 정치는 '진보'의 시험장이 되었다. 2003년부터 2008년까지 제16대 노무현 대통령 집권기는 곧 진보 정치의 시험기였다. 그러나 5년 만에 보수정당 한나라당 출신의 이명박 정부(2008~2013년)가 들어섰다. 진보와 보수가 엎치락뒤치락하는 모양새였다. 새천년에 새로운 기류와 함께 컴퓨터 과학의 눈부신 발달로 '지식 정보화' 사회가 도래했다. 이제 컴퓨터 IT 산업이 미래를 약속하는 새로운 분야로 빛을 받기 시작했다. 의사 출신으로 컴퓨터 바이러스 백신 개발에 성공한 안철수가 사회적으로 주목받았다. 그러나 안철수는 중산층의 중도 지향을 담아내기에는 정치 경험이 부족했다. 한국 사회가 아직 중도 지향 정치에 미숙한 탓으로 일어난 일이었을지도 모른다. 중도 정치의 모델을 찾지 못한 결과였을까. 같은 시기 문재인은 운동권 세력의 지지를 받은 정치인으로 기존의 한나라당에 대한 비판에서는 안철수와 서로 공감했으나 나라의 미래 구상에서는 차이가 컸다. 1980년대 학생운동권에서부터 조직을 다진 진보 혁신 정치 세력보다 중도 정치의 조직 기반은 아직도 매우 취약했다.

중도 세력의 여망을 모은 안철수의 행보는 미로에서 쉬이 벗어나지 못했다. 2016년 안철수는 '국민의당'을 창당하여 2017년 19대 대선 후보로 나섰으나 3위로 낙선했다. 그는 안보에서는 기성 보수 정당과 같았으나 기득권 타파의 협치를 내세우는 한편, 노조 개혁을 부르짖는 중도 정치 노선을 만들었다. 좌우 대립 국면을 타개하기 위한 중도 성향 정당 창당은 역사적 의미가 있었다. 미래 인재 양성을 위한 교육, 과학기술 공약과 창업 혁명, 중소상공인 보호 등은 이전의 보수, 진보 양당에서 보기 어려운 공약이었다.[94]

2016년 중도와 진보가 광화문 광장에서 '촛불' 집회를 함께했다. 제18대 박근혜 대통령이 아버지 박정희의 '장기 독재'와 오버랩되어 진위 간에 '수구 꼴통'으로 몰려 탄핵당했다. '촛불 혁명'은 중도와 진보가 함께한 것이지만, 조직력이 강한 진보가 과실을 따 먹었다. 그러나 그렇게 탄생한 정권은 3년도 되지 않은 사이에 한계를 드러냈다. 처음에는 많은 수의 청년들이 '평등한 기회, 공정한 과정, 정의로운 결과'라는 구호 쪽으로 몰려갔다. 그런데 3년도 되지 않아 그 말이 '헛소리'라면서 등 돌리는 이들이 늘어났다. 그들은 문재인 정권이 강력하게 추구한 남북통일 지향의 친북·친중 정책에도 동조하지 않았다. 2030세대 중 적지 않은 수가 반대편 보수나 중도로 옮겨갔다. 이 상황에서 제20대 대통령 선거전이 시작되었고 '공정'과 '상식' 그리고 '자유'를 표방한 윤석열이 제1야당 '국민의힘'의 후보가 되었다.

2022년 20대 대선에서는 2000년대 이후 정치적으로 실체화한 중산층을 배경으로 하는 정치적 중도 세력의 지지를 얻는 것이 중요했다. 2010년 1인당 국민총소득은 2만8,082.8달러, 2020년 3만5,192.4달러를 기록했다. 2021년 한국 경제의 명목 국내총생산GDP은 1조8,239억 달러(약 2,166조8,000억 원)로 세계 10위를 차지할 것으로 전망되었다. 전 세계 191개국 가운데 10위에 해당하는 규모다.[95] 10위 안의 나라 가운데 피식민지 역사를 가진 나라는 한국이 유일하다고 하니 일본의 강제적 식민지화 역사의 이례성異例性을 다시 느끼지 않을 수 없다.

2000년 새천년을 맞은 이후, 보수와 진보에 더하여 중도가 등장한 한국 정치의 새로운 국면은 또 다른 단계의 정치사를 쓰는 시간이었다. 윤석열은 제1야당 국민의힘에 입당하여 출마했으나 보수 정당의 전통적 힘만으로 당선된 것은 아니었다. 그는 제19대 문재인 정부의 '독선적' 실정의 반사 이익을 크게 누린 것으로 평가된다.

윤석열은 철저한 자유주의자로서 광복 이래 자유주의를 지켜온 보수 정당을 택했으나, 거기에 안주하는 정치 철학의 소유자는 아니었다. 그에게도 안철수처럼 중도 지향성이 적지 않다. 윤석열의 10대 공약 가운데 경제 문제와 관련한 것으로 지속 가능한 일자리 창출, 과학기술 추격국가에서 원천 기술 선도국가로의 발전, 실현 가능한 탄소 중립과 원전 최강국 건설 등을 찾아볼 수 있다. 탄소 중립과 원전 최강국이라는 공약의 실현 대상으로 민간을 통한 일자리 창출, 기업 성장과 기업 투자 활성화, 규제 완화 철폐 등을 제시했다. 그는 이와 관련하여 '친기업 정책'이란 단어를 즐겨 썼다. 민간의 자율성과 기업의 무한 전진 보장에서 국력의 회복과 신장의 길을 찾았다. 안철수의 10대 공약과 상통하는 측면이 많다.[96]

대통령 취임식에서 35회나 외친 '자유'가 정치만이 아니라 경제에도 보장하는 정치 철학으로 이해된다. 안철수와의 단일화로 이루어낸 대선 승리는 한국의 새로운 정치 지형인 중도 정치 지향을 보수의 전통적 기반 위에 심는 모양새였다. 근 20년 저소득층을 위한 메시아주의 한계를 체험한 국민 다수가 이제 세계 10위권 경제 대국의 국민적 잠재력 발휘를 위해 중산층 기반의 자유민주주의 체제의 재출발에 힘을 실어준 것이었을까.

우리가 이룬 것과 잃은 것에서 배우다

지금까지 1895년부터 2022년까지 127년의 한국 근현대사의 흐름을 '경제 발전과 민주화'의 관점에서 살폈다. 우리가 이룬 것, 잃은 것이 무엇인지를 살펴 미래를 위한 성찰에 보태기로 한다.

첫째, 지금까지 우리 학계에서는 근대와 현대를 연계한 해석이나 담론은 찾아보기 어려웠다. 설령 있어도 근대는 실패의 거울로 거론될 뿐이었다. 근대, 곧 고종 시대에 대한 부정적인 인식이 낳은 '역사 참사'라고 할 만한 현상이었다. 근대가 빠진 현대는 역사 인식이나 해석에서 분절적 특화 현상을 유발했다. 즉 전후를 연계하는 해석보다 특정한 시대 상황을 놓고 특정한 관점에서 자의적인 특화 해석을 내놓는 경향이 많았다. 현대사에서 역사학 본연의 자세를 견지하는 연구도 없지 않았지만, 이념 대립이 고조될수록 이런 폐단이 많이 나타났다. 역사학의 생명이라고 할 '맥락'이 실종된 역사가 조야朝野를 누볐다. 일본제국의 침략 정책으로 입은 물리적 손상에 못지않은 큰 피해였다. 1895년에 시작된 '국민 창출'의 역사와 '광무 양전 사업 및 지계 사업'의 경제적 성과에 관한 고찰은 국권 피탈 전의 '착실한 근대' 출범을 확인시켜주었다.

둘째, 국민 창출의 역사는 국권 피탈에서 빚어진 고난 극복의 힘, 그리고 전쟁의 폐허에서 일으켜진 경제 발전의 동력이 어디에서 분출했는지를 알 수 있게 해주었다. 통치자에게 절대복종하는 신민臣民이 아니라 자유인으로서, 독립 국가를 이끄는 주체로서의 국민 탄생은 자율성과 의무에 대한 책임감을 보장하는 것으로 일제 강점기의 고난이나 냉전 시대의 역경을 돌파한 힘의 원천이 되었다. 1895년 국민 탄생의 역사는 유교의 삼강오륜의 덕목이 서구의 3양養 교육 강령을 만나 이루어진 것으로써 같은 유교 문화권이면서도 중국과 일본이 가지지 못한 것이었다. 18세기 후반 정조대왕 시대에 유교 문치文治 전통에 근대 지향의 변혁이 일어났다. 즉 대민 양반뿐 아니라 소민, 곧 평민 또한 나라 주인으로서 오륜 행실의 실천 주체가 되어야 한다는 주인 의식이 형성된 토대 위에 구미의 덕·지·체 3양 교육 강령을 수용했다. 동·서 교육사상의 절묘한 교합이었다. 오늘날에도 한국의 민주화가 일본이나 중국보다 앞선 이유에 대한 유추도 가능하게 하는 것이다. 자유의 국민으로서 국가의 독립을 지킨다는 국민 의식은 강력한 투쟁력과 도약의 힘이 분출하는 원천이었다. 1907년 국민의 의무를 외친 국채보상운동과 1919년의 3·1 독립만세운동, 둘은 근대의 성과로서 현대의 고난을 돌파하는 가능성을 보여준 희망의 등불이었다.

셋째, 해방 정국을 요동치게 한 '신탁 통치안'의 진실을 파악함으로써 이 시기 난마와 같은 시국 상황에 대한 이해를 개선할 수 있었다. 제2차 세계대전 중의 국제 관계는 한국 현대사에 희망과 고난을 동시에 안겨주었다. 미국 프랭클린 루스벨트 대통령의 신탁 통치안은 인류 역사에서 식민지 시대를 종결시키려는 선의의 뜻을 담은 것이었다. 그러나 한편으로는 항일 전선의 구심이었던 충칭 임시정부의 환국을 공인하지 못한 동시에 소련 공산주의 지도자에 대한 오판으로 남북 분단의 역사를 초래하는 원인이 되었다. 미국 정부가 제안한 신탁 통치안에 대해 조선공산당을 비롯한 좌익계가 찬성한 것은 공산 진영 확대를 도모한 스탈린의 '가면 술책'에 보조를 맞춘 것이었다.

이에 반해 우익계는 신탁 통치안을 민족 자존심의 손상으로 받아들였다. 이 반탁 진영은 두 가지로 나뉘었다. 자유·공산 두 진영이 합류한 연합국 수뇌부의 동향을 예리하게 간파한 이승만은 반탁 운동 속에서도 남한 단독정부 수립을 조기에 주장하고, 임시정부를 이끈 김구는 단정 수립마저 반대하면서 남북 협상을 제안하여 평양을 방문하기까지 했다. 김구와 김규식의 평양 방문은 남북통일 정부를 위한 김일성과의 합의를 실제로 기대한 것이라기보다 눈앞에 다가온 분단을 끝까지 막아보려는 민족적 노력의 '행적'을 후세에 남기기 위한 것으로 해석된다.

넷째, 미국 정부 신탁 통치안의 평가 문제다. 그것은 기본적으로 스탈린의 공산 진영에 대한 오판으로 실패한 것이 되었다. 그러나 그 계획의 하나로 일제 식민 통치의 가혹한 수탈로 빚어진 한국인의 '노예적 상태'를 혁신하는 농지개혁안의 준비는 대한민국 출범의 밑거름이 되었다. 이승만 정부는 이를 인계받아 제헌국회의 의견 수렴과 조정을 거쳐 1950년 4월 3일에 정식으로 농지개혁법을 선포했다. 그러나 몇 곳에 시행이 들어간 시점에서 북한의 남침이 시작되었고, 북한 정권은 인민군 점령지 여러 곳에서 북한식 토지 개혁을 단행하는 도전을 받았다. 이승만 정부는 임시수도 부산과 경상도 일원에서 제한적으로 시행하다가 서울 수복 후 정국의 혼란으로 시행 연기 결정을 내렸다. 그러나 미국 정부는 전시 상황을 주시하면서 한국 정부에 조기 종결을 촉구하여 1952년에 사업을 완료하게 하는 모습을 보였다. 이는 곧 신탁 통치안의 실패로 빚어진 책임을 끝까지 지려는 자세로서, 자영농 창출이 곧 자유민주주의 수호의 기본이란 인식에 따른 것이었다. 1894년에 발의하여 시작된 '광무양전 사업'에서 도모된 자영농의 안정이 일제 치하에서 다시 소작제 일변도로 크게 왜곡된 한국민의 '노예 상태'를 혁신하는 역사적 조치였다.

다섯째, 제1공화국에서 제3공화국으로 이어지는 역사에서 나타난 권력의 독재화 현상이다. 이승만 대통령의 제1공화국, 박정희 대통령의 제3공화국은 모두 헌법 개정을 통한 독재의 길을 걸었다. 이승만과 박정희는 각각 4차, 5차 집권에 나서다가 무너졌다. 이승만 시대는 항일 독립운동의 영웅들이 모두 사라지고 혼자 남아 숭배의 대상이 된 것이 원인이었다. 항일 독립운동 세력이 피살 또는 납북으로 소수화되어 정치적 에너지가 그만큼 소멸한 상황이 독재의 길을 쉽게 열었다. 이승만은 농지개혁 실현 성과 위에 상공업 진흥의 뜻을 세웠으나 한국 전쟁 후의 여건이 이 실현을 쉽게 허용하지 않았다. 반면에 박정희는 한 세기 동안의 민족의 숙원을 풀려는 것처럼 경제 개발에 온 힘을 쏟았다. 그는 이를 민족중흥의 기회로 여기면서 독재의 길을 스스로 선택하는 것 같은 모양새를 보였다. 이때 닦은 산업 기반으로 대한민국이 오늘날 세계 경제 10대국에 들 수 있게 되었다는 평가는 일반론이 되었다.

여섯째, 제5공화국 전두환 대통령의 독재는 우리 현대사의 '정치 참사'라고 해도 지나치지 않을 정도로 많은 문제점을 남겼다. 이 정권은 제3공화국 박정희 시대의 경제 발전 지속을 명분으로 내세웠으나 '광주 민주화 운동' 탄압을 비롯한 많은 폭압적 행위는 어떤 변명도 용납하기 어려울 정도로 심했다. 김영삼, 김대중, 김종필 3자의 대권 희망 경쟁이 신군부의 출현을 쉽게 허용한 점도 비판을 면하기 어려운 형국이었다. 전두환 정권 5년간 민주화 투쟁 세력에 대한 혹독한 탄압은 운동권 세력이 지하화하여 이념 세력으로 성장하게 하는 결과를 초래했다. 운동권은 스스로 같은 시기 라틴아메리카의 반군부 민주화 운동과 함께 영국, 미국의 신자유주의에 대한 투쟁으로 자리매김하여 세계사적 법칙성 부여의 정당성을 구하려 했다.

1987년 '민주화 선언' 후에 신군부 세력의 다른 한 축인 노태우가 제6공화국의 민주화 헌법으로 뽑힌 첫 대통령이 된 것은 야권의 분열에 근본적 원인이 돌려진다. 그 후 오늘에 이르기까지 5년 단임제 대통령 선거로 재집권을 시도하는 권력이 나오지 않은 것은 1987년 민주화 헌법의 성공이라고 할 수도 있다. 그러나 그것은 어디까지나 5년 단임이란 조건에 묶인 의제적 성과로서 민주 역량에 따른 것이라고 보기 어려운 면이 많다. 여·야를 막론하고 대통령 중심의 단극單極 통치 체제가 연속하면서 정당이 하향식 작동 구조를 일관하는 것은 한국 현대 정치사의 큰 약점이었다. 학생운동권 연원의 진보 정당의 경우, 강한 조직력을 자랑하지만, 단극 구조는 마찬가지로 보인다. 한국 정당이 풀어야 할 큰 숙제라고 하지 않을 수 없다.

일곱째, 1987년 민주화 이후 정계에 좌익 세력과 2000년 즈음부터의 중도 세력이 잇달아 등장한 것은 한국 정치의 새로운 지형 형성이었다. 좌익 학생운동 세력은 '민족해방파'와 '민중민주파'를 자칭하면서 마르크스, 마오쩌둥, 김일성의 사상을 거리낌 없이 거론했다. 1987년 민주화 헌법의 자유민주주의와는 배치하는 사상이었지만, 노동자 총연맹과 전국 교원 조직을 통해 정치적 힘을 강화하여 합법화 순서를 밟았다. 개발도상국에서나 볼 수 있는 사회주의 메시아의 소리가 1인당 국민총소득 1만 달러를 넘어선 나라에서 강력한 정치 세력으로 부상한 것은 세계사적으로 매우 이례적이다. 산업화에 따라 노동자층이 두터워지면서 좌익 정치 세력이 노동 계층 이익을 대변하는 것은 어느 선진국에서나 경험한 것이다. 그러나 계급혁명론이 아니라 복지 정책의 실현을 목표로 하는 것이 일반적이다.

한편, 1990년대에 중산층의 형성을 배경으로 시민 단체가 급격히 출현한 것은 한국 정치에 중도 지향 정치 세력이 등장하는 것과 함께 주목할 변화였다. 중도 정치 세력의 등장은 제3공화국에서 제5공화국에 이르는 시기의 경제 개발 성과로 충분히 예상된 현상이었다. 그러나 이는 1987년 민주화 헌법 이후 2000년 즈음부터 실체화했다. 2017년 박근혜 대통령 탄핵을 둘러싼 '촛불 혁명'에서 진보와 중도는 대열을 함께했으나 조직력이 훨씬 우세한 진보가 과실을 움켜쥐었다. 그리고 5년 집권 후

2022년 대선에서는 보수의 국민의힘에 입당한 후보 윤석열이 중도 세력 후보 안철수와 단일화하여 진보의 재집권을 막았다.

2022년 현재 대한민국은 혁신을 자처하는 진보 세력과 중도 지향 세력이 여야의 정국을 형성한 상태가 되었다. 1960년대 이래 경제개발 계획 정책의 성과로 정치 지형이 크게 달라져 나타나는 변화였다. 그러나 두 세력의 정국은 협치보다 대치의 형국을 만들고 있다. 짧은 기간 초고속 성장 속에 시간을 달리하여야 했을 두 가지 성향(힘)이 시공을 함께한 데 따른 지각 충돌 현상과 같은 것이 아닐까. 국론 양분의 형세를 빚고 있는 이 이상 굴절을 펴는 것은 앞으로 풀어야 할 시대적인 과제일 것이다.

끝으로 '진보'와 '보수'라는 용어 구분의 문제점이다. 현 야권 곧 민주화 운동권의 '진보적 민주주의'는 우연의 일치인지는 몰라도 1945년 11월 28일 조선공산당 박헌영의 발언에서 유일하게 선례를 찾을 수 있다. 그가 노동, 농민, 청년, 부녀 등의 전국 총동맹을 내세운 것도 비슷한 형국이다. 그때는 사회주의 이론이 제국주의와 지주 세력의 척결이란 분명한 목표를 가지고 있었으므로 용어의 적절성이 인정되나, 1980년대 한국 경제의 수준에서 보면 정치 세력의 대명사로는 많은 의문을 자아낸다.

'진보progress'라는 단어가 좌파 정치 세력에 독점되는 상황은 역사 이해에 혼란을 가져올 우려도 없지 않다. 나는 2000년 초반에 진보와 보수의 구분이 고착해갈 때, 두 용어의 양립에 대해 의문을 제기했다. 이 구분을 따르면, 보수로 분류되는 정당은 진보적인 정책을 취하지 않는다는 고정 관념을 낳게 될 것이 뻔하다. 좌 편향 정당들이 진보를 독점한 연유도 의문이었지만, 우익에 속하는 정당이 보수, 곧 진보를 모르는 쪽으로 분류되는 것에 안주하는 형세도 이해할 수 없었다. 그래서 정당의 고전적 분류에 해당하는 독일의 국법학자 브룬칠리Johann C. Bluntschli의 구분으로 급진주의, 자유주의, 보수주의, 전제주의 등으로 나뉘는 것을 참고로 소개했다.[97]

1987년 민주화 후, 좌파 세력이 부상할 당시는 중산층을 배경으로 하는 중도가 아직 정치적으로 실체를 드러내지 않은 상황이었으므로 좌파가 진보를 자처할 수 있었다. 그러나 중도 지향의 세력이 실체화하면 정국의 구분은 좌익, 중도, 우익이어야지 진보, 중도, 보수가 될 수가 없다. 윤석열 대통령은 취임사에 '보수'라는 단어는 한 번도 사용하지 않고 '자유'를 35번이나 외쳤다. 앞에서 제시한 고전적 정당 분류에 자유주의가 보수주의와 별도로 존재하는 것도 주목할 필요가 있다. 이에 따르면 그는 국민의힘의 보수보다는 자유주의 분류에 속하는 정치를 희망하는 것이 된다. 보수주의와 자유주의 구별 문제가 강하게 제기된 셈이다. 제20대 대통령 윤석열 시대에는 1987년 민주화 이후 등장한 보수와 진보 양분법 정치의식으로 빚어진 여러 한계와 폐단을 극복해야 하는 시대적 과제가 저절로 부여된 것일까. 만약 그렇다면 진보 측의 협력이 절대적으로 필요할 것이다. '진보'의 현대화가 요망된다.

한국 사회는 1960년대 이래 경제 개발로 산업화 사회를 거쳐 중산층 사회가 이루어져 선진국 대열에 진입했다. 이런 사회 경제의 빠른 변화와 달리 정치는 언제나 혼란을 스스로 해결하지 못하는 한계의 충격 요법으로 고비가 넘겨졌다. 미래 지향적으로 보아, 보수-중도-진보가 아니라 좌익-중도-우익 3자 간의 충돌과 갈등을 해결하는 능력 향상이 절실히 필요하다. 오늘날 우리는 우리가 이미 선진국의 대열에 들어섰다고 자주 말한다. 이는 경제적으로는 크게 틀리지 않는 규정일 수 있으나, 저개발 경제 체제에서나 등장할 수 있는 메시아주의가 작동하는 상황에서는 결코 선진국을 자처할 수 없지 않은가?

1895년 이래 127년간의 여정에서 한국인은 많은 것을 만들고 또 많은 것을 잃었다. 그런 역경 속에 다행히 우리는 '자유 국민' 창출에서 근대의 역사를 시작하여 국제 관계에서 빚어진 중량급의 수난을 여러 차례 겪으면서도 자아 개발 노력과 방어의 동력을 잃지 않았다. 우리의 경제 발전을 가리켜 세계 역사상 유례가 없다는 것도 틀린 말은 아니지만, 선진국을 자부하려면 아직도 이루어야 할 것이 많이 남아 있다. 무엇보다도 정당이 자유 민주주의 토대 위에서 좌, 우, 그리고 중도의 상호 비판 체제를 만드는 것이 중요하다. 보수, 진보 양분법의 정치의식은 이미 지난 시대의 것으로 정리되어 가고 있는지도 모른다. 루소는 "자유로운 인민은 복종은 하지만 예종하지는 않으며, 지도자는 두지만 주인은 두지 않는다. 자유로운 인민은 오직 법에만 복종하며, 타인에게도 예종하도록 강제할 수는 없는데, 이것은 법의 힘 때문이다"라고 했다.[98] 한국 국민으로서 현재 이 명제에 대해 이론을 제기할 사람은 아무도 없을 것이다. 그것은 우리가 한 세기 이상 힘써 달성한 성과이자 영원토록 지키고 발전시켜나가야 할 터전에 대한 규정이기도 하다.

극단의 정치를 극복하지 못하면 희망은 없다

김종인 前 국회의원·청와대 경제수석

흔히 하는 말이지만 대한민국은 기적적으로 태어난 나라다. 1950년 6·25 전쟁으로 개전 초반에 사라질 뻔했다가 기적처럼 살아난 국가가 우리 대한민국 아닌가. 그에 앞서 1948년 8월 정부 수립 자체가 역사상 기적의 한 장면이다. 단독정부냐 통일정부냐 하는 대립 가운데 전자를 선택한 이승만의 현실주의적 판단이 적중한 것이다. 그때 주춤했더라면 우리는 지금 어떤 모습으로 살고 있을까. 비록 권력에 대한 탐욕에 지나쳐 만년이 궁색하기는 했으나 국가의 기틀을 마련했다는 것만으로도 초대 이승만 대통령의 공로는 충분히 인정해야 마땅하다.

요즘 자주 듣는 질문 가운데 하나가 "앞으로 50년 후 대한민국은 어떤 모습이 될 것 같으냐"다. 그리고 "한국의 미래에서 기회 요인과 위협 요인은 각각 무엇인가?" 하는 질문도 많다. 미래를 예측하자면 먼저 현재 상황을 냉정하게 평가할 필요가 있다. 그러고 나서 과거를 돌아봐야 한다.

일단 결론부터 말하면, 나는 이런 식으로 가면 50년 후 대한민국의 미래는 밝지 않다고 본다. 그러나 정부가 엉망이 되더라도 우리 국민은 그것을 극복할 저력이 있다고 본다. 그래서 아주 비관적이지는 않다.

우리는 어떤 저력을 갖고 있는가. 우리 국민의 특징 가운데 하나는 정치가 잘못된 길로 가면 그것을 참지 않고 시정한다는 점이다. 건국의 공로가 지대했던 이승만 대통령도 국민의 힘으로 끌어내렸다. 이승만 대통령이 물러난 뒤 혼란 가운데 군인들이 정권을 잡았다. 군사정부가 마치 군사 작전을 펼치듯 전개한 산업의 공로가 존재하고 경제적 윤택이 피부로 느껴지고 있음에도 국민은 끊임없이 저항했고 결국 1987년 개헌을 통해 민주화를 이루어냈다. 그리고 지난 35년 동안 10년에 한 번씩, 최근에는 5년 만에 정권 교체를 선택했다. 이 모든 사건이 국민의 정치적 역동성을 느낄 수 있는 대목이고, 우리가 장점으로 살려나갈 저력이다.

조선에는 성군聖君이라 부를 만한 임금이 서넛밖에 없었다. 조선이 500년 동안 존속할 수 있었던 이유는 여럿이지만, 성균관 유생과 같은 소장파들이 끊임없이 임금에게 진언했던 영향도 컸다고 본다. 국민의 뜻을 헤아리면서 시대의 흐름에 맞게 변화를 선택한 정권은 살아남고, 그러지 못한 권력은 국민 앞에 꺾이기 마련이다. 왕정이나 민주정이나 마찬가지다. 위정자들이 국권을 팔아 식민지로 전락한 나라 가운데 국민 스스로 들고 일어나 10년 만에 독립운동을 전개한 나라 역시 우리나라밖에 없다. 1909년 한일 합방(경술국치)이 강요되었고 1919년 3·1 운동이 일어났다. 총칼 앞에 3·1 운동은 진압되었지만 우리는 좌절하지 않고 임시정부를 만들어 끊임없이 일제에 저항했다. 그리하여 비록 완전한 자력은 아니었지만, 연합국에 힘을 보태 독립을 이루어낼 수 있었다. 그러한 '저항의 자산'이 있었기 때문에 해방 이후 신속히 정부 수립을 선포할 수도 있었던 것이다. 역동성이란 내재적 자산으로 남는다.

시간을 가까이 당겨보자. 2021년 7월 우리나라는 유엔무역개발회의UNCTAD가 공식 인정한 선진국이 되었다. 아시아·아프리카권 국가들로 구성된 그룹A에서 선진국으로 구성된 그룹B로 재분류된 것이다. 1964년 UNCTAD가 창설된 이래 그룹A 국가가 그룹B로 이동한 사례는 대한민국이 유일하다. 충분히 자긍심을 가질 만한 변화다. 참을 땐 참고 저항할 땐 저항할 줄 아는 우리 국민의 특성이 만들어낸 성과이기도 하다.

국가의 흥망은 한순간에 엇갈린다

그렇다면 50년 후 대한민국의 미래가 반드시 밝지만은 않다고 보는 이유는 무엇인가. 단연 양극화 때문이다. 모든 장점은 단점을 함께 내포하기 마련이다. 달리기가 빠른 사람은 그만큼 관절 계통에 무리를 겪는 경우가 많고, 지식 노동을 많이 하는 사람은 숱한 스트레스에 시달리게 된다. 국가와 국민 또한 그렇다.

우리 국민의 역동성은 산업화·민주화 과정에서 분명 긍정으로 작용했지만, 그것이 양극화라는 사회경제적 구조와 결합하면 자칫 갈등 요인으로 심화하기 마련이다. 그것을 풀어주는 것이 정치가 담당할 영역이다. 그런데 정치가 제 역할을 하지 못하다 보니 양극화를 부추기거나 방치하는 일이 수십 년 동안 계속되고 있다. 이른바 보수 정부든 진보 정부든 양극화 문제에 손을 놓고 있는 수준이고, 진단이 잘못되었으니 처방이 엉뚱하게 내려지는 경우 또한 숱하다.

간단한 통계 몇 가지만 보자. 우리나라 자살률은 OECD 평균의 곱절을 넘는다. 우리 국민이 유독 우울하기 때문일까? 여기에도 양극화의 문제가 내포되어 있다. 역동성은 '빠름'을 추구하는 장점이 있지만 '극단적'이라는 단점을 동전의 양면처럼 가진다. 과거에는 그것이 경쟁을 유도하고 우리 국민의 성공 지향적 기질과 맞물리면서 빠른 경제 성장을 거두는 장점이 되었지만, 경쟁에서 탈락하거나 도태된 사람에게는 상대적 박탈감을 크게 느끼게 만드는 단점이 되기도 했다. 우리나라의 높은 자살률에는 이런 경제·사회·문화적 요인이 고루 배경으로 존재한다. 그런 가운데 핵심은 역시 양극화다.

노인 빈곤율은 또 어떤가. OECD 1위다. 노인 빈곤율이 유독 높다는 건 우리가 이 문제에 유독 주의를 기울이지 않아 왔다는 사실을 증명한다. 한동안 미래를 준비하지 않고 당면한 성장에만 급급했던 것이고, 산업화 세대의 희생을 담보로 성장의 통계만 번드르르하게 유지해왔던 것이다. 그렇다면 노년층을 향해 이제 역사적 소임을 다했으니 떠나라고 할 것인가. 끝까지 희생을 계속하라고만 강요할 것인가. 혹은 왜 자신의 권리도 찾지 못했느냐고 비난할 것인가. 어느 쪽도 타당하지 않다.

모든 통계에는 '가려진 진실'이 있게 마련이다. 우리가 지난날 거둔 많은 성과에는 이러한 희생의 그림자, 지연遲延의 대가가 있었던 것이며 우리는 지금 뒤늦은 청구서를 수령하는 중이다. 아니, 청구서는 아직 발송조차 시작하지 않았는지도 모른다. 따라서 우리는 지금 선진국이 되었다고 마냥 좋아할 때가 아니다. 우리는 현재 성장의 정점에 서 있고 앞으로는 내리막길만 남았는지도 모른다. 일본이 딱 그런 길을 걷고 있지 않은가.

일본을 간단히 보자. 1980년대 일본이 얼마나 요란했는가. 전 세계 제조업을 다 장악하고 '미국을 앞질러 세계 일등 국가가 된다'는 말까지 있을 정도였다. 1980년대 말까지만 하더라도 일본은 그렇게 황홀한 그림을 그렸는데 지금은 어떤가. 1990년대 초반부터 경기 침체를 겪기 시작했고, 여전히 잃어버린 30년을 겪는 중이다. 그 이유는 여럿이지만 가장 큰 이유는 고령화 사회를 제대로 준비하지 못한 데 있다. 1970년대 말부터 일본은 저출산·고령화 사회로 진입했는데 일본 정치인들은 그것을 몰랐고, 1980년대 중반이 되어서야 '이거 안되겠구나' 하면서 돌이키려 했지만 이미 때는 늦었다. 바다 건너 일본을 동정하거나 비웃을 때가 아니다. 우리는 더 심각하다. 국가의 흥망은 한순간에 엇갈린다.

출산율 제고라는 담대한 계획

사회 지표 가운데 미래를 전망하는 중요한 지표는 단연 출산율이다. 인구 감소는 자연스러운 현상이기 때문에 정부가 출산율 제고에 투입할 노력과 예산으로 차라리 다른 일을 하는 것이 맞다고 주장하는 사람도 있는데 하나만 알고 둘은 모르는 단견이다. 우리나라 출산율의 급격한 감소는 다양한 사회·경제·문화적 함의를 담고 있기 때문에 그저 방치할 일이 아니다. 이른바 '자연'에 맡겨둘 일이 아니라는 말이다. 출산율을 높이려는 여러 노력이 단순히 출산 수치를 높이는 의미만은 아니라는 사실을 분명히 이해해야 한다. 그것을 이해하지 못하는 정치인이 숱하기 때문에 출산율을 그저 '애 낳는' 문제로만 바라본다.

출산율 또한 양극화와 직결된다. 출산을 안 하는 이유는 무엇인가? 결혼을 안 하기 때문이다. 왜 결혼을 안 하는가? 미래가 두렵기 때문이다. 결혼을 해도 애를 낳지 않는다. 요즘 젊은이들이 결혼과 출산을 이토록 기피하는 이유는 무엇인가? 결혼을 '경제적 조건'으로 따지는 경향이 팽배하기 때문이고, 결혼을 한다 해도 '가난을 대물림하기는 싫다'는 생각 때문에 경제적 조건이 충분히 갖춰지기까지 출산을 유보하는 것이다. 그렇다면 이 문제는 경제적 조건에 대한 청년들의 인식만 바꾸면 되는 일인가. '결혼은 행복하고 출산은 소중한 일'이라고 캠페인을 전개하면 되는 일인가. 천부당만부당이다. 정책결정자로서 그러한 홍보와 문화적 요인까지 감안해야겠지만 궁극적으로는 국민의 경제적 조건 자체를 끌어올릴 생각을 해야 한다. 그것을 위해 '성장'을 추구하는 정책도 필요하지만 '분배'도 적극 고민할 시점이 되었다. 아니, 고민하기에도 많이 늦었다.

우리나라 출산율이 심각하다는 지적이 나온 것이 근래 일이 아니다. 내가 1989년 보건사회부 장관을 할 때 합계출산율이 1.9 정도였다. 그때 담당 국장이 업무 보고를 하는데 출산율이 2.0 이하로 떨어진 것이 인구 정책의 큰 성과라며 자랑을 했다. 당시 우리는 그것을 '산아제한'이라 불렀다. 나는 그 자리에서 논박했다. 이런 추세라면 앞으로는 오히려 인구 감소를 걱정하게 될 것인데 인위적으로 인구를 늘리지는 못할망정 후대를 낳는 일을 자꾸 죄악처럼 취급하는 정책은 당장 중단하라고 지시했다. 그랬더니 산아제한을 책임지는 주무 부처 장관이 엉뚱한 소리를 한다며 언론에서 난리가 났다. 내 자랑을 하려는 것이 아니다. 한 30년 전에는 언론에서 이렇게 나오는 것도 전혀 이상한 반응은 아니었다.

문제는 이 엉뚱한 인구 정책을 출산율이 1.5 가까이 되는 1995년까지 지속했다는 점이다. 세상의 변화를 읽지 못한 채 그저 관성에 의존해 지난 정부에서 하던 정책을 되풀이하다 끝내 시대에 역행하는 '한국형 행정'의 표본이 출산율 문제에 고스란히 드러난다. 우리나라에 이런 사례가 어디 이것뿐이던가. 재정 구조와 현행 헌법, 대통령 제도 또한 그렇다.

지금 우리나라는 인구가 줄어드는 것도 문제지만, 감소 속도가 더 문제다. 일반적으로 한 국가의 합계출산율이 2.1이면 '저출산 국가', 1.3이면 '초저출산 국가'라 부른다. 다른 나라는 저출산 국가에서 초저출산 국가에 이르는 데 걸린 시간이 대략 30~40년 정도다. 우리나라는 그런 변화를 불과 20년 만에 거쳤다. 게다가 합계출산율 1 이하인 '초초저출산 국가'로 가는 데 걸린 시간은 15년에 불과하다. 지난해 우리나라 합계출산율은 0.81로 세계 평균(2.32)보다 현격히 낮다. 잠정 통계를 보면 올해 출산율이 0.7 수준까지 떨어지는 중이다. 하락이 아니라 추락 수준이다. 이것을 과연 '자연 현상의 하나'라고 내버려둘 일인가.

이렇게 급격한 인구 감소가 의미하는 바는 무엇일까? 과연 출산율 자체 문제일까? 다른 작동 기제가 있는 것은 아닐까? 더구나 지역별로 보면 서울(0.63)과 부산(0.73)의 합계출산율이 유독 낮게 나타난다. 이것이 의미하는 바는 또 무엇인가? 누가 봐도 단순한 출산 문제가 아니라 우리나라 사회 경제가 전반적으로 흔들리고 있다는 징표이며, 그것이 출산율로 대표하여 나타나고 있을 따름이다. 뚜렷한 사회적 양극화 현상이다. 이것을 풀지 못하면 대한민국의 미래에 희망은 없다.

출산율 저하는 다양한 사회적 변화와 과제를 동반한다. 인구가 줄어들면 우선 건강보험이나 연금제도가 제대로 작동하지 못한다. 당연하다. 그런 제도는 모두 인구 증가 혹은 점진적 감소를 전제로 만들었기 때문이다. 이제야 갑작스레 연금 개혁을 한다고 하는데, 아무리 개혁을 한다고 한들 감소 속도를 따라갈 수 없다. 그때마다 연금과 보험을 개혁하고 또 개혁할 것인가? 당면한 작은 합의조차 이루어내지 못하는 정치적 협상력으로 숱한 세대의 이해관계가 얽혀 있는 연금 개혁을 과연 이루어낼 수 있다고 보는가? 연금 개혁을 하지 말자는 말이 아니다. 궁극적 해결 방안을 내놓지 않으면 어떤 개혁도 미봉책에 불과하다는 말이다. 어떻게든 출산율을 높여야 하고, 그러기 위해서는 양극화의 간극을 줄여나가려는 담대한 계획을 실행해야 하는 것이다.

2025년이 지나면 우리나라는 65세 이상 인구가 전체의 20%를 넘는다. 이른바 초고령사회에 진입하는 것이다. 유권자로 따지면 40% 정도 되는 국민이 60세 이상 노인이 되는 셈인데, 알다시피 정치에서 특정 세대가 유권자의 40%가량을 차지하면 판세를 좌우하는 최고 파워 집단이 된다. 투박하게 표현하면 '노인이 주도하는 국가'가 되는 셈이다. 그런 국가는 어떤 모습이 될 것인가. '보수 정당 입장에서는 노년층 유권자가 늘어나는 현상이 나쁠 것 없다'라고 황당한 이야기를 하는 정치인도 있던데, 그 노년층이 분노로 가득한 노년층이 될 것이니 심각한 문제다. 어떻게 해결해야 할까? 결국, 정부가 부채를 늘리는 방법밖에 없다. 노인들의 분노와 억울함을 달래야지 마냥 참으라 할 수는 없지 않은가. 일본이 그렇게 하다가 GDP 대비 부채 비율이 250%까지 올라갔다. 노인 인구를 부양해야 하는데 세금을 올리기에는 정치적으로 부담이 크니 정부가 빚을 내는 방법을 선택한 것이다.

덧붙여 이야기하자면 앞으로 정부 부채는 어쩔 수 없는 선택이 된다. 그런데 한쪽에서는 정부 부채를 마치 죄악시하고, 다른 한쪽에서는 재정을 무작정 확장시켜놓기만 하는 중이다. 양쪽 모두 극단이 아닐 수 없다. 도대체 중간의 균형이 없는 국가가 되었다. 다른 한편으로 '지출 구조를 조정해 재정의 역할을 높이자'고 하면 경직성 예산이 많아 그럴 수 없다고 코웃음 치는 정부 관료도 있다. 학자들도 뭔가 아는 것처럼 거기에 순응한다. 여기저기 마냥 복지부동인 것이다. 관료와 학자들은 원래 그렇다지만 거기에 창의성을 불어넣어야 할 정치인마저 그런 말에 순응하며 그저 고개만 끄덕이니 더 문제다. 재정에 대해 아는 것이 없으니 그러는 것이다. 앞으로 출산율이 심각한 사회 문제가 될 것이라고 30여 년 전부터 말해왔는데 그저 관성에 따라 인구 정책을 펼치던 유형의 행태가 사회 전체에 복사판처럼 되풀이되는 중이다. 대한민국이라는 국가가 전반적으로 창의성의 동력을 상실했다.

승자 독식 정치 제도 바꿔야

요컨대 출산율, 고용률, 빈곤율, 자살률, 거의 모든 사회 경제 지표가 그리 희망적이지 않다. 갑자기 왜 이런 국가가 되었을까? 갑자기 이렇게 되었다기보다는 쌓이고 쌓인 것이 곪다 못해 이제 터져 나올 정도가 된 것이다.

거칠게 역사를 되짚자면 우리는 건국 이래 40년가량 산업화 과정을 거쳤고, 1987년을 분기점으로 지난 35년 동안 민주화 과정을 겪는 중이다. 대한민국 정부 80년을 둘로 나눠 거의 절반씩 역사를 거쳐온 셈이다. 그런데 민주화 이후 우리가 이룬 것은 과연 무엇인가. 돌아보면 참담할 지경이다. 산업화의 부정적 유산은 결국 불평등을 해소하지 못했다는 점, 사회적 안전망을 튼튼히 구축하지 못했던 점에 있는데, 그렇다면 민주화 이후에는 거기에 더욱 집중했어야 할 것 아닌가. 그럼에도 진보 정부는 15년이나 정권을 담당했으면서 이룬 것이 없다. 양극화는 이른바 진보 정부 시기에도 개선 없이 고착되었다. 87년 체제 이후 절반의 역사를 서로 담당했으면서 여전히 '전 정권', '상대 진영' 탓만 하고 있다. 누구의 잘못이랄 것 없이 정치권 전체가 반성해야 할 대목이다.

1987년 헌법 이후 지금껏 이어진 정부들을 보면 1990년까지 이뤄놓은 경제 성장의 토대와 과실을 바탕으로 현상을 유지하면서 그것을 조금씩 변형하는 정도였지, 새롭게 창조해낸 것이 거의 없다. 다음 세대가 무엇을 중심으로 번영을 이어나갈 것이며, 그것을 위해 지금 우리는 무엇을 준비하고 어떻게 경제 패러다임을 바꾸어야 하는지 국가의 미래를 진지하게 고민하는 지도자가 드물다. 모두 권력을 얻고 자리를 보전할 생각에만 급급할 따름이다.

왜 이런 나라가 되었나. 이유는 여럿이겠지만 핵심 배경 가운데 하나는 정치 제도 자체가 약탈적이라는 점에 있다. 대통령제의 특징 자체가 그렇다. '대통령'이라는 제도는 공화주의 연방국가인 미국에서 왕을 대신할 사람을 찾느라고 만들어낸 정치적 발명품인데, 알다시피 미국에서 대통령은 '프레지던트'로 회의를 주관하는 선임자의 성격으로 출발했다. 절대권력자로서 대통령이 아니었던 것이다. 그런 제도를 미국의 영향을 받는 신생 아시아 독립 국가들이 수입되면서 총통總統화 되었는데, 그러한 집중성이 국가 주도 경제 개발 시대에는 한때 효과를 발휘했을지 몰라도 민주주의에 대한 요구가 높아진 이후로는 끊임없이 제도적 개선을 추구해야 마땅하다. 우리나라의 1987년 헌법 개정은 바로 그러한 역사적 맥락 가운데 시행되었다. 그러나 87년 헌법은 대통령을 선출하는 절차를 제외하고는 권력 구조에서 기존 헌법과 크게 달라진 점이 없다. 자신들이 정권을 잡으면 활용할 여지가 크니 여야 정치인들의 이해관계가 일치한 가운데 대통령제를 유지시킨 것 아니겠는가. 한국처럼 유난히 대통령에게 권력이 집중된 나라가 어디 있는가. 이러고도 우리가 과연 선진국이라 말할 수 있는가.

정치가 정치의 역할을 제대로 하려면 기본적으로 의회중심주의로 가는 수밖에 없다. 길고 험난하더라도 그것이 제대로 된 길이다. 하지만 우리는 아직도 간단한 대통령제를 선호하는 경향이 있다. 독재를 좋아하는 것과 본질상 무엇이 다르단 말인가. 이것이 그릇된 길인지도 모르고 오늘도 의회중심주의로 가면 큰일이라도 벌어지는 것처럼 주장하는 사람들이 있으니 한심한 노릇이다. 사고 자체가 고루한 것이다.

우리나라에 양극화가 심화된 이유 가운데 하나는 정책의 연속성이 없기 때문이다. 양극화와 결부된 출산율이나 빈곤율 문제 또한 그렇다. 대통령 임기가 한정되어 있으니 멀리 내다보는 정책은 만들지 못하고 장기적 핵심 과제들을 방기한 것인데, 그러니 대통령 중임제를 시행하자는 사람들이 있다. 가당찮다. 중임을 위해 순간의 인기에 영합하는 '5년짜리' 단기 정책만 더욱 양산할 것이다. 대통령 제도에 더부살이하는 집단은 보장된 임기를 통해 더더욱 부패할 것이다.

대통령이 아니라 의회가 정치의 중심이 되어야 한다. 그래야 많은 문제가 차근차근 풀려나간다. 그래야 다양한 정치 세력이 자기 목소리를 낼 수 있고, 그에 따라 균형 있는 정책이 만들어질 수 있으며, 정책의 일관성도 보장할 수 있다. 그럼에도 양당 기득권 정치 집단은 승자 독식의 탐욕에만 치우쳐 끝내 이러한 제도 변화는 추구하지 않는다. 심지어 중도 정치 세력마저 양당 기득권 세력의 '대통령 중심제 가스라이팅'에 휘말려 의회중심주의를 적극적으로 요구하지 못하고 있으니 역시 한심한 현상이다.

정치가 별것 아닌 것 같지만, 사회 전체에 미치는 영향이 지대하다. 우리나라처럼 권력 지향성이 강한 국가에서는 더욱 그렇다. 그런데 그 정치가 약탈적이고 독점적이고 쟁투爭鬪 위주로 되어 있으니 사회 또한 부박해져왔다. 양극화도 그러한 정치적 극단화의 영향이다. 정치가 승자독식이니 사회 전반에 '가진 사람이 많이 가져가는 것도 하나의 능력'이라는 식의 편향된 인식이 팽배하고, 다른 한편으로는 그에 반대하는 갈등이 첨예하게 대립하는 중이다.

우리 사회의 주요 과제 가운데 하나는 이러한 갈등 요소를 제어하는 것이다. 적절한 갈등은 사회적 긴장과 경쟁을 촉발하기도 하지만, 주지하다시피 갈등으로 소모하는 사회적 비용이 너무도 많다. 그러한 갈등에 대해 어느 한쪽에서는 "국민이 오해와 선동에 휘말린 것"이라고 다른 쪽의 탓만 하고, 일방적으로 참으라거나 깨달으라고 훈시하기도 한다. 요즘과 같은 열린 사회에 가당찮은 일이다. 국민을 가르치려 들어서는 안 된다. 정치가 먼저 변해야 한다. 정치가 변하지 않는데 어떻게 국민과 사회가 변화하길 기대하는가. 정치 시스템이 조화로우면 사회도 서서히 그것을 따라가게 마련이다.

미래를 위해 가장 중요한 것은 국민의 조화가 아닐까. 극단의 정치를 극복하지 못하고서는 정책의 일관성을 보장할 수 없고, 양극화와 사회적 갈등을 해소할 수 없을 것이며, 출산율은 갈수록 낮아져 국가는 왜소해지고, 대한민국의 선진국 진입 경험 또한 일장춘몽의 역사로 기록될 것이다. 너무 회의적인가. 물론 나는 우리 국민이 이런 낡은 체제를 그대로 내버려둘 것으로 생각하지 않는다. 언젠가는 근본적 개혁을 요구하게 될 것이다. 그때까지 미래 세대가 감당할 고통과 손실의 비용이 너무 클 것을 생각하니 그것이 가슴 아프다.

2부

근현대사와의 대화

한국 근현대사의 성취와 회한은 무엇인가

Round-table 1

국가 원로	
이홍구	이종찬
김진현	김병익
김종인	최상용
김학준	윤동한
김황식	송민순
김도연	이광형

현역 학자	
송호근	강원택
김남국	김병연
김은미	장덕진

근현대사가 이룬 성취는 무엇인가

식민 통치로부터의 해방 이후 반세기 동안, 그것도 분단과 전쟁, 혼란과 빈곤 속에서 출발한 대한민국이 이룬 발전은 거의 기적이고, 세계사에서 예외적인 성취의 사례로 지목되어야 한다. 대한민국은 정치·경제·사회·문화 등 모든 영역에서 동아시아의 핵심 국가이고 세계가 인정하는 선진국이 되었다. 한국은 밑으로부터의 시민 혁명으로 민주주의를 쟁취한 동아시아 최초의 국가다. 원조를 받는 나라에서 원조를 주는 나라가 되었다. 이승만 대통령이 남한만의 정부를 구성한 것은 당시 국제 정세에 비추어볼 때 불가피한 선택이었고, 옳은 판단이었다. 박정희 대통령은 국방력을 강화하고 경제개발 정책을 통해 산업화의 토대를 마련하여 북한과의 체제 경쟁에서 우위를 점하게 하였다.

근현대사에서 우리는 무엇을 반성해야 하고 어떤 회한을 갖게 되는가

'성취와 도착倒錯'이라고 할 수 있다. 도덕과 가치 기준이 어그러진 것이다. 이런 점을 깊이 반성하고 회한해야 한다. 과도한 경쟁, 물질만능주의, 성과지상주의, 탈법과 편법의 횡행, 빈부 격차에 따른 사회 양극화, 극심해지는 노사 갈등 등 정치적·사회적 갈등과 대립이 심화되고 있다. 포퓰리즘의 기승, 편 가르기로 갈등과 대립을 부추기고 있는 형국이다. 특별히 반성해야 할 점은 준법 의식의 부족, 부정직성, 생명 경시, 폭력성, 육체 노동의 천시 등이다.

다가올 미래 그리고 길

우리 국민은 문제를 극복할 수 있는 우수한 잠재력을 갖고 있다. 결국 정치와 정치 리더십에 국가의 미래가 달려 있다. 대한민국의 지정학적 위협은 계속될 것이다. 지구상 가장 강력한 핵 국가들에게 포위된 안보 조건은 변함이 없을 것이다. 우리는 미래를 낙관하되 긴장도 해야 할 필요가 있다. 그 긴장 대상은 인구 문제, 포퓰리즘과 노조의 이념적 행태, 분열 정치가 될 것이다. 무엇보다도 예기치 못한 위기에 잘 대비하고 조심스럽게 접근하면서 차근차근 발전해가려는 자세가 필요하다.

근현대사가 이룬 성취는 무엇인가

송호근 2부는 우리의 성취에 관한 논의로 시작하려 합니다. 한국 사회는 짧은 시간에 많은 것을 성취했습니다. 역사의 소용돌이 속에서 여러 가지 역경을 직접 목격하고 참여하며 경험하신 원로님들의 평가를 들어보고자 합니다.

압축 고도화를 겪은 우리 사회에는 '성공의 그늘', '성공의 위기'가 존재한다는 우려의 목소리도 있지만, 그걸 진단하기 전에 우리의 성취를 짚어보는 것이 순서이겠지요? 평생 문학계에서 살아오신 김병익 문화평론가님의 말씀을 들어보고 싶습니다. '극단의 성공', '극단의 도착'이라고도 표현되는 우리 근현대사, 어떻게 보시나요?

김병익 식민 통치로부터의 해방 이후 반세기 동안, 그것도 분단과 전쟁, 혼란과 빈곤 속에서 출발한 한국이 이룬 발전은 거의 기적이고, 세계사에서 예외적인 성취의 사례로 지목되어야 할 것입니다. 그만큼 우리의 현대사가 이룬 업적은 대단합니다. 그러나 대가 없는 성취란 가능하지 않습니다. 우리는 오늘의 역사를 이루기 위해 들인 수고와 함께 그 성과의 대가를 마땅히 지불해야 할 것입니다. 남과 북 사이의 대립 구도와 전통 한문 문화를 지키는 보수주의와 현대 진보주의의 구조적인 특성과 한계, 길항拮抗 속에서 완강한 자기중심적 사유, 이견에 대한 불관용 등의 심리적 기제가 강화되어 왔습니다. 그 결과 다양한 의식을 향한 존중, 다른 사유에 대한 관용과 이해는 약해지고 자기 이익과 편향된 고집을 정당화하려고 노력했습니다. 생활 수준이 많이 개선되고 시선의 폭이 매우 넓어져 우리의 심리적 구조가 상당히 관대해졌음에도 불구하고 극단적인 편향성과 판단력 왜곡이 경제적 수준의 향상과 문화적 함양만큼 포용되지 못했습니다. 오히려, 중심의 주류가 해이해지면서 주변부의 의식 경화가 더 심해진 느낌입니다. 우리가 근래 발견하는 정치의 과열된 파당화, 사회에 팽만한 이해 대결, 여론의 저속화가 그런 실례를 보여주는 듯합니다.

송호근 저는 그래도 전쟁 없는 평화의 시간을 살았습니다. 하지만 선배님들의 입장에서 바라보면 유례없는 성취와 도착이 정말 아찔할 정도일 거라 생각합니다.

김진현 현기증이 날 정도의 성취이고 어떻게 적응했는지도 모를 정도입니다. 우리는 숨 가쁘게 달려왔습니다. 1945년 이후 독립한 150개 가까운 비서양 제3세계 국가 중 근대화에 성공한 '유일한' 나라가 대한민국입니다. 정치 민주화, 시민과 언론의 자유, 경제 근대화(1인당 소득 증가, 산업 구조 고도화, 인구 증가), 교육과 과학기술의 고등화, 사회와 문화의 다원성과 개방화, 국제화 등을 모두 달성했습니다. 이 기준들을 외형상으로 완벽하게 충족했을 뿐만 아니라 부분적으로는 선진국을 넘어서기까지 했습니다. 대내외로 대한민국이 선진국이냐, 중진국이냐, 후진국이냐, 약소국이냐 하는 논의는 넘어선 지 오래되었습니다. 김영삼 대통령이 '5대 강국론'을 펼친 게 1997년인데 이제 국내에서도 좌·우를 막론하고 '완전한 선진국론'에서부터 5대, 7대, 10대 강국론이 펼쳐지고 있습니다. 그 외 여러 분야에서 우리는 세계 1등의 자리를 섭렵하고 있습니다. GDP 대비 R&D

비중, 세계 최대 신도를 가진 교회, 윤석열 정부의 '글로벌 중추 국가론Global Pivotal States', '일본 추월론'을 보면 마치 오늘날 우리나라는 근대 선진의 절정에 이른 듯합니다.

김남국 김황식 총리님께 같은 질문을 드리겠습니다. 1950년 이후 근현대사에 대해 어떤 평가를 내릴 수 있을까요?

김황식 해방과 정부 수립 이후 한국 현대사는 종합적으로 보면 성공한 역사였다고 평가할 수 있습니다. 흔히 말하는 것처럼 산업화와 민주화를 함께 성공적으로 이루었습니다. 세계 10위권의 경제국이 되었고 영국의 〈이코노미스트〉가 발표하는 민주주의 수준 조사 결과에 의하면 세계 20위권의 민주주의 국가가 되었습니다. 원조를 받는 나라에서 원조를 주는 나라가 되었습니다(2010년 OECD 개발원조위원회DAC 가입). 세계사에서 유례를 찾기 힘든 일입니다.

이승만 대통령은 자유 민주주의와 시장 경제를 바탕으로 한 국가를 건설했고 한미 동맹과 원조를 활용하여 국가 발전의 토대를 만들었습니다. 김구 선생 등 민족주의자들의 반대에도 불구하고 남한만의 정부를 구성한 것은 당시의 국제 정세에 비추어 불가피한 선택이었고, 이는 옳은 판단이었습니다. 농지 개혁을 통하여 소작농을 지주로 만듦으로써 사회 취약층을 보듬어 안으며 사회 통합과 안정에 기여했고 이는 한국 전쟁을 승리로 이끄는 한 요인이 되었습니다.

전쟁 후 한미 동맹을 통하여 국가 안보를 튼튼히 했습니다. 박정희 대통령은 국방력을 강화하고 경제개발 정책을 통해 산업화의 토대를 마련하여 북한과의 체제 경쟁에서 우위를 점하게 했습니다. 원조 자금이나 차관을 효율적으로 활용하고 우수한 관료를 등용하여 성과를 극대화했습니다. 그러나 그 과정(이어진 전두환 정권 포함)에서 일부 강압 통치 등 비민주적 국가 운영이 있었습니다. 이에 항거하는 민주화 투쟁의 결과로 성취한 1987년 민주화 헌법에 의하여 비로소 우리나라에 민주적 정부가 구성되고 이후 여러 번의 정권 교체가 이루어짐으로써 민주화도 달성되었습니다.

1987년 민주화 헌법에 의해 탄생한 노태우 대통령의 북방 외교, 김영삼 대통령의 금융실명제, 하나회 척결 등 실질적 민주화 조치와 김대중 대통령의 외환 위기 극복, 정보화 사회의 기반 확립, 한일 관계 개선 등 실사구시 정책을 통해 역대 대통령들이 큰 틀에서 올바른 방향으로 국가를 운영·발전시켜왔기 때문에 가능했습니다. 물론 온 국민이 국가와 가족을 위하여 국내외에서 희생하고 헌신한 노력과 우리 국민의 우수한 자질도 이에 한몫했습니다.

김남국 1950년 이후 한국 현대사의 발전에서 우리가 이룩한 성취를 가능하게 한 요인은 무엇이라고 생각하십니까?

최상용 한반도는 해방과 동시에 분단되었고 냉전 중에는 민족상잔의 참혹한 전쟁을 경험했으며 지금도 그 후유증에 시달리고 있습니다. 그렇지만 대한민국은 정치·경제·사회·문화 등 거의 모든 영역에서 동아시아의 핵심 국가이고 세계가 인정하는 선진국입니다. 한국은 1960년대 초반 1인당 소득 110달러대의 최빈국에서 시작하여 반세기 만에 산업화·민주화·정보화를 이룩함으로써 발전도상 국가의 대표적 모델로 평가받고 있습니다. 한국의 산업화는 '한강의 기적'으로 널리 알려져 있고 한국의 민주화 운동은 동아시아 여러 나라의 민주화에 선도적 역할을 했습니다. 그리고 한국의 정보화는 한마디로 산업화와 민주화의 융합의 산물이라고 볼 수 있습니다.

동아시아 핵심 3국 가운데 중국은 시장 경제를 수용한 중국식 사회주의 국가이고 일본은 위로부터 시작된 메이지유신에서 제2차 세계대전 후 미국의 점령민주개혁에 이르기까지 150여 년의 학습을 통한 선진 민주 국가입니다. 반면, 한국은 밑으로부터의 시민 혁명으로 민주주의를 쟁취한 동아시아 최초의 국가입니다. 저는 산업화의 기적과 함께 한국 민주화의 기적을, 국민의 피땀과 눈물의 결과로 보고 "기적은 기적으로 오지 않는다"라고 표현한 적도 있습니다.

김은미 보통 우리의 역사와 사회를 평가하게 되면 국가 원로들은 긍정적인 말씀보다는 걱정이 더 많으십니다. 반면 이광형 총장님은 우리 사회를 매우 긍정적으로 평가하고 계신 것 같습니다.

과거에 대한 평가에 대해서는 중·노년층보다 오히려 청년층이 더 후한 점수를 주는 것 같습니다. 제가 최근 《추월의 시대》라는 책을 읽었는데, 저자들은 1950년대 산업화 세대와 '386'이라 통칭되는 민주화 세대의 대립이 불필요한 갈등을 만들고 한국 사회의 위상을 저평가하게 했다고 지적합니다. 그리고 왜 두 집단의 사회적 기여를 함께 인정할 수 없는지 반문합니다. 저는 그 책을 보고 매우 반가웠습니다. 열등감을 덜어버린 세대답게 진취적으로 미래를 마주하자는 소리를 외치고 있었습니다. 이 총장님은 우리의 성취를 어떻게 보시나요?

이광형 발전도상국에서 부정적 요소는 많이 존재하고 그것은 불가피한 면이 있습니다. 우리는 그러한 요소를 극복하고 오늘날의 성취를 이룬 것입니다. 대한민국처럼 최고의 자유 민주주의 국가를 단기간에 이룬 나라가 없습니다. 한국은 고공행진하고 있습니다. 단적인 예는 미국이 우리를 대하는 태도입니다. 한국을 거의 동반자처럼 대하며 '연합해야 할 상대'라고 이야기했습니다. 그전까지 우리는 항상 도움받고 의존하는 입장이었는데, 이제는 당당하게 반도체·배터리 등 미국의 글로벌 공급망으로서 존재를 인정받고 있습니다.

그리고 전 세계 젊은이들이 K-팝과 K-드라마 열풍에 빠져서 한국에 오고 싶어하고, 한국 제품을 사고 싶어합니다. 이런 날이 올 거라고 상상도 못했습니다. 그런데도 대부분 어른들의 평가가 박한 이유는 그저 걱정 때문인 것 같습니다. 그러나 저는 생각이 조금 다릅니다. 우리가 이룬 성취의 역사는 대단하지만, 지금이 한국의 최전성기는 아니며 더 멀리 뻗어나갈 수 있을 것이라 생각합니다.

강원택 지난날 우리나라는 여러 역경을 겪고 여기까지 왔습니다. 오늘날 삼성, 현대, LG 같은 대기업뿐만 아니라 BTS나 영화, 드라마를 포괄하는 K-컬처 등 여러 영역에서 우리나라가 국제적으로 큰 주목을 받고 있는 것을 생각하면, 우리의 근현대사에 대한 평가가 국내에서 크게 나뉘고 또 그로 인한 갈등까지 생겨나는 것은 의아하기도 합니다. 그동안 한국 정치사를 어떻게 평가할 수 있을까요?

김학준 오늘날 대한민국은 우리가 어릴 때 보았던 나라가 전혀 아닙니다. 저희가 대학 다닐 때만 하더라도 대한민국에 미래는 없다고 생각했어요. 그래서 많은 우수한 학생은 미국 유학을 꿈꿨습니다. 외국에 가서 공부하고 잘되면 그곳에 머물러 살겠다고 생각하는 사람들이 많았어요. 한국에서는 미래를 찾지 못했던 겁니다. 이제 대한민국은 그때와는 전혀 다른 나라가 되었습니다. 어떻게 이런 나라가 될 수 있었느냐? 저는 그 원인을 사회과학적으로 규명하는 일이 매우 중요한 지적 작업이라고 생각합니다.

무엇보다 다행스럽게 생각하는 것은 우리가 북한의 체제 아래 살고 있지 않다는 사실입니다. 이 점을 생각하면서 한국의 현대사를 다시 바라보게 되었습니다. 그런 생각을 하니까 이승만 대통령을 다시 평가하게 됩니다. 그분이 집권 후반부에 여러 가지 잘못을 저지른 것, 특히 3·15 부정선거와 같은 일은 변명의 여지가 없습니다. 그렇다고 해도 그 어려웠던 시절에 나라를 찾겠다는 독립운동을 이끌고, 이른바 좌·우익 투쟁 속에서 대한민국을 세운 업적은 높이 평가받아야 합니다. 놀라운 일이 아닐 수가 없습니다. 또한 6·25 전쟁을 이겨내고 한미 군사 동맹을 토대로 대한민국이 번영할 수 있는 기초를 닦은 점을 저는 대단히 긍정적으로 보게 되었습니다. 공산당에 포섭되기보다, 분단되더라도 자유를 추구하는 것이 중요하다고 믿었던 세력이 오늘날 대한민국을 만들어냈다는 사실을 이해해야 합니다. 다만 그 과정에서 발생한 희생자의 공로를 잊어서는 안 되고 이를 잘 보상해야 하는 문제는 후손들이 안고 가야 할 과제일 것입니다.

근현대사에서 우리는 무엇을 반성해야 하고 어떤 회한을 갖게 되는가

송호근 우리가 단기간에 이룬 엄청난 성취에 따라 주름진 곳이나 그늘도 넓게 드리운 곳이 있습니다. 이를 '성공의 그늘', '성공의 위기'라 할 수 있습니다. 그만큼 앞으로 해결해야 할 과제도 산처럼 쌓였습니다. 어떻게 보시는지요?

김진현 역사의 반복론(순환론)에 따르면, 절정이면 곧 내리막입니다. 지금 전개되고 있는 선진국론과 대국론은 그런 역사 순환론은 아닐 것인데, 왜 대한민국에서 역설이 돌출하고 있을까요? 예를 들면, 과거 일어난 송파 세 모녀 자살, 충주 탈북 모녀의 자살이 떠오릅니다. 완전한 선진국 대한민국의 정부와 지방정부는 무엇을 하고 있고, 편의점 수보다 많은 이 땅의 교회·성당·사찰 그리고 그 많은 NGO는 무엇을 하고 있기에 이웃의 죽음이 방치되었을까요? 왜 세계 최고의 노인 빈곤율, 노인 자살률을 기록할까요? 어찌하여 아직도 세계 고아 수출 2, 3등을 다투며 OECD 국가 중 유일하게 아프리카, 중국과 겨루고 있으며, 인류 역사 이래 최고의 낙태율, 존비속 살해 상해 비율, 성형수술률, 역사 이래(전쟁 시기 제외) 세계 최저 출산율을 기록하고 있을까요? 인류 역사상 보기 드문 반인륜적, 반인간적 행위가 자행되는 참극이 벌어지고 있는 것이 현실입니다. 이는 모두 선진국만 되면 모든 것이 해결될 수 있다고 자만해서 그렇습니다. 해결하면서 넘어와야 했는데 그걸 미룬 대가를 치르고 있는 것입니다. 그걸 '성취와 도착倒錯'이라고 할 수 있습니다.

도덕이 어그러진 것이고 가치 기준이 어그러진 것입니다. 이런 점을 깊이 반성하고 회한해야 합니다. 어떻게 하면 갈등과 좌절을 수렴·변환·승화하여 과거 대한민국의 성공을 이어갈 수 있는가가 최대의 과제이자 관건입니다.

김병연 압축 고도화, 압축 고성장을 이뤄온 한국 사회가 가지고 있는 고질적인 문제와 현실을 잘 말씀해주신 것 같습니다. 대한민국은 선진국이 되었는데 역설적으로 산업화·민주화·선진국화를 이룬 우리 국민은 그리 행복하다고 생각하지 않는 것 같습니다. 이를 '한국문제군'이라고도 표현합니다. 특히 오래전에 선진국이 된 서구 사회와 달리 우리가 붙들어야 할 가치가 빈약하고 정신적으로 빈곤한 점이 눈에 뜨입니다. 우리가 반성할 점은 무엇이라고 생각하시는지요?

송민순 우리가 이룬 성취는 대단하고 자부심도 높습니다만 자부심 속에 있는 빈 곳을 어떻게 채우느냐가 관건입니다. 유럽이 300~400년에 걸쳐 이룬 발전을 우리는 한국 전쟁 이후 70여 년 만에 압축적으로 이루었는데, 그래서 빈 곳이 많고 잘못된 곳도 있습니다. 그것을 어떻게 교정해야 하는가가 제일 큰 과제라고 봅니다.

저는 몇 가지 반성할 점을 생각해봤습니다. 지금 한국이 가장 성공한 나라로서의 자부심을 가져도 좋지만 자살률이 세계에서 가장 높고, 기본 윤리가 붕괴하는 등 천국과 지옥이 공존하는 모양새가 되었습니다. 이런 부분이 결국은 고속 성장과 과잉 경쟁에서 나온 문제라고 생각합니다.

고속 성장을 하게 되면 어떤 부분은 충분히 다져지지 않으니까 그

안에 빈 곳이 생깁니다. 우리 사회도 고속 성장을 하다 보니 모자라고 위험한 부분이 있는 것입니다.

과잉 경쟁은 고속 성장의 과정에서 생겼습니다. 특히 사회가 과도하게 획일적인 가치 기준을 가지고 경쟁하다 보니 더욱 과열되었습니다. 예를 들면 교육 부분에서 SKY에 들어가야 성공하는 것이고, 또 어느 지역에 살고 어떤 직장에 다니느냐를 두고 한 사람의 사회적 위치와 성패를 가늠하는 현상이 생긴 겁니다. 물론 미국이나 영국 등 많은 나라에도 비슷한 현상이 없는 것은 아니지만 우리는 정도가 극심합니다. 이렇게 사람들의 삶에 대한 성공과 실패를 획일적인 기준으로 평가하는 사회가 된 것입니다. 남이 보는 성공이 반드시 나의 성공 기준일 수 없고 반대의 경우도 마찬가지일 텐데 말입니다. 이런 상태로는 이 사회가 건전하게 발전할 수 없습니다. 이런 부분이 저는 우리 사회의 대표적 '빈 곳'이자 '잘못된 곳'으로서 채우고 고쳐야 할 점이라고 생각합니다.

김남국 '한국문제군'이라는 표현이 참 흥미롭습니다. 고질적인 한국의 문제점들을 잘 나타내는 것 같습니다. 같은 질문을 김황식 총리님께 드립니다. 많은 부분에서 선진화를 이룬 우리 국민은 왜 아직도 행복하지 않다고 생각할까요? 왜 사회적 자본으로서 신뢰는 낮아지고 가족 관계는 해체되며 자살률은 높나요? 한국 국민의 정신세계는 어떤 병리 현상에 빠져 있나요? 경제를 더 발전시키는 것과 비경제적 정신세계의 회복 가운데 무엇이 더 중요한가요?

김황식 짧은 기간 동안 압축적으로 산업화와 민주화를 성취하다 보니까 그에 따른 부작용도 많이 발생했습니다. 과도한 경쟁, 물질만능주의, 성과지상주의, 탈법과 편법의 횡행, 빈부 격차에 따른 사회 양극화, 극심해지는 노사 갈등 등으로 정치적·사회적 갈등과 대립이 심화되고 있습니다. 정치가 이런 문제를 해결해주어야 하는데 제대로 역할을 못 하고 오히려 포퓰리즘의 기승, 편 가르기 등으로 갈등과 대립을 부추기는 형국입니다. 이제는 앞서 본 부작용을 분석하여 이를 개선, 제거하기 위한 노력을 더 적극적이고 구체적으로 해나가야 할 것입니다. 이러한 노력은 사회 통합의 바탕 위에 국가 경쟁력 확보라는 틀 안에서 진행되어야 합니다. 정부의 정책과 민간 차원의 범국민 운동이 함께 이루어져야 할 것입니다.

김남국 방금 말씀하신 문제들은 국가 백년대계의 중차대한 문제로서 국가 사회가 계속 방치하거나 정치적·이념적으로 대응할 경우 국가 존립 기반이 허물어질 수 있다고 봅니다. 무언가 국가적 지혜를 모아야 하지 않을까요?

김황식 저출산 고령화 대책, 소득 불균형 해소, 일자리 창출 등 중요한 문제를 해결하기 위해 범국가적으로 노력하는 일은 당연합니다. 먼저 정치권이 전문성을 갖추고 극한 대립이 아닌 대화와 타협으로 접근하는 선도적 역할을 해야 합니다. 그 밖에도 우리 사회가 안고 있는 다양한 병리현상을 제거하기 위한 노력도 필요합니다.

우리나라가 선진국에 들어섰음에도 불구하고 국민의 행복감이 오히려 떨어지는 원인은 앞서 말한 물질만능주의, 성과지상주의, 무한경쟁, 승자 독식, 절차 무시, 가족 관계 변화 등 압축 성장 과정에서 나온 폐해 때문입니다. 이제는 진지하고 차분한 노력이 정부·민간 협력 차원에서 전개되어야 합니다. 물질적 요소와 정신적 요소가 조화롭게 균형을 이루는 사회를 만드는 것이 우리의 과제입니다. 그러기 위해서는 우리 사회가 안고 있는 문제를 보다 근본적으로 생각할 필요가 있습니다.

첫째, 준법 의식의 부족입니다. 일제와 독재 시대를 겪으면서 국민이 법을 사회 공동선을 위한 도구가 아니라 통치 수단이나 강자를 위한 도구로 보는 경향이 있습니다.

둘째, 부정직성입니다. 이것은 어려운 시대를 살아남기 위한 수단이었습니다. 사기, 위증, 무분별한 고소·고발 사건이 다른 나라에 비해 과다합니다.

셋째, 생명 경시입니다. 자살률과 낙태율이 세계 최고 수준입니다.

넷째, 폭력성입니다. 문제 해결을 수단으로 쉽게 육체적 폭력을 동원하고 악성 댓글로 언어 폭력이 난무합니다. 학교 폭력도 심각합니다.

다섯째, 육체 노동의 천시입니다. 육체 노동과 정신 노동에 차이가 없고 각자 사회를 위한 역할 분담이라는 사고방식을 가져야 합니다.

이러한 문제들을 진지하게 생각하고 차분히 풀어나가야 합니다.

송호근 사회 내부적 갈등과도 연관이 있겠지만, 구조적 단절과 분절이라 해야 할까요, 그것을 점검하는 것이 갈등을 치유하는 전제 조건이 아닐까 합니다. 앞에서 말한 갈등과 구조적 단절은 다른 차원의 개념이기는 하지만, 아무래도 서로 맞물려 있어 떼려야 뗄 수 없는 문제인 것 같습니다. 김진현 장관님은 우리가 당면한 구조적 분절·단절을 어떻게 보십니까?

김진현 한국의 발전은 세계에서 유례없는 성취임이 틀림없습니다. 그러기에 도착증을 보이는 것도 사실입니다. 성취와 도착, 성공이 내부 딜레마를 키워온 것입니다. 압축 성장, 초고속 발전, 목표 지향(공동체 목표 아닌 개별 자기목표, 수단 방법 안 가리기)은 끊임없는 단절·분절·분열을 낳았습니다. 그 실체를 분석하면 이렇습니다.

첫째, 1945년 38선, 1953년 휴전선으로 대표되는 지리적 단절입니다. 분단과 6·25 전쟁이 대한민국 근대화 발전 과정의 가장 결정적 계기이며, 결과적으로 단절·분절·분열의 원인이기도 합니다. 단일 민족 신화의 단절이기도 합니다.

둘째, 건국·항일 독립운동 세력과 김일성 남침 저지, 방어 호국 세력과의 단절입니다. 만일 대한민국이 6·25 전쟁을 겪지 않았고, 1950년 5월 30일 제2대 국회의원 선거에서 국회 질서의 정치가 계승되었다면 정치 이념 갈등은 원천적으로 해결되었을 것입니다. 그런데 분절되었습니다. 그 분절은 이후에 새로운 분절을 낳았습니다.

셋째, 경제 근대화 전개와 한국 정통 보수 세력과의 분열입니다. 한민당의 야당화와 군관산 복합체가 등장하는 원인이 되었습니다.

넷째, 경제제일주의 세력과 민주화 세력 간의 분절입니다. 민주화·경제 근대화·주류 세력과 친북·극좌·종족적 민족주의 세력 간에 이념적 단절이 발생했습니다.

다섯째, 이른바 민주화 이후 국가로서 손쓰지 못하는 행위와 그 연속된 실패에서 오는 국가 명분과 실체 간의 단절입니다. 30년 넘게 실패를 거듭하는 북한 핵 다루기, 노사 관계 다루기 그리고 정치와 교육의 퇴화 등이 여기에 속합니다.

여섯째, 해양화 세력과 대륙 세력 간의 분절입니다. 친크리스천·친서양(반전통·반일·반중) 문화로 인한 해양화 세력과, 중국의 세계적 굴기로 상징되는 반서양·반진보·반세계화 대륙 세력 간에 점증하는 분절된 움직임이 그것입니다.

김은미 우리가 더 나아가기 위해서는 지난날을 비판하고 반성하는 과정이 중요합니다. 산업화와 민주화의 양 날개 같은 성취를 둘 다 인정해야 한다는 생각을 가진 청년 세대들이 많아지고 있다는 점이 참고무적입니다. 이제는 서로 다른 역사적 기여를 인정하는 것이 포용으로 가는 필수 단계라고 믿습니다. 장구한 세월을 긍정이나 부정, 어느 한쪽으로 해석하고 평가하는 것 자체를 경계해야 합니다. 그런 포용적 문화가 어서 축적되어야 하는데 이것이야말로 시간이 걸리는 일입니다. 어쩌면 우리는 성취 욕구가 커서 늘 더 큰 성취를 이루기 위해 과거에 관한 해석과 비평을 과도하게 하는 것 같습니다. 어떻게 생각하십니까?

김도연 국가도, 개인도, 그 어떤 조직도 무언가를 공짜로 얻는 일은 없습니다. 우리나라는 다른 나라들이 200여 년 사이에 이룬 발전을 50년 만에 이뤘습니다. 기적 같은 일이지만, 그 과정에서 해결하지 못한 문제가 많이 쌓인 것도 사실입니다.

지난 50년을 부정적 혹은 긍정적으로만 평가하지는 않습니다. 모든 과거에는 긍정적 측면과 부정적 측면이 항상 함께 있습니다. 과거에 대한 비관도 낙관도 큰 의미는 없는 일입니다. 과거가 미래를 전망하는 데 영향을 주어서도 안 된다고 생각합니다. "미래를 예측하는 가장 좋은 방법은 그것을 개척하는 것이다"라는 에이브러햄 링컨의 명언이 있습니다. 과거에 대한 지나친 긍정은 결국 무모한 미래 설계를 초래할 수 있고, 지나친 부정도 마찬가지입니다.

미래는 우리가 만들어가는 게 중요합니다. 과거를 돌아보되, 주관적 평가보다는 객관적 지표를 기준으로 삼는 것이 중요하다고 생각합니다. 과거에 대한 기본 팩트부터 명확히 하는 것이 출발점이며 미래에 대한 전망도 마찬가지입니다. 예컨대 전 세계 인구가 어떻게 될 것인지는 과학적으로 예측할 수 있습니다. 그동안의 추세를 보면 50년 후에 100억 명이 넘을 것입니다. 우리나라 인구는 지금처럼 간다면 3,000만 명 정도인데 그걸 비관적으로 미리 평가할 필요는 없습니다.

김은미 과거에 대한 평가는 뜨거운 해석보다 팩트에 대한 차가운 이해와 분석에 초점을 두어야 한다는 점에 동의합니다. 서울대학교 조영태 교수는《정해진 미래》라는 책에서, 인구 절벽이 현재로서는 막을 수 없는 추세이고 정치·경제·사회 모든 영역에 미칠 부정적인 영향을 피할 수 없는 것처럼 보이지만, 이 추세를 막을 수 없는 하나의 조건으로 취급해야 한다는 점을 강조합니다. 이를 안타깝게만 보고 되돌리고자 안간힘을 쓰는 정책들이 얼마나 쓸모없는지를 이야기합니다.

김도연 그렇습니다. 우리가 처한 상황과 조건을 가지고 무엇을 할 것인가에 집중해야 합니다. 누가 무엇을 잘못했는지 따지는 데 시간을 낭비해서는 안 됩니다. 물론 우리가 해온 일에 대한 반성도 중요하지만, 미래를 만들어가는 출발점은 중요한 이슈에 초점을 두는 것입니다.

장덕진 윤동한 회장님은 지난 70년 한국 현대사를 돌아볼 때 '우리가 이러지 말았어야 했는데' 하는 아쉬운 부분이 있을까요.?

윤동한 앞서 여러분이 말씀하신 산업화와 민주화도 큰 성취입니다. 하지만 지금은 두 가지가 대립하고 있습니다. 산업화하면 민주화가 안 되고 민주화하면 산업화가 깨진다는 식으로 대치되는 개념이 되어서는 안 된다고 생각합니다. 지난 70년 동안 산업화가 안 되었으면 어떻게 되었을까요? 식량 문제가 해결되지 않았으면 어떻게 되었을까요? 과거와 현재를 부드럽게 연결하는 게 역사의식입니다.

우리 회사에서 사원에서 임원으로 승진할 수 있는 첫 번째 기준은 전임자·후임자 간의 좋은 사이입니다. 이 예를 드는 이유는 민주화를 이룬 사람들은 산업화를 이룬 사람들을 나쁜 사람이라고 표현하고 비판하는 경우가 많기 때문입니다. 이런 과정을 거쳐 우리 사회가 갈라졌습니다. 그게 지난 70년에서 가장 아쉬운 부분이라고 생각합니다. 산업화를 하지 않았으면 민주화를 이룰 수 없었을 것입니다. 반대로, 민주화를 성취하면서 산업화가 빛이 바라게 되었습니다. 산업화와 민주화는 세력의 문제가 아니고 개념으로서 서로 화해를 해야 됩니다.

또 하나는 모든 사회적 문제는 정치의 과도한 개입 때문에 발생한다고 생각합니다. 저는 정치가 큰 원칙만 정하고 개입을 좀 적게 한다면 이런 문제가 훨씬 줄어들 것으로 봅니다. 사회가 부딪혀가면서 풀어갈 문제도 꼭 정치가 법적으로 규제를 하다 보면 서로 부딪치고 각이 딱 선 채로 고착화되어 갈 수밖에 없습니다. 결론적으로 정치가 과도하게 개입하는 점, 정치가 모든 걸 해결할 수 있다는 생각이 아쉽습니다.

다가올 미래 그리고 길

강원택 오늘 논의의 종착점은 한국의 미래를 활짝 열 '새 길'을 찾는 것입니다. 사실은 한국의 미래에 대하여 해외 석학 사이에서도 상반된 견해를 보이고 있습니다. 각기 장점이나 문제점에만 지나치게 편향된 확증을 갖고 있는 것 같습니다. 유발 하라리가 언급한 '한국문제군' 논리, 역사가 니얼 퍼거슨과 미 외교전문지 〈포린폴리시〉가 제시한 한국의 4대 강국 진입론, 이 모든 것이 균형 있고 완벽한 분석이라기보다는 부분을 집중 조명하는 것이 아닐까 생각합니다.

그동안 추격, 모방이 우리의 전략이었다면 이제는 우리가 주도적으로 선도해야 하는 상황이 된 것 같은데, 내부적으로 동력을 제대로 찾아내지 못하고 있습니다. 사람들이 정체되었다고 느끼는 것도 새로운 돌파구를 찾지 못하기 때문인 것 같습니다. 물론 이런 비관론에 대한 반론도 많습니다. 우리나라 사람들은 저력이 있기 때문에 현재의 사태는 재도약을 위한 숨 고르기라는 의견도 있습니다. 국가 원로들께서는 50년 후 우리나라의 미래를 어떻게 전망하시나요? 낙관적으로 보십니까, 혹은 비관적으로 보십니까?

이홍구 저는 너무 비관할 필요도 없고 너무 낙관할 필요도 없다고 생각합니다. 낙관과 비관 두 측면이 모두 존재합니다. 우선 낙관적인 것은 기록과 통계에서도 볼 수 있듯이, 제2차 세계대전 직후와 비교할 때 전반적으로 우리나라가 대단히 긍정적인 모습으로 발전해왔다는 점입니다. 거의 모든 분야에서 대체로 진보해왔기 때문에 전반적으로는 낙관적인 입장을 취할 수 있습니다. 이전에는 우리나라 상황이 좋다고 해도 세계 상황이 비관적으로 변하면 해결이 어려운 처지에 놓이곤 했는데, 이제는 우리가 세계 정세에 미칠 수 있는 몫이 생겼기 때문에 우리가 어떻게 잘 관리하느냐에 따라서 결과가 달라질 수 있게 되었습니다.

이런 이유로 어려움이 닥친다고 해도 그것은 우리가 풀어야 할 문제이면서 도전이 되는 것입니다. 그런데도 한국인은 일반적으로 비관적 혹은 자학적인 태도를 갖는 경우가 많은데 꼭 그럴 필요는 없습니다. 전 세계 국가와의 협조를 통해 책임감을 갖고 그 가능성을 계속 논의하는 것이 중요하다고 생각합니다.

불과 몇십 년 전 가난을 경험했던 우리 세대로서는 지난 한 세기 동안 한국이 몰라보게 발전했고 달라졌기 때문에 이를 긍정적으로 평가하지 않을 수 없습니다. 제가 초등학교 5학년 때 해방이 되었는데 당시 상황이 얼마나 어려웠는지 너무나 잘 알고 있습니다. 비관적으로 갈 필요는 전혀 없으나 다만 낙관론의 근거가 부실하다든지 모든 사람이 동의하지 않는다는 점은 계속 고민할 필요가 있습니다. 근거 없는 낙관론은 지양해야 하겠지만 전반적으로는 낙관론에 기반한 발전을 모색해야 할 것입니다.

역사가들이 평가하듯이 우리가 사전에 치밀하게 계획을 세워서 할 수는 없겠지만, 미래는 피할 수 없는 역사의 도전입니다. 지난 100년의 경험에 기반한 긍정적인 역사관으로 잘해 나아갈 수 있다고 생각합니다. 현명한 선택을 내리는 것도 중요하지만, 그에 못지않게 예기치 못한 위기에 잘 대비하고 무엇보다도 조심스럽게 접근하면서 차근차근 발전해가려는 자세가 필요합니다.

최상용 저는 미래 예측은 대체로 불확실하고 예단은 위험하기까지 하다고 생각합니다. 50년 후 대한민국의 총체적 미래 전망은 비관이냐 낙관이냐의 양자택일이 아니라 현실적 비관주의와 전략적 낙관주의를 종합적으로 판단할 수밖에 없다고 생각합니다. 지금 이 순간 역사적 현실은 과거에 대한 성찰에 바탕을 둔 미래지향적인 현재이기 때문에 앞으로 예상되는 일 가운데 사안별로는 낙관과 비관의 상대적 평가가 어느 정도 가능합니다.

50년 후의 대한민국은 지금부터 반세기 동안 변화의 연장선 위에 있을 것이기 때문에 전망이 다를 수 있습니다. 여기서 현실적 비관주의란 앞으로 50년 동안 대한민국이 낙관할 수 없는 도전과 해결하기 어려운 딜레마에 둘러싸여 있다는 의미입니다. 분단에서 통일에 이르는 긴 정치 과정 자체가 불확실하지만 '분단 체제 → 평화 공존 → 평화 통일'로의 전개는 대한민국 헌법 정신에도 맞고 한반도 냉전의 질곡을 평화적으로 극복하는 과정이기 때문에 이에 대한 전략적 낙관주의의 관점이 필요합니다.

김남국 최상용 대사님이 보시기에 지난 역사에 대한 평가와 향후 중장기적인 대한민국의 미래 전망 위에서 윤석열 정부 5년이 갖는 역사적 의미와 사명은 무엇인가요? 무엇에 중점을 두고 어떤 점을 주의해야 할까요?

최상용 지금까지 70여 년의 현대사에서 대한민국의 빛과 그림자에 대한 성찰의 이야기를 나누었습니다. 그 가운데는 비관적인 역사적 현실도 있고 미래를 향한 낙관의 자산도 있습니다. 그림자, 어두운 부분에 대해서는 인터뷰 전 과정에서 문제의 우선순위, 문제 해결의 방향과 방법 중심으로 논의되었습니다. 50년 후의 미래 전망에서 전략적 낙관주의가 귀중한 자산임을 확인하는 것입니다.

첫째, 우리만의 독특한 환경인 분단 체제하에서 대한민국의 위상입니다. 문재인 대통령은 2021년 10월 5일 제15회 세계 한인의 날 기념식에서 남·북한 간에 "체제 경쟁이나 국력 비교는 이미 오래전에 더 이상 의미가 없어졌다"고 말했습니다. 대부분의 국민이 통념으로 느끼는 것이지만, 대한민국 현직 대통령이 분단 체제하의 대한민국의 위상을 확인하는 것이어서 무게가 있습니다.

비교 우위나 승리의 결과를 가져온 원인은 무엇일까요? 저는 자유를 중심 가치로 하는 민주주의의 우월성이라 말하고 싶습니다. 문 대통령의 말이 자유의 확신에 바탕을 둔 것이라고 믿고 싶습니다.

둘째, 동아시아 역사와 동북아 국제 정치에서 대한민국의 위상입니다. 동아시아 현대사에서 대한민국은 중국, 일본과 함께 정례화된 한·중·일 3국 정상회의의 구성국입니다. 그리고 미·중 패권 경쟁의 중심축인 동북아 국제 정치 구도에서도 미국·일본과 함께 체제 이념을 공유하는 중견 국가입니다. 따라서 대한민국은 동아시아 역사에서나 동북아 국제 정치 구도에서 빼놓을 수 없는 핵심 국가이며 이러한 역사적 위상은 예견할 수 있는 미래에도 지속될 것입니다.

셋째, 세계 정치에서 대한민국의 위상입니다. 대한민국은 21세기에 들어서면서 세계 10대 경제국가가 되었고 1인당 국민 소득 3만 달러 이상, 인구 5,000만 명 이상인 7개 선진국, 즉 미국·일본·독일·프랑스·영국·이탈리아 다음으로 들어갔습니다. 한반도의 반쪽만으로 이 정도의 성취라면 통일 한반도의 중장기적 전망에서 큰 꿈을 가질 수 있습니다.

놀라운 것은 경제력과 군사력의 하드 파워뿐만 아니라 한류로 불리는 문화의 힘에서도 세계의 각광을 받고 있다는 점입니다. 매력적인 문화 국가의 꿈이 실현되고 있는 지금 이 순간 75년 전 백범 김구 선생의 꿈 이야기를 다시 들어보고 싶습니다.

"나는 우리나라가 세계에서 가장 아름다운 나라가 되기를 원한다. 가장 부강한 나라가 되기를 원하는 것은 아니다. 우리의 부력은 우리의 생활을 풍족히 할 만하고 우리의 강력은 남의 침략을 막을 만하면 족하다. 오직 한없이 가지고 싶은 것은 문화의 힘이다. 문화의 힘은 우리 자신을 행복하게 하고 나아가서 남에게 행복을 주기 때문이다. … 오직 사랑의 문화, 평화의 문화로 우리 스스로 잘 살고 인류 전체가 의좋게 즐겁게 살도록 하자는 것이다."

길게 인용해도 조금도 지루하지 않은 통찰입니다. 현실 정치에 필수적인 경제력과 군사력을 갖추지 못해 식민지로 전락했던 조국의 미래를 평화 문화의 힘으로 열어보려는 백범의 조용한 외침은 지금에 더 울림이 큽니다.

김병연 다른 원로님들이 바라보시는 50년 후 우리나라의 모습은 어떻습니까?

김황식 우리의 미래가 낙관이냐 비관이냐를 따질 때 리더십의 역할이 상당히 중요합니다. 경제 활력을 감소시키는 지금의 저출산·고령화 추세, 인접 중국·북한 등과 관련한 지정학적 상황, 앞서 본 자원의 빈곤 문제, 대립과 갈등의 심화로 인해 사회 통합이 흔들리는 문제,

이러한 문제를 타개할 리더십이 보이지 않는 상황 등을 고려할 때 한국의 미래는 낙관할 수 없는 상태입니다. 결국 이 문제들을 어떻게 해결하느냐에 미래가 달려 있습니다. 정부의 정책이 가장 중요하지만 기업·민간이 함께 협력해야 가능합니다.

다행히 우리 국민에게는 이를 극복할 수 있는 우수한 잠재력이 있습니다. 국가나 가족에 대한 헌신도가 높고 교육 수준이 높은 우리 국민이야말로 큰 자산입니다. 이 자산으로 우리는 짧은 기간에 산업화와 민주화를 이룩했습니다. 지금도 우리 국민이 음악, 영화, 드라마, 스포츠 등 많은 분야에서 두각을 나타내고 있습니다. 핵심은 그 잠재력을 어떻게 발현하느냐입니다. 그에 적합한 환경 등 여건을 만들어야 하고 이는 정부나 정치가 담당해주어야 합니다. 결국 정치와 리더십에 국가의 미래가 달려 있습니다.

김진현 저는 미래를 예측하려면 현재와 미래에 대한 거시적 안목이 절실하다고 생각합니다. 우리가 예측할 수 있는 미래, 즉 2050년에서 2070년까지 국가는 존재할 것입니다. 하지만 그 이후엔 국가의 존재 여부가 불투명합니다. 지금까지는 정치와 경제가 부딪치면 역사적으로 항상 정치가 이겼습니다. 2022년 러시아-우크라이나 전쟁 사태, 코로나 팬데믹 재난에서 여실히 드러났습니다. 그러니 우리의 미래를 위해 두 가지가 중요합니다.

국가가 존속하는 한 대한민국의 지정학적 위협은 계속됩니다. 강대국 미국·중국·일본·러시아에 둘러싸인 지정학적 특성과 함께 2000년대 이후 지구상에서 가장 강력한 핵국가들에 포위된 두 가지 안보 조건은 변함이 없을 것입니다. 물론 북한과 잠재적 핵국가 일본을 포함한 것입니다. 그럼 우리는 어떻게 대처해야 할까요?

첫째로 국력에 집중해야 합니다. 거시 안목이란 이런 것입니다. 우리는 각자 눈에 보이는 선진, 근대에 몰입하고 선진국에 진입하느라 국가 안보, 사회 공동체의 안전 문제를 부차적인 사항으로 치부했습니다. 생존에 가장 중요한 문제인데도 불구하고 말입니다. 바로 이런 이유에서 둘째로 '자강自强'을 강조합니다.

김학준 미래 전망은 참 어려운 일이지만, 저는 낙관적으로 봅니다. 우리 세대는 '무엇 때문에 망한다' 하는 식의 망국론을 익숙하게 듣고 자랐습니다. 그러나 역설적으로 이를 원동력으로 삼아 위기의식을 느끼고 어려운 고비를 넘어왔습니다. 목표에 대한 성취욕도 강하다고 봅니다. 저는 미래에도 이것이 지속될 것이라 봅니다.

우리 민족은 어려움이 있으면 헤쳐나가려는 저력이 있는 민족입니다. 성취 욕구도 강하기 때문에 어려움이 닥친다고 하더라도 극복해나갈 수 있을 것이라 믿습니다. 사실 반세기 전만 하더라도 인류의 미래에 대한 대논쟁이 여러 번 있지 않았습니까? 당시에도 비관론과 낙관론으로 나뉘었는데, 낙관론자는 인류가 많은 어려움을 헤쳐서 여기까지 왔다고 주장했습니다. 저도 이에 깊은 인상을 받았고 우리 민족도 어려움이 있겠지만 헤쳐나갈 것이라고 봅니다.

이를 위해서 국민 개개인의 성취 욕구를 북돋아주고 이를 달성할 수 있는 방향으로 국가가 많은 시책을 마련하는 것이 필요합니다. 나아가 과학기술 발전을 위해서 국가가 역할을 해야 하고 특히 기업을 많이 도와주어야 할 필요가 있다고 생각합니다. 기업의 성장을 지원하고 시장 경제 원리에 충실하도록 경제를 이끌어야 한다고 생각합니다.

윤동한 저는 낙관은 하되 긴장을 해야 한다고 생각합니다. 우리는 수많은 외침과 난관을 극복해왔기 때문에 이겨나갈 수 있는 힘이 충분히 있습니다. 또한 우리 국민은 교육열이 높고, 정치에 관심도 많습니다. 정치에 관심이 많다는 말은 우리가 사회 변화에 대해 각각 의견을 강하게 가진 민족이라는 뜻입니다. 그래서 저는 낙관적인 기조 위에서 생각하려 합니다. 그러나 비관적인 면은 첫째로 인구 문제입니다. 둘째로는 포퓰리즘과 노조의 이념적 행태입니다. 셋째로 일각에서 나타나는 반미·반일 성향도 문제입니다. 이런 것에 대한 긴장을 놓치지 않을 수만 있다면 낙관적이라고 생각합니다.

이종찬 저는 국운에 관하여 말씀드리고 싶습니다. 제가 어릴 적에는 우리나라가 해방이 된다는 것은 꿈같은 얘기였습니다. 그런데 실현이 되었습니다. 해방은 제2차 세계대전의 결과로 얻은 것으로 나름대로 국운이 있었다고 생각해봅니다. 그러나 그러한 국운도 3.1 독립운동, 임시정부의 투쟁 등 우리 민족의 존재를 확인시켜주는 투쟁의 결과였다고 생각합니다. 민족 정기, 민족의 동질성을 유지하지 못하고 뿔뿔이 흩어졌다면 다가온 행운을 우리 것으로 만들지 못했을 것입니다. 우리의 정체성과 국운 덕에 해방이 되었어도 역량이 부족하여 국제 정치의 거래 대상이 되어 남북 분단의 비운을 맞았습니다. 또 하나, 6·25 전쟁도 일방적으로 밀린 상황이었는데 유엔군 참전으로 반전되어 승기를 잡은 것도 하나의 국운이 아닐까 생각해봅니다. 우리가 자유 세계의 일원이 되었기 때문에 가능한 일이었습니다.

또 하나는 일본이 만주를 건국하는 아이디어를 우리 경제기획원에서 많이 따왔고 모두 아무런 비용과 대가 없이 배웠습니다. 우리는 6·3 데모 때 비판을 많이 했지만 지금 생각하면 새로 그걸 짜려면 정말 많은 고민이 필요했을 것입니다. 그러니 어떤 면에서는 일본에서 청구권 자금을 받아낼 때 돈으로 받는 것보다 그런 아이디어를 받는 게 더 좋았습니다. 이런 것들이 있어서 우리가 운이 좋았다고 보고, 이런 국운의 힘으로 지금까지 잘 발전해 살아왔습니다.

제가 IMF 때 김대중 정부에서 인수위원장을 했습니다. 당시 미래가 그냥 깜깜하게만 보였는데도 이상하게 그렇게 좋은 기운이 자꾸 생겼습니다. 모든 것에는 운이 있습니다.

마지막으로 한국인의 독특한 성격이 있습니다. 바로 살아남는 끈기입니다. 중국, 일본을 대국으로 생각하지 않는 것도 우리의 정체성입니다. 쉽게 고개 숙이지 않습니다. 독립운동을 하면서도 한 번도 일본에게 고개 숙이지 않았고 중국에게도 숙이지 않았습니다. 마치 유대인처럼 강력한 저항심이 있습니다. 끈질긴 외세의 침략을 받으면서도 우리는 정체성을 잃지 않고 여기까지 왔습니다.

김종인 저는 대한민국의 미래에 희망이 있다고 생각합니다. 사실 우리나라 민족성에 대해서 일부 부정적 의견도 존재하지만, 우리 같은 국민은 세계에서 드물다고 봅니다. 우리 국민은 국가에 협조할 줄 알고, 필요하면 참을 줄도 알고, 상황을 올바르게 인식하는 데도 뛰어납니다. 일례로 20세기에 식민지가 된 나라 중에서 10년 만에 독립운동한 나라는 한국밖에 없고 그 뒤로도 일제에 저항하면서 독립을 일구어냈습니다. 그리고 2021년 7월 우리나라는 유엔무역개발회의에서 공식적으로 선진국으로 인정받았습니다. 이런 점을 감안하고 과거 우리의 성공 역사를 본다면 희망은 있습니다.

김병연 그럼 50년 후의 대한민국의 모습이 밝지만은 않다고 보시는 이유는 무엇인지요?

김종인 지금 우리가 선진국인 것은 맞지만 사회 지표는 낙후된 수준입니다. 예를 들어 앞서 김진현 장관님도 언급하셨지만 자살률은 OECD 평균의 배를 넘는 수준이고, 노인 빈곤율은 OECD 1위를 차지하고 있습니다. 우리 국민은 저력이 있는데 왜 이런 문제가 발생할까요?

바로 '리더십' 때문입니다. 국민의 저력만으로 밝은 미래를 만들 수는 없습니다. 리더십이 그 저력을 잘 이끌어주어야 합니다. 리더십 실패의 가장 중요한 예가 한일 합방입니다. 리더십 실패는 자주성 약화로 이어졌습니다. 여기에는 우리 자력으로 일제로부터 독립하지 못했던 요인도 작동합니다. 미국이 일본을 패망시켰기 때문에 우리가 어부지리로 독립을 얻은 부분이 없지 않습니다. 그래서 대한민국이 출발할 때 어색했습니다. 독립성에 제약이 있었고 미국에 의존할 수밖에 없었습니다. 안보도, 경제 발전도 많은 부분을 미국에 의존했습니다. 그 덕분에 오늘날 이렇게 발전한 것도 사실입니다.

그러나 여기서부터가 문제입니다. 선진국이 되었으니 앞으로도 잘하면 더 크게 발전할 수 있습니다. 일본과 비교해 보면 1980년대 일본이 얼마나 요란했습니까. 미국을 앞질러 No. 1 국가가 된다는 말이 많았습니다. 일본이 세계 제조업을 다 장악할 수 있다고도 생각했습니다. 1980년대 말만 해도 그렇게 황홀한 그림을 그렸는데 지금은 어떠합니까? 1990년 초반 들어 경기 침체를 겪기 시작했고 지금도 잃어버린 30년이 지속되고 있습니다. 모든 사람이 과거에는 '일본, 일본' 하면서 일본 배우기에 나섰는데 지금 일본에는 그런 존재감이 없어져 버렸습니다. 그런데 우리가 지금 일본의 경로를 따라가는 듯이 보입니다. 특히 인구 문제와 고령화 문제가 그렇습니다.

결론적으로 우리가 경제에서 이룬 성과는 찬양받아야 마땅하지만, 우리가 지닌 모순을 해결하지 않고서는 지속적인 발전이 어렵다고 봅니다. 이건 누구에게도 책임을 전가할 수 없고 오로지 지도자가 풀어야 할 문제입니다.

김병연 구체적으로 어떤 점에서 일본의 경로를 따라가는 듯하다고 생각하시는지요?

김종인 바로 인구 문제입니다. 사회 지표 중에서 앞으로 대한민국의 미래에 가장 중요한 것이 출산율입니다. 그런데 한국의 출산율을 보면 과거 일본이 겪었던 상황보다 빠른 속도로 재연되고 있습니다. 일본은 1970년대 말부터 저출산·고령화 사회로 돌입했는데 일본 정치인들은 그것을 인지하지 못했습니다. 1980년대 중반 정도가 되어서야 '이거 안 되겠구나' 하며 돌이키려고 했지만 이미 때가 늦었습니다. 그런데 지금 우리나라의 저출산이 매우 심각한 수준입니다. 2000년에서 2010년 무렵만 하더라도 출생률이 1.15 정도였지만 지금은 0.7대로 갑자기 내려앉아 버렸습니다. 이렇게 되면 결국 우리나라의 역동성은 사라질 것입니다. 이 추세를 반전하지 못하면, 앞으로 50년은 고사하고 20년 안에 큰 문제가 터질 것으로 생각합니다. 우리는 지금 일본 사회가 1990년대 초에 경험한 '잃어버린 30년'의 초입과 비슷한 상황에 직면했습니다. 이를 극복하려면 정부가 무엇을 할 것인지 알아야 합니다.

김병연 그러면 지금 정부는 어떻게 해야 할까요?

김종인 인구 문제의 중요성을 인식해야 합니다. 지금 우리 사회에는 결혼을 하지 않거나 결혼을 해도 출산을 하지 않으려는 분위기가 퍼져 있습니다. 자연적으로 인구가 줄어들 수밖에 없는 거죠. 이 상황이 계속되면 대한민국의 경제력은 떨어질 수밖에 없습니다. 기술 개발도 사람이 주체이고, 물건에 대한 수요도 사람이 있어야 가능합니다. 그래서 인구 문제가 중요하다고 할 수 있습니다. 경제를 위해서도 인구 문제를 도외시할 수 없습니다.

인구 문제는 지금 당장 해결할 수 없기 때문에 일단 미루려 할 수도 있습니다. 그러나 지금 중장기적 대책과 그에 따른 시스템을 만들지 않으면 대한민국의 미래는 없습니다. 인구 문제는 연금 개혁과도 관련이 있습니다. 우리나라 연금 기금이 2050년 정도 되면 고갈된다고 합니다. 그러면 아직도 30년 정도 시간이 있습니다. 만약 그때까지 출산율을 1.5, 혹은 그 이상으로 늘릴 수 있다면 연금 기금 고갈 시점을 늦출 수 있지요. 반대로 출산율이 지금보다 하락하면 계속 연금 개혁을 해야 합니다. 출산율에 따라 향후 한국의 소위 가용자산이 어떻게 활용될지 정해집니다.

제가 1989년에 보건사회부 장관을 10개월 정도 했습니다. 1955년 기준으로 가정마다 4명 정도 자녀를 낳았는데, 1985년에 2명으로 줄어버렸습니다. 그때 국장이 업무 보고를 하는데, 산아제한을 열심히 해서 출산율이 1.9로 떨어졌다는 것입니다. 1.9가 됐다면 앞으로 더 가파르게 떨어질 수 있으니 제가 산아제한을 중지하라고 말했습니다. 그런데 장관이 산아제한을 하지 말라고 했다며 언론에서 욕도 많이 먹었습니다. 그 후 장관은 1995년까지 산아제한을 아주 열심히 했습니다. 그러나 1995년에는 출산율이 1.5로 떨어졌습니다. 그러다 1.1이 됐고, 2022년 3분기 기준으로 0.79입니다. 2025~2026년에는 0.6까지 떨어진다는 예측치도 있습니다.

이 상황이 되면 건강보험이나 연금제도가 전혀 작동할 수 없습니다. 결국 정부가 부채를 쓸 수밖에 없는 형편이 됩니다. 그래도 부채를 늘려서는 안 된다는 것이 일반적인 인식입니다. 그런데 부채를 늘리지 않으면 민주주의가 작동하기 어렵습니다. 2025년이 지나면 65세 이상 인구가 20%가 넘습니다. 2026년이 되면 21%쯤 됩니다. 그러면 65세 이상 노인들이 대한민국 정치를 결정할 수 있는 유권자 계층이 됩니다. 정치권에서 이들의 표를 얻으려고 애쓸 것입니다. 오늘날 일본에서 GDP 대비 부채 비율이 왜 250%까지 올라갔습니까. 노인 인구를 부양해야 하는데 세금을 올리기는 어려워 빚을 내서 쓰다 보니 그렇게 된 것이지요.

연금 개혁과 출산율 이야기를 좀 더 해봅시다. 연금 받는 사람들이 지금보다 좀 덜 받게 하는 것이 연금 개혁의 골자입니다. 현재에도 연금이 은퇴 후 필요한 소득의 40%밖에 되지 않는데 연금을 더 줄이면 노후에 생계가 더 어려워집니다. 연금 제도의 기본 취지가 은퇴자들이 경제적으로 안정적인 삶을 살게 하는 것입니다. 그런데 지금은 연금 개혁을 얘기하면서 어떻게 재정을 안정시킬 것인가를 주로 고려합니다. 연금 개혁을 해서 재정을 아무리 안정시켜도 그 연금을 가지고 노인들이 생계를 유지하지 못하면 연금은 의미가 없습니다. 이것을 결정하는 핵심적인 문제가 인구 구조입니다. 노인은 늘어나는데 그 연금을 뒷받침해줄 젊은 세대가 점점 줄어들면 문제가 발생합니다. 즉 인구 구조가 엉망이기 때문에 연금 문제가 심각해지는 것입니다.

제대로 된 인구 정책을 지속적으로 추진하지 않으면 희망이 없다고 저는 생각합니다. 그런데 그동안 여러 정부가 단기 성과에 치중하다 보니 출산율 같은 장기적 과제를 풀기 위한 해결책을 내놓지 못했습니다. 만약 장기적이고 근본적인 대책을 마련하기 어렵다면 이민 정책이라도 적극적으로 펴서 우리나라 인구 구조를 맞춰가야 할 것 아닙니까. 미국이 오늘날 세계에서 가장 인구 구조가 적정하게 구성된 나라 중 하나인데, 그렇게 만든 방법이 적극적인 이민 정책입니다. 출산율을 높이기 어렵다면 이런 방법도 써야 합니다. 일본도 민족 동질성만 고집하면서 외국인 근로자 유입에 소극적이다 보니 결국 오늘날 같은 어려움을 겪게 됐습니다. 지금 대통령이 해야 할 가장 중요한 과제는 출산율을 높여서 인구 구조를 정상화하는 방법을 찾아 실행하는 것입니다. 이 문제가 해결되지 않으면 경제력도 떨어질 수밖에 없습니다. 사람이 없는데 무엇을 이룰 수 있겠습니까.

김병연 일부 연구에 따르면, 그래도 한국이 2030년까지는 좀 숨 쉴 틈이 있다고 합니다. 인구가 많은 고연령층이 은퇴하나, 인구수가 상대적으로 작지만 교육 수준이 높은 젊은 사람들이 이들을 대체하기 때문에 경제성장률의 하락을 막을 수 있다는 것입니다. 그래서 2030년까지는 정책을 잘 쓰면 최악의 상황은 막을 수 있다고 합니다.

김종인 그렇게 볼 수도 있습니다. 그런데 기본적으로 저출산으로 인해 인구가 줄면 나라의 전반적인 동력이 떨어집니다. 그러면 장기적으로는 성장하기 어렵습니다. 조지 슐츠 전 국무장관이 1990년대부터 제게 항상 강조한 말이 있습니다. 인구 구조를 잘 보라는 것입니다. 제가 2010년에 슐츠 장관을 만났는데 그때 중국 인구를 거론했습니다. 중국이 인구 감소 때문에 결국은 경제가 한계에 봉착한다는 것이었습니다. 그런데 한국은 인구가 더 빠르게 감소할 것 같으니 조심해야 한다고 말했습니다. 지금 이 문제가 매우 심각한데 우리는 관심이 너무 부족합니다. 인구 문제는 돈 몇 푼씩 준다고 해서 절대로 해결되지 않을 것입니다.

김병연 그렇다면 인구 문제의 근본적 해결책은 무엇일까요?

김종인 우리나라의 전반적인 제도 자체가 대혁신을 해야 합니다. 무엇보다 교육 제도가 바뀌지 않고 사교육비가 많이 드는 지금 같은 여건에서는 출산율을 높이는 것은 상상조차 할 수 없습니다. 우리나라 교육 수준이 높아지면서 출산에 대한 젊은 층의 인식도 많이 바뀌었습니다. 출산과 양육에 따르는 비용에 더욱 민감해졌습니다. 사교육비는 자녀 출산을 꺼리는 중요한 이유 중 하나입니다. 그러니까 제도를 혁신해서 출산에 대한 인식을 바꾸지 않고서는 출산율이 올라갈 수 없습니다.

김병연 사교육은 참 풀기 어려운 문제 같습니다. 그렇다고 과거 군부 독재 시절처럼 사교육을 원천적으로 금지할 수도 없지 않겠습니까?

김종인 우리나라는 자유 시장 경제이니 전두환 정권 때처럼 완전히 폐지할 수는 없을 것입니다. 하지만 과외 학원이 번성하는 상황에서는 일부 강제력을 동원하는 방법밖에 없다고 생각합니다. 학원 운영 시간을 일부 제한하는 것도 한 방법입니다. 학원을 이용해야 하는 재수생을 제외하고 현역 고등학교 수험생의 학원 이용 시간을 적절하게 조절할 필요가 있습니다. 이런 조치는 헌법상 문제가 될 수도 있지만, 헌법에도 공공재를 위해서 사유재를 제한할 수 있게 되어 있습니다. 즉 공교육을 정상화하기 위해 사교육을 어느 정도 억제해야 한다는 측면에서 공감대를 형성할 필요가 있습니다.

김병연 일각에서는 인구 문제를 풀려면 지금처럼 하면 안 되고 인구 부총리, 즉 여가부를 해체하고 '인구가족부'로 재출범시켜서 장관을 부총리급으로 격상해야 한다는 주장도 있는데 어떻게 생각하시나요?

김종인 인구 문제는 여가부를 바꾸는 방법으로는 안 되고 기획재정부가 맡아서 해야 합니다.

김병연 기획재정부가 인구 문제를 다뤄야 한다는 말씀은 새롭습니다.

김종인 기획재정부는 전체 경제 정책을 다룹니다. 인구 문제라는 것이 어느 한 부분만 가지고 풀 수 없는 문제입니다. 경제 정책을 모두 다 종합적으로 고려해야 합니다. 기획재정부 내에 인구를 담당하는 차관급 부서를 만들어서 인구 문제를 다루도록 하는 것이 한 방법이라고 생각합니다. 어떻게 하면 문제를 근본적으로 풀 수 있는지

고민해야 하는데, 지금 나오는 말처럼 보건복지부에 인구정책실을 만드는 방법 정도로는 어림도 없습니다. 보건복지부가 인구 문제를 풀기에는 문제 자체가 너무 복합적입니다. 보건복지부 장관이 건강보험과 연금을 다 관할합니다. 그렇다면 보건복지부에서 인구 구조가 어떻게 된다는 것을 가장 먼저 알았어야 했는데 역대 장관들은 그런 전반적인 개념이 다 부족했습니다.

풍요와 품위 상실 사이
우리 문화는 어디로 가는가

Round-table 2

국가 원로

김병익

현역 학자

송호근

문화적 품격 없는 세대의 회한과 다음 세대에 대한 기대

우리 문학은 우리 역사를 잘 증명해왔고, 식민지 시대부터 6·25를 겪고 극복하는 과정까지 문학 작품을 통해서 체감할 수 있을 토대를 마련해줬다. 하지만 요즘 문학은 과거에 비해 세계를 바라보는 관점, 세계를 체험하는 넓이와 크기가 달라졌다. 이는 당연한 추세이다. 전쟁과 분단과 산업화를 겪은 세대가 보기엔 이야기가 너무 작고 단순하다.

우리는 품격 없이 너무 급하게 성장했고 두려움 없이 세상을 접했으며 부끄러움 없이 허세를 부려온 것이 아닐까라는 생각이 든다. 이제 과제는 품위 있는 문화를 위한 사회 교육이며 준절한 예의 사회를 키울 문화 훈련일 것이다. 지금 뜻밖에도 중요한 문제가 '예의'의 '상실'이 아닌가 생각한다. 예의란 품위品位라는 말로도 표현할 수가 있다. '예의 없음'이 민주화라는 이름으로 허용되고, 합리화되고, 정당화되었다. 그러나 이것을 통제할 수도 없고, 해서도 안 된다. 사회적인 품위를 세우고 고양하는 방법에 대해서는, 지금 상황을 보면 자신이 없다. 한 세대가 아니라 두 세대쯤 지나야 사회적인 안정과 가치관이 생기고 다른 계층 간의 화합과 절제가 형성될 것으로 보인다. 삶의 길을 찾아 지금에 이르기까지의 기간이 너무 빨랐기 때문에, 급속함에서 오는 허점이나 부작용도 있지 않을까 생각한다.

요즘 디지털 세대는 전쟁도 모르고, 분단도 의식하지 않고, 후진국 의식에도 젖어 있지 않다. 이 세대에 와서야 한국이 선진국 국민으로서의 자질을 가질 수 있지 않을까 생각한다. 콤플렉스와 한이 없는 세대이니만큼 이 세대에 대한 기대가 크다. 어차피 시간이 가면 이 디지털 세대가 사회의 중심을 이루고 사회 발전의 맨 앞자리를 차지하고 주도자가 될 테니, 그 시간을 만들어주는 것이다. 젊은 세대 내에서 자기 자신들이 그냥 만들어갈 것이다. 오히려 구세대가 거추장스럽고 불편한 세대로 걸리적거릴 수밖에 없다는 생각도 든다. 이제는 조용히 잘한다고 칭찬하면서 격려해주는 수밖에 없을 것이다. 다만, 한국인이 몇 천 년 동안 지녀온 전통적인 덕성을 어떻게 유지하느냐가 과제일 것이다.

송호근 문학인과 문화인의 삶을 평생 살아오신 김병익 선생님께서 보시기에 한국 사회의 갈등 요인들이 심화된 이유와 타개를 위한 조건은 무엇일까요?

김병익 오늘 우리의 한국 사회가 껴안은 갈등은 여럿의 복합 상태에서 빚어진 것으로 보아야 할 것입니다. 발전의 속도가 너무나 빨라 그 변화에 대한 심리적 수용이 어려웠다는 점이 우선 꼽힙니다. 우리는 일제와 해방기의 1950년대, 전후의 자유와 발전을 도모한 근대화의 1960년대, 공업화와 도시화를 이룬 1970년대, 자본과 노동의 대결, 시민과 군부와의 대립을 겪은 1980년대를 거쳐 1990년대 이후 전자 문명을 중심으로 한 디지털 문화 시대를 맞이합니다. 그만큼 우리는 다양한 경험과 의식이 하나의 시간적 지평 속에 혼재하며, 그 상이한 의식들이 충돌과 갈등을 치르고 있습니다. 그것은 우리의 역동적 발전에 대한 기대를 열어주면서 부정적으로 고질이 될 때 분열과 상충, 대립과 해체로 악화될 수 있습니다. 이념과 체험이 지배하던 전 세기의 상황에서 전자 문명을 재빨리 수용하여 산업화만이 아니라 생활화하고 문화화함으로써 우리 의식 체계는 변화의 전기에 처하고 있습니다.

오늘날 20~30대인 MZ세대가 그 전기의 주체가 될 것입니다. 이들은 역사에 대한 아무런 부채가 없고, 현실에 대한 어떤 억압감도 없습니다. 이 세대의 향방이 앞으로 우리의 민족사적 형질을 구성할 것입니다. 그들의 앞길을 바르게 정위시켜주는 것이 기성 세대의 책임입니다. 저는 그 책임이 미래지향적이며 개방적이고 역사와 현실에 대한 관대함으로 주도되기를 바랍니다.

송호근 선생님 개인적으로는 지난 80년 세월을 기억하면 어떤 느낌이 드십니까? 까마득하십니까? 지금까지 살아오신 것을 이 시점에서 뒤돌아보면 여러 가지 일이 생각나실 텐데, 특히 문화나 문학과 관련해서 말입니다. 그 얘기가 듣고 싶습니다.

김병익 제 경우는 우리 세대가, 아마 송호근 선생 세대까지 포함되겠지만, 참 행운의 세대였던 것 같습니다. 저는 일제 말기에 태어나 일본어로 수업하는 학교에 입학했다가 한 학기 만에 해방이 되었습니다. 그러고선 6학년 때 한국 전쟁을 경험했습니다. 세계로 보자면 식민지 시대, 또 해방·전쟁·전후의 혼란, 그리고 그 세대를 쭉 이어온 빈곤, 외세 등 그런 분위기 속에서 유아기부터 소년기를 자랐고, 대학 시절에는 산업화 시대를 맞았습니다.

송호근 '시련의 세대' 아니었을까요? 결코 행운의 세대는 아니었을 것으로 생각됩니다.

김병익 그래도 역사의 바닥인 식민지 시대부터 해방과 전쟁과 전후 회복까지, 이렇게 상승하는 계단을 밟아왔지 않습니까? 가장 밑바닥에서 올라와서 지금은 선진국으로 인정됩니다. 공인이 되었습니다. 80년에 걸쳐서 그런 단계까지 올라왔으니까 아마 세계사적으로도 유례가 드문 일이 아닐까 합니다. 그러니까 식민지에서 해방된 나라로, 가장 후진적이고 가난한 나라에서 선진적이며 부유한 나라로 성장한 그 시대를 함께했다는 것이 나로서는 참 행운입니다.

송호근 선생님은 1975년 동아투위(동아자유언론수호투쟁위원회) 때 앞장서셨습니다. 김진현 장관님의 회고록을 보면 이와 관련된 언급이 많이 나옵니다. 그때 동아투위에서 선생님이 한 1년 정도 투쟁하셨나요? 그때 이야기를 듣고 싶습니다.

김병익 저는 실은 투쟁은 별로 안 했습니다. 기자 생활 10년 만에 그만둔 셈이었습니다. 기자조합장을 하다가 정직당하고 몇 달 노는 동안에 동아 사태가 일어나 저절로 해직되었는데, 그전에 문화부에서 문학을 담당하면서 김현 선생님, 김치수 선생님을 만났습니다. 문단을 그냥 취재 대상 정도가 아니라 친구로 사귀어야 했습니다. 거기서 68문학 동인에 나도 모르게 이름이 들어가서 할 수 없이 동인이 되었습니다. 김현 선생님이 1970년에 계간지를 만드시고 나니 그때 순수 참여 논쟁이 심하게 일어났습니다. 참여 쪽은 백낙청 씨의 〈창작과비평〉을 근거로 해서 활발하게 자기 주장을 할 수 있지만, 순수 쪽은 그런 길이 없으니까 잡지를 만들자고 김현 선생님이 저를 설득해서 〈문학과지성〉을 만들게 되었습니다.

68문학 세대에 대하여

송호근 그럼 68문학이 모태라는 말씀이시네요.

김병익 그렇습니다. 1970년에 〈문학과지성〉을 계간지로 내다가, 1975년에 〈동아일보〉 언론 사태 때 해직당하고 저절로 문학과지성 출판사를 창사하게 된 것입니다. 제가 문화부에 있을 때 문학, 학술, 출판 쪽을 담당했기 때문에 출판사를 많이 다녀봤습니다. 1970년대는 1960년대의 전집 외판 시대에서 단행본 시대로 넘어갈 때쯤이었습니다. 문예출판사, 민음사 같은 데만 몇 군데 있었었고, 출판사가 많지 않았습니다. 사회적인 수요 혹은 문화적인 수요는 성장하고 있었던 때였습니다.

송호근 안 그래도 당시 나온 신구문화사의 한국현대문학전집이 다시 궁금해져서 최근 중고서점에서 구입했습니다. 그 전집을 읽으면서 보낸 중고등학교 시절이 생각납니다.

김병익 그 전집은 김치수 선생님이 신구문화사에 있으면서 편집하셨습니다. 그러니까 출판에 대한 의식은 증대했지만 단행본 시장은 아직 형성되지 않았습니다. 출판사 운영이 얼마나 힘든지 알았기 때문에 하고 싶지 않았는데, 김현 선생님의 설득력이 강했습니다. 〈문학과지성〉 계간지를 그때 일조각에서 냈는데 우리 손으로 그걸 내야 한다는 의견이 강해졌고, 또 누군가 나처럼 언론계에서 쫓겨날지도 모르니까 뒷받침해줘야지 않느냐는 공의를 생각하게 되었습니다. 이런 이유를 내세우면서 김현 선생님이 설득하는 바람에 결국 제가 출판사를 열기로 한 것입니다.

송호근 김현 선생님이 굉장히 도전적이신 것 같습니다.

김병익 김현 선생님은 대단합니다. 뛰어난 비평가였을 뿐만 아니라, 그룹을 만들고 일을 추진해나가는 힘이 상당히 박력 있고 조직적이었습니다. 그 바람에 수명이 그만큼 짧아졌는지도 모르겠습니다.

송호근 김현 선생님 하면 글 솜씨 말고도, 작가들을 후원하거나 비즈니스를 확장하는 일도 많이 하셨나요?

김병익 네, 그렇습니다. 술도 잘 드시고 화술도 좋으시고 또 인품에 여유가 있으셨습니다. 유머도 있으셔서 사람도 잘 사귀고, 잡지에서 누군가의 글을 보고 좋다 싶으면 바로 찾아가서 만나셨습니다. 그리고 그날부터 술 마시고 친구가 되는 분이셨습니다. 친화력이 대단하죠. 4·19 문학이 하나의 집단으로 출현한 데에는 김현 선생님의 힘이 압도적이었다고 봐야 합니다.

송호근 제가 대학교 2학년 때 일입니다. 당시 무척 바쁘셨던 김현 선생님께서 본인 자택에 저를 데려가 서재에서 재워주셨습니다. 그리고 그날 저녁 한 치킨집에서 정현종 시인이 치킨을 뜯는 모습을 처음 보고 충격을 받았던 기억이 납니다. 시인도 치킨을 뜯어먹는구나 하는 생각에 말입니다.

김병익 시대의 인물이라고 볼 수 있습니다. 식민 시대 문인 중에서 비슷한 유형이 있었는지 찾기 힘들 정도입니다. 김현 선생님은 글이 우선 뛰어나시기도 하고, 작품을 굉장히 빨리 읽습니다. 일반 사람들이 바둑 한두 판 두는 짧은 시간 사이에 김 선생님은 잡지 한 권을 마스터하고선 그 내용에 대해서 평가하고 비평할 수 있을 정도로 통독을 하셨습니다. 참으로 놀라웠습니다. 문학에 대한 천부적인 재능은 타의 추종을 불허했습니다.

4·19 문학 세대에 대하여

송호근 선생님께서 4·19 문학이라고 하셨습니다. 4·19 세대 문학, 집단 운동까지는 안 되지만 그렇게 이름을 붙일 수가 있지 않습니까? 이것이 한국 문학사에서 어떤 의미를 갖고 있습니까?

김병익 우리가 미처 의식하지 못한 걸 김현 선생님이 의식화시켜주고, 사회 문학이라는 명칭과 함께 개성과 성격을 부여해주었습니다. 그 즈음에 4·19 세대 작가들이 많이 나왔습니다. 황동규나 최인훈이 조금 선배이고 김현 선생님과 동년배의 비평가는 김치수 선생님이 있고, 소설가 이청준 선생님과 박태순 선생님, 시인 김광규 선생님도 있고, 교양학부 한 반에서 60명 중 7~8명이 문인으로 활동할 정도로, 불문과·독문과에서 문인이 많이 나왔습니다. 염무웅 선생님, 김광규 선생님, 이청준 선생님 모두 독문과입니다. 불문과에 김치수 선생님, 김화영 선생님이 있었습니다. 4·19 직후 문인들이 많이 등장했는데 그걸 김현 선생님이 다 아우르면서 4·19 문학이란 타이틀로 묶어버린 것입니다. 제 경우에는 과도 다를 뿐만 아니라 학년도 3년 차이라서 그분들을 알 리가 없는데, 신문사 문화부에서 문학 담당하면서 처음 김현 선생님을 만났고, 그분을 통해서 그 또래의 4·19 세대 작가와 비평가들을 만나게 되었습니다. 그렇게 집단화되면서 〈문학과지성〉, 〈창작과비평〉 이런 걸로 자기 표현을 할 자리를 찾게 되니까 4·19 문학, 4·19 문단이 바로 쉽게 나올 수가 있었던 것입니다.

송호근 매체가 있으니까 가능했겠는데, 전후 세대인 1950년대 세대의 평론가도 있고, 〈사상계〉를 중심으로 해서 나온 세대도 있지 않습니까? 그 세대는 어땠나요?

김병익 그냥 '전후 세대'라고만 얘기를 하고, 적절한 타이틀은 만들지 못했던 것 같습니다. 그 세대에도 이어령 선생님, 유종호 선생님, 오상원 선생님, 최일남 선생님 같은 전후파도 있었고, 전전파 이호철 선생님 같은 분들과 세대적인 변별성을 갖는 부분도 있었습니다. 이어령 세대와 김현 세대가 한 열 살 정도 차이가 납니다. 김현 선생님 세대는 4·19, 이어령 선생님 세대는 한국 전쟁 전후로 서로 어울렸습니다. 그래서 짧은 기간이지만 세대적인 변별성을 가질 수 있었습니다.

송호근 나름대로는 정체성을 가지고 한국 문학 발전에 동력이 되었을 것 같습니다.

김병익 그런 셈입니다. 일제 세대는 말할 것도 없지만, 전후 세대만 하더라도 일어로 문학을 교육받은 세대입니다. 일어로 읽어야 더 빨리 흡수가 되는 세대이기 때문에, 순수한 한글 세대라고 보기가 어렵습니다. 장용학 선생님은 일어로 문장을 써놓고 우리말로 번역했다고 합니다. 제 형이 저보다 6년 위인데 젊었을 때 보면 일어로 먼저 써놓고 우리말로 번역하고는 했습니다. 저는 한 학기 정도만 일어로 배운 정도니까 제 세대부터 한글 세대라고 할 수 있고, 그걸 의식하고 꽃피운 세대가 김현 선생님의 4·19 세대입니다. 1960년대에 4·19가 일어나고, 순수하게 한글 세대라고 내세우면서 자기 세대의 정체성을 강조할 수 있었던 게 바로 김현 세대부터입니다.

1960년대 양식에 대하여

송호근 1960년대 양식에 대한 질문으로 넘어가겠습니다. 1960년대 세대의 특징, 의식 구조, 혹은 양식은 어땠습니까? 한글 세대가 물론 상당히 신선하고 좋은 점이 돋보이긴 하는데, 모자란 점도 있지 않았습니까? 빠진 게 있을 것 같은 생각이 듭니다.

김병익 한글 세대가 정치적으로는 혼란기입니다. 경제적으로는 산업화 시대였습니다. 한국 근대화의 첨병과 사회생활을 시작할 때가 박정희 정권이 산업화하던 시대였습니다. 문단 쪽은 박정희 정권에 상당히 비판적이었지만, 일반 회사원이 된 사람들은 산업 사회를 일으킨 세대들입니다. 미국 유학을 갔고 외국 기업에 취직한 사람도 있었습니다. 학문적·산업적으로 무역이라는 게 일어나기 시작했고 여러 변화가 급격히 일어났기 때문에 오늘의 한국이 형성된 출발점이라고 할 수 있습니다.

송호근 저는 1960년대가 굉장히 궁금합니다. 선생님은 당시 청년이셨으니 흘러가는 현실, 바라는 바의 신념, 또는 지식인으로서의 세계관 같은 데 부딪힌 경험이 있을 것 같습니다.

김병익 당시 저는 대학을 졸업하고 신문사에 입사해서 현실과 맞부딪혔습니다. 그런 인생사적·시대사적인 변화가 일어날 때 피할 수 없었던 충동이 있었고, 기존 가치와 새로운 가치, 기존의 카테고리와 새로운 카테고리, 기존의 소망과 새로이 설정된 소망이 마구 충돌했습니다. 한참 주저하면서 길을 모색하는 시대였고, 그것이 한쪽으로는 한글 세대, 한쪽은 산업화 세대였으며 한쪽으로는 자유 민주주의와 개발이 충돌하면서 성장하던 시대였습니다. 1972년에 유신이 선포되었을 때 우리가 느꼈던 절망감은 말로 다할 수 없습니다.

송호근 제가 고등학교 2학년 때 유신이 선포되었습니다. 당시에는 잘 몰랐지만, 아마 문학 쪽에서는 굉장히 좌절감을 느끼셨을 것 같습니다.

김병익 문학 쪽보다도 아마 신문사나 지식 사회 쪽에서 그랬을 것 같습니다. 문학 쪽에서는 그저 한글로 작품을 쓴다는 것과 한글로 교육받는다는 분위기에서 생성된 의식의 민족화가 스스럼없이 드러날 때였습니다. 자유 세대의 자신감 같은 것이 있었습니다.

송호근 그러면 유신 같은 완전히 왜곡된 형태의 정치 체제가 나타나도 언젠가는 해소될 수 있다고 생각하셨습니까?

김병익 꼭 그렇지만은 않습니다. 그때는 식민지 상태로부터 이제 막 벗어난 후진국, 빈국, 그리고 분단된 나라이자 약소국으로서 자신 없는 정서가 미만했던 것 같습니다. 저만 하더라도 선진국이 된다는 건 전혀 생각할 수도 없었고, '선진국 독일에서는', '선진국 일본에서는' 하는 말은 나왔지만, 한국이 선진국이라는 생각을 해본 적이 없었습니다. 늘 후진국이고 가난한 나라고 혼란스러운 나라였습니다. 그런데 그게 어느 시점부터 바뀌었습니다. 2000년대에 들어서면서 한국 사람들의 입에서 한국을 선진국이라고 표현하기 시작했습니다. 그때 우리와 비교하는 나라는 아프리카 정도였습니다.

1970년대, 순수와 참여 경쟁에 대하여

송호근 〈문학과지성〉의 정체성에 대해서 고민이 많으셨을 것 같습니다. 1970년대에는 창비가 참여, 실천, 민족주의를 표방했습니다. 저도 대학에 다니면서 10년 동안 〈문학과지성〉과 〈창작과비평〉에 실린 작품들을 열심히 봤습니다. 순수 쪽을 대변한 〈문학과지성〉의 고민이 있으셨을 것 같습니다.

김병익 〈창작과비평〉이 있었기 때문에 가능했습니다. 〈창작과비평〉이 1966년에 창간했는데 인간적이나 개인적인 관계가 어떻든 인정해야 할 것은, 그때 백낙청 씨의 존재입니다. 1965년에 귀국해서 1966년에 〈창작과비평〉을 창간하셨는데, 그때 우리나라에서 계간이라는 형태가 없던 건 아니었지만 제대로 된 잡지로는 처음인 셈이었습니다. 그리고 나중에는 염무웅 씨의 도움을 받았지만, 처음에는 백낙청 씨 혼자서 계간지를 창간해서 계간지 문화를 이루었습니다. 그전에는 전부 월간지 아니면 대중 주간지였습니다.

1960년대 중반에 순수 참여 논쟁이 일어났고 김현 선생님이 무언가를 조직하고 만들고 뛰어다니면서 틀을 만드는 것을 잘하시다 보니, 김현 선생님이 중심이 돼서 순수론을 했고 몇 사람이 같이 동조해서 잡지를 내자고 한 게 1970년이었습니다. 당시 문단은 〈창작과비평〉과 〈문학과지성〉으로 양분되었습니다. 저희 같은 경우는 가로 쓰기를 하거나 한자 사용을 최소한으로 했습니다. 우리도 처음부터 한글 전용으로 잡지를 출간했던 건 아닙니다. 아주 정직하게 말하면 〈창작과비평〉이 있었기 때문에 저희 문학과지성사의 자리가 마련되었다고 볼 수 있습니다.

송호근 1970년대에는 아무래도 정치 상황이 그러했기 때문에 참여 문학 쪽으로 대세가 쏠린 건 아닐까요?

김병익 그러진 않았습니다. 이론적으로는 〈창작과비평〉이 여러 가지 그럴듯한 명분을 많이 갖고 있었기 때문에 끌릴 수도 있었겠지만, 사람들이 작품에 대한 애정이 별로 없었습니다. 주로 논문 쪽이었고, 자기 틀에 맞는 글을 요구하는 경향이 있었습니다. 우리 경우에는 작품에 먼저 공감하면서 작품이 왜 좋은가, 하는 쪽으로 얘기를 풀어나갔습니다. 창비 쪽에서는 어떤 틀을 만들어서 작품을 맞춰주기를 바란 거고, 우리는 좋은 작품에 비평이 따라가면서 왜 좋은가를 설명해주는 쪽으로 갔습니다.

〈문학과지성〉에서 재수록 시스템을 만든 이가 김현 선생님입니다. 좋은 작품을 재수록하면서 왜 좋은지에 대한 이유를 얘기하다 보니까 작가들은 저절로 자기를 좋아하는 비평가를 좋아할 수밖에 없었습니다. 그래서 작품은 〈문학과지성〉이 압도했습니다. 물론 거기에 따른 문학적인 애정이 그만큼 두터웠기도 합니다.

송호근 1970년대에 두 잡지가 지성계를 어떻게 끌고 갔는가에 대해서는 좀 정리를 할 필요가 있습니다. 물론 대학에서도 이런저런 시도가 있었습니다. 민족주의, 남북통일에 관한 것, 여러 가지 이데올로기가 시작되었고 두 잡지가 서로 경쟁하면서 그 전선을 계속 개척해 갔다는 생각이 듭니다.

김병익 민족주의 혹은 분단론, 후진국론 등을 이론적으로는 창비에서 많이 제기했지만, 실질적인 전개나 작품으로의 형상화는 〈문학과지성〉 쪽에서 했다고 봐야 합니다. 역할 분담이라 봐도 좋고, 서로 경쟁하면서 자기 길을 만들어갔다고 볼 수도 있습니다. 좀 늦게 나왔지만, 민음사에서 나온 〈세계문학〉은 입장이 애매해서 별로 두드러질 수가 없었습니다. 〈문학과지성〉과 〈창작과비평〉이 주도를 해왔고, 그것이 1980년에 신군부에 의해서 폐간되었습니다. 폐간은 신군부가 했지만, 두 계간지의 시효가 끝나고 전환해야 할 시점이 아니었나 싶습니다.

송호근 사실은 586 세대가 비정상적인 형태로 태어난 것도, 제가 지금 평가해보면 지성계에서 제공해주지 못했던 게 있는 것 같습니다. 물론 그 친구들도 지성계를 의도적으로 버렸습니다.

김병익 그렇게 볼 수 있습니다. 고전적이라고 말하기는 좀 뭣하지만, 전통적이고 지적인 성향이나 풍토가 산업화 시대에 바뀌었고, 그것이 이 두 계간지의 폐간으로 상징화된 게 아닌가 생각합니다.

지성의 몰락에 대하여

송호근 그 말씀은 굉장히 중요한 것 같습니다. 요즘 저는 6·25 전쟁 이후의 현대 지성사를 어떻게 종합해낼 수 있을지 고민하고 있습니다. 선생님이 옛날에 번역하신《지성의 대이동》의 저자인 휴즈S. Hughes가 내용과 목차를 어떻게 다뤘는지도 살피고 있습니다. 〈문학과지성〉과 〈창작과비평〉의 폐간이 갖는 상징적인 의미가 다가옵니다. 지금은 한국의 지성이라고 할 만한 것이 보이지 않습니다.

김병익 한국의 지성은 예전 〈사상계〉 세대에서 볼 수 있지 않을까 싶습니다. 장준하에서 정명환에 이르는 그 세대들, 일제 후반기 세대들, 독립운동에 참여한 사람들도 있고, 김준엽도 있고, 또 일본에서 순수한 학문을 연구하는 분들도 있습니다. 한국 전쟁이 터지기 전까지의 한국 지성사 세대들을 종합한 게 〈사상계〉인데, 해방 후에 이 간극을 메꿔준 게 4·19 세대이고 두 계간지가 폐간되면서 한국 사회가 전통적인 세계에서 산업화 세계로 옮겨갔음을 보여주는 게 아닌가 싶습니다.

송호근 그렇다면 지난 30년 동안에 물질적, 과학적으로 상당히 발전했고, 여력도 많이 생겼지만, 그에 반비례해서 지성의 힘은 추락한 것 아닌가요? 대학의 힘도 사라졌고 목소리는 없어졌습니다. 종교도 마찬가지로 신뢰를 잃었습니다. 언론도 그렇습니다. 대학, 종교, 언론이라는 지성을 버티고 있는 3개의 주춧돌, 버팀목이 지금은 쇠락했는데 어떻게 해야 한다고 생각하십니까?

김병익 응집력을 갖춘 문화적이고 지적인 힘이 그때부터 많이 약화되고 분해되었습니다. 1990년대부터는 일종의 넉넉함과 여유를 갖출 수 있는 분위기 속에서 각자 자기 탐구를 시작했다고 할 수 있습니다.

송호근 그 점에 대해서 동의합니다. 즉 민주화가 개인주의를 추동했다는 사실 말입니다. 문제는, 과거에는 그래도 국가, 사회나 공적 담론에 청춘을 맡기고 목숨을 거는 행위, 곧 지적 행위와 사상이라고 하는 게 재생산되지 않았습니까?

김병익 우리가 욕망하던 더 나은 세계는 1990년쯤에 이미 들어서기 시작했습니다. 경제적으로 중진국으로 들어섰고, 또 정치적으로도 민주화가 정착되었고, 문화적으로도 우리가 어느 정도 자신감을 갖게 되었습니다. 한 세대 전에 그렇게 절체절명으로 보였던 선진화, 산업화에 대한 욕망이 좀 느슨해질 수밖에 없었고, 그만큼 여유도 생기고, 자신감도 갖추게 되었습니다. 말하자면 공적 담론에서 자기 자신의 영역으로 들어가기 시작한 것입니다. 욕망의 관찰, 욕망에의 충실, 개인주의화란 그런 것을 의미합니다. 지성이 몰락하는 신호입니다.

송호근 이런 시대에 문학의 힘이 있을까요? 문학이나 문화가 얼마나 기여할까요?

김병익 우리 문학이 우리 역사를 가장 잘 증명해왔습니다. 그래서 우리가 식민지 시대부터 6·25를 겪고 그것을 극복하는 과정까지, 문학 작품을 통해 체감할 수 있도록 그 토대를 마련해줬습니다. 하지만 우리 시대 때 문학이 가졌던, 세계를 바라보고 또 세계를 체험하는 넓이와 크기에 비해서, 지금은 너무 섬세하고 작아졌습니다. 이는 당연한 추세입니다. 우리가 꼭 대작을 기대하는 것도 아니고, 그런 섬세한 감수성이라는 것이 갖는 아름다움이나 좋은 점도 있지만, 이 전쟁과 분단과 산업화를 겪은 세대가 보기엔 너무 얘기가 작고, 단순합니다. 그래서 최근에는 작품을 거의 안 보겠다는 작심으로 문학을 심드렁하게 대하게 되었습니다. 너무 섬세한 것만 보이지 전체가 안 보이는 것입니다.

문화의 품격에 대하여

송호근 오늘날 우리 문화의 품격에 대하여 다뤄보겠습니다. 음악 부문에서는 클래식도 있고 대중가요도 BTS처럼 세계적으로 퍼져나가며 승승장구하고 있습니다. 영화는 아카데미상도 받고, 칸에서도 수상작이 나오고, 여러모로 우리 문화의 힘은 팽창하고 있습니다. 뭔가 저력이 느껴지지는 않으십니까?

김병익 우리가 생존 의지가 강해서라고 생각합니다. 역사적 고난을 너무 압축적으로 겪어서 생존, 생명력에 대한 갈구, 갈망이 그만큼 큰 것입니다. 일본의 경우에는 너무 밖을 내다보질 않습니다. 외부와 어울리며 섞여 자기를 확장시킬 기회를 놓치고, 오히려 한국보다 폭이 좁고 좀 졸렬해진 듯합니다. 그래서 한국이 이미 일본을 넘어선 게 아닌가라고도 생각합니다. 실제로 국민 소득도 비슷한 수준입니다. 일본은 정권도 거의 안 바뀌는데, 한국은 몇 번 바뀌었습니까? 혁명이다, 혁신이다 해서 바뀌기도 하고, 정권 교체가 되기도 했는데, 일본은 그런 경험이 없기 때문에 점점 작아지면서 우리보다 뒤로 밀려나겠다는 생각이 듭니다. 우리 세대가 갖는 어떤 자신감의 회복과 교육 이상의 뭔가 깊은 게 있는데, 그게 제로 포인트에서의 생존 의지라고 할까요? 역사적 재난 속에서 생존 자체에 위기를 느껴 제로화한 상태. 폭탄 맞은 자리에서 어디로든 다 사는 길을 찾아가는 것과 흡사합니다. 우리가 전쟁과 분단을 통해 그런 제로 포인트를 경험하면서 어떤 쪽이든 사는 길을 찾다가 여기에 이른 것이 아닌가 싶습니다. 그런데 삶의 길을 찾아 지금에 이르기까지 기간이 너무 빨랐기 때문에, 급속함에서 오는 허점이나 부작용도 있지 않을까 생각합니다.

송호근 그걸 메워주는 게 기성 세대의 마지막 업무라고 생각합니다. 메워줄 수는 없겠지만, 일깨우고 도와주는 것 말입니다.

김병익 1990년대 이후 전자 세대, 디지털 세대가 태어나지 않았습니까? 이 디지털 세대는 전쟁도 모르고, 분단도 의식하지 않고, 후진국 의식에도 젖어 있지 않습니다. 디지털 세대는 전자기기를 만들고 이용하는 것으로 즐기죠. 이 세대에 와서야 한국이 선진국 국민으로서의 자질을 가질 수 있지 않을까 생각합니다. 콤플렉스가 없는 세대라서 말입니다. 그래서 이 세대에 대한 기대가 큽니다. 시간이 가면 이 디지털 세대가 사회의 중심을 이루고 사회 발전의 맨 앞자리를 차지하고 주도자가 될 겁니다. 그 또한 어차피 시간이 만들어주는 것이라고 생각합니다.

송호근 선생님 말씀처럼 젊은 세대는 거리낄 게 없고, 열등감도 없고, 배고

파본 적도 없습니다. 그리고 자신감도 있습니다. 그런 자신감을 계속 발휘할 수 있는 환경은, 그래도 기성세대가 좀 펼쳐놓고 가야 되는 것 아닌가 하는 생각이 듭니다.

김병익 젊은 세대 내에서 자기 자신들이 그냥 만들어갈 것이라 봅니다. 세계가 어차피 디지털화, 디지털 문명화로 가고 있고, 이 사람들이 바로 그 주역이기 때문에, 자기 자리를 스스로 만들어갈 것입니다. 그래서 오히려 구세대가 거추장스럽고 불편한 세대로 걸리적거릴 수밖에 없습니다. 구세대가 그런 책임감은 안 가져도 될 것 같습니다. 우리와 지향점이 다르기 때문에 가르칠 수도 없고 받아들여지지도 않습니다. 조용히 잘한다고 칭찬하면서 격려해주는 수밖에 없을 것 같습니다. 다만 한국인이 몇 천 년 동안 지녀온 전통적인 덕성 같은 게 있습니다. 그걸 어떻게 유지하느냐는 문제라고 생각합니다.

송호근 앞에서 얘기한 개인주의화 경향의 사회적 결과를 걱정하시는 것 같습니다. 민주화 35년, 제가 그걸 분석하면서 궁금했던 것이 '민주주의가 이런 형태로 발전해온 이면에 잃어버린 게 무엇일까? 무너진 게 무엇일까?'였습니다. 존경할 만한 게 다 없어졌다는 생각이 들었습니다. '존경의 철회'라고 표현이 됩니다. 민주화의 득실 중 치명적인 실失이라는 생각이 듭니다. 존경의 전면적 철회가 진행되고 있다고 보시나요?

김병익 특히 우리나라의 경우는 내적인 진실성, 통일성이나 단합이 해체될 수밖에 없었습니다. 민족주의와 공산주의, 마르크시즘과 캐피탈리즘 같은 것들이 잇달아 들어와서 공존하고 있기 때문에 그게 화해롭게 흡수되는 게 아니라 충돌하고 파열하면서 일부는 받아들여지고 거부되는 과정이 있었습니다. 그래서 저는 지금 뜻밖에도 중요한 문제가 '예의의 상실'이 아닌가 생각합니다. 예의란 품위品位라는 말로도 표현할 수가 있습니다. 가령 요즘 가십거리로 대통령 부인의 사생활 기사가 많이 나옵니다. 또 전에는 김정숙 여사도 톱으로 나왔습니다. 대통령 부인에 대한 예의라는 게 있는데, 언론의 자유라는 이름으로 모든 게 숨길 수 없이 드러나야 한다는 명분으로 이렇게 하고 있습니다. 우리가 상대에 따라서 대해야 할 품위라는 게 있는데, 이렇게 해도 된다면 결국 사회가 그만큼 속물화되고 천박해지고 작아질 겁니다. 이걸 어떻게 극복할 수 있을 것인가는 참 쉽지 않을 것 같습니다.

송호근 언론에서 없는 사실을 만들어내거나 비속어, 천박한 표현들로 포장해서 내보내는 경우가 많습니다.

김병익 그것을 어떻게 극복하고 품위 있는 사회로 만들 수 있을까요? 어느 사회든지 천박함이라는 게 있지만, 그런 천박함은 밑바닥으로 좀 밀어버리고, 공적으로는 예의 있고 품위 있는 것을 우선 내세우는 게 좋은데, 그렇게 가기가 쉽지 않은 것 같습니다. 예의 없음이 민주화라는 이름으로 허용되고, 합리화되고, 정당화되었습니다. 통제할 수도 없고, 해서도 안 됩니다. 영국, 독일 같은 유럽은 그런 게 잘되어 있다는 생각이 듭니다. 전통적인 문화와 대중문화를 변별해가면서, 존경할 건 존경해주고 그냥 흘려버릴 건 즐기면서 흘려버립니다. 그런데 우리나라는 그런 가치 기준도 없이 마구 혼종·혼합돼서 문제가 됩니다.

사회적인 품위를 어떻게 세우고 고양시킬 수 있는가 하는 문제에 대해서는, 우리가 경제적으로만이 아니라 문화 수준도 더 품위가 높아지고, 가치관의 서열도 저절로 동의하는 단계가 오면 이루어질 수 있을 것이라 생각하는데 지금 상황을 보면 자신이 없습니다. 유럽 서구 사회는 전쟁도 있었지만 사회적인 질서나 체계는 오래된 상태로 왔기 때문에, 문화나 계층 간의 관계는 서로 비판하면서도 근본적인 동요가 없이 온전히 유지되어 왔습니다. 반면 우리나라는 마구 뒤섞인 상태입니다. 그래서 이 사회가 한 세대가 아니라 두 세대쯤 지나야 사회적인 안정과 가치관이 다른 계층 간의 화합과 절제가 형성될 것으로 보입니다.

송호근 낙관적인 결론으로 끝을 맺습니다. 선생님의 본래 기질처럼 말입니다. 저도 그렇게 되기를 간절히 바라겠습니다.

품위의 문화 사회를 위하여

김병익 문학과지성사 상임고문 · 문화예술위원회 초대위원장

초등학교 입학한 지 한 학기 만에 문자가 바뀐 교과서를 받았고 6학년 때 전쟁을 피해 부산으로 피난을 갔다. 대학 졸업을 앞두고 4·19, 이듬해 5·16을 맞았고 31개월 전방 사병 생활을 마치며 기자로 사회생활을 시작했다. 그렇게 해서 나는 해방이며 분단, 독립이며 전쟁, 혁명이며 독재와 산업화를 맞고 겪었으며 그 실재의 의미를 몸으로 경험했다. 성장기에는 곡절이 그처럼 많았지만 중반 이후의 내 생애는 평탄했고 안정과 약간의 풍요를 누렸다. 사회 일선에서 물러나 80대 중반에 이른 이제, 나는 조금도 가난한 백성이 아니며 후진국 국민이라고 부끄러워하지 않아도 되었다.

이처럼 다행한 생애의 역사를 회고하면서 식민 상태에서 자유 국가로, 후진국에서 선진국으로, 빈곤국에서 풍요를 자부할 수 있게 된 과정이 어떻게 가능할 수 있었는지 짚어보았다. 우리 국민의 은근과 끈기를 되살리기도 하고 미국이 부러워하는 교육열도 불러내며 영점 지대에서 폭발하는 생명력을 짚기도 했다. 그럼에도 충분치 않아 끌어낸 것이 '국운'이란

주관적 운명관이 안겨준 행운이었다.

그 자부심과 행운에도 불구하고 현재의 우리에 대한 아쉬움은 남았다. 성취의 한국인 심리 속에 도사린 허영, 우리 문화 속에 감춰진 피상성 같은 것들이었다. 송 박사는 그것을 천박함으로 짚었고 나는 예의 없음으로 꼽았다. 타이틀을 만들기 위한 위조, 과장, 조작 혹은 악플에서 보이는 모욕, 학대, 악의가 쉽게 보는 추태이고 무례였다. 문화적 허욕과 사회적 무책임, 정치적 팬덤화, 여론의 경망은 지나치게 빠른 성장이 치르는 허망한 대가이며, 성찰의 고통 없이 이룬 욕망의 속모습이다. 여기에 지구 온난화 방지, 생태 보호, 자원 낭비 억제란 지구적 과제가 상기되었다.

그 반성을 치른 날의 한밤, 문득 잠 깬 내 머릿속에 한마디 경구가 뛰어들었다. '품위'란 말이었다. 우리는 품격 없이 너무 급하게 성장했고 두려움 없이 세상을 접했으며 부끄러움 없이 허세를 부려온 것이 아닐까. 나는 얼마 전 '검소한 풍요', '성장 없는 발전', '우정 어린 경쟁' 같은 공동체 문화의 반어적 의미를 떠올린 적이 있다. 우리의 정신문화는 빛나면서도 번쩍이지 않는 태도의 도저한 품위에서 피어나야 할 것이리라. 이제 과제는 품위 있는 문화를 위한 사회 교육이며 준절한 예의 사회를 키울 문화 훈련일 것이다.

풍요 속에 품위를 잃다

송호근 한림대학교 석좌교수

나와 인연이 각별한 노老 지성인 김병익 선생을 서교동 문학과지성사로 찾아뵌 것은 여름이 막 시작되던 6월 하순. 선생의 젊은 시절을 기억하고 있던 나에게 노신사의 출현은 조금 뜻밖이었다. 그러나 세월의 흔적을 말해주는 지팡이를 소파 옆에 세워놓고 지난 일을 점검하는 그의 표정은 여전히 맑고 또렷했다.

1980년대 초 신군부가 기세를 떨치던 때, 나는 번역 원고를 들고 마포 소재 문학과지성사 문을 두드렸다. 김병익 선생은 석사 학위를 갓 받은 나에게 선뜻 커피를 대접했고, 그 책의 주요 내용을 물었다. 영국 리즈대학 자넷 울프 교수가 쓴 《철학과 예술사회학》 번역본은 그렇게 한국에 소개됐다.

서울대학교 정치학과, 〈동아일보〉 기자, 문학평론가, 문화비평가인 김병익 선생의 이력은 막연히 그런 직업을 동경하던 나에게 무의식적 친근감과 존경심으로 각인된 지 오래였다. 그의 표정과 말투는 30년 세월에도 한결같았다. 느린 말 속에 깊이는 여전했다. 나의 선천적 비관을 그는 줄곧 지성사적 낙관으로 번역했는데 결국 그 뻐저린 고뇌에 투항했던 지난 시절의 기억이 새로웠다. 그 책을 낸 이후 지금까지 나는 그의 지성과 사상 주변을 서성거렸음을 인정할 수밖에 없다.

유학에서 돌아온 직후인 1989년 봄에 신학문으로 무장한 젊은 사회과학도를 불러 〈문학과지성〉 후속 계간지인 〈문학과사회〉에 인터뷰를 요청했다. 소련이 무너지고 공산권이 붕괴하던 그 시기에 한국의 미래에 관한 담론을 기대했기 때문이었다. 나는 '성공의 위기'를 얘기했고 '민주주의 제3파' 속에 한국의 장래를 예견했다. 아마, 선생은 〈문학과사회〉에 참여해주기를 은근히 바라셨을 터인데 전혀 내색하지 않았다. 나는 실제 참여는 계속 미뤄두고 '공감적 참여'로 일관했다. 내심 섭섭하셨을 터이다.

나는 가끔 문자로 근황을 전해 올렸고 소설책을 보내드렸다. 지난봄, 선생의 칼럼집《생각의 저편》을 읽다가 포항 해변에 나가 홀로 선 소나무를 한참 바라봤다. "늙음을 앞세운 시선에 젊음이 가득합니다." 문뜩 보낸 문자에 금세 답신이 왔다. "늙고 낡은 마음을 위한 자기 위로일 뿐입니다." 그 답신은 하늘과 바다가 맞닿아 그려낸 수평선에 내려앉았다. 언젠가는 나의 첫 소설책《강화도》에 대한 짧고 명증한 독후감이 느닷없이 휴대폰에 도착하기도 했다. "카페에서 씁니다"로 시작한 독후감은 "신헌과 다산 선생의 손녀 혜련과의 아득한 정사情思가 마음을 울립니다"로 끝났다. 1938년생, 일제와 전쟁, 4·19와 5·16, 이후 한국 현대사의 파고를 헤쳐나오면서도 저렇게 늠름하고 넉넉한 시선視線을 유지할 수 있는 비결이 궁금했다. 체관諦觀이란 개념이 선생에게는 인생의 양식이었다. 인터뷰는 그렇게 시작됐다.

한국 정치, 민주주의의 성숙과 시련

Round-table 3

국가 원로		현역 학자	
이홍구	김병익	송호근	강원택
김종인	최상용	김남국	김병연
김학준	윤동한	장덕진	
김황식	송민순		
이종찬			

정치 리더십의 발전 경로

그동안 상당히 성숙된 정치인들이 대인배다운 태도를 보여주었다고 평가할 수 있다. 그러나 현재 여야 정치인들에게는 이러한 태도가 부족한 것 같다. 대통령이 되기 전에 나라가 당면한 상황을 분명히 인식해야만 문제를 해결할 수 있는데, 그런 인식을 지닌 지도자가 나오지 않았다. 정치 리더는 이익 지향이 아니라 가치 지향적인 사고를 해야 하고 사명감이 있어야 하며 무엇보다도 사회를 통합시키는 의지와 능력이 있어야 한다. 이러한 지도자를 배출할 수 있는 정당 제도, 선거 제도, 권력 구조 등이 함께 갖추어져야 한다. 강압에 의한 통치 그리고 이에 대한 과도한 의존은 비판받아야 한다. 강압력이 지배했던 사회에서 자라나면서 국가 기관에 대한 불신을 갖는 세대를 키웠다. 국가 기관의 폭력 행사로 인해 국가 기관에 대한 존경심을 잃게 되었고, 이를 겪었던 세대들이 민주화 이후 권력을 잡게 되었다. 왜 대통령이 실패하는가? 절제가 따르지 않은 권력욕 때문이다. 정신적인 해이와 고정 관념 또는 제한된 시야 또한 원인이다. 일방적으로 형성된 인식과 가치관 또는 지식 세계에 대한 재평가와 재교육 없이 국정에 임할 때 많은 실수가 빚어지는 법이다.

민주주의의 위기와 포퓰리즘의 부상

민주주의를 향한 우리의 욕구와 실행의 의지는 매우 강렬했고 또 그 결과를 훌륭하게 성취했음을 자부해도 좋다. 그 민주주의 체제는 정치적 소망일 뿐 아니라 경제적 뒷받침이 있어야 했다. 1960년대 초의 4·19 혁명, 5·16 혁명은 두 요소의 병행을 수용한 것이며, 유신과 광주민주화혁명의 진통은 민주화의 소망이 실행되기 위한 과정의 역사적 시련이었을 것이다. 즉각적 구제나 지원을 요구하는 국민의 요구를 억제하고 오히려 국가의 장기적 발전을 위한 희생을 강조하는 정치 지도자가 선거에서 승리할 수 있는 민주적 정치 제도가 현실적으로 가능해야 민주주의가 발전한다. 오랫동안 의회 정치가 퇴락하며 국가 사회의 문제해결능력이 극도로 저하된 것은 국가적 재난이다. 그리고 국가 사회의 이중 구조하에서 국민이 느끼는 경제적 좌절과 같은 동력에 의해서 포퓰리스트세력이 등장하고 성장한 측면이 있다. 매우 불행한 일이다. 정치인의 선동뿐만 아니라, 진영 논리에 빠진 언론, 최근에는 SNS나 유튜브 등에서 많은 팔로워를 보유한 선동가도 조심해야 한다. 중우 정치에 빠지지 않게끔 선동에 대해 경각심을 가지고 있어야 한다.

정치 체제 정비, 개헌의 필요성, 내각제 여부

1987년 개헌을 할 때에는 대통령의 권한에 대한 관심 없이 무조건 직선제만 하자는 데 목표가 있었다. 지금 대통령 권한을 보면 자연적으로 제왕적 대통령이 되어 있다. 우리의 대통령제는 '대통령 무책임제'라고 생각한다. 따라서 무책임한 대통령제보다는 내각제로의 개헌이 필요하고, 이를 실현해야 한다. 그러나 우리나라의 지정학적 위치를 고려할 때, 외교와 국방이 매우 중요한 국가적 어젠다이므로 이원 집정부제하에서 이 영역은 대통령이 맡고 내정은 총리가 맡는 식의 개혁도 필요하다고 생각한다.

정치 리더십의 발전 경로

강원택 정치 제도에 많은 변화가 필요하다는 이야기도 있지만, 한편으로는 정치 지도자들이 많은 노력을 해야 한다고 생각합니다. 특히 정치인의 자질이나 리더십이 바뀌어야 한다고 생각합니다. 되돌아보면 김영삼 대통령, 김대중 대통령, 김종필 총리 같은 분들의 정치력이 매우 뛰어났다는 생각이 듭니다. 이승만 대통령이나 박정희 대통령도 카리스마를 지닌 강한 리더십을 보여주었습니다. 그런데 최근에는 그러한 정치 지도자를 만나기 어려워졌습니다. 김영삼 대통령이나 김대중 대통령같이 오랜 의회 정치의 경험이 있는 대통령이 이제는 등장하기 힘든 것 같습니다. 또 한편으로 보면, 이제 한국 사회가 성장했고 이전과 다른 상황이 되었기 때문에 리더십의 성격과 관련해서도 과거와 다른 새로운 리더십이 만들어져야 할 때가 되었다는 생각이 듭니다.

이홍구 과거 정치 지도자들은 일생의 경험 속에서 전환기적 상황에 직면한 경우가 많았습니다. 즉 그들은 일제 시기, 해방 그리고 남북의 대립과 분단, 전쟁 등을 겪으면서 세상을 바라보는 넓은 시각을 가졌습니다. 개인적으로 수양을 많이 해서가 아니라 경험을 통해 세상을 넓게 바라보는 능력이 있었습니다. 전체 그림을 보는 능력은 오늘날의 어떤 여야 정치인보다 우위에 있었다고 평가할 수 있습니다.

1971년경 미국 우드로 윌슨 센터의 펠로우로 초청받아 갔는데 당시 김대중 대통령이 미국에 망명과 비슷한 형태로 오셔서 만난 적이 있습니다. 당시 김대중 대통령께서 일본에 갈 계획이 있다고 하셔서 일본으로 가는 것에 대한 위험성을 조언해드렸는데, 일본에 도와줄 사람들이 많다고 대답하셨던 기억이 있습니다. 일본에서 납치된 경험 이후 매우 신중하고 성숙해지신 모습을 보았습니다. 김대중 대통령께서 선거에서 낙선하셨을 때[1] 당시 김영삼 대통령께서 제게 연락하시어 "김대중 대통령이 오시니 대접을 잘해달라"고 하셨습니다. 선거 패배에 실망했을 분을 챙기셨던 것이지요. 미운 정 고운 정을 다 갖고 있겠지만 상당히 성숙된 정치인의 대인배다운 태도를 보여주었다고 평가할 수 있습니다. 그러나 현재 여야 정치인에게는 이러한 태도가 부족한 것 같습니다. 두 대통령은 정치적으로는 경쟁 관계에 있었지만 국가를 잘 끌고 가자는 공동의 목표가 있었습니다.

노무현 대통령 또한 정치적으로 경쟁 관계에 있었던 사람들에게도 외교 등 조언을 구했습니다. 미국과 관련한 문제에 대해서 제게 조언을 청하시면서 깊게 고민하셨던 모습을 본 기억이 있습니다. 실제로 이후 노무현 대통령은 한미 FTA 추진, 이라크전쟁 참전 그리고 제주 해군기지 건설 등을 결정내린 바 있습니다. 안보 문제에 대해서 생각을 상당히 깊게 하신다는 인상을 받았습니다. 제 짐작으로는 김대중 대통령이 노무현 대통령께 미국과 관련한 어려운 문제는 저와 상의하라고 조언한 것 같았습니다. 노무현 대통령은 "미국과의 관계가 중요한데 누구를 대사로 보내면 좋겠느냐"고 제게 의견을 물었습니다. 그때 주미 대사로 한승주 씨를 노무현 대통령께 추천했습니다.

이처럼 김영삼, 김대중 그리고 노무현 대통령은 어려운 고비를 많이 넘기셨기 때문에 큰 그림을 생각할 안목이 있고, 정치적 이해관계가 다르지만 실력 있는 인재를 중용하는 결정을 내리는 면모가 있었다고 평가할 수 있습니다. 즉 과거의 정치 리더들은 위기에 대응하는 경험으로부터 얻은 철학과 상황 대처 능력이 있었습니다. 그런 점에서 현재의 정치 리더들은 개인적 수양과 겸손 그리고 신중함을 위해 노력해야 할 측면이 있습니다. 나아가 장기간 축적된 제도적 지혜가 부족한 한국의 실정을 고려하면, 인물의 중요성 그리고 리더의 의견 취합 능력이 더욱 중요합니다. 책임을 갖는 리더들이 경험이 많은 사람들의 의견을 꾸준히 듣고 다양한 방향에서 생각하는 자세가 필요할 것입니다.

김영삼, 김대중 대통령과 같은 정치인이 다시 나올 수 있을 것인가 하는 질문에는, 기대하기 어렵다고 말하고 싶습니다. 왜냐하면 지금은 이전 대통령들이 겪은 경험을 하기가 쉽지 않기 때문입니다. 따라서 대통령과 같은 정치적 리더들은 학계 등의 인사들과 같은 인맥 풀을 통해 문제 제기를 수용하고 소통해야 할 것입니다. 기술적인 해답을 얻기 위해서가 아니라 리더의 결정에 문제를 제기할 수 있는 사람들을 곁에 두어야 한다는 면에서 그렇습니다.

강원택 김학준 회장님께도 같은 질문을 여쭙니다. 새로운 정치 리더십이 만들어져야 할 때가 되었다고 공감하실 것 같습니다.

김학준 저는 이승만 대통령을 다시 바라봐야 한다고 생각합니다. 이승만 대통령이 잘못한 점도 물론 많습니다. 그러나 우리가 미래를 잘 개척하려면 지난날의 역사를 제대로 평가해야 합니다.

이승만 대통령이 대한민국을 건국하고 대한민국 정부를 수립한 것을 긍정적으로 평가해야 합니다. 이승만 대통령이 권력욕에 의해 분단 정권을 출범시켰다는 평가는 굉장히 잘못되었다고 생각합니다. 어느 저자는 유신 말기에 〈창작과비평〉에 실린 논문에서 이승만 정권을 굉장히 비판한 바 있습니다. 그분은 유신 말기 우리가 겪고 있는 모든 비극의 원천은 분단 정권에서 탄생했으며 그 책임은 이승만 대통령에 있다고 주장했습니다. 다른 책에서도 이승만 대통령을 매우 강하게 비판했습니다.

그런데 군사 정권 당시에는 감옥을 갔다 와야 도덕성이 있다고 인정되는 분위기였던 탓에 이들이 하는 주장을 비판하기 어려운 분위기였습니다. 그러나 이제는 이런 문제가 상당히 냉정하게 가려져야 한다고 생각합니다.

그런 의미에서 이승만 대통령이 공산주의를 타도하고 남쪽만이라도 정부를 건설해야 한다고 주장하고 또 결단했던 것을 긍정적으로 재평가해야 한다고 생각합니다. 이승만 대통령이 없었다면 지금 우리가 어떻게 풍요와 자유를 누릴 수 있겠습니까. 이승만 대통령이 공산주의는 절대로 안 된다고 주장한 혜안과, 남쪽에서만이라도 자유 민주주의를 지향하는 국가를 세워야겠다는 결단을 높이 평가합니다.

우리가 미래로 제대로 가려면 지난날 우리가 걸어왔던 길을 제대로 평가해야 하고, 지난날의 역사를 부정적으로만 보지 말아야 합니다. 또 민주화 운동으로 감옥에 갔다 온 것을 큰 훈장으로 여기면서 그러지 않은 사람들을 비난하는 분위기도 사라져야 한다고 생각합니다. 다시 말하지만, 미래로 바르게 가기 위해서는 우리가 걸어왔던 길에 대한 정확하고 현실적인 평가가 있어야 합니다. 지나치게 부정적으로만 바라보는 것은 문제가 있습니다. 그리고 그러한 올바른 평가를 자라나는 세대에 가르쳐야 합니다.

김병연 지금 우리 사회를 보면 활력이 떨어져 있고, 또 갈등도 심한 상태입니다. 우리 정부나 정치인이 국민에게 희망적인 메시지를 어떻게 줄 수 있을까요. 다시 말해서 우리 대통령, 정부, 정치인이 국가 리더로서 어떤 본을 보여야 국민이 희망을 얻을 수 있을까요. 어떤 조언을 주시겠습니까?

김종인 제가 앞서 우리나라의 50년 후 미래 전망을 이야기할 때 리더십을 강조한 것이 바로 이 때문입니다. 왜 우리나라에는 '셔먼독점금지법Sherman Antitrust Act'으로 독과점 기업의 전횡을 막고 기업 생태계를 바로 세운 미국의 시어도어 루스벨트 같은 대통령이 나올 수가 없느냐 하는 의문이 듭니다. 대통령이 되기 전에 나라가 당면한 상황을 분명히 인식해야만 문제를 해결할 수 있는데, 그런 인식을 지닌 지도자가 지금까지 나오지 않습니다. 리더십은 문제의 복합성을 이해하고, 할 수 있는 것과 할 수 없는 것을 구분하는 것입니다. 또 필요하다면 국민에게 고통을 함께 나누자면서 경제를 이끌어가는 리더십을 보여야 합니다. 이것 없이는 우리 경제가 당면한 문제를 해결하기 어렵다고 봅니다.

제가 이 정부에 당부하고 싶은 것은 현재 상황을 냉정하게 판단하라는 것입니다. 상황 판단이 정확하지 않으니까 엉뚱한 정책이 자꾸 나올 수밖에 없습니다. 엉뚱한 정책이 자꾸 나오면 결국 경제는 왜곡된 방향으로 흘러갈 수밖에 없습니다. 그러면 우리의 갈등 구조가 해소되는 것이 아니라 점점 더 심각해집니다. 그러면 우리 국력은 더 이상 뻗어나가기 힘들다는 결론밖에 나올 수 없습니다.

또 리더십의 요체는 정치입니다. 재정 개혁, 교육 개혁, 노동 개혁도 해야 합니다. 그런데 이런 개혁의 전제 조건은 제도가 뒷받침돼야 한다는 것입니다. 이를 위해서는 의회가 그 역할을 제대로 수행해주어야 하는데 지금 어느 한 정당도 정상적인 의견 조율이 가능한 안정된 모습을 보이지 않습니다. 국회 원 구성도 최근에야 이루어졌습니다.

장덕진 국가 리더십을 현실과 엮어서 말씀해주시면 좋겠습니다. 정치 리더들이 꼭 가져야 할 기본 자세와 행동 규범은 무엇이라고 생각하십니까?

윤동한 정치 리더는 이익 지향이 아니라 가치 지향적인 사고를 해야 한다고 생각합니다. 안타깝게도 우리 리더들은 가치 지향적인 사고가 좀 약합니다. 리더가 '지금은 고생스럽더라도 미래에는 이 선택이 좋을 것이다'라는 방향을 제시해야 하는데, 이익 지향적으로만 행동하니 사회의 신뢰 관계가 깨지게 됩니다. 선거를 해서 반이 이기면 나머지 반은 기분 나빠합니다. 하지만, 이기고 지고가 유일한 문제가 아닙니다. 가치 지향적으로 '우리가 가야 될 길로서 이런 길도 괜찮다'라는 생각을 갖게끔 우리 사회가 만들지 못했습니다. 오르막길을 가거나 산길을 갈 때의 주법과 내리막길을 가거나 평지를 가는 주법이 달라야 하지 않습니까? '그때는 그 길이 맞았다' 혹은 '지금은 이 길을 가야 된다'라는, 먼 훗날을 바라보면서 이게 가야 될 길이라는 것을 제시해주는 리더가 필요합니다. 즉 가치 지향적인 리더십이 우리 사회에 필요하다는 생각을 합니다.

강원택 조금 더 구체적으로 여쭙겠습니다. 박정희 대통령을 어떻게 평가할 수 있을까요? 박정희 대통령 역시, 이승만 대통령과는 다소 다른 관점이기는 합니다만, 긍정과 부정의 서로 정반대 관점이 존재합니다. 한쪽에서는 독재자였다고 비판하고 다른 쪽에서는 경제성장을 이끈 근대화의 지도자라고 칭송합니다. 이 때문에 불과 얼마 전까지만 해도 박정희 대통령은 역사적 평가의 대상이기보다 현실 정치에 영향을 미치는 존재로 남아 있었습니다. 저는 이제 시대적으로 이러한 이분법적 평가를 넘어설 때도 되지 않았나 하는 생각을 합니다. 우리 사회가 이제 박정희 대통령을 어떻게 평가해야 할까요?

김학준 조심스럽기는 하지만 반반이라고 평가할 수 있을 것 같습니다. 정치학에서 볼 때 권력을 지탱하는 힘으로 명분과 보상, 즉 경제적 보상과 강압력이 있습니다. 박정희 대통령의 경우 명분을 명시적으로 바꿨습니다. 즉 '미국식 자유 민주주의는 맞지 않으므로 근대화에 힘을 쏟겠다'라고 공공연하게 밝혔는데 이에 호응하는 사람들이 상당히 많았던 것입니다. 한편 경제 발전을 이룩하여 경제를 일으킨 공, 그리고 '하면 된다'는 의식을 불어넣은 것은 공으로 평가할 수 있습니다. 그러나 강압력에 의한 통치와 이에 대한 과도한 의존은 비판받아야 하는 것입니다. 그럼에도 긍정적인 것은 박정희 대통령이 새로운 한국인 상을 만들어낸 것이라고 꼽을 수 있습니다. 비도덕적 요소가 가미되긴 했지만, 정치를 도덕만으로 이야기할 수 없는 측면도 있다고 생각합니다.

강원택 요즘 리더십과 비교해보면, 독재자이기는 했지만, 그것과 무관하게 사회적으로 미래 지향적 목표를 던지고 국민에게 변화와 발전에 대한 희망을 줬던 리더가 박정희 대통령 아니었나 하는 생각이 듭니다. '하면 된다'는 구호가 그런 특성을 잘 보여주는 것 같습니다. 장기 집권도 강압적 통치에 의한 것이긴 하지만 동시에 미래 지향적 리더십에 대한 국민의 호응도 있었기 때문에 가능하지 않았을까 하는 생각도 듭니다. 그래서 그 시절을 사셨던 분들은 박정희 대통령을 높게 평가하는 것 같습니다.

김학준 필리핀의 전 상원의원 아키노Benigno Aquino Jr.가 미국 보스턴으로 망명했을 당시 '필리핀을 박정희의 대한민국처럼 만들고 싶다'는 소망을 밝힌 바가 있습니다. 필리핀의 민주투사라고 알려진 사람이 박정희를 긍정적으로 평가한 점이 의아할 수도 있겠지만, 아키노는 박정희가 한국을 근대 국가로 만들었다는 점을 긍정적으로 평가했습니다. 결국 균형 있는 평가가 필요하고, 이를 통해 미래 지향적 관점에서 우리나라의 근현대사에 대한 재평가가 이뤄져야 한다고 생각합니다.

강원택 한편에서는 우리나라 대통령을 제왕적 대통령이라고 하고, 또 한편에서는 전반적으로 리더십이 약화되었다는 평가를 내립니다. 어떻게 보면 두 가지 지적이 다 맞다는 생각도 듭니다. 정치가 전반적으로 제 기능을 못하고 있고 여·야 모두 갈등 해소나 통합을 위한 정치력을 발휘하지 못하고 있는 것 같습니다. 미래 지향적 관점에서 어떤 정치 리더십이 바람직할까요? 이것이 단순히 정치 지도자

개인의 문제 때문인지 아니면 우리의 통치 형태의 한계에서 비롯된 것인지도 궁금합니다.

김학준 우리 세대에는 강력한 지도자, 즉 선의의 독재자에 대한 은근한 열망 및 기대가 존재했습니다. 즉 카리스마를 가진 강력한 지도자에 대한 지지와 갈망이 컸고 이런 정서가 박정희 정권을 오랜 기간 유지할 수 있게 했을 겁니다. 그러나 이로 인해 또 다른 문제도 생겨났습니다. '역사에는 외상이 없다'라는 말이 있습니다. 박정희 정권은 당시에 억압적인 지배를 해왔지만, 동시에 미래의 반대 세력을 만들어낸 것입니다. 즉 강압력이 지배했던 사회에서 자라나면서 국가 기관에 대한 불신을 갖는 세대를 키웠습니다. 특히 제5공화국에서 국가 기관의 폭력을 경험한 세대들은 체제 전복에 대한 생각을 가질 수밖에 없었을 것입니다. 국가 기관의 폭력 행사로 인해 국가 기관에 대한 존경심을 잃게 되었고 이후 이를 겪었던 세대들이 민주화 이후 권력을 잡게 되었습니다. 이들 중에는 주사파 세력과 같이 아예 체제를 전면 부정하는 반대 세력까지 자라나게 되었습니다. 이들은 국가 기관의 타도 필요성을 내면화시켰던 것입니다.

그런 점에서 국가 기관의 권위와 위신이 많이 떨어졌다고도 볼 수 있지만, 동시에 이로 인한 긍정적인 측면도 있다고 생각합니다. 국가가 침해하지 못하고 관여하지 못하는 사회 내 여러 독자적인 영역이 존재하게 되었기 때문입니다. 기본적으로 사회가 있고 그 안에 국가가 있으며 또 그 안에 정부가 있는 것이 아니겠습니까? 즉 국가가 침해하지 못하고 관여하지 못하는 사회 내 여러 영역이 존재하게 된 것은 긍정적인 현상인데, 특히 시민운동가들이 적극적으로 활동하면서 현재 국가 리더십이 분산된 것은 좋은 측면이라고 봅니다. 한 가지 안타까운 것은 시민운동가가 정치의 영역이 아닌 시민운동의 영역에 남아 있었으면 더 좋지 않았을까 하는 점입니다.

강원택 좀 더 미래로 나아가는 길에 대해서 질문드립니다. 앞서 소명으로서의 정치, 사명감에 대해서 말씀하셨는데 이에 대해 좀 더 듣고 싶습니다. 그 점은 정치인의 가장 기본적인 자세라고 생각되는데, 사실 사명감보다 공명심이 우선되거나, 더 나쁘게는 우리 편을 위해 혹은 자신의 이익을 위해 정치를 하는 경우도 볼 수 있었습니다. 최근 학교에서 정치인을 지망하는 학생들을 자주 만날 수 있습니다. 정치를 꿈꾸는 젊은이들에게 어떤 덕목을 갖추어야 한다고 이야기해줄 수 있을까요.

김학준 역시 중요한 것은 사명감입니다. 막스 베버가 《소명으로서의 정치》라는 책에서 강조했던 것은 '정치에 들어가고 싶은 사람은, 공직에 들어가고 싶은 사람은 사명감이 있어야 한다'는 것이었습니다. '사명감 없이 자리나 얻고 이름이나 얻으려고 하는 사람이 공직에 가서는 안 된다'고 했습니다. 이 점은 오늘날 우리에게 여전히 중요한 교훈을 주고 있다고 생각합니다. 대의명분을 중시하고 목표를 추구하며 사명감을 갖고 정치에 뛰어드는 것이 좋다고 생각합니다.

제가 김부겸 전 총리의 학생 시절 지도교수였는데, 당시 "정치에 뛰어들기 전에 변호사 자격 하나는 준비하고 들어가라"고 조언을 한 기억이 있습니다. 정치인이 직업이 없으면 무직자가 되기 쉽고 개인 생활이 황폐해지기 쉬워 국가 권력을 생계 수단으로 활용할 위험이 있기 때문에 일정한 직업이 있는 것이 좋겠다고 한 것입니다. 제 말은 변호사가 중요한 것이 아니라, 정치가 사적 이익이나 목적을 위해 쓰여서는 안 된다는 점을 강조한 것입니다. 나아가 시의원부터 출마하면서 선거를 통해 국민과 더욱 가까워질 수 있는 경험을 쌓는 것이 좋다고 조언할 수 있겠습니다. 결국 정치란 협상의 과정이므로 그 기술을 터득하는 것이 긴요할 것입니다.

특히 지도자의 덕목과 관련해서는 무엇보다 사명감 그리고 공평한fair 시각, 그리고 'prudence'가 중요하다고 강조하고 싶습니다. 'prudence'를 어떤 분이 현려賢慮, 즉 '현명하게 사려한다'고 번역한 것을 본 적이 있는데 바로 그것입니다. 지도자의 덕목에서 핵심적인 것은 'prudence'와 공정입니다. 정치하는 분들은 공명심을 갖기 마련이지만, 보다 중요한 것은 정치를 사려 깊게 해야 한다는 것입니다. 그런 점에서 보면 결국 핵심은 'prudence'입니다. 지도자가 되려는 사람은 지속적이고 다양한 훈련을 통해 이런 덕목을 체득할 필요가 있습니다. 또 한편으로는 시민 교육 등을 통해서 이러한 덕목이 우리 사회 내에서도 폭넓게 공유되어야 할 것입니다.

강원택 김학준 회장님께서 오래전 쓴 칼럼에서 권좌에 오른 사람이 저지르는 잘못으로 권력욕, 정신적인 해이, 고정관념 이 세 가지를 꼽았는데 결국 위에서 말한 '퍼블릭 서비스', '사명감', '현려', '공정의 가치'를 지적한 것이라고 할 수 있습니다. 세 가지 지적 모두 오늘날의 정치 지도자들이 아프게 받아들여야 할 구절로 생각됩니다.

김학준 보통 사람들의 상식으로는, 권력의 중심기관에 들어선 국가 기관의 요인은 정치를 잘할 것처럼 보입니다. 모든 정보와 자료가 그들에게 집중될 것이고, 국내 최고의 전문가들로부터 건의와 충고를 받을 터이며, 더구나 그들만이 독점적으로 얻은 정치적 자원을 충분히 활용할 수 있을 것이므로 잘못하려고 해도 잘못할 수 없을 것이라는 생각이 앞섭니다.

저는 무엇보다 절제가 따르지 않은 권력욕을 꼽습니다. "소인이 자리를 얻으면 거기에 연연해 결코 물러나려 하지 않는다"는 공자의 경고에 자신을 맞추려는 듯, 권좌에 오른 사람들은 될 수만 있다면 그 자리를 하루라도 더 유지하고 싶어하며, 한 걸음 더 나아가 대대로 지키고 싶어합니다. 그 욕심 때문에 정도에 어긋나는 무리한 일을 만들어냅니다.

권좌에 오른 사람들이 잘못을 저지르게 되는 두 번째 이유는 정신적인 해이에 있습니다. 높은 자리에 앉게 되면 대체로 세상만사가 쉽게 생각됩니다. 자신의 말 한마디에 수하 직원들은 물론 전국의 하부 기관이 일사불란하게 움직이는 상황에 익숙해져 국사의 많은 부분을 안이하게 여기게 됩니다. 아랫사람들의 칭송과 아첨, 게다가 인의 장막과 왜곡 보고 같은 것은 더더욱 긴장을 완화시킵니다. 비판 세력의 문제 제기에 대해서는 '습관적 행태' 정도로 무시하거나, 돈이나 자리를 주면 봉쇄나 수습이 가능하다는 공작적 차원에서 접근하게 됩니다.

권좌에 오른 사람들이 잘못을 저지르게 되는 세 번째 이유는 고정관념 또는 제한된 시야에 있습니다. 그 자리에 오를 때까지 일방적으로 형성된 인식과 가치관 또는 지식 세계에 대한 재평가와 재교육 없이 국정에 임할 때 많은 실수가 빚어지는 법입니다. 여당만 하던 사람들이나 야당만 하던 사람들이 갖는 편견이나 독선이 현실 진단을 그르치게 하고 엉뚱한 정책을 추진하게 한다는 뜻입니다. 더구나 패거리 정치를 하는 경우 고정 관념의 집단화로 말미암아 방향의 재조정이 어려워집니다. 여기서 우리는 균형 감각의 중요성을 새삼스레 깨닫게 됩니다.

김남국 궁극적으로 더 나은 대한민국의 현재와 미래를 위해서는 어떤 리더십이 필요할까요?

김황식 정치 지도자의 리더십과 이를 뒷받침하는 국민의 역량이 함께할 때 국가는 발전할 수 있을 것입니다. 정치 지도자는 경험, 경륜, 균형감, 사명감, 용기 등의 필요한 덕목을 갖추어야 하지만 무엇보다도 사회를 통합하는 의지와 능력이 있어야 합니다. 이러한 지도자를 배출할 수 있는 정당 제도, 선거 제도, 권력 구조 등이 함께 갖추어져야 합니다. 아울러 국민의 정치의식 수준을 높이는 민주시민 교육이 필요합니다. 참고로 덧붙이면 독일은 국가 차원에서 연방 정치교육원을 두어 이를 위한 업무를 시행하고 있습니다.

대한민국에서 현재 가장 중요한 과제는 사회 통합과 국가 경쟁력 확보입니다. 국가 경쟁력도 사회 통합의 바탕 위에서 확보됩니다. 결국 가장 중요한 것이 사회 통합의 리더십입니다. 사회 통합의 리더십을 발휘하기 위해서는 다음 세 가지 원칙을 확실히 이행할 필요가 있습니다.

첫째, '법과 원칙'이 확고히 지켜지는 사회를 만드는 일입니다. 법과 원칙은 사회적 강자가 군림하기 위한 수단이 아니라, 모든 사람이 함께 더불어 살아가는 공정한 민주사회의 기초입니다. 잘못된 제도와 관행은 바로잡고, 편법과 탈법은 근절해서 인간의 가치와 신뢰가 존중되는 사회를 이루어가야 합니다. 법 위의 법이 되어버린 '국민정서법', '떼법'이 발붙이게 해서는 안 됩니다. 법과 원칙의 확립 없이는 국가 발전은 물론 우리 사회가 안고 있는 많은 문제의 해결도 요원할 것입니다. 선진국으로의 확실한 진입도 불가능할 것입니다.

둘째, '소통과 화합'이 있는 사회를 만드는 일입니다. 소통과 화합은 우리 사회가 안고 있는 모든 갈등과 대립을 해소해가는 확실한 길입니다. 지역과 이념과 세대 간의 소통을 넓혀 국민을 하나로 이어야 합니다. 우선 상대방을 설득하기 전에 상대방을 이해하려 노력해야 합니다. 법과 원칙을 내세우기 전 시간이 조금 더 걸리더라도 대화와 타협으로 문제를 풀어나가는 노력이 선행되어야 합니다.

셋째, '나눔과 배려'가 있는 사회를 만드는 일입니다. 법과 원칙, 소통과 화합을 실천하고 실현하더라도 모든 문제가 해결되는 것은 아닙니다. 누군가 손해 보고 낙오하는 사람이 나올 수 있습니다. 이를 보완하는 것이 나눔과 배려입니다. 이것이 우리 사회의 각종 불평등과 불균형을 해소하여 따뜻한 사회를 만드는 길입니다. 나눔과 배려는 남을 위해서만 하는 것이 아니라, 자기 자신과 우리 공동체를 위한 일이기도 합니다. 상대적으로 약하고 가난한 사람, 소외된 계층을 진심으로 보살피고 끌어안아야 합니다.

법과 원칙을 기본으로 하면서 대화와 타협, 그리고 나눔과 배려로써 사회 통합을 이루어내는 통합의 리더십이 가장 필요합니다.

장덕진 이종찬 원장님은 근현대사의 증인으로서 많은 국가 리더와의 경험과 목격담이 있으실 것으로 압니다. 해방 이후 한국 정치는 어떠했습니까?

이종찬 해방 정국에서 흔히 좌파들은 이승만 박사를 단정 수립의 원흉인 것처럼 말하고 있는데 자세히 살펴보아야 합니다. 당시 이승만 박사는 이렇게 주장했습니다. "북한이 말로는 단독 정부 수립을 반대한다고 그러지만 실제로는 전국인민위원회를 구성해서 정부의 역할을 이미 다 하고 있다. 군대도 양성하고, 토지 개혁도 하고 기간산업 국유화 조치를 포고했다. 남한도 정부를 수립하지 않고 미루며 미 군정이 하는 대로만 따라가서는 안 된다. 북한은 정부가 없다면서도 정부 역할을 사실상 다 하고 있기 때문에 만일 남북이 같이 통합해서 정부를 수립하게 되면 우리 남쪽에서 많은 문제가 예상된다. 나도 좌시만 할 수는 없다." 이승만 박사는 북한에서 이미 공산당식으로 정권이 수립된 것이나 다름 없다고 단정하고 있었습니다. 그래서 정읍에서 "이대로 가면 우리도 남한 단독 정부 수립 문제를 생각하지 않을 수 없다"고 선언한 것입니다. 오늘날 '정읍 발언' 때문에 좌파에서는 이승만 대통령이 단독 정부를 만든 분단의 원흉이라고 하는데 저는 동의하지 않습니다. 북한에서 이미 공산화 정부로서 작업이 진행되었기 때문에 발언한 것입니다. 당시에 제 종조부從祖父이신 이시영 선생도 김구 선생을 만나 남북 협상이 불가함을 설득했습니다. "북한에서 자꾸 소련 군정을 배경으로 인민위원회라는 이름을 통해 정부 역할을 다 하고 있다. 남한은 정부 역할 없이 미 군정이 행정만 하고 있는데 만약 어느 날 신탁 통치가 이루어지지 않고 정부가 수립된다면 북쪽에는 공산 정권 수립에 만반 태세가 다 되어서 결과적으로 남북한 모두 공산화된다. 그러므로 이승만 박사가 하는 말을 경청하라"고 충고하셨습니다. 그런데 김구 선생은 그걸 반대했습니다. 그러니까 이시영 옹은 김구 선생과 결별하고 2선으로 물러나게 되었죠. 이처럼 복잡한 해방 정국에서 벌어진 일들을 소년 시대에 현장에서 직접 목도했습니다. 물론 저는 당시 이런 정치 상황을 이해하지 못했지만 그후 저의 가친께서 이런 역사를 자세히 설명해주셨습니다.

1948년에 정부가 수립되었습니다. 그러나 김구 선생을 비롯한 충칭에서 귀국한 임시정부 요인들은 단독 정부가 영구 분단을 촉진하고 통일을 방해한다고 주장하며 정부 수립에 참여하지 않았습니다. 그러다가 북한의 김일성 정권이 남북 협상을 진정으로 원하지 않고 있음을 알아차리고 사후에 대한민국 정부에 참여하게 되었습니다.

1950년 제2대 국회를 위한 5·30 선거[2]가 실시되었을 때 저는 아버지를 따라 조소앙 선생이 출마한 성북구에 가서 선거 운동을 처음 목격했습니다. 생생한 현장을 직접 보게 된 것이죠. 돈암국민학교에서 합동 정견 발표가 있었는데 당시 군정청 경무부장을 지낸 조병옥 후보와 조소앙 선생이 선거 연설로 불을 뿜는 듯한 현장을 본 겁니다. 그 선거에서 조소앙 선생은 많은 탄압을 받았지만 전국 최다 득표를 해서 당선되었습니다. 또 그때 서대문에서는 윤기섭[3] 선생이 출마했는데 돈이 없어서 신문지에 붓으로 '기호 몇 번 윤기섭'이라고 써서 벽에 붙이며 선거 운동을 하신 것도 보았습니다. 그 분도 당선되었습니다. 그분은 저희 아버지의 신흥무관학교 스승이었습니다. 하지만 2대 국회가 열린 지 불과 한 달도 안 되어 6·25 전쟁이 발발했고 저는 그분들이 모두 납치되는 생생한 역사를 직접 보고 느꼈습니다. 저는 역사를 배웠다기보다 직접 느끼고, 피부로 경험한 것입니다.

장덕진 원장님께서 여러 정부에서 중요한 역할을 계속 하셨습니다. 공직에 오래 머무르신 이유가 무엇입니까?

이종찬 제가 여러 정부에서 정치에 참여하고 공인의 위치에 오래 몸담게 된 것은 우리 집안의 가풍도 있지만 그동안 목격하고 피부로 익힌 공인 정신 때문입니다. 우리 시대에는 정치란 자기 일신상의 삶을 위해 하는 것이 아니라 국가를 위해 공적인 일을 하는 것이라는 사실을 익히고 배웠습니다. 당시 공인 정신은 비단 사상적으로 좌우로 갈리어도 모두가 지녔던 기본 자세였습니다. 그런 까닭에 몇 년씩 옥살이를 해도 거뜬히 공인으로서의 정치를 지속한 것 아니겠습니까? 그런데 오늘날에는 정치인의 공인 정신이 점점 사라지고, 자칫 공인 정신을 말하면 시대에 뒤떨어진 촌스러운 존재처럼 취급하고, 개인의 능력이나 이익에 따라 실용적인 정치를 논하는 것을 당연시하는 그런 풍조가 안타깝습니다. 지금 국회의원들 중에 나라 걱정하는 사람이 몇이나 되겠어요? "국가와 민족을 위해 헌신한다"고 하면 "그런 말은 옛날 분들이나 했어" 하고 웃음거리가 되고 본인의 직접적인 경험이나 공적을 말해야 진정성 있는 행동으로 취급합니다. 공인 정신을 외치는 사람, 참으로 찾기 힘듭니다.

실례로 지금 교육감 선거가 엉망진창이 되었고 교육자로서 존경받을 만한 분들이 제도가 잘못되어 본의 아니게 범법자가 되었는데도 이런 제도를 고치자고 걱정하는 국회의원이 없습니다. 옛날 정치인들은 지금과 같은 국회를 상상할 수도 없었습니다.

장덕진 지금 걱정하시는 것처럼 오늘날 국회는 문제가 많습니다. 국회가 대략 언제쯤부터 변한 것입니까? 공화당 창당 때부터 따지면 한 60년이 된 것 같습니다. 그런데 최근 한 10년 사이의 변화에 대해서는 어떻게 보고 계십니까?

이종찬 공화당을 창당할 때 김종필 씨의 아이디어가 있었습니다. 당이 국정을 주도한다는 것이었습니다. 국회는 말하자면 '당의 연락관들이 나가서 타협하고 거래하는 곳이다'라는 개념이었습니다. 일종의 사회주의 국가의 당 개념 비슷했습니다. 이런 아이디어로 공화당이 창당되고 정치는 이상하게 설부른 정당 정치로 변모되었습니다. 국회의원 한 분 한 분이 헌법에서 보장한 민의의 대변자인데 지금은 정당의 거수기로 전락했습니다. 제헌의회에서나 그후 상당 기간 국회의장이 사실상 정치의 2인자였습니다. 그러나 공화당이 생기면서 국회의장은 사회 보는 사람으로 전락했습니다. 초대 국회의장 이승만, 2대 국회의장 신익희, 이기붕 모두 정계의 실질적인 보스였습니다. 그런데 지금은 어떻습니까. 당이 시키는 대로 움직이는 로봇이 되고 말았습니다. 박병석 의장이 자기 뜻대로 국회를 운영하고 있나요? 한때 문희상 의장은 독자적인 시도를 했는데 결국 버티다가 그만뒀습니다. 시간이 갈수록 국회의장의 위상은 점점 작아지고 있습니다.

최근의 일을 하나 봅시다. 결정적으로 타락한 사례입니다. 검수완박 같은 엉터리 법을 만드는 데 이의 제기를 한 사람이 민주당 내 한 사람도 없다는 것입니다. 강골 판사로 당선된 사람도 침묵하고 있습니다. 정당이 도대체 어디에 있습니까? 그렇다고 '국민의힘'이 잘된 겁니까. 권성동 원내대표가 혼자서 차 치고 포 치는 데 검수완박법을 통과시키고도 책임지라고 하는 사람이 하나도 없어요. 양당 모두 타락한 국회의원들이 문제입니다. 그러니까 박지현 전 공동비대위원장이 얘기하는 걸 보면 저는 속으로 '그래도 2030이 기성 정치인들보다 낫구나' 하고 생각합니다.

정치가 복원돼야 합니다. 지금은 정치가 없는 거나 마찬가지입니다. 그냥 군사작전 하듯이 집행하는 것입니다. 과거 군사 정권을 비난했는데, 지금은 군사 정권 때 이상으로 지휘관이 호루라기만 불면 모두가 일색으로 동원되는 정당 독재 시대입니다.

장덕진 현 정부에 대한 질문입니다. 윤석열 정부가 앞으로 5년 동안 꼭 해야 할 일, 또 예상되는 어려움은 무엇인가요? 특히 새 대통령을 어려서부터 보셨다고 알고 있는데, 그래서 아마 품성에 대해서도 잘 아실 것 같습니다. 어떻게 전망하시는지요.[4]

이종찬 저는 윤석열이라는 개인은 분명히 성공할 수 있는 재목이라고 봅니다. 그는 보스 기질이 있습니다. 그리고 어려움을 극복하는 용기와 인내심도 있습니다. 그러나 국정을 대통령 혼자서 하는 건 아닙니다. 주변에 있는 모든 요소가 합쳐져 한 팀이 되어야 하는데 이런 능력이 지금 굉장히 떨어져 아쉽다고 봅니다. 겉으로는 말을 하지 않으면서 내적으로는 대통령을 보필하고 대통령에게 할 말을 다하는 그런 충신, 대통령에게 쓴소리할 줄 아는 그런 참모가 필요한데, 매우 부족합니다.

또한 대통령실은 대통령을 보좌하는 컨트롤 타워가 되어야 합니다. 마치 제갈공명 같은 지략가가 필요합니다. 제갈공명은 유비를 계속 추켜올리면서 자기 할 일을 다 해냈습니다. 지금 바로 그런 사람이 필요합니다. 하지만 안타깝게도 그런 건 이상적인 그림이고, 주변 참모를 보면 질이 떨어집니다. 인적 요소가 원하는 대로 구비되기는 힘든 것이 현실입니다.

문재인 정부에서 벌어진 많은 일은 의사疑似, 즉 가짜가 많다고 생각합니다. 의사 시장 경제, 얼치기 사회주의 같은 겁니다. 능력은 없으면서 정부가 모든 걸 다 하려고 하다보니 소득 주도 성장, 최저임금 인상, 비정규직 정규직화같이 정부의 의지나 지시로만 안 되는 얘기가 나온 것입니다. 반면 윤석열 대통령은 시민에게 자유를 주겠다는 것입니다. 오늘날같이 과학이 발달하고 사회가 다양화되면 정부가 모든 것을 잘할 수 있다는 생각을 버려야 합니다. 그런데 문재인 정부는 해서는 안 되는 일을 벌이고 민간의 자유에 간섭해서 시민의 의욕이나 창의력을 다 꺾어버렸습니다. 윤석열 대통령이 취임식에서 '자유'를 35번이나 언급했습니다. 지난 5년 동안 국민의 기본적인 자유를 꺾어놓았기 때문에 이것을 원상 회복하려다보니 극단적으로 자유를 강조하게 된 것이 아닌가 합니다.

민주주의라는 것은 자유스러운 분위기를 조성하고 기본으로 돌아가야 빛을 발하게 되는 것이죠. 자유가 기본이란 생각이 원론상 맞습니다. 이제 국가의 간섭을 빼고, 민간에게 창의력을 주어 모두가 개인의 능력으로 발전이 가능한 사회로 가야 합니다. 그런 시기가 온 것입니다. 그런데 윤석열 대통령 혼자서는 불가능합니다.

장덕진 문재인 정부가 과도하게 간섭해서 추진했던 소득 주도 성장, 최저임금 정책, 비정규직의 정규직화, 탈원전 등의 정책에 대해서는 저도 굉장히 비판적이었던 입장입니다. 어떻게 생각하고 계십니까?

이종찬 문재인 정권에서 그러한 정책들이 모두 즉흥적으로 추진되었습니다. 탈원전만 해도 세미나조차 한 번 열리지 않았습니다. 비정규직을 없애는 것도 공론화가 없었습니다. 비정규직이라는 것이 노동계에서 생태적으로 생긴 현상이라 갑자기 없어지지 않은 것인데도 불구하고 말입니다. 모두 서투른 의사 정부가 벌인 잘못된 사례라는 겁니다. 진짜 진보주의와는 거리가 먼 의사 진보주의, 진짜 시민은 없고 탐욕스러운 운동권이 시민을 가장하고 나온 무리의 주장을 고집하고 집행하다가 나라를 엉망으로 만든 것이 문재인 정부였습니다.

장덕진 저도 지난 5년 동안 비슷한 맥락에서 비판을 해왔습니다. 그런데 이제 어찌 되었건 문재인 정부는 끝이 났고 새 정부가 출범하지 않았습니까. 그런데 새 정부의 철학이라고 할까요, 정책 기조가 지나간 정부의 잘못을 복원한다는 것만 가지고는 조금 부족하지 않을까요? 너무 간섭했으니까 이제 자유가 필요하다, 이것만 가지고는 부족하지 않습니까?

이종찬 지금 우리나라가 이토록 망가진 원인은 정부가 너무 간섭하기 때문입니다. 그래서 이걸 빼기 위해서는 자유주의적 방향으로 가야 한다는 것이 하나의 기조입니다. 또 하나는 지금 그걸 언론에서도 놓치고 있는데, 윤석열 대통령이 취임사에서 '세계 시민'이라는 말을 처음 썼습니다. 이제 우리의 가치를 글로벌 수준으로 끌어올리자는 것입니다. 우리에겐 잠재의식이 있습니다. 우리는 '작은 나라, 남에게 침략당한 나라'라는 일종의 민족적 열등감이 있습니다. 저에게도 있습니다. 이런 열등감 때문에 일본이나 중국에서 얘기하면 발끈하는 경우도 있습니다. 이 열등감을 빼기 위해서는 우리가 이제 당당한 세계 시민이 되어야 합니다. 우리가 통계 수치로 보면 경제 대국 수준이라고 하면서, 실질적으로 대국다운 사고를 하고 있지 않습니다. 열등감에서 벗어나 세계 시민으로서 한 단계 업그레이드하는 것이 굉장히 좋은 방향이라고 봅니다.

장덕진 그럼 결국 세계 시민을 지향한다는 것은 이제 글로벌 스탠다드에 적극적으로 동참하고 우리도 새로운 글로벌 스탠다드를 만들어내는 역할을 한다는 뜻이겠군요.

이종찬 그렇습니다. 그럴 뿐만 아니라 이제는 중국하고 일본에서 더 나아가야 된다고 봅니다. 우크라이나 전쟁을 강 건너 불 보듯 하지 말고 우리가 나서서 '전쟁 끝내라' 하고 선언한다든지 하는, 세계 주류 국가로서 모종의 역할을 하자는 겁니다. 러시아와 대결한다는 차원이 아니라 세계적인 이슈에 대해서 우리가 세계 시민으로서 당연히 해야 할 소리라는 말입니다. 중국은 아마 우리보고 '왜 새삼스럽게 그런 얘기를 하느냐'는 태도로 웃겠지만 웃어도 좋다는 겁니다. 대통령이 특사를 보낸다든지 현지 대사를 통해서 공동선언을 한다든지, 계속해서 시도해보자는 겁니다.

장덕진 그런데 비정규직이 늘어나는 속도나 양상을 보면 한국이 다른

OECD 국가들에 비해서 두 배 정도 빠르거든요. 어쩔 수 없기는 하지만 한국의 경우에는 너무 빠르게 진행된다는 걱정이 있습니다. 새 정부가 자유를 주는 것은 좋은데 이런 부분에는 합리적인 대책을 가지고 있어야 되는 것 아니냐는 생각도 하게 됩니다.

이종찬 지난 정부가 비정규직에 대해 합리적인 대책 없이 무리한 정책을 했다고 해서 그걸 바꾸는 것도 무리하게 할 필요는 없습니다. 그건 저도 찬성입니다. 윤석열 정부의 의사 결정 방식에 조언을 한마디 하자면, 구체적인 진단을 하기는 어렵지만, 문재인 정부에서 잘못한 것을 알면서 이것을 문재인 정부와 똑같이 비합리적인 방식으로 시정하는 데 저는 반대합니다.

'탈원전 아니다, 원전으로 다시 복귀해야 된다'는 것을 예로 들어 보겠습니다. 문재인 정부처럼 7,000억을 들여서 만든 원자로를 재가동하기로 결정했는데 이를 대통령 말 한마디로 하루아침에 스톱시키는 어리석은 짓은 하지 않는 게 좋습니다. 재가동시키는 것은 좋지만 그 과정도 충분히 논의해서 결정하자는 것입니다. 물론 시간이 오래 걸리죠. 윤석열 정부의 인기가 요새 떨어지는 이유에는 시간이 오래 걸려 답답하다는 평도 있습니다. '다시 원전을 더 많이 짓겠다' 하는 결정도 한 번쯤 국민적 합의를 거치라는 겁니다. 내용은 찬성하지만 그냥 일방적으로 명령하는 게 아니라 합의를 거치는 게 맞다고 봅니다.

김영삼 대통령 때 금융실명제를 추진했지만 전두환 대통령 때도 문제가 제기되었습니다. 그런데 그때 왜 못했느냐. 우리가 당내에서 입법하는 과정에서 정부 측의 강경식 재무장관, 김재익 경제수석과 토론을 많이 했습니다. 토론을 해보니 시기적으로 너무 빠르다는 결론이 나와 중단하게 되었습니다. 김영삼 대통령이 당시 행정 명령으로 진행했기 때문에 전광석화같이 추진되었습니다. 국민은 박수를 쳤지만 엄격한 의미에서 비민주적이었습니다. 전두환 정부는 법을 통해서 하려고 했고, 입법 과정에서 계속 토론했지만 시기상조라는 결론이 나와 중단했고 저도 사실 그때 반대했습니다. 그때 제가 원내 총무였습니다. 그래서 입법을 못 했습니다. 군사정부라고 비난했던 당시에도 계속 토론하다가 보류했는데 민주화된 문민정부에서 김영삼 정부는 행정 명령을 했다는 것이 아이러니입니다. 더욱이 문민정부에서 한 발짝 더 나간 시민정부라고 하는 문재인 정부에서 무지막지하게 다수당의 힘을 빌려 법을 마음대로 만들어 정치를 농단해서야 되겠습니까?

그래서 저는 이제 합의제 민주주의, 내각제 등 모든 현상을 다시 생각할 때가 되었다고 주장합니다. 합의를 통한 결정, 이를 존중하는 사회가 되어야 합니다. 저는 가덕도 공항도 잘못 결정하였다고 봅니다. 여·야 모두가 모두 부산, 경남 지방의 표만 의식한 사탕발림 공약인 것입니다. 당연히 타당성 검토 과정을 거쳐야 합니다. 윤석열 정부도 공약이라 해서 무조건 가덕도 공항을 지지하면 안 된다고 봅니다.

민주주의의 위기와 포퓰리즘의 부상

강원택 앞서 논의된 것처럼 국내적으로 정치 제도 개편과 정치 리더십 변화의 필요성이 끊임없이 제기되는 가운데 정치 불신과 관련해서 최근 세계적으로 문제가 되고 있는 것은 포퓰리즘의 부상인 것 같습니다. 민주주의 역사가 일천한 곳에서뿐만 아니라 오랜 민주주의의 역사를 가진 영국이나 미국에서도 포퓰리즘이 부상했습니다. 영국의 브렉시트 국민투표 과정이나 미국 도널드 트럼프의 대통령 선거운동에서도 포퓰리즘이 동원되었습니다. 영국《케임브리지 사전》은 포퓰리즘을 '2017년 올해의 단어'로 선정하기도 했습니다.

우리나라도 지난 대통령 선거를 거치면서 경험한 것처럼 여기에서 완전히 자유롭다고 보기는 어려울 것 같습니다. 더욱이 경제가 어렵고 국가의 역할도 과거처럼 유능하지 않은 상황에서 포퓰리즘을 통해 국민의 불만을 자극하고 지지를 얻어내려는 시도가 나타날 수 있지 않을까요? 한국 민주주의에 대한 새로운 도전일 수도 있을 것 같습니다.

이홍구 민주 정치의 선진국에서도 경제 위기의 여파로 정치 불안정이 심화되고 있습니다. 리더십의 부실과 민주 정치가 지닌 구조적 취약성을 원인으로 볼 수 있습니다. 국민에게 장기적 비전을 제시하고 응분의 희생을 요구할 수 있는 지도자의 출현을 기대하기가 어렵다는 겁니다. 정치 지도자는 즉각적 구제나 지원을 요구하는 국민의 요구를 억제하고 오히려 국가의 장기적 발전을 위한 희생을 강조해야 합니다. 그러나 그런 정치인이 선거에서 승리할 수 있는 민주적 정치 제도가 현실적으로 작동되고 있는가에 대한 논란도 있습니다. 민주주의 위기론이나 포퓰리즘, 즉 경제가 어려워지고 국가가 약해지면서 '내가 다 해결해주겠다'고 등장하는 포퓰리스트들과 관련한 현상이 우리나라에도 있긴 하지만, 우리나라 사정은 그나마 괜찮은 편이라고 봅니다. 무엇보다 우리나라 국민은 의견이 한쪽으로 너무 몰리면 이를 싫어하고 의심하는 기질이 있습니다. 그런 점에서 포퓰리스트적 선동이 잘 안 통하는 나라 중 하나라고 생각합니다. 그리고 민주화 투쟁 및 여야 간 논쟁 등의 경험이 반세기 이상 동안 있었기 때문에 그러한 경험에서 나오는 장점이 있다고 할 수 있습니다. 또한 언론이 포퓰리스트적 선동을 지속적으로 비판해온 전통이 있기 때문에 정치·문화적으로 쉽게 민주주의 위기로 흘러가지는 않을 것이라고 믿습니다. 지금 우리나라가 상당히 잘 나가는 것처럼 보일 수 있고 또 한편으로는 정체되어 있다고 느낄 수 있는데 이 시점에서 우리나라가 어떤 나라이고 어느 정도의 힘을 갖추었는지 다시 한 번 검토해야 할 시점이라는 생각입니다. 그런 점에서 이러한 대담은 의미가 있습니다. 물론 시간이 지난 이후에 보면 다르게 생각될 수도 있고 여러 다른 의견도 제시될 수 있겠지만, 우선 이렇게 대담을 시작한다는 것이 의미가 있다고 생각합니다.

강원택 영국이나 미국처럼 민주주의 역사가 오래된 나라에서도 포퓰리즘이 부상하는 현상을 보고 매우 충격을 받았습니다. 얼마 전 프랑스 대통령 선거에서도 극우 정당 후보가 낙선은 했지만 큰 지지를 받았습니다. 이런 걱정스러운 흐름에서 벗어나서 민주주의가 회복력resilience을 보여주기 위해서는 어떻게 해야 할까요?

김학준 민주주의 후퇴나 회복은 최근 들어 매우 중요한 테마가 되었습니다. 우리나라에서도 민주주의 위기론, 후퇴론 등에 관한 논의가 여럿 등장했습니다. 최근 한국 민주주의 후퇴에 대한 위기가 상당히 심각하다는 것을 느꼈고, 포퓰리즘이 많은 나라에서 유행한다는 것 또한 관찰할 수 있습니다. 포퓰리즘의 확산과 관련해서는 우선 법원, 언론, 대학의 역할이 매우 중요하다고 봅니다. 이들 기구가 독자성을 유지할 수 있어야 하고 정치권의 개입과 같은 폐해로부터 벗어나기 위한 견제가 필요하다고 생각합니다. 한편 국민이 느끼는 경제적 좌절 등과 같은 동력에 의해서 포퓰리스트 세력이 등장하고 성장한 면이 있습니다.

지난 정부의 과오 중 가장 큰 것은 사회를 둘로 갈라치기 한 것이었습니다. 우리 사회에는 '한恨'이라고 할까요, 한 맺힌 사람들이 적지 않습니다. 사실 이를 풀어주기란 쉽지 않은 일입니다. 그런데 이런 사람들은 실상을 보려고 하기보다 자기중심적으로 세상을 보려는 경향이 있습니다. 유교의 가르침 중 "좋은 점은 모든 사물을 공평하게 봐야 한다는 가르침에 있다"라는 말이 있습니다. 특히 정치지도자는 더욱더 모든 것을 공평하게 봐야 한다는 것입니다. 그런데 최근 들어 우리 사회에는 공평하게 보는 사람들이 많이 줄어들었고 자기가 가지고 있는 고정 관념과 독선, 그리고 정치 진영의 관점으로 현상을 보려는 경향이 강해졌습니다.

또한 최근 우리 사회는 소문 등에 너무 약하고 사실을 확인하려는 노력도 부족합니다. 거짓말에 잘 속는 경우가 많다는 겁니다. 요컨대 플라톤이나 아리스토텔레스가 경계했던 중우 정치의 경향도 나타날 수 있습니다. 정치인의 선동뿐만 아니라 진영 논리에 빠진 언론, 최근에는 SNS나 유튜브 등에서 많은 팔로워를 보유한 선동가들도 모두 조심해야 합니다. 중우 정치에 빠지지 않게끔 선동에 대해 경각심을 지니고 있어야 합니다.

공평하게 세상을 보면서 이를 알리는 역할을 해줄 수 있는 것이 지성인과 언론의 역할이라고 생각합니다. 예전에 비해 오늘날에는 지식인의 비판적 역할이 많이 사라진 것 같습니다. 여러 가지 이유가 있겠지만 인터넷이나 댓글을 통한 비난, 공격 등의 부정적 영향력을 들 수 있습니다. 이런 비난이나 공격을 당하고 싶지 않기 때문에 비판이 어렵게 되었고 그러다 보니 '공평하게 보라'는 말을 하기도 어렵게 되었고 또 가장 기본적인 팩트 체크조차 제대로 이뤄지지 않는 것이 현실입니다. 사실 여부를 확인하는 문화가 필요하고, 무엇보다 언론과 사법부가 제 기능을 하는 것이 중요합니다.

장덕진 지금 이 포퓰리즘 정치가 한국뿐만 아니라 전 세계적으로 문제를 일으키고 있는 건 기정 사실인데 기업가이신 윤동한 회장님께서 보시는 한국 포퓰리즘의 특징은 무엇입니까?

윤동한 한국식 포퓰리즘은 근로 의욕 상실의 문제로 이어져서 일하지 않아도 나라에서 보조금을 주는 세상이 되었습니다. 노동 시간 제한은 최소한으로 세워져야 기업 활동의 집중력이 발휘되어 장인의 반열로 오를 수 있다고 생각합니다. 아시겠지만 우리가 고용안정기금에 있던 몇 조를 실업 급여로 다 써버렸습니다. 6개월 일하고 실업 급여 5개월 받고 또 6개월 일하고, 이런 패턴이 계속되고 있지 않습니까. 이것이 포퓰리즘입니다. 근로 의욕을 상실하게끔 만들어버렸다는 얘기입니다.

한국의 포퓰리즘은 정치권이 근로자한테 자유를 주고 근로자한테 권리를 보장한다는 미명하에 근로 의욕을 상실시키고 있습니다. 그런 일시적인 근로는 기술 축적이 전혀 되지 않는다는 또 다른 문제도 있습니다. 근로의 질이 개선되지 않습니다. 결국 근로의 질은 일한 시간에 비례합니다. 일시적인 근로만으로 상황을 유지할 수 있게 만들어주는 혜택 때문에 근로의 질이 개선되지 않습니다. 근로 의욕을 상실한 사회는 발전할 수 없습니다. 정부의 기능은 제한적이어야 합니다. 최저임금이라든지 불가피한 실업을 당했을 때 국가가 보호를 해주는 역할을 강화해야 합니다. 이 과정에서 근로를 하지 않아도 혜택을 주는 것은 옳지 않습니다.

강원택 우리나라는 1987년 민주화 이후 비교적 안정적으로 민주주의를 공고히 해왔습니다. 민주주의의 수준을 측정하는 영국 〈이코노미스트〉의 데모크라시 인덱스Democracy Index나 스웨덴 예테보리대학 정치학과에서 발표하는 브이뎀V-Dem 지표 등 외국 기관의 평가에서 한국 민주주의는 그렇게 나쁜 평가를 받고 있지는 않은 것 같습니다. 하지만 정치 전반에 대한 국민의 불신이 상당히 높고 또 최근에는 민주주의 위기와 관련된 조짐도 나타나고 있습니다. 우리 민주주의가 제도적으로는 나름대로 자리 잡았지만, 아직 시민 속에 내면화되지 못했기 때문일까요? 김학준 회장님께 여쭙니다.

김학준 정치는 마땅히 법치에 근거해서, 또 민주주의에 입각해서 해야 합니다. 그러나 과거 우리나라 정치는 대체로 법을 어기면서 해왔습니다. 법을 어기는 정도가 아니라 법을 파괴하면서 해왔습니다. 그러니까 민주주의가 말살된 채 진행된 것이 우리나라의 정치였다고 말할 수 있습니다.

민주주의가 회복되고 법치가 살아나기 시작한 것은 1987년 6월 항쟁이 계기가 되었습니다. 저는 민주주의 회복을 위하여 기꺼이 자기희생을 했던 분들의 투쟁과 고통에 대해서 존경심을 가지고 있습니다. 우리나라 민주주의의 돌파구를 연 사람들은 바로 법치를 어기고 심지어 법을 파괴했던 사람들에 맞서 싸우고, 감옥에 가는 것을 두려워하지 않고, 자기희생을 했던 분들입니다. 그분들에 의해서 민주주의가 회생되었다고 생각합니다. 우리는 그들에게 많은 빚을 지고 있습니다.

역설적인 것은, 솔직히 말해서 지금 우리가 누리는 산업화의 혜택은 법치주의나 민주주의하에서 이뤄진 것은 아니었다는 사실입니다. 1979년에 이란에서 샤(Shah, 팔레비) 정권이 무너지니까 키신저가 그때 〈뉴욕타임스〉에 이런 글을 썼습니다. "샤는 자기 성공의 희생자였다." 샤가 근대화를 위하여 많은 시책을 베풀고 발전을 시켰는데 그 과정에서 성장해온 사람들이 결국 샤를 무너뜨렸다고 말하며 좀 동정적으로 썼습니다. 제가 그 말에 꼭 동감한다는 것이 아니고 독재를 옹호하겠다는 것도 아닙니다. 어쨌든 오늘날 우리가 누리고 있는 산업화의 혜택은 법치주의나 민주주의 아래 이루어진 것은 아니었다는 사실입니다. 이것을 우리는 어떻게 설명해야 할 것인가? 이것이 제가 갖고 있는 고민이고 또 스스로 아직 답을 갖고 있지 못한 질문입니다.

우리가 민주주의를 추구하는데 바로 자유 민주주의를 향해 가는 길이냐, 이름만 내세우고 실제로는 다른 것을 지향하느냐에 대한 엄격한 구별이 필요합니다. 이런 역할은 학계, 언론이 담당해야 할 부분일 겁니다. 지난 정부는 민주주의를 표방하면서도 실제로 법치에 어긋나게 행동해왔습니다. 저는 이것이 큰 문제였다고 봅니다. 무엇보다 사법부를 정치 권력의 장악 아래 두는 것은 과거 학자들이 전체주의적 독재의 특징이라는 지적을 했는데, 그러한 경향이 지난날 어느 정도 나타나지 않았나 하는 의구심이 있습니다. 그래서 법원을 장악하려는 것은 민주주의에 커다란 위협이 됩니다. 검찰은 행정부의 일부라는 점에서 제가 더 말하지 않겠습니다만, 법원과 헌법재판소 모두를 포함하는 사법부만큼은 엄격하게 독립이 지켜져야 합니다. 사법부를 정치 권력이 마음대로 지배할 수 있게끔 그 틀을 바꾸려고 하는 것은 민주주의에 맞지 않으며 이에 대한 엄격한 비판이 있어야 합니다.

장덕진 이종찬 원장님은 자유에 대한 의지라든가 인민 자결이 요즘 사람들이 흔히 얘기하는 민주주의보다 더 근본적인 가치이며 그런 것이 전제가 되지 않는 한 민주주의가 잘못하면 흔들린다고 생각하십니까? 그런 가치들을 실현하는 수단이 민주주의라고 보십니까?

이종찬 민주주의를 단순히 수단이라고 말하면 너무 극단적으로 들릴 수도 있습니다. 인류의 보편적 가치라고 말하는 것이 더 적절하지 않을까요. 민주주의는 기본적으로 정치의 근본입니다. 다시 말해서 인민이 주인이 되는 나라 아닙니까? 저의 조부 우당(이회영)[5]도 아나키즘을 주장하면서 자유와 민주주의를 기본으로 생각하셨습니다. 아나키즘을 어렵게 생각할 필요가 없습니다. 우리 스스로 키부츠 같은 자유공동체를 만들자는 것입니다. 윤봉길 의사를 단순히 폭탄 던진 사람이라고 생각하는 건 너무 속물적인 견해입니다. 그분이 쓴 글이 있는데 "인간에게 자유는 천부적인 것이다. 자유를 속박하는 것에 반대한다"라고 하셨습니다. 농민운동을 했던 윤봉길 의사가 갑자기 처자를 다 버리고 중국으로 망명하고 거사를 행한 것에 대해서 '동기가 어디서 왔느냐'는 질문이 나옵니다. 이를 보면 모티브를 얘기하지 않고 그냥 행동한 것만 따지고 있습니다. 하지만 저는 그 모티브를 중요시합니다. 그것은 자유에 대한 깨달음입니다. 안중근 의사가 이토 히로부미를 저격한 것만 생각하는데 그것만 중요한 것이 아니라 "너는 동양 평화의 적이다. 내가 얘기하는 건 동양 평화론이다. 동양 평화를 너는 지금 방해하고 있다"고 단정한 것입니다. 안중근 의사가 단순히 "너는 강제로 을사늑약을 체결한 자가 아니냐"라는 뜻에서 저격한 것이라면 너무 생각이 작다고 하겠습니다. 한마디로 동양 평화에 입각해서 이토 히로부미를 평화에 지장을 주는 일본 침략주의 원흉이라고 본 것입니다. 안중근 의사의 동양 평화론이나 윤봉길 의사의 자유 의지를 우리는 역사적으로 더 부각시켜야 합니다.

장덕진 결국 우리 민주주의의 기본 뿌리에 대한 인식이 약해지고 후대에는 잘 이어지지 않는 것이 문제 아닐까요?

이종찬 우리가 겪은 역사 문제는 교육에서도 중요하다고 생각합니다. 미국에서는 소위 건국의 아버지들이 이런 문제를 놓고 치열하게 토론하지 않았습니까. 후대 학생들도 〈연방주의자논집 Federalist Papers〉 같은 글을 읽고 고민하는데, 한국에서는 민주주의라고 말은 하지만 민주주의가 왜 중요한지 고민하지 않고 있습니다. 즉 죽은 교육인 것입니다. 이런 사실을 어디에서든 정리를 해놓아야 됩니다. 정리를 안 해놓으니 민주주의 자체도 개념이 얼기설기 엉성한 채 남아 있습니다. 교과서에서 '우리 선배들이 민주주의를 위해서 얼마나 싸웠는가' 하는 이야기는 안 나오고 토머스 제퍼슨 얘기만 자꾸 합니다. 우리 스스로 우리 선열들이 민주주의를 두고 어떤 얘기를 했느냐에 대해서는 지금 무관심합니다. 그런데 선열들이 그런 얘기를 힘주어 말하지 않았다면 오늘의 민주주의는 존재하지 않습니다.

며칠 전에 있었던 일입니다. 나철 선생[6]의 묘가 지금 화룡[7]에 있다는데 만주에서 왜 이장을 안 했는지에 대하여 토론을 한 일이 있었습니다. 그 결과, 그분이 "이곳이 내 땅이다. 나를 여기다 묻어다오" 하는 유언을 남겼기 때문에 이장을 못하고 있다는 겁니다. 저는 그분의 생각을 우리가 미처 깨닫지 못한 거라고 봅니다. 왜 그분들은 그 땅이 우리 땅이라고 생각했겠습니까. 대종교를 신봉하는 그 어른의 생각으로는 단군 사상으로 보면 그곳이 다 우리 땅이라는 것입니다.

제자들이 이상룡 선생님[8]을 찾아갔을 때 "선생님이 안동에 계셨으면 편안하게 계실 텐데 여기서 얼마나 불편하십니까?"라고 위로했습니다. 그랬더니 그분의 말씀이 "나는 이렇게 편안할 수가 없다. 여기가 내 땅이다"라고 하신 겁니다. 신흥무관학교 교가에도 "여기가 우리 땅이다"라고 명백히 나옵니다.

그분들이 그렇게 말씀했다고 중국과 영토 분쟁을 하자는 말이 아닙니다. 역사를 정확히 서술하자는 것입니다. 그분들의 생각을 우리 교과서에서 소개하고 강조했다면 동북 공정으로 인한 중국의 역사 왜곡을 사전에 대비한 역사관을 우리가 가졌을 거 아닙니까? 우리 선열들의 민주주의론도 많이 있습니다. 소개해야 합니다.

김남국 여러분의 말씀을 들어보니 결국 민주주의의 위기가 찾아오면서 자본주의도 동반 위기에 빠졌다는 견해로 모아집니다. 시장 체제와 복지 체제가 양립하지 못하고 정치는 포퓰리즘에 빠지고 사회적 양극화는 심해지고요. 향후 우리 사회의 핵심 의제인 국민 통합을 위해 어떤 노력을 해야 할까요?

김황식 시장 체제와 복지 체제는 양립할 수 있습니다. 아니, 그 양립만이 자유 민주 체제와 자본주의의 성공을 보장합니다. 1950년대 '사회적 시장 경제', '모두를 위한 복지'로 라인강의 기적을 이루었고 부강한 모범국가를 만들었던 독일이 전형적인 사례입니다. 사회적 시장 경제는 수요와 공급을 기반으로 하는 자유주의적 시장 경제를 기반으로 하되, 여기에 사회보장 조치와 사회적 연대를 위한 제도적 장치나 정책 등의 사회적 요소를 가미한 개념입니다. 즉 시장에서 완전한 자유 경쟁이 이루어지도록 국가가 기본 질서를 세우고 관리하지만, 그에 따른 빈부 격차 심화 등 부작용을 줄이기 위하여 최소한의 국가 개입과 조정을 허용하는 것입니다. 아데나워는 집권 이후 이 정책이 성과를 내자, 선거마다 승리할 수 있었습니다. 우리도 창의와 자유를 바탕으로 한 경쟁적 경제 활동을 최대한 보장하여 성장을 극대화하면서도, 그 과정에서 실패하거나 소외된 계층을 부조하는 사회적 연대를 통하여 양극화의 폐해를 줄이는 다양한 정책적 노력(복지·조세·교육·노동 정책 등)을 기울여야 합니다. 우선 필요한 사람에게 필요한 만큼 지원하는 정치적인 복지 제도를 설계하고 집행하여 복지 누수나 복지 사각이 생기지 않도록 하여야 합니다. 공정하고 균등한 교육 기회를 보장하고 특히 가난 때문에 교육 기회가 박탈되지 않는 제도가 설계되어야 합니다. 또한 합리적 노사 관계를 형성하여 상생하는 노사 파트너십을 만들고 이른바 황제 노조 등으로 인한 갈등을 해소하는 정책적 노력이 필요합니다.

최상용 국민 통합이야말로 정치 리더십의 요체입니다. 향후 반세기 대한민국의 국정 지표를 ① 정의로운 대한민국, ② 평화로운 한반도, ③ 국민 통합에 둔다면, ①은 기본적으로 내정內政의 문제이고 ②는 외교의 문제이며 ③은 내정과 외교의 조화로운 통합입니다. 내정의 핵심은 경제·사회적 양극화와 국내 냉전 이념의 양극화를 최소화하는 것이고, 외교의 핵심은 한미 동맹을 중심축으로 일본·중국·러시아 등과 균형(비례) 외교를 통하여 남북한 평화 공존의 조건을 만들어가는 것입니다.

이처럼 정의로운 대한민국과 평화로운 한반도를 만드는 과정을 통하여 국민 통합을 이루는 것은 중·장기적 과제가 될 수밖에 없습니다. 5년 단임 대통령제하에서 여야가 경쟁적으로 국민 통합을 공약公約했지만 공약空約이 된 것을 우리는 알고 있습니다. 5년 업적 평가로 국민 통합에 실패하지 않으면 10년 정권은 얼마든지 가능하기 때문에 5년 동안 국민 통합에 현저한 공적이 있으면 반드시 좋은 평가를 받을 것입니다.

국민 통합이 선거 승리로 이어진다는 엄연한 현실을 알면서도 국민 통합에 실패하는 것은 왜일까요? 곰곰이 생각해보면 우리 국민은 현대사의 결정적 국면에서 똘똘 뭉쳐 저력을 보여주었습니다. 그러나 권력 투쟁의 주체인 정치 지도자들에게 현대사는 통합이 아니라 분열의 역사였습니다. 국민 통합은 어렵고 긴 과제이긴 하지만 수많은 단기적인 실천의 축적, 이를테면 적시·적재·적소의 일관된 탕평 인사와 건설적인 타협과 양보의 이니셔티브를 통한 정책 연합으로 얼마든지 가능합니다.

강원택 국민 통합이야말로 정치 리더십의 요체입니다. 사실 지난 5년 동안 사회적으로 많은 갈등이 빚어졌습니다. 문재인 정부에서 추진한 이른바 '적폐 청산' 드라이브로 정치권의 갈등뿐만 아니라 일반 시민 사이에서도 정파적 양극화가 심해졌습니다. 지난 5년은 이른바 386 운동권 세력의 집권 시기였다고 볼 수 있을 것 같은데, 이 시기를 어떻게 평가할 수 있을까요?

김학준 정치적으로 보면 권위주의 세력과 민주화 세력 간의 갈등이 문재인 정부 시기를 거치면서 정리된 면이 있습니다. 긍정적으로 볼 수 있는 것입니다. 문재인 정부에서는 386 세력, 즉 진보 세력이 시대적 사명을 다했다는 것을 스스로 증명했습니다. 그렇다면 이제 중요한 것은 어떠한 방향성 혹은 지향점을 갖는 세력이 등장해야 하는가 하는 것입니다.

저는 무엇보다 우리 마음속 증오심을 버려야 한다고 생각합니다. 우리의 정치는 증오심을 가지고 하는 사람이 너무 많습니다. 물론 증오해야 할 것은 증오해야겠지만 사실 오늘날에는 증오할 대상이 많이 사라졌습니다. 평등에 대한 지향을 어떻게 수용할 것인가와 관련해서도 새로운 관점이 필요합니다.

영국, 프랑스, 독일의 사회당을 긍정적으로 검토할 수 있을 것입니다. 특히 우리나라 정치를 비교정치로 연구한다면 이탈리아를 검토해야 합니다. 우리나라와 이탈리아는 기질도 비슷하고 정치도 비슷합니다. 제가 잊지 않는 것은 이탈리아 공산당이 1970년대 경에 상당히 큰 지지를 받았는데 당시 공산당 당수가 기민당에 역사적 화해를 제시한 바 있다는 것입니다. 우리에게 시사하는 바가 큽니다.

현재 우리의 양당제로는 이러한 문제를 풀기 쉽지 않습니다. 따라서 다당제로 바꿔서 연합 구조적인 정치의 틀을 만들어내야 하고, 그러려면 의원내각제가 필수적입니다. 이와 관련하여 막스 베버가 말한 소명으로서의 정치, 즉 사명감을 가진 사람들이 정치를 해야 한다고 생각합니다.

송호근 민주주의 관련하여 마지막 질문입니다. 그렇다면 우리에게 필요한, 우리가 원하는 진정한 민주주의를 위해 우리가 갖춰야 할 덕목은 무엇일까요?

김병익 한국의 민주화는 식민지 통치에서 해방되면서 비로소 교과서를 통해, 그것도 휴전선 이남의 분단된 지역에서만 교육받고 수용된 것입니다. 그럼에도 우리의 민주주의를 향한 욕구와 실행 의지는 매우 강렬했고 또 그 성취를 훌륭하게 이루었음을 자부해도 좋을 것입니다. 그 민주주의 체제는 정치적 소망일 뿐 아니라 경제적 뒷받침이 있어야 했습니다. 1960년대 초의 4·19 혁명, 5·16 혁명은 두 요소의 병행을 수용한 것이며 유신과 광주민주화혁명의 진통은 민주화의 소망이 실행되기 위한 역사적 시련이었을 것입니다. 그래서 우리는 민주주의의 정체와 사회 구조, 경제와 복지 정책을 소유할 수 있게 되었고 그 소유의 의미를 실천하는 끝없는 노력이 진행되는 중입니다.

어떤 민주주의도 차선이겠지만 최선이 불가능한 자리에서 차선은 진정한 가치를 실현하려는 의지의 표현이 되어야 할 것입니다. 그 의지는 끊임없는 자기 성찰과 타자에 대한 관용, 그리고 현실과 현재를 개선하려는 자기 발전의 의욕을 요구합니다. 성찰과 관용, 의욕의 핵심은 인간적·사회적 품위의 향상을 지향하는 것입니다. 진정한 민주주의가 갖출 품위는 타인의 의견에 대한 이해와 사회적 합의에 대한 존중, 그 출발에서 실현에 이르는 과정의 정당함에 스며 있습니다.

대안으로서의 중용민주주의

김남국 포퓰리즘의 부상과 민주주의의 위기에 관한 우려의 목소리가 커지고 국가적 문제에 대한 대처 능력과 해결 능력이 저하되었다는 평가가 나오고 있습니다. 정치 생태계 자체가 혼란스럽고 제도뿐만 아니라 정치 문화가 퇴행하고 있습니다.

현재 위기를 극복하기 위한 대안으로서 최상용 전 주일 대사님이 주장하시는 중용민주주의Meanocracy에 관해서 여쭙고 싶습니다. 중용민주주의가 사회 통합과 리더십의 역할이 절실해지는 한국의 미래에 대안이 될 수 있다고 보십니까?

최상용 사회 통합의 필요성과 리더십의 핵심 자질로서 지금 우리는 왜 중용을 재발견할 필요가 있을까요? 동서양 역사를 보면 인간이 집단을 이루어 살면서 인간관계가 형성되었고 그 인간관계는 필연적으로 정치 관계로 이어졌습니다. 그런데 고대인은 인간관계와 정치 관계를 영위하는 과정에서 자연스럽게 중용을 추구하게 되었습니다.

중용의 가장 짧은 정의定義는 '과·불급이 없는 것'인데 저는 '과·불급의 양극이 아닌 상태'로 풀이합니다. 인간이기에 과할 수도 있고 불급할 수도 있지만 양극보다 그 양극 사이에 존재하는 다양한 가능성에 착안하는 것은 어쩌면 당연한 귀결입니다. 왜냐하면 중용 다음은 시중時中에 있으며, 시중이야말로 그 시점에서의 상황과 조건에 맞는 사려 깊은 판단이며 상대적으로 최적의 선택이기 때문입니다.

중용은 개인 수준에서는 자기 실현을 위한 실용적 규범이 될 수 있고 집단, 국가 그리고 국제 수준에서는 갈등을 조정하는 정치적 판단의 방법으로 뿌리내리고 있습니다. 특히 정치적 사고가 이분법이 아니라 양극 사이에 있는 다양한 가능성에 착안하면서 종합적으로 파악하는 것이라면, 중용적 특히 시중적 사고야말로 정치적 사고의 정수라고 말할 수 있습니다. 정치적 사고는 상황·조건·과정 등 복잡한 변수를 종합적으로 판단하는 상대적인 사고라는 점에서 중용적 사고와 동심원적 유사성이 있습니다. 당연하게도 정치는 인간이 구상한 이상과 목적을 달성하기 위해 무엇이 적절한 수단과 방법인가를 판단하고 선택하는 과정이기 때문에 오판의 최소화 이상을 기대하기 어려운 현장입니다.

김남국 중용 정치의 개념과 정의에 관해 말씀해주셨습니다. 중용이 서로 다른 의견이나 주장의 산술적인 중간을 의미하는 것이 아니라 그 시점에서 상황과 조건에 맞는 사려 깊은 판단이자 상대적인 최적의 선택이라고 하셨습니다. 그리고 시중적 사고야말로 정치적 사고의 정수이고 이것이 중용의 핵심이라는 말로 요약할 수 있을 것 같습니다.

최상용 저는 평화의 정치사상 연구에서 도출된 민주 평화와, 중용 정치사상의 핵심 가치인 중용 정의의 융합을 시도해왔습니다. 전쟁과 구조 폭력의 부재를 핵심 내용으로 하는 민주 평화가 실현되는 평화 상태와, 고대 이래 동서양 사람들이 추구해온, 중용 정의가 실현되는 중용 상태는 선순환과 상호 보완의 융합이 가능합니다. 오늘날 전 세계가 직면한 과제, 양극화 갈등의 완화, 전쟁과 구조 폭력의 최소화를 지향하는 국가·시장·시민 단위의 복합적인 국제 사회에서 우리가 현실적으로 기대할 수 있는 최선의 정치 상태를 찾아보자는 것입니다. 중용민주주의는 중용과 민주주의가 그러하듯이 불완전한 이성적 존재인 인간이 만들 수 있는 가장 덜 불완전한 민주 정체의 하나일 뿐입니다. 민주주의의 변칙적인 형태인 좌·우 포퓰리즘이 난무하는 정치 상황에서 중용민주주의가 포퓰리즘의 예방과 극복을 위한 대안이 될 수 있기를 기대합니다.

김남국 지금 규정하신 중용의 개념을 민주주의 위기에 대응하는 실천 이론으로 전환하고자 한다면 구체적인 적용 방법이나 대상이 추가로 설명되어야 할 것 같습니다.

최상용 저는 중용을 정치 판단의 방법, 정치 지도자의 자질, 그리고 민주주의 정치 체제의 바람직한 양태라는 세 가지 차원에서 파악합니다. 첫째, 정치 판단의 방법으로서의 중용에 대해 살펴보면 고대 그리스의 폴리스 철학에서는 인간의 모든 감정과 행위에 중용이 있다고 보지 않았습니다. 중용을 윤리적·정치적 규범으로 보면서도 그 중용 규범에 대한 형이상학적인 정당화를 시도하지 않은 것입니다. 그리고 고대 중국의 공맹학孔孟學에서는 중용을 인간의 일상적인 삶, 정치적인 삶과 철학적인 삶을 꿰뚫는 규범으로 파악하면서도 중용 개념의 내포와 외연을 한정하는 구체적인 언급은 없었습니다.

정치학을 이론학이 아닌 실천학으로 자리매김한 아리스토텔레스는 정의를 비례와 균형, 즉 중용의 방법으로 풀고 있습니다. 고대 중국에서는 정자정야政者正也, 군자중용君子中庸, 시중지의時中之義 등의 개념으로 중용 정의를 표현하고 있습니다. 이처럼 고대 중국과 고대 그리스가 중용 정의의 뿌리를 공유하고 있다는 점도 괄목할 만합니다. 중용 정치의 관점에서 정치의 목적이 중용 정의의 실천이라고 본다면, 복합적인 요인들이 상충하는 정치 현장에서 집중과 선택은 시중의 구현이 아닐 수 없습니다. 정치사상의 맥락에서 보면 시중지의의 정의를 추구하는 중용적 사고와, 정의의 실현을 위한 실천적 지혜를 탐구하는 정치적 사고는 궤를 같이하는 것입니다.

김남국 지금까지 정치 판단의 방법으로서 중용에 대해 말씀해주셨는데, 두 번째로 정치 지도자의 자질로서 중용은 어떻게 볼 수 있을까요?

최상용 역사의 흐름과 함께 지배자의 수가 1인에서 소수로, 그리고 그 소수가 다수로 바뀌었음에도 불구하고 상대적 소수의 지배 철칙에 근본적인 변화는 없습니다. 그리스 민주주의의 초기 단계부터 플라톤은 다수 지배에 전제 정치의 유혹이 있음을 꿰뚫고 있었습니다. 프랑스 혁명 후 근대에 와서도 밀, 토크빌 등이 자유와 평등의 흐름이 대세임을 직시하면서도 다수의 전제에 대한 경고를 잊지 않았습니다. 그리고 최근에 와서는 좌·우 포퓰리즘의 창궐로 인한 의회 민주주의의 위기에 대한 경고가 이어지고 있고 그 연장선상에서 탁월성을 가진 정치 지도자들에게 민주적 리더십을 기대할 수밖에 없다는 주장이 나오고 있습니다. 이때 탁월성은 정치적 판단의 방법과 통치술로서의 중용의 덕을 의미합니다.

정치 현장에서 중용적 구상력은 대체로 보수의 자기 개혁과 진보의 탈급진화로 나타나는데, 이러한 역사적 흐름에 걸맞은 정치 리더십의 핵심 개념으로 등장하고 있는 역설적 중용은 주목할 만합니다. 역설적 중용의 리더십은 선악이분법, 이율배반과 같은 제로섬zero-sum 상황이나, 고통스러운 딜레마 상황에서도 상대를 과감히 인정하고 때로는 양보의 이니셔티브를 선택하는 정치 지도자의 자질이며 정치 언어의 참다운 의미에서의 타협, 즉 통합의 예술이라고 말할 수 있습니다.

김남국 보수의 자기 개혁, 진보의 탈급진화가 역설적 중용의 내용이 될 수 있다고 말씀하신 것이 인상적입니다. 마지막으로 민주주의의 바람직한 양태로서 중용은 어떻게 적용할 수 있을까요? 그리고 교수님께서 주장하시는 중용 정의와 민주 평화의 내용에 대해 조금 더 구체적으로 설명해주시면 좋겠습니다.

최상용 저는 민주주의의 바람직한 양태로서 중용민주주의를 주장하고자 합니다. 민주주의에 대한 해석에 쟁점이 있고 민주주의가 불완전한 정치 체제라는 것을 알면서도 어느 나라에서도 민주주의를 전면 부정하는 의견이나 주장을 들을 수 없습니다. 중용민주주의의 핵심인 평화와 중용은 넓은 의미에서 개인·국가·세계를 대상으로 한다는 점에서 많은 공통점이 있습니다. 그러나 좁은 의미에서 보면 평화는 국가 내 또는 국가 간의 전쟁과 구조 폭력의 부재 상태이며, 중용은 개인의 주체성 심화 과정과 조화로운 정치 공동체의 형성에 관심이 집중되어 있습니다. 평화가 기본적으로 정치학의 주제라면 중용은 윤리학과 정치학의 종합적인 주제란 점이 특징입니다.

중용 정의는 고대 그리스의 폴리스 철학과 고대 중국의 공맹학과 통하는 정치사상입니다. 플라톤은 "정의는 중용이다"라고 했고 아리스토텔레스는 "법은 중용이다"고 했습니다. 즉 그리스 폴리스 철학에서 정의와 중용과 법은 의미가 겹칩니다. 공맹학에서 서양의 정의에 해당하는 개념은 인의仁義인데 인의의 핵심은 중용의 판단과 그에 따른 선택 행위입니다. 시중지의는 중용 정의의 유교적 표현입니다. 특히 18~19세기를 살았던 다산 정약용은 시중지의를 공공 영역, 정치 영역에서 판단의 기준으로 애용했습니다. '정의란 무엇인가'는 정치 철학의 영원한 물음으로 정치 공동체가 있는 곳에는 나름의 정의론이 생기게 마련입니다. 고대 플라톤의 정의론과 현대 롤스의 정의론이 그랬듯이 앞으로도 시대 정신에 걸맞은 정의론이 등장할 것입니다. 정치 영역에서 보면 정의론의 중심 가치를 어디에 두느냐에 따라 복수의 정의론이 가능하며 롤스는 서양 중심의 정치적 자유주의를 바탕으로 공정으로서의 정의, 즉 공정 정의로 대답하고 있습니다. 저는 중용이 동서양이 공유하는 보편적 가치이면서 그 개념의 일관성 지속성을 고려하여 중용으로서의 정의, 즉 중용 정의로 대답하고자 합니다.

김남국 롤스의 공정으로서 정의에 상응하는 중용의 정의를 말씀해주셨습니다. 아마도 핵심은 불완전성을 최소화하는 사려 깊은 판단, 시중지의로 요약할 수 있을 것 같습니다.

민주 평화는 국제 정치와 정치 이론에서 자주 등장하는 개념인데 최상용 대사님은 중용의 관점에서 어떻게 재정의하시는지요?

최상용 민주평화론은 '민주주의는 평화적이며 민주 국가 간에는 전쟁이 없다'는 것을 경험적으로 규명함으로써 민주주의 체제와 평화의 상호보완 관계를 설명하는 이론입니다. 정치 체제와 평화의 상호 관련성이란 관점에서 보면 칸트가 평화의 조건으로 제시한 공화제는 고대 그리스의 플라톤과 아리스토텔레스가 정치적 안정을 위해 실현 가능한 최선의 체제로 본 혼합정체의 연장선에 있다고 볼 수 있습니다. 특히 고대판 입헌 민주주의로 번역되는 아리스토텔레스의 폴리티polity는 고대 혼합정체의 전형입니다.

특히 민주 평화 사상의 적실성 관점에서 주목할 것은, 고대의 혼합 체제에서 칸트의 공화 체제에 이르는 공통의 특징이 극단적 체제가 아니라는 점입니다. 고대의 혼합 체제는 과대와 과소 양극의 중간 체제란 점에서 중용에 뿌리를 두고 있습니다. 현대 민주평화론의 핵심도 좌·우경 전체주의나 제국적 과잉 확대가 아닌 비非극단적 민주주의 체제 간의 평화를 의미합니다. 그러니까 제국적 민주주의나 패권적 민주주의, 더욱이 십자군적 민주주의 체제는 민주 평화 사상의 실천에 적절한 정치 체제가 아니라고 말할 수 있습니다.

김남국 그러니까 좌우파의 전체주의나 팽창된 제국주의를 제외한, 즉 극단적 패권주의를 배제한 비극단적 민주주의 체제 사이의 평화가 가능하고 바람직하다는 것이 민주 평화라는 것이지요. 대사님은 중용 정의와 민주 평화를 실현하는 현실의 정치 체제를 중용민주주의라는 이름으로 개념화하셨는데 우리 사회의 현실과 관련해 어떻게 적용 가능한지 말씀해주시면 고맙겠습니다.

최상용 저는 1970년대 이래 '중용은 평화'란 캐치프레이즈를 제시해왔고 바람직한 민주주의 정치 체제를 첫째, 인간의 존재론적 상대성, 즉 인간 능력의 가능성과 한계에 대한 깊은 성찰을 토대로 하여, 둘째, 각종 극단주의·절대주의·원리주의 패권주의를 예방·극복하고, 셋째, 다수와 법의 지배를 원칙으로 중용 정의와 민주 평화를 실현하는 정치 체제임을 논증하고 이름하여 중용 정치 또는 중용민주주의로 정의하고 있습니다. 중용민주주의 관점에서 보면, 대한민국 안의 양극화된 갈등은 얼마든지 극복이 가능합니다.

대한민국 헌법은 우리 사회의 보수와 진보를 받아들이는 잣대와 그릇이 될 수 있습니다. 이를테면 헌법 4조의 자유민주적 질서를 받아들이는 진보와, 헌법 119조의 적정한 분배와 경제 민주화를 받아들이는 보수라면 대한민국 국민의 건전한 관점을 지님과 동시에 정치적으로도 존재 이유가 있다는 말입니다. 북한 체제를 비판하면서도 친미적인 진보도 있을 수 있고, 북한 체제와의 평화 공존을 받아들이고 통일을 준비하는 과정에서 한미 동맹과 한중 관계를 전략적으로 판단하는 보수도 얼마든지 있을 수 있습니다.

지금 여·야 정치 세력이 경쟁적으로 복지 정책을 내놓고 있는 것도 헌법 34조 2항의 복지권에 대한 자기 주장으로 볼 수 있습니다. 그리고 연평도 사건 당시 즉각적이고 과감한 반격을 했어야 한다고 생각한 국민이 대다수였다는 점을 감안하면, 헌법 정의의 틀 안에서 우리 사회에 건재한 합의점을 발굴하는 중용적 구상력이 그 어느 때보다 절실히 필요합니다. 정의는 우리 사회가 당면한 최우선 순위의 문제들에 대한 구체적 해결책이어야 하며 그 대답은 시중의 선택, 즉 우리 사회의 상황과 조건에 맞는 최적의 판단에 기초한 맞춤형이 될 수밖에 없습니다.

정치 체제 정비, 개헌 필요성, 내각제 여부

강원택 한국의 정치사를 평가함에 있어 국가 제도 재정비와 개헌의 필요성을 짚어보지 않을 수 없습니다. 사실 현재의 '87년 체제'는 한계에 달한 것이 아닌가 하는 생각을 갖고 있습니다. 민주화를 이끌었던 김영삼, 김대중과 같은 정치 지도자들이 자신의 집권을 전제로 한 체제를 구상한 것이 '87년 체제'가 아닌가 생각합니다. 그래서 그분들이 정치 활동을 하던 당시에는 별로 문제가 없었지만, 이제는 그렇지 않은 것 같습니다. 최근 2022년 대통령 선거만 하더라도 사실상 정치적 아웃사이더라고 할 수 있는 두 후보가 경쟁했습니다. 또 한국 사회의 발전이나 세계적 흐름을 볼 때도 이제 강력한 정치 지도자를 중심으로 국가를 일방적으로 끌고나간다는 것은 비효율적이거나 오히려 부작용이 많은 상황이 되었습니다. 이러한 변화에 맞게 국가 제도를 재정비할 때가 되지 않았을까요?

이홍구 대통령제와 관련한 개헌 문제에 관해서는 전 세계 3분의 2가량의 국가들이 모종의 이유로 내각제를 채택한 측면이 있고 따라서 필요성이 있다고 봅니다. 그런데 제도적 변화에 대한 논의는 대통령이든 야당이든 정치적 의도에 대한 의구심, 그리고 여야의 리더십 약화 등으로 인해 제대로 논의되기 어려운 것이 사실입니다. 그럼에도 불구하고 내각제로의 개헌 필요성이 존재한다고 봅니다.

사회 각계에서 다양한 입장이 있을 수 있지만, 현재 한국 정치에서 가장 시급한 문제는 선거 제도 등 제도적 개혁이 어렵게 되어 있다는 점입니다. 더욱이 다른 나라의 여러 사례와 비교해 보면 알 수 있듯이, 현재 우리의 대통령제는 '대통령 무책임제'라고 생각합니다. 따라서 무책임한 대통령제보다는 내각제로의 개헌이 필요하고 이를 실현해야 한다고 생각합니다. 내각제 개헌이 이루어진다면 국회가 더 큰 역할을 맡게 될 것입니다. 또한 매우 약한 영향력을 갖던 야당의 역할도 어느 정도 강화되리라고 기대할 수 있습니다. 이번 기회에 이를 한번 실현해봤으면 하고 생각합니다.

그런데 사실 권력 구조뿐 아니라 지방분권, 국민기본권 등 개헌이 필요한 영역이 적지 않습니다. 개헌을 성공시키기 위해서는 한국 정치와 사회의 다양성에 대한 포용과 타협 문화의 확산이 필요합니다. 즉 다수에 의한 통치와 소수의 권리를 인정하는 정치 문화를 제도화시키는 것이 중요합니다. '의견이 다른 상대를 규탄하기는 쉬워도 설득하기는 어렵다'는 민주 정치의 딜레마를 진지하게 풀어가려는 자세만이 협치와 통합의 정치를 향한 정치 개혁을 성공시킬 수 있습니다.

김학준 저 또한 이제는 개헌을 통해 권력 구조를 변화시킬 필요가 있다고 봅니다. 건강한 자유 민주주의의 요건과 관련하여, 우선 의원내각제로 나아가야 한다고 생각합니다. 대통령제는 이제 수명이 다했습니다. 대통령제 국가 중 성공 사례는 미국을 제외하면 거의 찾아보기 어렵습니다. 대부분의 선진국은 의원내각제를 택하고 있지 않습니까? 제왕적 대통령제의 폐해가 크다는 것에 널리 공감하는 이들이 많은 만큼 총리가 책임을 지고 통치하는 방식의 내각제가 필요합니다. 국무총리를 국회가 선출하고 그 사람이 조각組閣을 하는 방식의 책임총리제를 통해 다원화된 사회를 이끌 정치 리더십을 만들어가야 한다고 생각합니다.

경우에 따라서는 우리가 분단국가라는 특수성이 있으니까 이원 집정부 방식의 개헌으로 외교와 국방은 대통령이 담당하고 내치는 전적으로 총리가 담당하는 식의 운영도 가능하다고 생각합니다. 다시 말해 우리나라의 지정학적 위치를 생각할 때, 외교와 국방이 매우 중요한 국가적인 어젠다이므로 이원 집정부제하에서 이 영역은 대통령이 맡고 내정은 총리가 맡는 식의 개혁이 필요하다고 생각합니다. 제2공화국 시기의 내각제 경험이 발목을 잡는 것도 사실이지만, 이미 60년이 지난 일입니다. 그때의 한국 사회와 오늘날의 한국 사회는 너무도 크게 달라졌습니다. 그때 내각제가 혼란을 가져다주었다고 말하지만 이제는 그때의 인상에 너무 매몰되는 것에서 벗어날 필요가 있습니다.

우리가 의원내각제를 하기 위해서는 다당제를 수용할 필요가 있습니다. 이를 위해 국민 대표성이 충실하게 반영되는 선거 제도가 필요합니다. 사실 내각제를 실시하기에는 우리나라의 정당이 너무 취약하다는 지적도 있습니다. 과거 제2공화국 시절 선거 출마도 하셨던 양호민 선생님께서 "우리 정당은 하부 구조가 너무 취약하다"고 말씀하신 적이 있습니다. 그러나 그동안 우리가 선거도 많이 치뤘고 권리당원이라는 것도 생기는 등 정당도 예전과 다르게 많이 변했습니다. 앞으로 정당 제도도 더욱 많이 개선해갈 수 있을 것이라고 생각합니다. 지방자치도 마찬가지로 처음에는 문제가 많았지만 이를 개선하면서 발전해온 것처럼 정당 정치도 변화해갈 수 있습니다. 그런 점에서 정당 정치를 이유로 권력 구조 개혁을 마냥 미룰 수는 없다고 생각합니다.

한편, 최근 사법기관을 둘러싼 논란이 적지 않았습니다. 사법기관을 권력에 맞추려고 하는 것은 매우 잘못된 일입니다. 전체주의적 정권의 특징 중 하나는 사법부의 장악입니다. 이런 논란에서 벗어나 사법부가 독립성을 가질 수 있도록 개선하는 노력이 필요합니다.

김병연 김종인 의원님께서도 개헌의 필요성에 대하여 많은 의견을 갖고 계신 것 같습니다.

김종인 지금 우리나라 대통령 권한이 권위주의적 통치 시절에 만든 그대로 헌법에 있습니다. 1987년 개헌을 할 때에는 대통령 권한에 대한 관심 없이 무조건 직선제만 하자는 데 목표가 있었습니다. 지금 대통령의 권한을 보면 자연적으로 제왕적 대통령이 되어 있습니다. 사법부 임명권도 있고 국회의원의 공천도 경우에 따라서는 대통령 의중이 반영됩니다. 이것을 바꾸려면 제도도 바꾸고 사람도 바꿔야 합니다. 저는 하도 답답해서 세대가 바뀌면 사고 자체가 달라질 테니 1970년대 이후에 출생한 사람이 대한민국 대통령이 돼야 한다는 생각도 했습니다.

우리나라의 민주주의 발전 과정을 보면 1987년 지금의 헌법 체제를 갖추기 전까지는, 제도상으로 민주주의 얘기를 많이 했습니다. 처음부터 우리 헌법은 '대한민국은 민주주의 공화국'이라고 하지 않았습니까? 그런데 칼 포퍼의 민주주의 정의에 따르면 폭력을 동원하지 않고 정권을 교체할 수 있는 것이 민주주의입니다. 1987년까지는 이것이 지켜지지 않았기 때문에 직선제가 국민 주권이라고 생각하고, 개헌 때 여기에 집중한 것입니다. 그 이후에는 법치에 따라서 정권이 교체되었기 때문에 형식상으로는 우리가 민주주의를 이룬 것이 틀림없습니다.

그런데 문제는 '대통령이 과연 민주적인 사고방식을 갖고 있느냐'는 점입니다. 대통령이 민주주의적인 사고방식을 가지고서 나라를 다스리려고 하느냐, 하지 않느냐가 대단히 중요합니다. 그런데 제가 정치 현장에서 살펴본 결과 대통령만 되면 사람이 달라져버리는 경향이 있습니다. 헌법상에 보장된 막강한 권력을 가지고 5년 동안 이를 행사해야 하겠다는 것이 집념으로 바뀐 것입니다. 제가 흔히 이런 얘기를 합니다. "우리나라 대통령에 당선된 사람은 당선되는 순간 구름 위로 올라가버린다. 구름 위로 올라가면 항상 태양이 비추고 있으니까 자기 멋대로 모든 걸 다 할 수 있다고 생각한다. 이런 사고를 가지고는 민주주의를 해나갈 수 없다."

예를 들어서 문재인 정부의 경우 대통령 당선이 된 후에 마치 사법부를 장악하고 여론을 장악해야지 장기 집권을 할 수 있다고 믿는 듯했습니다. 제가 '대한민국 판사가 3,000명 가까이 되는데 어떻게 사법부를 장악할 수 있느냐'고 말을 했더니 '대법원만 장악하면 된다'는 것이었습니다. 결국은 대법원장의 자질 여부를 떠나서 정권 입장에서 가장 말을 잘 들을 수 있는 사람을 대법원장으로 임명하지 않았나 생각합니다. 그리고 대법관도 민변이니 뭐니, 자기 진영의 편리에 따라서 임명한 것 같습니다. 이렇게 해서 사법부를 장악한 것처럼 느꼈겠지만 결국은 실패했습니다.

대통령에 따라서 대법관, 헌법재판소 재판관이 물갈이된다면 진정한 민주주의의 요체인 사법부의 독립은 이루어질 수 없습니다. 현재 우리 헌법이 가지고 있는 제왕적 대통령제를 그대로 유지하는 한, 이런 것을 바꿀 수 없습니다. 내각제를 하지 않더라도 지금 대통령이 가지고 있는 제왕적 권한을 축소하지 않으면 민주주의도, 법치도 제대로 이루어질 수 없습니다.

장덕진 내각제로 가야 한다는 의견에 윤동한 회장님은 동의하시나요?

윤동한 저는 우리 사회의 인식 구조는 대통령제이고, 내각제가 익숙하지 않다고 생각합니다. 우리는 70년간 대통령제를 했습니다. 거기에 더해서 조선 왕조만 하더라도 왕조시대 500년을 이어왔습니다. 중앙 집권이라는 면에서 대통령제하고 똑같습니다. 이에 따라 대통령 중심제에 익숙해 있다고 생각합니다. 거기에 남북 문제까지 걸려 있기 때문에 내각제는 앞으로 상당 기간 적절하지 않다고 생각합니다. 저는 중임제 정도까지는 괜찮다고 생각합니다. 단임제의 장점도 있지만 단점도 있지 않겠습니까? 단점이라는 게 대표적으로는 지난 정부가 국가 부채를 저렇게 많이 만들었잖습니까. 자기 정권 기간 내에서는 써도 큰 문제가 없으니 물 쓰듯이 써서 결과가 그렇게 된 것입니다. 또한 선거구제는 대선거구제로 가야 합니다. 소선거구제는 비용과 부작용이 너무 많습니다.

장덕진 이종찬 원장님의 진단은 지금 한국 정치의 문제를 해결하기 위해서는 결국은 개헌을 통해서 내각제로 가는 게 답이라는 말씀이군요. 그리고 만약에 내각제를 하게 된다면은 정책의 안정성이라고 할까, 시간이 지나더라도 크게 바뀌지 않는 점은 지금보다 좀 나아지겠죠.

이종찬 1구 1인제를 폐지해야 합니다. 1구 1인제는 승자 독식이지 않습니까? 지금 민주당이 170석을 가지고 있습니다. 득표로 따져봅시다. 지난 총선에서 민주당 대 국민의힘 표수는 48대 41입니다. 그런데 의석은 3분의 2대 3분의 1입니다. 이건 모순입니다. 이런 식의 선거를 국민이 원하는 것이 아닙니다. 지금 국회 내에서 국민 41%만큼의 소리가 반영되고 있습니까? 48%가 국회를 독점하고 있습니다. 이런 것이 진정한 민주주의적 의사라고 보지 않습니다. 그런데 지금 제도가 승자 독식이기 때문에 이런 모순이 나온 것입니다.

승자 독식하는 나라가 영국과 미국 정도입니다. 그리스, 이탈리아나 스페인 같은 지중해 연안 국가들도 모두 1구 다인제입니다. 독일도 안 되니까 비례대표로 보완하는 것입니다. 그러니까 1구 1인제라는 것이 말하자면 국민 전체가 정치적 식견이 높아 이성적일 때 가능한 제도입니다. 우리같이 감성적 성향을 가진 국민은 1구

1인제를 못합니다. 일본이 지금 정치가 저렇게 침체되는 이유를 두고 오마에 겐이치大前研一는 일본 정치가 이제는 조무래기의 정치가 되었기 때문이라고 말했습니다. 노태우 대통령은 민주주의 장래는 생각하지 않고 1구 1인제 소선거구제로 바꿨습니다. 국가의 장래를 생각한 것이 아니라 선거에서 전술적 측면만 생각한 것입니다. 당시 저와 박태준 씨는 1구 1인제는 지역감정을 심화시킨다고 적극 반대했습니다.

내각제하에서는 당연히 정책의 안정성이 지금보다 나아집니다. 그리고 국회의원들의 가치가 많이 높아집니다. 보좌관을 많이 두고 돈을 많이 받아서 가치가 올라가는 것이 아니라 국회의원으로서의 가치가 좀 높아진다는 겁니다. 자기 결정 하나로 나라의 큰 일을 좌지우지하는데 어떻게 경솔하게 결정합니까? 지금은 국회의원이 정당의 파견원입니다. 내각제 정부라면 본인이 결정한 바에 따라서 정권이 왔다 갔다 하니까 국회의원의 가치도 올라가고 국회의원 자신이 정신 차리게 되어서 질이 올라가게 됩니다.

장덕진 1구 1인제는 노태우 정부 때 만들어진 거죠?

이종찬 맞습니다. 1구 1인제는 노태우 대통령 때 박철언 씨가 주도해서 만든 것입니다. 왜 만들었느냐? 기존에 있는 국회의원들은 전두환 대통령 쪽 사람이니까 노태우 대통령 쪽 사람을 좀 더 많이 집어넣어야겠다는 그런 얄팍한 생각에서 생긴 제도입니다. 좀 더 구체적으로 말하면 박철언 씨가 자기네 월계수회를 집어넣어야겠다는 욕심 때문에 1구 1인제를 만들어서 오늘날 이런 타락한 현상이 나타나게 된 것입니다. 지금 솔직한 얘기로 이번에 검수완박 때 추태를 부린 아무개 국회의원이 있지 않습니까?[9] 그게 국회의원입니까. 그 사람은 자기가 당에만 잘 보이면 된다고 생각하고 국민은 상관도 없는 겁니다. 그러니까 우리 정부 전반을 바꾸려면은 너무 이상적인 얘기인 겁니다.

지금 윤석열 정부가 그걸 할 만한 능력도, 할 의사도 없는 것 같습니다. 그러나 저는 우리 정치의 원론대로 얘기를 하자면 지금 1구 다인제로 바꾸고 그 다음에 내각책임제로 가야 한다고 봅니다. 얼마 전까지 저는 '그래도 대통령제가 낫다'고 생각했는데 생각이 바뀌었습니다. 제가 돌아가신 박권상 씨하고 논쟁을 많이 했는데 그 분은 내각제론자입니다. 제가 당시에는 '정당 기반이 없는데 내각책임제를 할 수가 있겠느냐' 이런 얘기를 많이 했는데, 요새는 생각을 달리합니다.

장덕진 내각책임제가 잘 돌아가려면 정당의 역량이 지금보다 훨씬 높아야 될 것 같거든요. 근데 지난 문재인 정부 때를 보면 대통령 지지율 높고 여당이 절대다수 의석이고 이런 조건인데도 불구하고 국정을 운영할 능력이 솔직히 별로 없지 않았습니까. 그런데 지금 상태에서 내각제를 했을 때 과연 국정 운영 능력이 있을까요.

이종찬 제가 지금까지 본 바로는 정치가 그래도 살아 움직였을 때는 노태우 대통령 때입니다. 그때 1구 1인제를 하고 국회의원 선거에서 실패를 했습니다. 일로삼김一盧三金 시대가 와버렸습니다. 여소야대입니다. 그때 제가 정무장관을 했습니다. 매일 밤 김대중 평민당 총재, 민주당 김영삼 총재, 신민주 공화당 김종필 총재와 계속 접촉해 협의를 드렸습니다. 즉 대화 정치를 한 겁니다.[10] 그래서 하나씩 하나씩 통과시켰습니다.

지금은 그런 것이 없습니다. 그런 여소야대를 대화로 풀어나가는 정치를 파괴한 것이 3당 합당 아닙니까. 인위적 3당 합당은 잘못한 겁니다. 우리 정치를 그야말로 시들게 만든 겁니다. 여소야대 때 타협을 통해서 남북 기본합의서가 이루어졌습니다. 요즘 얘기하는 한민족 통일 방안, 정부가 내세운 유일한 통일 방안이 모두 그때 합의한 것입니다.

당시에 이홍구 통일부 장관이 보따리를 들고 김대중 총재를 찾아가서 협상을 했는데 두 분의 대화가 참으로 진지했습니다. 김대중 대통령의 3단계 통일 방안을 이홍구 장관이 수정을 가해서 전부 바꿨습니다. 김대중 대통령이 그걸 받아들였습니다. 이런 과정이 있어야 합니다. 이게 정치입니다. 진짜 국가 정책을 놓고 딜을 하는 것이 진정한 정치입니다. 내각제로 가면 결국은 합의제 민주주의로 가는 것이니 그런 딜의 과정이 지금보다 훨씬 많아질 것입니다. 정당이 능력이 있어야 내각제가 되는 게 아니라 내각제를 하면 정당의 능력이 생기는 것입니다. 타협 과정을 거치면 정당도 발전하고 의회도 발전하고 정치 전반이 성장을 한다는 것입니다.

장덕진 알겠습니다. 그러면 원장님은 이제 중대선거구제로 가야 한다는 소신을 40년 동안 가지고 계셨던 셈입니다.

이종찬 중대선거구제는 40년 전에도 주장을 했습니다. 저는 40년 전부터 1구 1인제에 반대했습니다. 그 이유는 제가 그때도 얘기를 했습니다. 호남에도 보수와 진보가 있고 영남에도 보수와 진보가 있는데 지역주의가 팽배한 현실에서 1구 1인제는 어느 한쪽을 몰살하는 것이라고 했습니다. 그것이 다 죽어 오늘과 같은 협치 불능 정치가 된 것입니다.

장덕진 40년 동안 많은 사람이 '중대선거구제를 해야 한다' 또는 '내각제를 해야 한다' 주장해왔는데 결국 안 되지 않습니까? 지난 정부에서도 선거법을 고쳤다가 위성정당을 창당하면서 무력화시키지 않았습니까?

이종찬 지금은 개혁이 안 됩니다. 개인적인 이해가 걸려 있을 때 국회의원들이 이를 뛰어넘지 못합니다. 작은 사람들입니다. 그래서 자기의 재선에 불리하기 때문에 선거법을 고치지 않습니다. 내각제로 가려면 개헌 사항인데 그것은 대통령이 자기 권력을 내려놔야 한다는 뜻이기도 합니다. 그러니 이게 어렵습니다. 그래도 그런 주장을 하면서 가야 합니다. 대통령제는 크든 작든 제왕적 대통령제로 자꾸 갑니다. 윤석열 대통령이 아무리 청와대에서 용산으로 옮겼어도 벌써 제왕이 되었습니다. 윤석열 대통령이 움직여야 모든 게 다 움직입니다. 그러니까 제왕적 대통령제는 아무리 대통령의 권한을 빼도 제왕은 남는다는 겁니다. 그 기능 자체가 제왕을 허용하는 상황이니 그렇습니다.

장덕진 원장님은 내각제로 가야 한다고 말씀하시면서 동시에 안 될 거라고 말씀하십니다. 어떻게 하면 가능하도록 할 수 있을까요?

이종찬 대통령 중임제를 가든 가지 않든 대통령제인 한은 제왕으로 가니까 지금부터 지식인층에서 이걸 근본적으로 바꾸자고 논의를 계속해야 합니다. 국무총리제는 원래 제헌 헌법에 있었습니다. 제헌 헌법의 최초 안은 내각제였습니다. 그런데 이승만 박사가 뒤집는 바람에 대통령제가 되었습니다. 다른 것은 다 내각제로 있으면서 대통령만 직선제로 바뀌어버렸습니다. 대통령제에 법무부 장관과 검찰 총장이 따로 있습니까? 같이 있습니다. 법무부 장관과 총장이 이렇게 병존하는 것은 내각제의 유습입니다. 미국은 법무부 장관이 검찰 총장을 겸하고 있지 않습니다. 우리나라의 민주주의가 이렇게 정착하기 어려운 이유는 남유럽 쪽의 성향 같은 것이 있기 때문에 그렇습니다. 이 점을 좋다 나쁘다로 판단하기보다는 국민성 자체가 그러니 그걸 바꿀 수가 있겠습니까? 그러니 여기서 제도적으로 국민의 성향과 기질에 맞게 잘 만들어서 조금 더 발전시키도록 제도를 만드는 방법밖에 없습니다.

협치의 길은 멀어져가는가

김남국 이제는 협치에 관한 논의로 넘어가겠습니다. 김황식 총리님은 여러 저서에서 브란트, 콜, 슈뢰더 등 독일 총리들을 주목하셨는데 한국의 리더십, 더 나아가서는 협치에 관련하여 어떤 교훈을 얻을 수 있을까요?

김황식 우리는 권력의 독점, 집중이 아니라 권력을 분산시키고 분산된 권력을 대화·타협·절충하여 국정을 운영함으로써 더 큰 국력을 만들어낼 수 있어야 합니다. 연정을 통한 협치가 이루어지는 독일을 참고할 필요가 있습니다. 또한 승자 독식을 가능케 하는 선거 제도를 개선하여 의석수가 정당 득표 비율에 비례하도록 하여 사표가 생기지 않도록 해야 합니다. 예컨대 우리나라의 소선거구제하에서는 정당 득표 비율이 40% 남짓임에도 의석은 50~60%를 차지하는 경우가 보통인데 이는 국민의 정당 지지 비율과 실제 의석수가 비례하지 않아 비민주적이라 하지 않을 수 없습니다. 이 불합리를 시정해야 합니다. 그리고 정당의 조직과 운영이 민주적으로 진행되도록 제도와 운영을 개선해야 합니다.

독일 총리의 리더십은 대화와 타협을 통해 문제를 해결하는 협치의 정신을 바탕으로 합니다. 예컨대 브란트는 정치를 할 때 '이것이냐, 저것이냐'가 아니라 '이것과 마찬가지로, 저것도 또한'을 늘 생각했습니다. 브란트는 역사적 숙명을 믿는 것에 항상 반대했습니다. 그는 양자택일식 결정을 대안이 없음을 선언하는 것으로, 정치적 무능의 증거로 간주했습니다. 이성과 상상력을 갖춘 인간은 성공적인 해결책을 끊임없이 찾았습니다. 타협이란 민주주의에서 양심의 문제에 저촉되지 않는 한 규범을 제시하는 것이라고 생각했습니다. 실제로 독일은 지금까지 한 번도 예외 없이 연립 정부로 상징되는 대화와 타협의 정치로 갈등과 대립을 최소화했습니다. 예외 없이 연정을 했습니다. 심지어 거대 제1 · 제2 정당, 그것도 우파와 좌파를 대표하는 정당들이 대연정을 하는 일도 여러 번 있었습니다.

독일 총리들은 자신의 철학과 소신을 갖고 국민을 설득하며 그 과정에서 직위 상실이나 선거 패배도 기꺼이 감수합니다. 헬무트 슈미트 총리가 소련의 핵무기 배치에 대한 맞대응으로 핵무기를 배치하는 이중결정 정책을 한 것이나, 게르하르트 슈뢰더가 경제 회복을 위하여 좌파 지지자의 반대를 무릅쓰고 하르츠 개혁으로 불신임 받아 선거에서 패배하여 총리직을 상실한 것도 그 예입니다. 한마디로 총리들의 통합, 협치의 리더십과 희생, 헌신의 리더십이 부강하고 모범적인 오늘의 독일을 만들었습니다.

정치의 본령이 대화와 타협이라고 할 때 이를 가장 잘 반영하는 제도가 독일의 사례에서 보듯이 의원내각제라고 생각합니다. 우리도 이제 개헌을 통해 의원내각제를 고려할 필요가 있다고 봅니다. 분단국가의 위기 관리를 이유로 대통령제를 합리화하던 시각도 이제 더 이상 유효하지 않습니다. 많은 이가 노태우 정부의 여소야대 시절에 의회가 원활하게 작동했고 타협을 통해 합리적인 국정 운영을 했다는 평가를 합니다. 의원내각제를 도입해서 국정 운영을 잘못하면 1~2년 만에도 총리가 바뀌고, 잘하면 메르켈처럼 10년 넘게 유지하는 것이 더 유연하게 민심을 반영하는 방법이라고 생각합니다. 정당 체제도 다당제로 바뀌면 좋겠는데요, 선거구제를 변경해서 소수 정당의 의회 진출이 가능하게 만들어야겠지요.

의원내각제가 당장 시행하기 어렵다면 행정부에서 대통령의 권력을 분산하고 견제하는 방안을 찾아야 하는데 총리임명권을 대통령으로부터 의회 선출로 옮기거나, 아예 선거 때부터 대통령과 총리 후보가 러닝메이트로 출마하는 방식도 있겠지요. 감사원은 현재 대통령 직속의 행정부 장으로 분류되니까 독립성을 위해 국회로 옮기자는 의견이 있는데, 이것은 사실상 대통령 영향력으로부터 떼어내 다수당의 영향력 아래 두겠다는 의미가 강해서 바람직하지 않다고 봅니다. 오히려 중앙선관위처럼 별도의 헌법기관으로 만드는 게 좋을 거예요. 어느 경우든 대통령이 각 기관의 고유한 업무와 권한을 존중하느냐 그러지 않느냐는 현실적인 변수가 작용합니다. 결국 정치 리더십이 제대로 발휘되기 위해서는 정치인 개인의 자질과 훈련도 중요하고 이를 담아낼 제도적 틀의 개혁도 중요합니다.

김남국 총리님은 최근 《소통, 공감, 그리고 연대》라는 책을 펴내셨고 총리 재직 직후 《연필로 쓴 페이스북, 지산통신芝山通信》이라는 책을 펴내면서 특별하게 소통과 공감에 대해 강조하셨습니다. 재직 시에 강조하셨던 소통의 리더십은 어떤 내용이고 우리 현실에서 어떤 문제 해결 능력을 갖는다고 보십니까?

김황식 사회 갈등 해소, 문제 해결은 원칙적으로 법과 원칙을 바탕으로 이루어져야 합니다. 그러나 법과 원칙의 적용에 앞서 충분한 소통과 화합 시도가 선행되어야 합니다. 최종적으로 법과 원칙에 따라 결론을 내더라도 그에 따라 손해를 입는 자에 대하여는 나눔과 배려가 뒤따라야 합니다. 이런 과정에서 소통이 문제 해결과 함께 갈등을 최소화하는 중요한 역할을 합니다. 이러한 원칙에 따라 갈등 과제를 해결하는 통합의 리더십이 중요함을 수차 강조했습니다. 제가 총리실에서 실제 해결했던 사례를 하나 소개하겠습니다.

이명박 정부는 공공기관 혁신 차원에서 한국토지공사와 대한주택공사를 통합하여 한국토지주택공사(LH공사)를 출범시켰습니다. 그러나 이미 한국토지공사는 전북혁신도시로, 대한주택공사는 경남혁신도시로 이전하기로 결정되었기 때문에 통합된 LH공사의 이전 지역을 전주나 진주 가운데 한 곳으로 결정해야 하는 문제가 생겼습니다. 당연히 전라북도와 경상남도의 의견이 첨예하게 대립되었습니다. 정부는 LH공사 지방이전협의회를 구성하여 여기에서 지방 이전 방안을 마련하고 국회 협의를 거친 후 지역발전위원회의 공공기관 지방 이전계획 변경 심의를 거쳐 이전 계획을 확정하도록 했습니다. 일괄 이전하는 방안과 장소가 정해지더라도 어느 한 지역이 이득이나 손해를 보지 않도록 양 혁신도시 간 형평성을 고려할 필요가 있습니다. 이른바 나눔과 배려입니다.

이 사안은 거대 공공기관의 지방 이전을 두고 지역적 차원에서 정책 결정의 합리성보다는 지역 차원의 정치적 합리성이 우선 판단 기준으로 작용하여 양 지자체 간 무한 대립이 진행되었던 사례였습니다. 비록 첨예한 지역 갈등으로 양 지자체 간 완벽한 의사 합치에 따른 정책 결정을 이루지는 못했지만, 최대한의 합의 도출을 위해 합리적인 원칙과 기준, 형평성까지도 고려하여 지역 갈등을 최소화한 사례입니다.

김병연 이에 대하여 송민순 장관님은 어떤 생각을 갖고 계십니까?

송민순 우리가 흔히 리더십, 협치 이야기를 많이 하는데 저는 정치인의 인격이나 도덕을 기대하는 것은 의미가 없다고 봅니다. 정치인의 인격 수준이 낮다는 말이 아닙니다. 현실을 직시하자는 것입니다. 정치인은 이상적인 목표를 추구하려 해도 힘이 있어야 실현이 가능하기 때문에 당연히 권력을 쟁취하는 데 모든 에너지를 집중합니다. 그런데 권력 쟁취는 물론, 권력을 잡고 나서도 유지가 최우선이기 때문에 협치, 공동체 정신, 리더십 같은 선의에 바탕을 둔 개념은 부차적인 것이 되어버리고 맙니다. 이런 정치 행위는 선의로 이루어지기보다는 현실의 강제에 의한 타협으로 이루어진다고 봅니다. 그래서 새 정부가 들어올 때마다 나오는 협치니, 초당적 외교니 하는 말은 전부 구호에 그치고 맙니다. 물론 극소수 예외가 있을 수도 있겠지만요. 결국 협치, 공동체, 리더십 같은 것을 강제하는 제도가 있어야 가능합니다. 그 한 방안으로 저는 내각제 개헌과 중대선거구 등 선거법 개정이 필요하다고 봅니다. 이렇게 되면 복수의 정당이 다양한 유권자의 요구를 반영하게 되고 결과적으로 연립 정부를 구성하지 않을 수 없게 됩니다. 연립 정부를 구성하게 되면, 어느 한 정당으로 권력이 쏠릴 수가 없지요. 이를테면 이인삼각처럼 되는 거예요. 연립 정부에서는 일견 정책의 추진 속도가 떨어지는 것처럼 보일 수 있지만 장기적으로 지속성이 유지되고 결국 효율도 개선될 것입니다.

김황식 총리님이 말씀하셨듯이 협치와 연정의 좋은 예는 독일입니다. 독일의 선거 제도는 연정이 불가피하게 만듭니다. 연정을 구성하면서 대략 200페이지에 달하는 합의서를 만들잖아요. 각 정책 분야별로 사전에 대강을 합의해서 집행에 적용합니다. 정책의 지속성과 관련해 예를 들자면, 독일이 통일되는 과정에서 자민당의 디트리히 겐셔가 각각 사민당, 기민당과 연정의 파트너로서 내무장관 5년, 외교장관 18년을 합쳐 총 23년에 걸쳐 양독 관계와 대외 정책을 관장했습니다. '정권 교체에도 불구하고 중간에서 정책의 연속성을 유지하는 역할이 없었다면 과연 독일의 통일이 가능했을까'라는 의문을 던지게 됩니다. 우리가 고속 성장할 시절에는 속전속결의 기조로 대통령제가 유리했지만 지금은 양보다 질이 중요한 단계에 와 있습니다. 안보의 기초가 되는 한미 동맹도 내각제 아래서 더 안정적으로 발전할 수 있습니다. 정책의 예측성과 지속성이 나아지기 때문이에요.

내각제를 하게 되면 검증되지 않은 의외의 인물이 총리나 장관이 될 가능성이 낮습니다. 오랜 기간 의정 활동 과정에서 자질과 역량이 검증된 인물만이 지도자가 될 수 있기 때문입니다. 유권자의 정치의식과 수준도 많이 변했다고 봅니다. 결국 정치·경제·안보·사회 모든 관점에서 볼 때 저는 내각제 개헌이 옳은 방향이라고 생각합니다. 오래전 내각제 실패의 경험이 미래의 길을 막는 현상은 이제 넘어서야 합니다.

김남국

고려대학교 정치외교학과 교수

우리 현대사의 주요 고비에서 현장에 있었던 원로들의 생생한 경험과 지혜를 기록으로 남기는 이번 기획은 정치학자로서 나에게 소중한 기회였다. 우리가 성취한 발전이 결국 공동체의 앞날을 위해 걱정하고 준비한 이들의 다양한 기획으로부터 시작했다는 점에서 이들의 아이디어가 어디에서 왔고 어떤 배경을 갖고 있었는지 기록하는 일은 앞으로 닥칠 미래를 준비하기 위해서도 중요하다.

우선 참가한 원로 모두가 사회 통합의 중요성을 강조했고 그 과정에서 리더십의 역할을 강조했다. 리더십의 역할을 제도화하기 위해 권력 구조를 바꾸는 개헌 문제가 언급되었고 우리가 집중해야 할 개혁 분야와 방향이 구체적으로 제시됐다. 이 모든 과정을 아우르는 것은 우리 사회를 향한 원로들의 절절한 애정과, 이러한 조언을 꼭 검토해주기 바라는 간절함이었다. 이 기획에 참여하면서 우리 사회가 이처럼 풍부한 경험과 통찰을 지닌 원로를 가졌다는 사실에 자부심을 느꼈고, 동시에 이들의 열정과 조언만으로 단숨에 해결할 수 없는 우리 사회의 갈등과 균열 구조의 복잡함을 생각하며 마음이 무거웠다.

우리에게는 국민이 위임한 권력을 사유화하는 대표자들을 어떻게 감시하고 통제해서 국민 주권을 강화할 것인가 하는 문제와, 이렇게 강화된 국민 주권의 원칙을 바탕으로 사회·경제적 불평등을 최소화함으로써 실질적 민주주의의 발전으로 어떻게 나아가느냐는 과제가 남아 있다.

한국의 법치 수준과 사법 제도의 발전 방향

Round-table 4

국가 원로

김황식

현역 학자

김남국

한국의 삼권 분립 훼손과 법치의 수준

한국의 법치주의는 제도 등 형식 면에서 선진국 수준에 이르렀으나 운영에서는 아직 미흡하다. 민주주의의 역사가 일천한 탓도 있지만 법치의 중요성을 인식하지 못하고 오히려 인치로 나아가려는 정치 지도자의 유혹이 사라지지 않기 때문이다. 사법부는 그동안 우리나라 민주화 등 다른 부문의 발전과 함께, 아니 조금 앞서서 발전해왔다. 그것은 우수한 인재들이 사법부에 모여 비교적 정치권에 휘말리지 않고 사명감을 갖고 일해왔기 때문이다. 그리고 정치권이나 사회에서도 사법부를 존중하고 간섭하지 않는 바람직한 분위기가 어느 정도 조성되어 있었다. 국제 사회에서도 한국의 재판 제도와 재판 수준을 긍정적으로 평가하였다.

그러나 최근 일부 정치 세력이 사법부에 과도한 영향력을 행사하려 하고 일부 법관들도 이에 부화뇌동하는 경향을 보여 법치주의나 사법권 독립이 흔들리는 우려스러운 현상이 나타나고 있다. 적어도 사법부는 지금 퇴보하고 있다고 보아도 무방하다. 이에 따라 삼권 분립의 기반 자체가 흔들리고 있는 것이다.

예전에는 법률과 양심에 따라 성실하게 업무하는 법관이 제대로 평가받고 승진하는 것이 당연한 관례였는데, 최근에는 기존 질서나 관행을 무시하고 평등과 다양성을 추구한다는 명목으로 합리적인 인사 기준이 무너지고 있다. 심지어 고등법원 부장판사 승진제도를 폐지하고 법원장을 법관들이 선출하는 제도까지 도입하고 있다. 그 결과 판사들이 국민을 위한 사법 봉사보다는 법관 개개인의 이해를 중시하는 분위기가 형성되고 있는 것도 사실이다. 이런 불합리한 제도 속에서는 공정한 인사, 그를 통한 법관의 국민에 대한 봉사는 뒷전으로 밀릴 가능성이 생겨난다. 이는 퇴영적 현상인 만큼 사회적 노력으로 시급히 시정되어야 할 것이다.

우리나라 삼권 분립의 성취와 반성

김남국 법조인 출신으로서 한국의 사법 현실에 대해 말씀해주실 수 있는 가장 적임자라고 기대되는데요. 삼권 분립의 측면에서 볼 때 우리의 근현대사와 발전을 조망해주시기 바랍니다. 시대사적으로 볼 때 삼권 분립이 어느 정도 지켜졌다고 보시나요? 어느 시대에 가장 잘 지켜졌다고 보시나요? 그리고 어느 시대에 가장 잘 지켜지지 않았다고 생각하시나요?

김황식 1948년 7월 17일 헌법이 제정되고 8월 15일 정부가 수립됨으로써 대한민국은 탄생했습니다. 제헌 헌법이 조선 왕조 시대와 일제 지배를 거치는 35년 동안 전혀 경험하지 않은 자유 민주주의와 자유시장 경제를 채택한 것은 당시 정치 지도자들의 탁월한 판단이었습니다. 이때 당연히 삼권 분립, 특히 사법권 독립의 원칙도 채택되었습니다. 그러나 이러한 제도에 대한 운영 경험이 없었고 또한 남북 분단, 이념 대결 등 비정상적인 상황을 겪다 보니 제도 본래 취지를 온전히 실현하는 데 한계가 있었습니다. 그래도 1972년 유신헌법이 제정될 때까지는 행정부와 사법부 사이에 작은 다툼이 없는 것은 아니었으나 그런대로 견제와 균형이 이루어지면서 자유 민주 국가가 지녀야 할 사법부의 면모를 유지했습니다. 김병로 대법원장의 사법부 독립에 관한 확고한 신념과, 이승만 대통령이 미국에서 체득한 민주주의 의식이 긍정적 역할을 했고, 그 전통이 이어졌기 때문입니다.

그러나 1972년 10월 유신헌법이 제정되고 긴급조치 등 비민주적 조치가 행해졌습니다. 이에 따라 국민의 저항은 심해지고 이를 통제하기 위한 방편으로 정부 측의 법원에 대한 통제가 가해지자 사법권 독립도 크게 흔들리기 시작했습니다. 이런 상태는 제5공화국 정부까지 계속되었습니다. 정부의 통제 수단은 주로 법관의 신분에 관한 인사권 행사였습니다. 제5공화국 초기 대법원장이 가지고 있던 일반 법관에 대한 임명권을 대통령이 가지게 되었습니다. 법관을 재임명하는 과정에서 수십 명의 법관을 사실상 퇴진시킨 것이 전형적 사례입니다. 이뿐만 아니라 법관의 판결 내용이 알게 모르게 승진 등 인사 자료로 활용되는 경우도 있었고, 이런 분위기가 법관에게는 압박 요소로 작용했습니다.

민주화 투쟁의 결과 1987년 헌법 개정이 이루어지며 사법권의 독립도 제도나 운영 면에서 정상으로 회복되었습니다. 일반 법관에 대한 임명권도 대통령에서 대법원장으로 돌아왔습니다. 이후 김영삼 정부나 김대중 정부도 사법권 존중 기조를 잘 유지했습니다. 특히 김대중 대통령은 본인이 법원에서 사형 판결을 선고받은 피해자임에도 불구하고 법원에 일체의 유감스러운 감정을 갖지 않고 법원을 존중했습니다.

제가 1999년 사법개혁추진위원회 위원으로 위촉되었을 때 경험한 일입니다. 위촉식에서 김대중 대통령은 "영국이 한때 어려움에 빠졌을 때 영국을 구한 것은 감리교, 언론과 법원이었습니다. 한 국가가 위기를 겪어도 종교와 언론 그리고 사법부만 살아 있으면 국민은 희망을 잃지 않으며 그 나라는 마침내 제자리로 돌아오는 것입니다"라고 말씀하신 것처럼 기본적으로 사법권 독립과 존중의 철학을 가진 분이었습니다. 대법원장과 대법관에 대한 인사도 비교적 합리적으로 이루어졌습니다.

김영삼 대통령과 김대중 대통령은 각 대법원장을 임명할 때, 지연 등 연결 고리가 있을 법한 분을 피하고 일부러 법원에서 존경받을 만한 분을 찾았습니다. 김영삼 대통령은 호남 출신으로 법조계에서 평판이 좋은 윤관 대법원장을 임명했고, 김대중 대통령도 호남 출신을 피하여 강원도 강릉 출신의 최종영 대법원장을 임명했습니다. 자기편 챙기기와는 거리가 멀었고 모두가 납득할 만한 인사였기 때문에 법원 내부에서도 만족했습니다.

노무현 대통령은 대법원의 다양성을 내세워 대법원 인사에 접근했습니다. 부분적으로 필요한 노력이지만 법원을 분열시키거나 정치화할 위험이 있다는 점에서 문제가 있었습니다. 노 대통령 취임 후 대법원장의 최초의 대법관 임명 제청에 대해 대통령이 불만을 제기했고 이에 동조하는 일부 법관이 대통령 측에 가담하여 제청 철회를 요구하는 이례적인 일이 벌어졌습니다. 기수 서열을 파괴하고, 서울대학교 외의 대학 출신과 여성을 배려하는 방식의 대법관 인사가 행해지자 의도한 취지와 달리 법원이 분열되고 법관들이 동요하는 일이 생겼습니다.

이런 현상은 문재인 정부에서 극에 달했고 그 폐해가 현실화되었습니다. 법원의 정치화, 편 가르기, 법원 신뢰의 실추, 재판 지연 등의 현상이 나타났습니다. 피해는 결국 국민에게 돌아갔습니다.

김남국 삼권 분립을 훼손시키는 원인은 무엇이고 그것에 대한 방어책은 무엇입니까?

김황식 정치 권력이나 행정부에는 각자 목적을 달성하기 위하여 사법부를 이용하고자 하는 유혹이 있게 마련입니다. 그리고 정치성을 띤 시민 단체도 마찬가지입니다. 사법권의 독립은 입법부 등 정치권력, 행정부와 부당한 여론의 압력에서 벗어날 때 가능합니다. 그러기 위해서 법관 각자가 투철한 사명감을 갖고 업무에 임해야 하는 것은 당연하지만, 먼저 법관이 법률과 양심에 따라 일할 수 있는 여건과 분위기가 조성되어야 합니다.

그 출발점은 대통령과 대법원장입니다. 대통령과 대법원장의 삼권분립과 사법부 독립에 관한 확고한 의식, 그리고 이를 위한 역할이 중요합니다. 대법원장과 대법관에 대한 대통령의 독단적인 인사권을 통제할 수 있는 제도적 장치를 마련할 필요가 있습니다. 지금도 국회의 동의를 얻어 임명하지만 이것만으로는 미흡하고, 적어도 대법원장 임명은 객관적이고 중립적인 대법원장 추천위원회를 법률로 구성하여 인선에 신중을 기할 필요가 있습니다.

국민을 위하여 성실하게 일하는 법관이 제대로 평가받는 합리적 인사 제도가 마련되어야 합니다. 공정하고 합리적인 인사 제도의 확립이 사법권 독립의 핵심 요소입니다. 외부 압력에서 법관을 보호하고, 공정하고 합리적 인사를 통하여 법관의 사기를 진작시킬 수 있는 대법원장을 뽑는 것이 사법권 독립을 위한 최우선 과제입니다.

김남국 한국의 법치는 어느 수준까지 왔다고 보시는지요? 사법부는 국민의 요구와 국제적 수준에 맞는 역할을 충분히 수행하고 있나요? 한국 민주주의의 발전 과정에서 민주주의와 법치주의는 어떤 관계이어야 하고 만약 필요하다면 한국에서 삼권 분립과 법의 지배는 어떻게 개선되어야 할까요? 특히 지난 정부에서 대법원장의 구속으로까지 이어진 상고 법원 설치 문제 등 법원 조직 개혁과 관련한 내용에 대해 말씀해주시면 고맙겠습니다.

김황식 한국의 법치주의는 제도 등 형식 면에서 선진국 수준에 이르렀으나 운영에서는 아직 미흡합니다. 민주주의의 역사가 일천한 탓도 있지만 법치의 중요성을 인식하지 못하고 오히려 인치로 나아가려는 정치 지도자의 유혹이 사라지지 않기 때문입니다.

우리나라 사법부는 그동안 민주화 등 다른 부문의 발전과 함께, 아니 조금 앞서서 발전해왔습니다. 그것은 우수한 인재가 사법부에 모여 비교적 정치권에 휘말리지 않고 사명감을 갖고 일해왔기 때문입니다. 그리고 정치권이나 사회에서도 사법부를 존중하고 간섭하지 않는 바람직한 분위기가 어느 정도 조성되어 있었습니다. 국제 사회에서도 한국의 재판 제도와 재판 수준을 긍정적으로 평가했습니다.

그러나 최근 일부 정치 세력이 사법부에 과도한 영향력을 행사하려 하고 일부 법관도 이에 부화뇌동하는 경향을 보여 법치주의나 사법권 독립이 흔들리는 우려스러운 현상이 나타나고 있습니다. 적어도 사법부는 지금 퇴보하고 있다고 보아도 무방할 것입니다. 예전에는 법률과 양심에 따라 성실하게 업무에 임하는 법관이 제대로 평가받고 승진하는 것이 당연한 관례였습니다. 하지만 최근에는 기존 질서나 관행을 무시하고 평등과 다양성을 추구한다는 명목으로 합리적인 인사 기준이 무너지고 심지어 고등법원 부장판사 승진제도를 폐지하고 법원장을 법관들이 선출하는 제도까지 도입하여 국민을 위한 사법 봉사보다는 법관 개개인의 이해를 중시하는 분위기가 형성되고 있는 것도 사실입니다. 이런 불합리한 제도 속에서는 공정한 인사, 그를 통한 국민에 대한 법관의 봉사는 뒷전으로 밀릴 가능성이 생겨납니다. 이는 퇴영적 현상인 만큼 사회적 노력으로 시급히 시정되어야 할 것입니다.

판사는 주관, 소신, 철학보다는 객관적 양심에 따라 재판에 임합니다. 판사가 누구냐에 따라 재판의 결과가 달라지는 것은 바람직하지 않습니다. 라틴어로 양심conscientia은 '함께con 알고 있는 것scientia'이라는 의미입니다. 그 사회가 공통적으로 갖고 있는 객관적인 기준으로서 양심이 있고 거기에 따르다 보면 자기의 사적인 소신과 다른 재판 결과가 나올 수도 있습니다. 양심이나 소신에 반하는 성직자는 용서받을 수 없지만 판사는 그렇지 않습니다.

저는 개인적으로 사형제에 반대합니다. 사형제는 예방 효과가 기대한 것만큼 크지 않고, 오판의 가능성을 안고 있으며, 정치적으로 악용될 소지가 있습니다. 물론 종교적으로 그리고 철학적으로 인간이 인간의 생명을 박탈하는 것에 대한 회의가 있습니다. 그러나 국민의 법 감정에 기초하여 그 시대가 정한 법률에 따라 두 차례 사형 결정에 관여한 바 있습니다. 사형 선고를 피할 수 있는 모든 가능성을 찾아봤지만 어쩔 수 없는 결정이었습니다. 다만 당시 사형 선고를 받은 피고인의 사형 집행이 아직 이루어지지 않고 있어서 조금 안도하고 있습니다.

사법 민주화에 대하여

김남국 법치주의는 민주주의의 핵심 요소입니다. 따로 분리하여 생각할 수 없습니다. 한 나라의 법치주의 수준은 그 나라의 수준을 말해주고 그것이 국가 경쟁력으로 연결된다고 생각합니다. 어떻게 생각하시나요?

김황식 외국 기업이 다른 나라에 투자 여부를 결정할 때 고려하는 요소 중의 하나가 법치주의의 확립과 사법권 독립 여부입니다. 그러므로 법치주의의 확립과 법치주의의 효과적 실현을 위해 삼권 분립이 절대적으로 필요합니다. 이를 위해 법관의 독립과 함께 합리적 제도 설정이 중요합니다.

그 가운데 상고심 제도를 어떻게 구성할 것이냐가 문제가 됩니다. 즉 3심제를 취하고 있는 우리나라에서 대법원 상고를 무제한으로 허용할 것이냐, 아니면 상고를 제한하여 소수의 중요 사건만 상고심에서 다루도록 할 것이냐 하는 문제입니다. 후자의 입장은 12명의 대법관이 있는 대법원에서 현실적으로 제한 없는 상고 사건을 처리할 능력이 없으니 중요한 사건만 처리하자는 것입니다. 그러나 이는 국민의 3심 재판 욕구를 차단하니 부당하다는 것이 전자의 입장입니다.

이 문제를 해결하기 위하여 대법관 증원을 포함한 대법원 인적 구성의 개편, 상고 제한 사유의 합리적 설정 등 다양한 논의가 필요합니다. 지난한 문제이지만 어쨌든 해결해야 합니다. 현재 제도 운영으로는 충실한 3심 재판이라는 평가를 받지 못하고 국민의 불신이 커지고 있는 상황입니다.

김남국 사법 민주화는 중요한 이슈이고 사법 과정에 국민의 목소리를 반영한다는 취지는 올바른 방향이라는 생각이 듭니다. 그러나 부작용도 있겠지요. 상고심 제도는 어떻게 개선되어야 하나요?

김황식 부작용에 대한 예방도 철저하게 해야 합니다. 법원장 직선제의 경우 교육감 직선제처럼 개인에 대한 판단이 아닌 진영 논리에 따른 판단으로 재판이 대중 인기에 영합하는 방향으로 흐를 가능성이 있습니다. 각급 법원장 임명은 경험 많은 판사들의 지혜를 존중하여 법원 내부에서 해결할 수 있다고 봅니다. 국민 참여 재판을 부분적으로 시행하고 있습니다만 우리 헌법은 법관에 의한 재판을 규정하고 있어서 구속력 없는 의견 제시에 그치고 있습니다.

저는 미국식 배심제보다는 독일식 참심제를 통한 국민 의견 반영이 더 좋다고 봅니다. 미국식 배심제가 재판부와 의견 교환 없이 일반 시민으로 구성된 배심원의 독립적인 심의를 이끌어낸다면, 독일식 참심제는 재판부 3인 판사에 더해 일반인 2명이 참여하여 사실상 5인으로 재판부를 구성한 후 판사와 시민이 사실 관계와 법리 검토를 통해 충분히 의견을 주고받음으로써 재판 본래의 의미를 구현하는 차원이나 비용과 시간의 효율성 차원에서 훨씬 좋다고 봅니다.

상고심 제도에 대해 말씀드리면, 국민이 상고 제한에 반대하며 최종심으로서 대법원의 판단을 받아보려는 기대는 충분히 이해합니다. 그러다 보니 상고 사건이 많아지고 대법원의 업무량이 폭주하고 적체되어 심리에 오랜 시간이 걸립니다. 또한 모든 사건에 상고를 허용하게 되면 정작 대법원에서 충실하게 심리해야 하는 중요한 사건이 묻혀서 휩쓸려가는 수가 많습니다.

이 문제를 해결하기 위한 방안으로 우선 대법관 인원을 늘리는 안이 있습니다. 예를 들어 현재 12명인 대법관을 20명 정도로 늘리는 것입니다. 이때 문제점은 대법원의 본래 업무인 법령 해석의 통일을 위해 전원합의체 운영에 어려움이 있다는 것입니다. 20명이 모여서 효율적으로 회의를 하고 합의를 한다는 것은 사실상 쉽지 않습니다. 그러니까 인원을 늘리는 것은 근본적인 해결책이 되지 못합니다.

다음으로, 대법원 조직을 이원화해서 대법원에 대법관과 대법원 판사를 두고 예컨대 대법관 1인과 대법원 판사 2인이 하나의 재판부를 구성해 함께 일하면 업무 처리 속도가 빨라질 수 있습니다. 세 번째 대안이 상고 법원 설립입니다. 늘어나는 상고 사건들을 처리하기 위해 상고 법원을 두게 되면 4심제가 되는 문제가 생기는데 이렇게 해서 대법원으로 갈 사건을 거른다 하더라도 국민이 대법원 판단을 구해보고자 하는 기대가 충족된다고 보기 어렵기 때문에 근본적으로 문제가 해결된다고 보지 않습니다.

저는 기본적으로 3심제를 유지하면서 1~2심에서 충실히 사건을 심리해야 한다는 점을 지적하고 싶습니다. 법관이 각 하급심이 최종심이라는 자세로 임해야 합니다. 이를 위해서는 법관의 높은 사명감과 역량 개발 훈련이 필요하고, 최종적으로 사건 폭주로 인한 3심제 운영의 물리적인 부담을 줄이기 위해 상고 사유를 제한하는 것에 대한 국민의 양해가 필요합니다.

합리적 제도 개선에 못지않게 중요한 것이 정치 지도자를 포함한 국민 모두가 법치의 중요성을 인식하는 것입니다. 우리 국민의 법의식은 법이 공동선을 이루기 위해 필요한 것이라기보다는 국가의 통치 수단, 강자를 위한 도구로 인식하는 경향이 있습니다. 이를 불식하고 교정하는 노력이 필요하고, 시대 변화에 맞추어 국민이 공감하고 국제 기준에 맞는 제도 개선의 노력이 함께할 때 법치주의는 완전하게 이루어질 것입니다.

법치주의와 사법 제도의 미래

김남국 앞으로 사법 제도는 어떤 방향으로 변화하고 발전되어야 한다고 생각하시나요? 우리나라의 검찰 제도나 사법부, 법원은 어떤 방식으로 개편 또는 개선이 필요한가요?

김황식 무엇보다 시급한 과제는 합리적 인사 제도의 확립입니다. 또한 현재 사법 제도와 관련하여 국민의 요구는 심리의 충실화와 신속한 재판입니다. 이를 위해 하급심에서는 재판부의 전문화, 민사 사건의 집중 심리, 형사 사건의 공판 중심주의를 통하여 그 목적을 달성할 수 있도록, 이를 위한 제도의 정비와 실천에 법원이 노력을 기울여야 할 것입니다.

김남국 국민 참여 재판, 검찰 및 헌법재판소에 대해서는 어떻게 생각하시나요?

김황식 국민 참여 재판, 즉 배심제를 확대 도입할 것인지, 아니면 폐지할 것인지가 검토되어야 합니다. 현재 우리나라에서는 형사 사건에서 국민 참여 재판이라는 이름으로 일반 시민이 법관이 진행하는 재판에 참여하여 유·무죄 및 양형에 관한 의견을 제시하는 제도를 두고 있습니다. 그러나 모든 형사 사건이 아니라 피고인이 희망하고 재판부가 수용하는 경우에만 국민 참여 재판을 하고, 또 일반 시민 참여자의 의견이 법관을 구속하지 못하는 권고적 의견에 지나지 않는다는 점에서 미국의 배심제와는 다릅니다. 무늬만 배심제입니다. 헌법상 재판은 법관에 의해 행해지므로, 일반 시민이 재판에 참여하여 구속력 있는 의견을 내는 것은 위헌이기 때문입니다. 이 제도 도입을 위한 인적·물적 여건도 갖춰지지 않았습니다. 일종의 작은 실험에 불과한 것입니다.

미국식 배심제를 도입하려면 헌법이 개정되어야 합니다. 헌법 개정 시 논의될 것으로 예상되지만 배심제 도입은 불필요하다고 생각합니다. 재판을 위해 교육과 훈련을 받은 법관을 제치고 일반 시민이 구속력 있는 재판을 한다는 것은 모순입니다. 더구나 배심제 도입의 역사적 배경이나 실정을 무시하고 무작정 미국식 배심제를 도입하는 것은 우리 형편에 맞지 않습니다. 사법의 민주화라는 그럴듯한 명목으로 도입되었지만 백해무익한 제도이므로 장차 폐지하여야 할 것입니다.

재판에 국민 의견을 반영하는 것이 필요하다면 차라리 독일식 참심제를 도입하는 것이 낫습니다. 참심제는 재판부에 일반 시민을 참여시키되 법관과 참심원이 동등한 지위에서 함께 논의하여 결론을 도출하는 제도입니다. 미국식 배심제는 법관이 배심원의 논의에 관여하지 않는다는 점에서 참심제와 다릅니다. 참심제에서는 논의 과정에서 참심원이 법관의 설명을 충분히 듣고 이를 참고하여 결정하므로 엉뚱한 결론을 낼 가능성이 그만큼 줄어듭니다.

검찰은 나름대로 사명감을 갖고 사정 기관의 역할을 해왔으나 일부 검사들의 정권과의 밀착, 인권 침해적 수사 관행, 전관예우, 경찰과의 관계에서 과도한 수사권의 독점 등으로 인하여 국민의 신뢰를 잃은 것도 사실입니다. 그러나 사회가 발전하고 그만큼 투명해지고 있어 그런 일부 불합리는 점점 시정되고 있습니다. 최근에 정치권에서 정치적 목적 달성을 위해 검찰을 이용하고 심지어 이른바 검수완박이라는 극단적 조치를 함으로써 국가 수사 체계가 혼란에 빠지고 말았습니다. 법치주의의 후퇴이자 민주주의의 후퇴입니다. 궁극적으로는 검찰이 공소 유지의 기능, 경찰이 수사 기관으로서 역할을 하여야 할 것입니다. 그러나 검찰은 경찰에 대한 수사 지휘 감독권이나 보완 수사 및 필요한 최소한의 직접 수사권도 갖도록 해야 할 것입니다. 이처럼 검경 간의 합리적 수사권 조정이나 역할 분담을 통하여 범죄 처단에 의한 사회 기강 확립과 함께 인권 침해를 방지하는 본래의 기능을 하도록 하여야 할 것입니다. 아울러 이중 조사의 부담을 줄여 국민 편의를 도모해야 합니다. 무엇보다도 수사 기관으로서 경찰의 역량을 지금의 검찰 수준으로 높이는 것이 필요합니다.

우리나라는 1987년 개헌으로 헌법재판소 제도를 도입했습니다. 당시 연구가 미흡한 상태에서 독일 제도를 참고했습니다. 그동안 헌법재판소가 국민의 헌법 의식 고양 등 긍정적 역할을 했지만 미흡한 제도 설계로 인하여 대법원과의 관계에 혼란이 생겼습니다.

헌법재판소가 단순 위헌 결정을 넘어 한정 위헌 결정(법률 조항을 어떤 식으로 해석하면 위헌이라는 일종의 조건부 위헌 결정)까지 하는 바람에 이것이 법원의 법률 해석권을 침해하는 것은 아닌지, 그 연장선에서 헌법재판소가 한정 위헌 결정과 달리 법률을 해석한 법원 판결을 취소할 수 있는지를 둘러싸고 생기는 문제입니다. 쉽게 해결될 것으로 보이지 않습니다. 헌법 개정을 통하여 양 기관의 관계를 정리하는 것이 남은 숙제입니다.

김남국 앞으로 사법부가 정치와 견제와 균형을 잘 유지하려면 차단벽을 더 높이고 스스로 혁신해야 할 것 같은데 이를 위한 구체적 방안은 무엇일까요? 재판 제도나 판사들의 자질, 역량의 획기적 변화를 가져와야 한다는 비판에 대하여 어떻게 생각하시나요?

김황식 구체적인 방안으로는 첫째, 사법부가 본래 기능을 다하기 위하여 입법부, 행정부에서 독립하여 상호 견제와 균형을 이루어야 합니다. 법관 개개인의 투철한 사명 의식과 더불어 제도적 뒷받침이 갖춰져야 합니다.

먼저 인사의 독립입니다. 대법원장 추천위원회를 법률로 정하여 대통령이나 국회의 정치적 고려보다는 법조계와 국민의 존경을 받는 분이 대법원장이 될 수 있도록 하여야 합니다. 대법관도 현재 추천위원회를 두고 그 근거를 법원 내규로 정하고 있으나 이를 법률로 구체적으로 정하여 운영 기준을 더 확실하게 하여야 할 것입니다.

둘째로는 법원의 인적·물적 요소의 확충입니다. 필요한 인력 확충이나 시설을 위한 예산 확보 등이 현재 행정부와 국회의 통제를 받고 있으나 사법권 독립을 위해서는 사법부에 자율권을 주어 자체적으로 결정할 수 있도록 해야 합니다. 물론 국가 전체 운영의 관점에서 사법부가 모든 것을 독자적으로 결정하게 할 수는 없으나 사법부의 특수성과 독립성을 고려하여 특별한 조치나 배려가 필요합니다.

셋째, 헌법이 정한 법관 탄핵도 재검토할 필요가 있습니다. 법관의 신분 보장을 위해 둔 제도이지만 최근 정치적으로 이용되어 오히려 법관의 독립을 침해하는 수단으로 이용되고 있습니다. 법관 신분 박탈에 관련된 징계의 경우, 법관 탄핵이라는 국회에 의한 제재보다는 법무부 장관, 대한변호사협회 회장, 법학교수협의회 회장 등 법원 외부 인사와 내부 인사로 구성된 위원회가 처리하도록 할 필요가 있습니다.

법원에 대한 불신과 함께 재판 업무 처리에 대한 불만도 점증하고 있습니다. 예컨대 재판 지연에 대한 국민의 불만도 그 하나입니다. 물론 법관 수에 비하여 사건이 많아 생기는 현상이라고 볼 수도 있지만 재판 제도 개선을 통해서도 부분적으로 해결할 수 있는 문제입니다. 사건의 집중 심리와 판결서 작성 부담 경감 방안 등을 연구, 도입하면 해결될 수 있습니다. 법관이 재판에 전심전력을 다하도록 유도하는 각종 사법 행정적 조치도 필요합니다. 방법은 얼마든지 있습니다.

법관의 자질과 역량은 좋은 재판을 위해 당연히 필요합니다. 현대 사회가 복잡 다기해짐에 따라 법관도 그에 대응하여 올바른 판단 능력을 갖추어야 합니다. 법관도 개인적으로 노력해야 하지만 법원 차원에서 직무 연수 교육을 통해 법관의 사건 처리 능력을 고양해야 합니다. 특히 글로벌 시대에 폭넓은 시야를 갖도록 해외 연수 등을 확대할 필요가 있습니다.

또한 한 법관이 모든 분야에 능통할 수 없기 때문에 법관도 전문 분야를 정해 특화할 필요가 있고, 또 법원이나 재판부도 전문화하여 사회 변화에 선도적으로 대응해야 합니다. 그러나 법관도 개인 취향이나 선호에 따라 이른바 인기 있는 분야로 몰리는 경향도 있습니다. 이를 잘 조정하여 법원 전체 능력이 고양될 수 있는 제도 설계가 이루어져야 합니다. 결국은 대법원장의 풍부한 경험과 식견에 의한 리더십이 사법부 발전의 요체입니다.

한국 경제의 발전 경로와 지속 가능한 미래

Round-table 5

국가 원로		현역 학자	
김종인	최상용	김남국	김병연
윤동한	정덕구	장덕진	권현지
김대환	김도연	김은미	
이광형			

고도 성장의 전략적 특성과 위기 관리

한국 경제가 오늘날과 같은 풍요와 번영의 사회로 발전하게 된 배경에는 수많은 전략적 요소와 운명적 선택이 있다. 이러한 여건과 환경의 숙성은 한국인 특유의 기와 끼 그리고 생존 본능과 어우러져 발군의 역량을 발휘했다. 우리나라의 개발연대를 관통하는 경제 정책의 전략적 특성을 요약하면 ① 외자 도입 정책과 ② 내자 동원 정책을 통해 조달한 자본과 자원을 ③ 기업가 정신과 결합한 정부 주도의 압축 성장 정책이라고 할 수 있다. 당시 정부 주도하의 경제 정책 결정 구도에 있어서 3자의 파워 엘리트가 존재했다. '정치권 - 관료 그룹 - 기업 집단'의 3각 지배 구조가 고도의 정합성을 이루며 철저한 견제와 균형을 유지했다. 그리고 다양한 비용을 통제하는 수단으로서 기능을 충분히 수행했다고 볼 수 있다. 박정희식 개발 모형의 성공 요인 중 또 하나의 요인은 산업 정책 추진 과정에서 발생할 수 있는 지대 추구 행위가 상대적으로 관리 가능할 정도로 작았고 이것이 경제적 효율성을 크게 저하시키지 않았다는 것이다. 박정희 대통령 사후의 경제 정책 기조는 관료권의 퇴조와 정경 유착이 심화된 시기였다. 이 과정에서 기업들은 몸집 키우기 경쟁과 정경 유착을 통한 과잉 투자에 골몰했다.

세계화, OECD 가입 등 개방 정책에 상응하는 국내 체질 개선 노력이 부족했고 환율 정책도 너무 경직적으로 운영되어 1997년 위환 위기의 원인을 제공했다는 질책을 면할 수 없다. 한편, 우리가 깊이 반성해야 하는 것은 산업 정책의 낙후다. 조립 산업 중심의 산업 구조로 만성적인 경상 수지 적자 요인이 되었고 외환 위기의 씨앗이 되었다. 외환 위기 극복은 온 국민의 희생과 협조 덕분이었다. 그러나 풍요와 번영을 얻은 뒤 우리 모두는 스스로 자존감, 자기 정체성의 문제를 생각하게 되었다. 그러면서 한국 특유의 관계의 미학이 깨지기 시작한다. 공동체 속의 '나'가 아닌 개체인 '나'를 찾고 싶어 한다.

한국 경제 내부의 갈등 요소

국가 조직을 만들고 제도와 정책을 만들던 시기에 관료 등 이를 주도하던 사람들의 감각은 시대에 뒤떨어지지 않았다. 이제 미래를 위해서 제일 중요한 것은 국민과의 조화이다. 그러기 위해서는 양극화 해소가 선행되어야 한다. 그러나 성장과 분배 관계나 자본과 노동 관계도 어디까지나 자본주의 시장 체제 내에서 상호 인정을 통한 평화 공존으로 해결할 수밖에 없다. 우리에게 부족했던 점은 경제적 성과가 여러 사회적 요인들과 연결되어서 나온다는 사실을 경시했다는 점이다. 경제는 사회 전체의 한 부분이라는 생각하에 좀 더 넓은 시야를 가지고 경제 문제를 바라봐야 한다.

한국 경제의 미래가 향하는 곳

우리에게는 아직도 강렬한 성취 동기가 남아 있고 역동성도 충분히 존재한다. 다만 정치·사회적 환경 요소는 점점 조악해졌다. 이러한 정치·사회적 환경이 개선되면 우리 국민은 일본식 잃어버린 시대를 맞지 않고 또 다른 미래 세계를 일구어나갈 수 있다. 한국은 물적 자본과 인적 자본의 확충을 통해 중진국 함정을 넘어섰고 사회 투명성을 제고하여 선진국 대열에 합류하고 있다고 평가받는다. 그러나 아직 신뢰와 투명성, 사회적 갈등 관리 역량 등이 성숙되지 못해 사회 갈등과 분노가 깊게 자리잡고 있다. 실질적으로 선진국 문턱을 넘지 못한 '선진도상국' 단계에 머물러 있으니 이 부분이 가장 큰 취약점이다.

한국 경제는 앞으로 긴 안목을 가지고 목표와 방향성을 세워야 한다. 무엇보다 교육이 중요하다. 창의성과 도전 정신이 훨씬 더 중요하고 그에 맞는 멀티라인의 교육 제도로 전환해야 한다. 근대 국가가 발생하고 안정적으로 발전하는 데 산업화, 민주화와 더불어 이를 뒷받침할 사회적 합리성이 중요하다. 사회적 합리성이 제대로 뿌리박지 못한 채로 이뤄진 산업 발전과 민주주의는 지속 가능성이 보장되기 어렵기 때문이다.

고도 성장의 전략적 특성과 위기 관리

김병연 한국 경제가 짧은 시간에 고도 성장에 성공한 것은 독특한 전략과 적절한 위기 관리 역량에 힘입은 바가 크다고 생각됩니다. 이에 대한 이사장님의 견해는 무엇입니까?

정덕구 한국 경제가 오늘날과 같은 풍요와 번영의 사회로 발전한 것은 수많은 전략적 요소와 운명적 선택이 배합된 귀결이라 하겠습니다. 우리는 수천 년간 대륙에 막혀 국력 확장에 실패하고 세계의 흐름을 대륙적 시각에서만 바라보는 폐쇄회로에 갇혀 있다가 민족중흥의 기회를 상실했습니다. 그러나 그 후 오랜 식민 통치와 민족 분단, 절대 빈곤을 겪으며 우리 국민은 분발하고 분투했습니다. 이승만 대통령이 정부 수립을 통해 한국이 해양 세력과 친화하는 가운데, 뒤이은 냉전 체제에서 한국의 생존 전략은 미국이 주도하는 세계 정치·경제의 흐름에 동참하는 것이었습니다. 이것은 국가 발전에서 긍정적인 환경적 요소를 제공했습니다.

뒤이어 들어온 박정희식 개발 모형은 이러한 환경적 요소를 바탕으로 한 것이었습니다. 절대 빈곤을 퇴치하고 수출 주도형 산업화 전략을 중심으로 세울 수 있었던 것도 우리가 자유 세계의 일원으로서 해양 세력의 일부가 되었기 때문에 가능했습니다. 이러한 여건과 환경의 숙성은 한국인 특유의 기와 끼 그리고 생존 본능과 어우러져 발군의 역량을 발휘했습니다. 실로 박정희식 개발 모형은 오래 담금질한 국민의 '헝그리 정신'과 도전 정신을 바탕으로 완성되었다고 볼 수 있습니다. 이 또한 우리의 전략 선택이 아닐 수 없습니다. 우리가 냉전 체제하에서 대륙 세력에 그대로 묶여 있었다면 오늘날 풍요와 번영의 선진국 시대를 열 수 있었겠습니까? 그 이후 박정희의 분투, 전두환의 뚝심, 노태우의 지혜, 김영삼의 창조적 파괴, 김대중의 외환 위기 극복과 민주적 산업 사회 리더십은 우리를 꿈의 2만 달러 국가로 올려놓았습니다.

금세기 들어 노무현, 이명박, 박근혜, 문재인 4명의 전직 대통령들에게 나름의 공과가 분명하지만 그들도 시대의 흐름에 따라 인적 자본화에 어느 정도 기여한 것을 부인할 수 없습니다. 우리는 이렇게 특유의 전략 선택과 위기 극복 역량을 바탕으로 압축 고도화의 길을 걸어왔으며, 물적 자본화에 이은 인적 자본화 등 자본화 성숙 과정을 통해 오늘의 부강한 문화 산업 국가로 발전했습니다. 그러나 신뢰, 자산 등 사회적 자본은 크게 증가하지 않아 선진 사회로의 이행은 더딘 편입니다.

김병연 우리나라의 개발 연대를 관통하는 경제 정책의 전략적 특성은 무엇이었습니까?

정덕구 한마디로 외자 도입 정책과 내자 동원 정책을 통해 조달한 자본과 자원을 기업가 정신과 결합한 정부 주도의 압축 성장 정책이라고 할 수 있습니다. 정부 주도하의 자본 동원과 정책 금융을 수단으로 하여 민간 기업에 자본을 공급하며 외국 기업의 직접 투자를 최대한 억제하여 국내 기업을 육성한 것이었습니다. 이것이 오늘날 글로벌 기업으로 성장한 대기업 육성의 출발점이었습니다. 소위 매판자본론을 불식하고 국내 기업을 성장 엔진으로 삼은 것입니다. 민간 기업이 직접 부담해야 할 각종 리스크 비용을 정부가 부담해주는 대신 정부의 경제 발전 전략 부문에 집중 투자되도록 한 것입니다. 당시로서는 매우 독특한 전략이었으며 압축 고도화를 견인했습니다.

김병연 경제 발전 초기에는 어떤 경제 정책을 누가 결정했습니까? 그 메커니즘은 얼마나 오래 유효했습니까?

정덕구 당시 정부 주도하의 경제 정책 결정 구도에 있어서 3자의 파워 엘리트가 있었습니다. 바로 '정치권-관료 그룹-기업 집단'의 3각 지배 구조가 고도의 정합성을 이루며 경제 정책 방향 설정부터 자원 조달, 투자 집행, 모니터링 등 전 분야에 걸쳐 철저한 견제와 균형을 유지했습니다.

그 중심에 경제 정책 관료들이 있었습니다. 그러나 정치는 관료를 견제하고, 관료는 재벌을 견제했으며, 재벌은 정치 자금을 공급하며 국가 발전 목표에 대한 고도의 집중력을 발휘했습니다. 우수 인재가 관료 사회로 모여들고, 신규 창업이 붐을 이루고, 정치는 필요한 법률을 제정했습니다. 이런 경제 정책의 3각 지배 구조가 잘 작동되고 정합성을 이룬 데는 박정희 대통령이라는 균형자, 최종 결정자가 있었기 때문입니다. 박 대통령이 국정 구석구석을 챙겼기 때문에 어느 한쪽도 사적 이익이나 집단 이익을 위해 행동하지 못했습니다.

그러나 박정희 대통령 사후 3각 지배 구조는 흔들리게 되고 정합성에 균열이 생겼습니다. 정치권이 지배 구조의 상위 개념으로 올라서고 기업이 그들과 곧바로 영합하면서 정경 유착의 고리가 형성되기 시작합니다. 경제 발전 전략에서 기업의 비중이 커진 반면 관료 사회는 정책 집행자로서의 역할이 제한되었습니다. 정경 유착은 전두환, 노태우 대통령 때 파열음을 내며 과잉 투자, 부실 금융의 길을 가다가 1997년에 이르러 외환 위기의 단초를 제공합니다.

김병연 경제 발전 과정에서 한국 국민의 정신세계, 민족적 기질이 중요한 요인 중 하나였다는 의견에 동의하십니까?

정덕구 역사적으로 한국은 반도 국가로서, 한국 국민은 해양 기질과 대륙 기질이 혼합된 모습을 보여왔습니다. 대륙적 기질이 잠재된 큰 스케일과 함께 해양적 진취성도 함께 농축되어 있는 것으로 평가됩니다. 그리고 기마 민족성과 농경 정착민의 속성을 동시에 갖고 있어 평시에는 변화를 싫어하는 농경민성이 발휘되어 안정을 희구하지만 위기에 봉착하면 기마 민족, 유목민적 기질로 고도의 돌파력을 발휘합니다.

박정희식 개발 모형은 우리 민족의 유목민적 돌파력과 해양 기질을 자극하여 진취적 발전 전략의 중추적 역할을 하도록 견인했습니다. 이것이 압축 성장, 압축 고도화를 이루는 데 빼놓을 수 없는 요소였다고 생각합니다. 우리는 치욕적인 일제강점기와 민족 분단의 아픔을 딛고 일어서 경제 발전 과정에서 수많은 위기를 잘 극복할 수 있었습니다. 우리에게 잠재해 있던 유목민적 결집력과 돌파력, 기와 끼 그리고 생존 본능이 발휘되었기 때문이고 국가 지도력이 이를 이끌어내는 데 성공했기 때문이라고 생각합니다.

김병연 박정희 대통령 이후 한국 경제를 주도하던 관료와 대규모 기업 집단의 관계는 원만했나요?

정덕구 정치, 관료, 대기업의 관계는 3자 간의 생산적 상호 작용을 통해 국가 주도 성장 전략에서 발생할 수 있는 다양한 비용을 통제하는 수단으로서의 기능을 충분히 수행했다고 볼 수 있습니다. 특히 관료와 기업은 전략 산업의 육성에서 기업가 정신을 접목시키는 데 상호불가분의 관계를 형성했습니다. 관료들의 자원 동원력과 선별지원 정책이 기업가 정신을 통해 고도의 효율성과 생산성으로 발휘되었습니다. 관료들은 기업의 사리사욕과 과잉 투자를 철저히 견제했고 박정희 대통령 또한 온갖 정보기관을 통해 모니터링하고 철저히 관리했습니다. 당시 관료 사회는 세계 경제 흐름과 국가 전략 정보에 있어서 기업보다 우위에 있었고, 최소한 정책 관료들은 애국심과 헌신 그리고 자기 희생 정신으로 불타고 있었습니다. 이러한 생산적 상호 작용은 박정희 대통령 사후 계속 약화되었습니다. 그리고 정책의 중심이 사회 정책으로 점차 이동하고 민간의 자율과 창의를 중시하는 민간 주도 경제가 자리잡으면서 관료의 역할은 상대적으로 약화되었습니다. 기업은 세계 시장에 더욱 가까이 있었고 관료의 선별지원권은 축소되었으며 정치는 기업과 직접 거래하며 정경 유착이 점점 심해졌습니다. 한마디로 '정치권-관료-재벌'이라는 개발 경제의 3각 파워 엘리트 간의 영합 구조는 이 단계에서 와해되었습니다.

김병연 그러면 정치권과 대기업 간의 관계는 어떻게 변해왔다고 생각하시는지요?

정덕구 박정희식 개발 모형의 성공 요인 중 또 하나는 산업 정책 추진 과정에서 발생할 수 있는 지대 추구 행위Rent Seeking Behavior가 상대적으로 관리 가능할 정도로 작았고, 이것이 경제적 효율성을 크게 저하시키지 않았다는 것입니다. 한마디로 특혜 추구 본능이 상호 견제 장치에 의해 상당 부분 억제될 수 있었다는 것입니다. 특히 정치권이 구체적인 정책 결정에 개입할 여지가 크지 않았습니다. 정치권의 역할은 경제 정책의 절차적 정당성을 부여하는 데 있었습니다. 이것이 인도나 중남미 국가와 다른 점이었습니다. 정치권과 관료 사이에는 긴장감이 유지되었고 경제 정책은 정치 논리와는 독립적으로 실행되었습니다. 이것이 박정희식 경제 발전 전략의 성공에 크게 기여했다는 지적에 모두가 공감합니다. 그러나 관료 사회는 정치권과 청와대 등 권력 기관으로부터 철저한 검증과 견제를 받았습니다. 중국 당국은 이 부분에 가장 큰 관심을 갖고 연구해왔으며, 특히 관료 부패가 최소화될 수 있었던 방법론에 대하여 많은 연구를 집중해왔습니다.

김병연 좀 더 구체적으로 박정희 대통령 사후에 전두환 정부 시기의 경제 정책 기조는 어떻게 변했습니까?

정덕구 한마디로 관료권의 퇴조와 정경 유착이 심화되었습니다. 무엇보다도 개발 경제 단계에서 벗어나고 개방 체제로 서서히 이동하면서 관료권의 위상은 크게 약화되었고 기업의 역량이 확대되는 과정에서 정부가 이를 통제하는 것은 애당초 불가능했습니다. 국회의원들은 지역구의 민원 전달에 관심이 더 많기도 했지만, 전두환 정부의 권위주의 정권하에서 정치 파워 엘리트의 생성은 불가능했습니다. 관료의 퇴조와 정치권의 역량 부족으로 클 대로 커진 재벌을 통제하는 것은 대통령과 청와대 외에는 불가능해진 것입니다. 이것이 정경 유착의 씨앗이 되지 않았나 생각해봅니다.

이후 청와대의 비중은 커지고 경제 정책의 견인차였던 경제기획원의 역할은 크게 약화되었습니다. 결국 전두환 정부는 경제 안정화 정책을 추진하면서 관료권의 세력을 약화시키고 상대적으로 기업 집단의 영향력을 과도하게 키우는 빌미를 제공했습니다. 그리고 일부 기업 집단과 제왕적 대통령 간 특혜와 정치 자금의 대칭적 거래 관계 속에 정경 유착이 심화되었습니다. 이 점에서 정치 자금과 경제적 지대의 직접적·대칭적 거래를 불허하던 박정희 대통령 시대와는 구별됩니다. 이 시대에는 한국 경제가 전환기로 접어들었고 많은 변화와 개혁이 요구되었습니다. 그런데 재벌들의 문어발식 투자나 과잉 투자를 억제하고 조정할 견제 장치는 작동되지 못했습니다.

김병연 노태우 대통령은 세계 정치의 전환기에 북방 외교에 힘을 기울이며 상당한 성과를 거두었다는 평가를 받습니다. 87년 체제의 첫 단임 대통령이었으나 경제 정책 분야에서는 괄목할 만한 성과를 보여주지 못한 것 같습니다. 그 이유는 무엇이라고 생각하십니까?

정덕구 무엇보다도 정치 체제의 민주화와 개방화 요구가 거세던 한국 사회의 전환기, 여소야대 상황에서 과감한 경제 정책을 수행하기에는 한계가 있었습니다. 권위주의에서 민주주의 정치 체제로의 전환, 폐쇄 경제에서 개방 경제로의 전환을 강력하게 밀고 나가야 했지만 노태우 대통령은 자유방임형 리더십으로 대응하며 국정을 흐름에 맡기는 스타일이었습니다.

이 시대 관료들은 점점 역할을 제한받았고 전환기의 견인차 역할을 할 수 없었습니다. 그럼에도 대통령의 방임형 리더십은 관료들에게 더 많은 역할을 강요했고 관료들은 경제 정책의 불확실성 속에서 최종 결정의 위험 부담을 안게 되었습니다. 이는 관료 사회의 위험 회피 본능과 안전 욕구를 키워 보신주의와 무사안일 자세를 확산시켰습니다. 기업들은 경제 정책 방향에 대한 불확실성 속에서 정부에 대한 불신을 키우고 정책 실효성은 반감될 수밖에 없었습니다. 이 과정에서 기업들은 몸집 키우기 경쟁과 정경 유착을 통한 과잉 투자에 골몰했습니다.

김병연 기업 집단의 성장이 본격화된 전두환 대통령 시대, 노태우 대통령 시기에 한국 사회의 권력 집단으로서 기업의 위상이 확고해졌는데, 그것이 대마불사의 신화로 이어지고 결국 1997년 외환 위기의 단초를 제공했다는 지적이 있습니다. 이에 대해 어떻게 생각하십니까?

정덕구 전두환 대통령 시기에 기업 집단들은 중화학공업과 첨단 산업의 제조업 그리고 금융업 등에 적극 진출하며 몸집이 엄청나게 커졌습니다. 정부의 산업 구조 개편 과정에서는 막대한 경제적 지대를 획득하기도 했습니다. 이러한 상황은 노태우 대통령 때까지 이어졌고 한국 사회의 권력 집단으로서의 위상을 확고히 하는 계기가 되었습니다. 더욱이 1986년 공업발전법 제정 이후 민간의 자율이 중시된 반면 자율에 따른 책임은 크게 늘지 않아 퇴출 장벽이 높아지고 대마불사의 신화는 정경 유착의 비법과 함께 점점 보편화되었습니다. 자본 시장 발달로 은행의 선별 자금 없이도 사업 확장이 가능해졌고, 대외 신인도가 높아져 해외 현지 금융 비중도 높아졌습니다. 대기업 집단의 위상은 국제 사회로까지 확장되고 대기업은 정부의 대외 정책에서 견인차 역할까지 하게 되었습니다. 그러나 이것은 대기업에게 약보다는 독이 되었고 동아시아 위기가 한국에까지 확장될 때 많은 대기업이 희생되는 빌미를 제공함으로써 우리 경제사에 오점으로 남았습니다.

김병연 1997년 외환 위기는 우리에게 어떤 상처와 교훈을 남겼나요? 그것은 막을 수 있는 재앙이었나요? 또한 일부에서 주장하는 대로 위장된 축복이었나요?

정덕구 화산은 지각 변동이 일어날 때 지표면의 가장 약한 부분을 뚫고 분화한다고 합니다. 한국은 동아시아 위기 때 최대의 희생자였는데, 한국 경제의 체질이 취약해졌기 때문에 그곳을 강타당한 것이었다고 생각합니다. 물론 단기적 위기 관리에 실패한 것은 김영삼 정부 당국의 책임이 크겠지만 1987년 이후 정치 체제, 경제 전환, 사회 변동 요인들이 용틀임할 때 전환기 관리에 실패한 전두환, 노태우, 김영삼 정부의 공동 책임이라는 생각도 해봅니다. 미리미리 체제 변화에 따른 체질 개선을 왜 못했고 실물 부문의 변화에 금융은 왜 대응하지 못했는가 하는 문제도 우리의 불찰입니다. 가장 근접해서는 세계화, OECD 가입 등 개방 정책에 상응하는 국내 체질 개선 노력이 부족했고 환율 정책도 너무 경직적으로 잘못 운영되었다는 질책을 면할 수 없습니다.

우리가 깊이 반성해야 할 부분은 산업 정책의 낙후입니다. 우리 산업은 오랫동안 조립 산업 위주의 구조를 공고히 해왔고 세계 제조업의 총아가 되었습니다. 그러나 그것은 만성적인 경상 수지 적자 요인이 되었고 고성장 시대일수록 수입 유발 효과를 키워서 경상 수지의 적자를 구조화했습니다. 이렇게 국제 금융 체제가 혼돈과 위기에 빠질 때 한국 같은 저신용 국가는 해외 자본 시장 접근성이 떨어지고 보유 외환이 빠져나가게 되어 만성적인 유동성 위기의 함정에 빠집니다. 1997년 동아시아 위기나 오일 쇼크 때 크고 작은 외환 위기에 직면한 데는 바로 이러한 산업 구조의 결함이 근저에 깔려 있었기 때문입니다.

다행스럽게도 김대중 정부는 외환 위기 수습 후 산업 구조의 일대 혁신을 추진했습니다. 바로 부품 소재, 중간재 산업 육성에 나선 것입니다. 이때 국가 보조금의 대부분을 조립 산업 대신 부품 소재 산업에 투입하고 전자 부품 연구소, 자동차 부품 연구소에 방대한 자금을 투자했습니다. 그 후 2008년 이후 중국 특수가 시작되었을 때 한국의 부품 소재, 중간재 산업은 중국의 핵심 수출 품목으로 등장합니다. 돌이켜보면 외환 위기 발생 10년 전부터 이러한 산업 구조 개편, 금융 구조 개혁을 시작했다면 우리는 1997년 동아시아 위기의 희생자가 되는 것을 막을 수 있지 않았을까 생각합니다.

외환 위기 수습 후 우리는 뒤늦게 내부의 구조적 결함을 발견하고 대대적인 구조 개혁을 성공적으로 실시했습니다. 외환 위기를 겪은 후에야 개혁의 필요성을 깨닫고 적극 추진한 것입니다. 이것은 우리 국민과 정책 당국에게 경종이 되었고 그런 면에서 위장된 축복이었는지도 모릅니다. 이때 국민이 하나가 되어 생존과 회생을 위해 몸부림쳤던 것은 우리 국민의 위대한 승리였습니다.

김병연 1997년 외환 위기와 2008년 세계 금융 위기를 겪으며 우리는 한국 경제의 구조적 결함을 발견하고 치유의 길을 모색해왔습니다. 그런데 그 추동력이나 결집력은 매우 미약합니다. 우리 국민은 서서히 미래에 대한 불안감 속에서 지쳐가고 있습니다. 일본이 1990년대 이후 겪어온 잃어버린 30년의 길을 한국이 답습하는 것은 아닌가 하는 낙담 같은 비관론도 있습니다. 이러한 현상을 어떻게 진단하십니까?

정덕구 사실 우리는 많은 것을 성취했습니다. 국민은 쉴 새 없이 달려왔고 이제 한숨 돌리려고 앉아 보니 옛날이 생각나고, 부모는 부모대로 자식은 자식대로 더 이상 예전처럼 숨 가쁘게 뛰고 싶지 않을 것입니다. 그래서 풍요와 번영을 손에 넣은 후 모두는 자존감과 자기 정체성을 생각하게 됩니다. 지난 시절 우리는 모두 일벌이었다는 것, 그리고 정신적으로 지쳐 있다는 것을 깨닫고 자신을 돌아보는 시기에 있다고 생각합니다. 이것은 소득 효과와 대체 효과에 따른 욕구 체계 변화와 직결되어 자아 인식이 커지는 자연스러운 전환기 현상입니다.

그러면서 한국 특유의 관계의 미학이 깨지기 시작합니다. 국가와 나의 관계, 공동체 속의 나의 관계, 가족과 나의 관계, 친구, 친척과 나의 관계에서, 공동체 속의 나가 아닌 개체인 나를 찾고 싶어 합니다. 열심히 뛰어오다 잃어버렸던 자아를 찾다 보니 일견 이기적이고 자기중심적으로 보일 때도 있습니다. 그러나 이것은 우리가 갖고 있는 특유의 DNA가 아닙니다.

우리에게는 아직도 강렬한 성취 동기가 남아 있고 역동성도 충분히 존재합니다. 다만 정치·사회적 환경 요소는 점점 조악해집니다. 국가 리더십은 혼돈에 빠지고 정치의 인물 생태계는 그레샴의 법칙Gresham's law에 빠져 악화가 양화를 구축합니다. 중요 인물이 보이지 않으니 정치에 관심이 없고 정치인들의 행태를 보고 낙담합니다. 그들이 제시하는 길은 젊은이들 마음에 들지 않습니다. 젊은 국민의 시선은 2030년에 꽂혀 있는데 아직 정치인은 1990년대에 매달려 있습니다. 이러한 정치·사회적 환경이 개선되면 우리 국민은 일본식 잃어버린 시대를 맞지 않고 또 다른 미래 세계를 일구어 나갈 수 있습니다.

김병연 한국은 어떻게 중진국 함정에서 벗어날 수 있었나요? 이를 위해 어떤 비용을 치렀다고 생각하십니까?

정덕구 대개 국민 소득이 1만 달러에 이르면 국민의 욕구 체계가 급격히 변한다고 합니다. 중진국 함정은 국민 욕구 체계의 변화 속도를 해당 국가의 물적 자본 및 인적 자본의 확충 속도가 따라가지 못하는 부조화 현상에서 비롯된다는 것이 정설입니다. 대개 인간은 물적 자본이 충족되고 빈곤에서 벗어나면 생리적 욕구가 충족되었다고 믿습니다. 그러나 그 단계를 넘어서면 국가 사회의 인적 자본이 확충되어 자아 실현의 욕구가 충족되기를 희망합니다.

국민 소득이 오르면 소득 효과에 따른 대체 효과가 나타나는데, 이것이 국민의 욕구 체계와 직결됩니다. 한국의 경우 소득 1만 달러에 이른 1995년부터 국민의 욕구 체계가 급상승했다고 분석되지만 자존과 민주적 자결이라는 최상위 욕구 체계는 이미 1980년대 중반에 태동하며 민주화의 길을 갔으니 한국 국민은 더 일찍 민주정치를 경험한 것입니다. 욕구 체계가 급변하는 시기에 한국은 외환 위기와 세계 금융 위기를 맞게 되었는데 이 과정에서 우리는 창조적 파괴와 국가 사회적 구조 개혁을 추진했습니다. 이러한 국가 위기 극복 과정에서 추진된 창조적 파괴는 우리가 중진국 함정에 빠지지 않고 선진화의 길로 향하는 데 크게 기여했습니다.

역설적으로 발전도상국가에서 관리 가능한 범위 내에서 위기가 발생하면, 이것이 창조적 파괴의 단초를 제공하고 개혁과 혁신에 대한 국민적 합의를 더 쉽게 도출한다는 가설도 있습니다. 그러나 동남아시아 국가나 중남미 국가 중에는 큰 위기를 겪고도 창조적 파괴를 이루지 못하거나, 개혁과 혁신보다는 포퓰리즘 정치에 빠져 과거로 되돌아가며 중진국 함정에서 벗어나지 못한 사례가 많습니다. 우리는 선진국에 진입했지만 계속 발전하기 위해서는 사회적 자본과 신뢰 자산을 축적해야 합니다.

김병연 한국은 이제 경제 선진국이 되었다고 보십니까?

정덕구 한국은 물적 자본과 인적 자본의 확충을 통해 중진국 함정을 넘어섰고 법적 투명성을 제고하여 선진국 대열에 합류하고 있다고 평가합니다. 이것은 전후 135개 신생 국가 중 유일한 사례로 인정받고 있습니다. 그러나 아직 신뢰와 투명성, 사회적 갈등 관리 역량 등이 성숙하지 못해 사회 갈등과 분노가 깊게 자리 잡고 있어 '선진도상국' 단계에 머물러 있으니 이 부분이 우리의 가장 큰 취약점이라 하겠습니다. 더욱이 국가 리더십이 국민의 욕구 분출을 적정선에서 자제시키고 선진 신뢰 사회로 이행하기 위한 혁신에 성공하지 못하면 완전한 선진국 진입은 멀어지게 됩니다.

선진국이 되려면 경제 발전과 더불어 정치·사회·문화적 요소가 함께 균형 있게 발전해야 합니다. 그동안 경제는 빠르게 성장하고 발전했지만 그만큼 국민의 정신세계가 성숙하지 못해 국민은 혼란 속에 소외되고 대다수 국민이 삶에서 행복감을 느끼지 못하고 있습니다. 경제 성장의 성과 배분에서도 자본가, 창조적 소수자, 그리고 그들의 후예들에게 배분이 집중되고 노동자나 비창조적 다수자에게는 극히 적은 배분이 이루어지며 경제적·사회적 양극화나 소득·자산의 양극화가 심화되고 있습니다. 이에 따라 사회는 단층화되며 분열·분노·대립의 사회 생태계가 형성되고 있습니다. 이것이 한국의 미래에 부정적 요소로 작용하는 것입니다.

또 다른 사회적 신뢰 자산인 투명성·법치·사회 통합은 일정 수준까지 향상되었으나 선진 사회로 이행하기 위한 사회적 자산의 축적에는 크게 못 미치는 상황입니다. 문화 부문에서 외형적 발전은 괄목할 만하지만 정치·사회적 규범의 퇴락이 심화되어 국민의 도덕적·윤리적 품격이 상실되고 성취 뒤에 도사린 허영·천박성·수치심의 소멸·사회적 무책임·팬덤 정치·여론의 저속화 등이 더욱 확장되고 있습니다. 더욱이 과거 부정과 미래에 대한 무책임이 보편화되고 있습니다. 국가 주도 세력은 극단적 편향성과 판단력 왜곡 현상에 빠지고 사회 이해 충돌이 정리되지 못하고 팽만화되고 있습니다. 한국의 성취와 저력에 대한 지나친 자만심이 분열의 씨앗이 되어 역사 앞에서 겸손하지 못하고 현실 문제 앞에서 성실하지 못하니, 이것이 한국 고유의 역동성을 갉아먹고 있다고 생각합니다.

한국은 '갈등 선진국'으로 불릴 만큼 이념·계층·세대·노사·지역·교육·젠더 갈등이 팽배해지고 있는데, 이러한 갈등을 해소할 만한 정치 리더십은 인물과 역량 부족에 허덕입니다. 인구 절벽, 자살률, 낙태율, 고아 수출국 1위의 한국이 선진국 대열에 오를 수 있겠습니까? 이 모든 현상이 '선진도상국증후군'을 형성하고 있는 것입니다.

어떻게 해야 선진도상국증후군을 해소할 수 있을까요? 먼저 관계의 미학을 회복해야 합니다. 지구와 인간의 관계, 공동체와 개인의 관계, 가족, 이웃과 나의 관계를 회복시키며 국가 사회의 기본적 균형 관계, 즉 자유와 책임, 시장 체제와 사회 안전망, 창조적 소수와 비창조적 다수 사이의 균형 관계를 회복해야 합니다. 더불어 선진국의 기초 여건인 신뢰 자본, 사회적 신뢰 자산을 축적해 사회 갈등, 분노 대립 구도를 해소해야 할 것입니다. 지금 우리는 이를 위한 분수령에 서 있다고 생각합니다.

한국 경제 내부의 갈등 요소

권현지 해방 이후 70년 한국 현대사를 경제학자 입장에서 회고해본다면 어떻게 평가하시겠습니까?

김대환 우리는 근대로 넘어오는 과정에서 많은 불행을 겪었지만, 어떤 면에서는 다행이라고 할 만한 점이 있습니다. 운이 좋았다고 할 수 있는 점도 있습니다. 다음과 같은 몇 가지 점에서 그렇습니다.

우선 무엇보다 인적 자원이 우수했습니다. 워낙 배가 고팠기 때문인지 '헝그리 정신'으로 부지런하고 성실하게 일하는 사람이 많았습니다. 그 점 하나만으로도 우리는 동시대 다른 나라들보다 훨씬 좋은 조건에 있었던 것입니다.

또 한 가지 다행이었던 점은, 국가 조직을 만들고 제도와 정책을 만들던 사람들의 감각이 시대에 뒤떨어지지 않았습니다. 앞서가는 다른 나라들을 어떻게든 배우려고 했기 때문이겠지만 그런 '열망' 또한 중요한 자원이었다고 할 수 있습니다. 제가 학부 때 사무엘슨이나 케인즈보다는 미르달[11]과 같은 학자를 좋아했던 이유이기도 했고, 돌이켜 보면 미국이 아니라 영국으로 유학을 간 데에도 그런 영향이 있었습니다.

권현지 당시 환경은 어떠했습니까?

김대환 제가 학부를 다닐 때인 1960년대 말~1970년대 초 대학에서는 박정희 정부의 경제개발 5개년 계획을 놓고, 가르친 교수님들도 배우는 학생들도 모두 비판적이었습니다. 어느 쪽에서 보든 개발 독재였다는 점은 분명했기 때문입니다. 경제적 성과만 보면 획기적인 정책이었다고 할 수 있지만, 그런 성과가 가능했던 것은 당시에 우리를 둘러싼 국제 환경이 좋았기 때문이기도 합니다. 1950년대부터 1973년까지가 세계 자본주의의 황금기였고, 국제적 자유 무역 체제 속에서 개발도상국들은 여러 가지 특혜를 받을 수 있었습니다. 특히 한국은 자유 진영의 쇼윈도 국가 역할을 했기 때문에 수출 주도 전략이 주효했고 계속 성장할 수 있었습니다. 그런 국제 환경이 한국의 운이 좋았다고 말할 수 있는 이유라고 할 수 있습니다.

비슷한 환경에 있었던 남미 국가들은 우리만큼 성과를 내지는 못했습니다. 우리는 전쟁 직후에 수입 대체 전략으로 가다가 수출 주도 성장으로 넘어갔는데 남미 국가들은 수입 대체에 집중하다가 그대로 경제가 가라앉았습니다. 이런 차이를 만든 데에는 앞에서도 말한 '헝그리 정신'과 '똘똘 뭉쳐서 이겨내보자, 우리 힘으로 일어서보자'는 식의 민족주의라고도 할 수 있는 특징이 작용했습니다. 그러다 1970년대 오일 쇼크가 온 시점에 국가의 기간 산업이 경공업에서 중화학으로 넘어간 것도 시의적절했습니다.

제가 앞에서 우리가 지녔던 운을 이야기했지만, 그럼에도 그런 전환이 가능했던 것은 단지 운이 좋았기 때문이라고 할 수는 없습니다. 저는 1980년대 유학했을 즈음 우리 정부의 역할, 경제개발 계획 등을 높이 평가하지 않은 편이었는데, 의외로 유학 시절에 만난 학자들이 한국의 관료들을 칭찬하는 말을 자주 들었습니다. 특히 옥스퍼드대학교 이브닝 세미나에서 만난 미국의 월트 로스토우가 한국의 경제 관료를 굉장히 높이 평가하며 칭찬하는 말을 듣고는 제 생각을 돌아보게 되었습니다.

한국에 와서 정부 공무원들을 보니 유능하기는 했습니다. 정치적 풍향에 민감하다는 것이 문제였는데, 역설적으로 개발 독재 시절에는 공무원들이 일관되게 일할 수 있었던 것 같기도 합니다. 또한 가까이 지냈던 아마티아 센[12]이 한국의 수출 지향 성장 전략을, 그러지 못한 인도의 경우와 대비하여 높이 평가한 것은 약간 충격이었습니다. 왜냐하면 당시 저는 인도의 마할라노비스와 같은 국민경제학파의 경제 발전 담론에 경도되어 있었기 때문입니다. 인도와 같이 자원이 풍부하고 내수시장이 넓은 나라에서 빈곤이 만연했던 것은 성장 전략의 차이에서도 기인함을 깨닫게 되었습니다.

김병연 경제 분야의 핵심과 관련된 질문부터 먼저 여쭙겠습니다. 한국경제학회에서 최근에 설문 조사를 했습니다. 차기 정부가 지금 성장에 중점을 두어야 하는지, 양극화를 해소하는 데 중점을 두어야 하는지 경제학자들에게 물었습니다. 다수의 경제학자는 '성장'이라고 답했습니다만 저는 '양극화 해소'라고 답했습니다. 성장은 민간이 주도하는 것이지 정부가 주도해서는 안 된다는 생각이었습니다. 반면 양극화 해소는 정부가 주도할 수밖에 없고 지금 해야 한다고 생각했습니다. 그렇게 되어야 말씀하신 출산율도 높일 수 있고, 사회 긴장도도 하락하기 때문에 경제에도 도움이 된다고 봅니다. 같은 질문을 선생님께 드린다면 어떻게 답하시겠습니까?

김종인 미래를 위해서 제일 중요한 것은 국민의 조화입니다. 그러기 위해서는 양극화 해소가 가장 선행되어야 합니다. 저는 양극화가 해소되지 않으면 성장도 안 된다고 봅니다. 양자택일을 하라고 하기보다, 양극화를 해소해야 정상적인 성장을 할 수 있다는 논리가 맞다고 생각합니다. 예를 들어서 양극화가 너무 심해져 사회적인 충돌이 생긴다면 어떻게 정상적으로 성장할 수 있겠습니까. 어차피 성장은 세계 시장의 여건에 따라서 맞춰서 갈 수밖에 없습니다. 거기서 파생되는 것이 국내 사회 문제입니다. 이것을 정부가 해결하지 못한다면 어떤 성장이 가능하겠습니까. 예를 들어 세계화가 심화하면 할수록 국내 사회 문제는 점점 복잡해집니다. 이 문제를 해결하기 위해서는 정부 영역이 확대될 수밖에 없습니다. 이런 논리적 구조를 이해하지 못한 채 '성장이냐, 양극화 해소냐'라고 분리해서는 문제를 해결할 수 없습니다.

지금 우리나라 정도 수준이 되었으면 민간 기업이 생존하기 위해 노력하는 가운데 성장이 이루어질 수 있습니다. 지금 어떤 이유로 인해 우리가 성장하기 어려운가요? 슘페터의 이론대로 성장하려면 혁신이 일어나야 합니다. 그런데 혁신은 새로운 상품을 생산한다든지, 새로운 기술이나 원료를 개발한다든지, 기업과 산업의 새로운 구조를 만드는 것을 의미합니다. 그런데 이런 것 중에 어느 것이 정부 주도로 가능하겠습니까. 우리 수출 기업들, 특히 대기업들은 국내 경제 여건보다는 세계 경제 여건에 맞추어갈 수밖에 없습니다. 그렇다면 기업 활동과 기업 자율에 맡겨야 합니다. 여기에 정부가 도울 수 있는 부분은 아주 제한적입니다. 성장은 자유롭게 기업 활동을 한 결과인데 이를 정부가 인위적으로 끌어올리려 하면 부작용만 발생합니다.

김병연 선생님께서 그동안 강조하시던 '경제 민주화'와 약간 다른 이야기로 들릴 수 있을 것 같습니다.

김종인 경제 민주화를 오해해서 그런 것입니다. 시장 경제에서는 정부가 쓸데없는 간섭을 하지 않는 것이 좋습니다. 기업이 할 수 있는 것은 기업에게 맡기고, 그 안에서 법을 제대로 지키게 만들어 줘야 한다고 생각합니다. 힘이 있다고 법을 안 지키고 마음대로 가는 그런 시스템은 시장 경제에 부합하지 않습니다. 그러면서 기업이 활동할 수 있는 소위 행동 방향을 정해주고 그 공간을 확대해주고 거기에서 파생되는 문제만 정부가 해결하려고 애를 쓰면 됩니다. 글로벌 사회에서 기업이 국제 경쟁력을 확보하려면 룰에 따라 움직여야 하는데 여기에 정부가 개입을 하면 안 됩니다.

이런 식으로 경제를 운용한 모든 결과가 반드시 사회 발전에 좋은 것은 아닙니다. 어떤 경우는 국내적으로, 사회적으로 큰 문제가 발생할 수도 있습니다. 소득 불평등이 그 예입니다. 그렇다면 이것을 시정하는 노력만 정부가 해야지 다른 역할을 하려고 하면 안 됩니다. 옛날에는 정부가 주도를 했지만 이제 정부는 민간이 활동한 결과를 관리하는 방향으로 나아가야 합니다. 경제 민주화도 경제와 사회를 조화시키기 위한 방법입니다. 결과적으로 경제 민주화가 안 되면 포용적인 국가가 될 수 없다는 뜻입니다.

최상용 성장과 분배, 자본과 노동은 기본적으로 경제(학)의 영역이나 그 사상적 뿌리는 정치 철학의 영원한 물음인 자유와 평등에 관련되어 있습니다. 성장과 자본은 자유 개념에 연결되어 있고 분배와 노동은 평등 친화적인 개념입니다. 애덤 스미스, 마르크스, 케인즈로 이어지는 경제사상사의 상식으로 보면, 공산주의 이론의 바이블인 《자본론》은 자본주의를 비판한 최고 수준의 고전이지만, 그것을 실천한 최초의 사회주의적 혁명 정권인 소련 체제가 붕괴함으로써 자본주의 대안으로서의 공산주의 세력은 적어도 서구에서는 멸망하고 말았습니다.

그런데 중국, 베트남 등 아시아의 공산당 1당 국가는 자본주의로부터 시장 경제를 받아들여 사회주의적 시장 경제를 정당화하고 있습니다. 다른 한편 자본주의 국가에서도 사회주의로부터 계획 개념을 받아들여 자생력을 발휘하기도 했습니다. 요컨대 범세계적으로 시장 경제의 보편성은 확인된 셈입니다. 자본주의 시장 경제와 자유 민주주의를 헌법 정의로 규정하는 대한민국에서, 자유와 평등 관계는 기본적으로 자유 가치를 중심축에 놓고 평등 문제를 해결해야 한다는 함의가 있습니다. 같은 문맥에서 성장과 분배 관계나 자본과 노동 관계도 어디까지나 자본주의 시장 체제 내에서 상호 인정을 통한 평화 공존으로 해결할 수밖에 없습니다.

김남국 우리는 오랫동안 성장과 분배, 자본과 노동 사이의 갈등을 보아왔고 지금도 양자 사이에는 협력보다는 대립의 개념으로 대칭되고 있습니다. 이 문제는 국민 통합을 저해하는 원인이 되었습니다. 이러한 갈등 구조를 선순환 구조로 바꿀 방안은 없을까요?

최상용 저성장과 소득 양극화의 악순환에 허덕이는 한국에서 성장과 분배, 자본과 노동의 선순환, 평화 공존을 위한 실천적 지혜를 찾는 것은 중장기 과제이며 국민 통합을 통해서만이 가능한, 참으로 어려운 작업입니다.

우선 성장과 분배의 관계를, 극단적 갈등의 관계가 아니라 평화 공존의 관계로 지속할 수 있을까요? 저는 양극화 완화에 관심을 가지면서 인간의 이기심, 욕구 체계의 문제를 성찰할 때마다 아리스토텔레스와 애덤 스미스를 생각하게 됩니다. 두 사람은 정도의 차이는 있으나 이기심을 핵심 개념으로 각기 인간과 정치, 인간과 경제를 학문적으로 체계화한 석학이지 않습니까? 그런데 아리스토텔레스는 이기심을 인간의 자기 실현과 국가 발전의 동인으로 받아들이면서도 타인의 선善을 배려한 분배적 정의를 제시하여, 근·현대 경제·사회 영역의 정의론에서 원뿌리의 역할을 하고 있습니다. 애덤 스미스는 이기심을 열쇠 개념으로 하여 자본주의 시장 경제의 이론 체계를 확립한 경제 자유주의자였습니다. 그리고 부자와 빈자의 평화 공존에 대한 일관된 공감을 갖고 있었습니다.

다음으로 생각해야 할 것은 4차 산업혁명과 기후 변화 협약과 같은 급격한 사회 변화 시기를 맞이하여 변화할 자본과 노동의 관계입니다. 저는 정치 철학의 개념으로서 자본과 노동에 지속적인 관심을 가져왔지만 자본과 노동 어느 쪽도 현장 체험이 없기 때문에 시민의 한 사람으로서 양극화와 관련된 한 가지 우려섞인 전망을 합니다. 정보 통신 기술의 급속한 보급으로 대부분의 생산 현장에서 디지털 전환이 가속화되고 있습니다. 그렇게 되면 경제·사회 전반에 혁신적인 변화가 일어나지 않을 수 없습니다. 그리고 모든 국가가 구속력이 있는 파리 기후 변화 협약에 따라 2030년까지 24.4% 온실가스 감축과 2050년까지 탄소 중립이 실현된다고 합니다. 이렇게 되면 지금까지의 생산 공정에 큰 변화가 생기고 반드시 산업 인력 구성에 급격한 변화가 따르지 않겠습니까?

기업은 신기술을 습득한 새로운 인력을 필요로 할 것이며 해고와 채용이 자유로운 노동 시장의 유연화가 핵심 이슈가 될 것은 불 보듯 뻔합니다. 그렇게 되면 수많은 비정규직 노동자가 양산될 것이고 기간제 노동자, 파견 노동자 등 비정규직 노동자 비율이 전체 노동자의 50%를 넘어서는 상황이 올 것입니다. 이러한 상황에서는 노동권이 보장되지 않던 시기의 전투적인 노사 관계의 양극화로는 문제 해결이 불가능합니다. 기업 단위를 뛰어넘어 산업 단위, 국가 단위, 국민 통합 수준의 사회적 대화가 필요해질 것으로 봅니다.

권현지 김대환 장관님은 이런 경제 발전의 경로가 갖는 현재 한국 사회에 대한 함의에 대해 어떻게 생각하시는지요?

김대환 우수한 인적 자원도 있고 여러 가지로 운도 좋았지만, 우리에게 부족했던 점도 있었습니다. 경제적 성과가 여러 사회적 요인들과 연결되어서 나온다는 것을 경시했다는 사실입니다. 어떻게 보면 외부 환경 요인으로 우리가 한때 너무 잘 나갔기 때문에 그런 감각이 떨어졌던 것 같습니다. 그래서 여러 가지 문제가 생겼다는 것이 제 분석입니다. 경제개발 계획은 4차부터 '경제사회개발 5개년 계획(1977~1981년)'으로 이름이 바뀌었는데 미완으로 남았습니다. 사회적 측면의 발전에 대한 필요성이 대두되고 있었던 것입니다. 그러나 국가가 제때 개입하지 못한 채로 세월이 흐른 지금에 와서는 사회적 문제들이 상당히 커져서 기존 수단으로는 감당하기 어려워졌습니다.

경제는 사회 전체의 한 부분이라고 늘 강조합니다. 이제 좀 더 넓은 시야로 경제 문제를 봐야 합니다. 성장률이 얼마이고, 수출을 얼마나 하고, 외국 투자를 얼마 유치하고, 이렇게 숫자로 보이는 측면도 중요하기는 하지만 사회 전체가 어떻게 조화롭고 통합적으로 유지되는지를 봐야 합니다. 경제적 효율성보다 사회적 효율성에 집중해야 하는 것입니다. 특히 지금은 여러 외부 환경과 기술 변화 등의 속도가 굉장히 빨라졌습니다. 이런 상황에서는 적응이 가능한 사람들과 아닌 사람들이 나뉘게 됩니다. 사회적 통합성이 떨어지고 그에 따라 사회적 효율성이 낮아집니다. 이 점에 주목해야 합니다.

한국 경제의 미래가 향하는 곳

김병연 한국 경제의 미래에 관한 이야기로 넘어가겠습니다. 금세기에 들어서서 왜 우리의 경쟁력이 약해지고 잠재 성장력이 지속적으로 하락하며 장기 저성장 국면으로 진입하게 되었다고 보십니까?

정덕구 첫째는 국가 리더십의 약화 속에서 극단적인 진영 정치가 지속되고 이로 인한 분열과 갈등이 심화되어 국가 의사 결정 메커니즘이 잘 작동하지 못했습니다. 이에 따라 정치·정책 프로세스의 생산성이 급격히 하락하고 환경과 여건 변화에 대응하는 것이 불가능해져 변화와 혁신이 늦어졌습니다.

그동안 한국 경제가 성숙 단계에 접근하면서 노동의 한계 생산성이 저하되고 기술 경쟁력이 정체되어 기업 투자가 위축되고 이에 따라 자본의 한계 효율이 하락했습니다. 기존 제도에 대한 혁신, 개편과 적응력이 필요하고 때로는 기술 부문의 창조적 파괴가 절실히 요구되는데 노동의 경직성, 기업 부문의 위축, 구체제에서 잔존했던 방대한 규제를 이해관계자의 저항 때문에 방치하면서 이것이 엄청난 경제·사회적 비용으로 쌓여온 것입니다. 더욱이 디지털 전환 사회에서는 과학기술 혁신 체제가 역동적으로 작동되어야 하는데 이 또한 R&D 재원 투입은 커져왔으나 연구 분야의 이익 집단에 나누어주듯 재원이 배분되어 새로운 기술 역량 확충에 선택과 집중 방식으로 배분이 잘 되지 못했습니다. 이로 인해 세계적 기술 진보 속도를 따라가지 못하고 세계 기술 선도에 실패한 것도 중요한 요인이라 하겠습니다.

특히 사회적 양극화가 극도로 심화된 상태에서 정치권이나 관료 사회에서 경제 정책이 사회 문제의 해결 수단으로 쓰이고 있어 속도감 있는 정책 전환이 어렵습니다. 무엇보다도 창조적 소수와 비창조적 다수가 함께 어울려 공존해야 하는 사회 환경 속에서 창조적 소수의 수는 줄고 비창조적 다수는 늘게 되는데, 정치의 관심은 표가 많은 비창조적 다수에게 쏠리고 민주 정치의 위기 속에서 포퓰리즘이 광범위하게 확산됩니다. 풍요와 번영을 맛본 새로운 세대는 국가 공동체와의 관계 의식이 희미해지고 국가가 번영할수록 애국심은 사라지며 관계형 사회에서 개인주의, 이기주의로 빠져듭니다. 저출산 고령 사회에서 노동 인구, 소득 창출 인구는 점점 줄어 이것이 경제 발전의 장애로 등장하고 출산을 꺼리는 세대는 미래보다 현재를 즐기며 빚을 무서워하지 않고 스스로 욜로YOLO족이 되고 있습니다. 갈등, 분열이 심화되고 국민도 양분되어 두 나라 현상이 생성되고 정치는 양극단으로 치우치며 경제·사회적 이중 구조가 고착화됩니다. 그리고 사회는 단층화되며 끼리끼리 살아가는 현상이 발생합니다. 이러한 문제는 시간이 흐를수록 구조화되어 5년 단임 정부가 해결하기 힘들 만큼 천착화됩니다. 이렇게 정치와 관료 사회가 다가오는 변화의 수요를 방치하고 미루며 문제 해결 능력을 상실하면 국가 사회 생산성이 급격히 하락하는데, 이것이 잠재 성장력 하락의 한 요인이 됩니다. 변화할 수 있을 때 변화하고 새로운 선택을 도모할 때 지속 가능한 성장을 이룰 수 있습니다.

권현지 구체적으로 한국 경제는 앞으로 어떤 목표와 방향을 지향해야 할까요?

김대환 긴 안목으로 봐야 합니다. 어차피 발전은 불균형 과정일 수밖에 없습니다. 이 불균형과 저 불균형이 모여서 궁극적으로는 균형으로 간다는 전제하에서 봐야 합니다. 일단 한국이 IT 산업에 상당한 장점이 있는 것은 사실입니다. 그리고 서비스 산업에서도 경쟁력이 있습니다. 한국 사람은 기본적으로 부지런하고 빠릅니다. 새로운 것이 나오면 해보고 싶어하고, 하나의 제품에 만족하지 못하고 또 다른 것을 궁금해하는 성향도 큽니다. 그만큼 틈새 포착이 빠릅니다. 우리에게 부족한 원자재 등은 계속 보완하면서 가야 하겠지만, 그렇더라도 우리가 가진 장점을 살린다면 먹고살 게 없을까봐 불안해할 필요는 없다고 봅니다.

어떤 정책으로 접근해야 할지 생각해보면, 국내에서 생겨난 비즈니스가 생계형에 매몰되지 않고 산업으로 발전하고 혁신을 시도할 수 있도록 국가가 제도적 환경을 깔아줄 필요가 있습니다. 그리고 무엇보다 교육이 중요합니다. 다른 나라에서 만들어놓은 것을 빠르게 쫓아가기만 할 때는 모노레일 같은 교육으로도 가능했지만, 새로운 비즈니스를 만들어내고 발전시키려면 창의성과 도전 정신이 훨씬 더 중요하고 그에 맞는 멀티라인의 교육 제도로 전환해야 합니다.

지금까지 말한 것과 같은 연금, 노동, 교육 문제를 연결해서 융합적이고 종합적인 큰 그림으로 보자는 것입니다. 그 그림에 대한 사회적 합의를 이룰 수 있다면, 그리고 정부가 바뀌더라도 따를 수밖에 없도록 그 합의에 권위가 실린다면, 30년 정도 쭉 따라갈 단계적 전략을 세우고 실행해갈 수 있다면, 아무리 난맥상으로 얽힌 문제도 풀어낼 수 있을 것입니다.

권현지 최근 성장과 불평등의 역학에 대한 분석적 논의가 민주주의와 경제 체제를 고민해온 서구의 비교정치경제학자들에게서 다시 화두가 되고 있다는 점은, 성장 중심의 경제와 사회적 통합에 대해 말씀하신 선생님의 시각과 맥이 닿는 것 같습니다. 앞서도 언급하셨지만, 불평등을 비롯해 향후 한국의 경제와 민주주의의 미래를 결정할 핵심 요소는 무엇이라고 생각하시나요? 그리고 미래를 좀더 긍정적인 것으로 바꾸기 위한 앞으로의 노력에 가장 큰 장애 요인은 무엇일지요? 이를 해소할 수 있는 사회적·정치적·경제적 노력에 대해 부연해주실 부분이 있나요?

김대환 사회적 합리성을 확보하는 것이 시급합니다. 근대 국가가 발생하고 안정적으로 발전하는 데 있어서 산업화, 민주화만이 아니라 이를 뒷받침할 사회적 합리성이 중요하게 작용했다는 것을 인류가 목격해왔습니다. 서구에서는 '과학의 발전→정치적 혁명→민주주의 발현' 이런 단계로 발전이 이뤄짐으로써 자연스럽게 합리성이 사회 기저에 깔렸습니다. 그 덕분에 자본주의 시장 경제가 여러 고비를 거치면서도 지속 가능성을 지니고 발전한 것입니다.

우리는 워낙 급속하게 산업 발전, 민주화를 겪다 보니 합리성이 결여된 채로 지금까지 왔습니다. 이 사회적 합리성을 발현시키는 것이 한국 사회에 가장 기본적이고 중요한 과제입니다. 지금 한국 사회는 어떤 쟁점이 발생하면 어느 쪽이 옳으냐를 가지고 소모적인 논쟁만 계속합니다. 충분한 합리성이 있다면 나와 다른 진영, 다른 이념의 세력이 주장하더라도 동의하고 지지해줄 수 있어야 합니다. 그래야 사회적 합의도 가능합니다. 그런 과정을 학습하면 국민들 사이에는 리더들이 어떻게든 문제를 풀어나간다는 신뢰도 갖게 되어 선순환이 시작될 수 있습니다.

권현지 합리성 결여에 대한 문제 인식에 공감합니다. 그런데 한국 사람들은 왜 전반적으로 행복감을 느끼지 못할까요? 이제 명목임금 수준으로만 보면 한국이 지난 20여 년간 정체된 경제를 경험한 일본을 추월한 상황입니다. 저성장기에 접어든 한국 경제 및 노동 시장에 대한 여러 우려에도 불구하고, 아시아 혹은 세계 경제에서의 한국의 위치는 불과 얼마 전까지만 해도 상상하지 못했던 수준으로 올라왔습니다. 그러나 경제적 위상 변화를 일반 시민이 생활에서 체감하는지 의문입니다. 한국인의 사회·경제적 만족감, 행복감은 OECD 평균에 비해 크게 낮은 것으로 조사되기 때문입니다.

김대환 이렇게 본다면 우리가 성취한 경제 성장에도 불구하고 솔직히 말해 한국이 선진국이라고 아직 말하기 어렵습니다. 사회적 합리성이 제대로 뿌리박지 못한 채로 이뤄진 산업 발전과 민주주의는 지속 가능성이 보장되기 어렵기 때문입니다. 한국 사람들이 왜 행복하지 않은지에 대한 질문에도 같은 대답을 하겠습니다. 사회에 합리성이 결여돼 있으니 이 안에서 살아가는 사람들은 안정감을 느끼기 어렵습니다. 똑같은 사안도 경우마다 사람마다 다른 결과로 귀결되니 매사 신경을 곤두세우고 살 수밖에 없습니다. 기회가 있으면 놓치지 않고 빨리 잡아서 앞서 나가야만 한다는 조급함도 큽니다. 기회주의적으로 행동할 수밖에 없습니다. '아빠 찬스', '엄마 찬스'라는 말도 소수에게만 불평등하게 주어지는 기회에 대한 사람들의 불만이 투영된 표현입니다.

특히 사람들은 사회 계층의 상층부에 있는 엘리트들이 이런 기회를 독점하고 있다고 봅니다. 그러다 보니 상당한 소득을 버는 사람들조차도 늘 불만에 차 있고 박탈감을 호소할 뿐 아니라 안정이 보장된 공공 부문으로 구직자가 몰리는 현상도 현저합니다. 이미 영국 등 여러 국가들이 겪은 일인데, 이렇게 공공 부문으로 인재가 몰리면 혁신과는 거리가 멀어지고, 국가 경쟁력이 하락합니다. 이런 문제들이 계속해서 발생하지 않게 하려면 사회적 합리성을 하루 빨리 회복해야 합니다.

기업과 노동

한국의 기업가 정신은 사람에서 출발한다. 직원들이 오래 머무는 기업을 만드는 일을 한국의 많은 기업이 실천하고 있다. 기업은 두 가지를 추구해야 한다. 하나는 인간에 대한 존중이고 다른 하나가 기술 지향이다. 기업의 경쟁력은 결국 끊임없는 혁신에서 비롯된다. 혁신의 과정에서 기업만의 노하우가 쌓이고 대체불가능한 기술력을 갖게 되면 그 기업의 가치가 높아진다. 서양에 비해 산업화 역사는 짧지만 원조를 받던 나라에서 원조 국가가 된 것은 끊임없이 기술에 투자한 덕이라 생각한다. 이런 기업가 정신이 바로 우리나라 각 산업 기술을 한 단계 올렸다고 자부한다. 우리는 인간을 편리하게 하는 기술을 발전시켜야 한다.

노동 시장 양극화 문제를 해결하려면 노사 행위자들의 협력과 상생이 필요한데, 지금의 행위자들은 지나치게 이념 과잉에 빠지고 정치와 공생의 길을 가다 보니 노사 관계가 너무 정치화되고 문제를 다루는 방식에 합리성이 결여되는 경향이 강하다. 그리고 '노동 귀족'이라는 비판에 대하여도 문제의식을 가질 필요가 있다. 복지 수요는 늘어나는데 재원이 부족하다는 것은 분명한 사실이다. 이 문제를 해결하기 위해서는 사회적 합의가 필요하다. 서구 사회처럼 인내하고 자기 것을 양보하는 결단이 필요한 때다.

기업과 기업가 정신

장덕진 한국 경제에서 핵심이 되는 기업에 관한 질문으로 넘어가겠습니다. 오랜 세월 동안 기업을 일궈오셨는데, 지난 경제 발전 과정에서 한국의 기업가 정신이 어떤 역할을 했을까요?

윤동한 전 세계는 한국의 경제 발전을 경이롭게 바라보고 있습니다. 해방 이후 6·25 전쟁을 겪으며 폐허가 되다시피 했던 국가가 100년도 되지 않아 선진국 반열에 올라서고 있으니 어쩌면 당연한 시선일지도 모르겠습니다. 원조를 받던 나라에서 원조를 주는 나라로 성장한 국가는 우리나라가 유일무이할 것입니다.

한국의 급격한 경제 성장은 아무리 어려운 상황도 강인한 도전 정신으로 극복해내고 위기를 기회로 만들어온 기업가 정신이 있었기 때문에 가능했다고 봅니다. 근성과 성실함으로만 본다면 전 세계 어디에 내놔도 뒤처지지 않을 한국 고유의 국민성과 불굴의 기업가 정신이 만나 기업의 성장을 이끌었고 결국 대한민국의 눈부신 경제 발전으로 이어졌다고 생각합니다.

한국의 기업가 정신은 사람에서 출발합니다. 기업의 한자 '기企'를 보면 '사람 인人'과 '머무를 지止'가 합쳐져 있습니다. 이 글자처럼 직원들이 오래 머무는 기업을 만드는 일을 한국의 많은 기업이 실천하고 있습니다. 기업이 좋으면 누구라도 오래 근무하고 싶지 않겠습니까? 창출한 이윤을 어디에 쓸 것인가 질문했을 때 고용 확대라고 답을 내는 기업이 많아야 사회가 건강해집니다. 끊임없이 사람을 모으고, 오래 머무르게 하는 좋은 기업. 그리고 사람이 바로 기업의 가치와 미래를 만든다는 것을 알고 존경받는 기업을 세우는 것이 기업가가 가져야 할 정신이라고 생각합니다. 그리고 이 같은 기업가 정신을 바탕으로 기업이 성장할 때 사회와 국가 또한 지속적으로 동반 성장해나갈 수 있을 것입니다.

장덕진 오늘날 한국의 기업가 정신이 쇠퇴하고 있습니까, 아니면 예전에 비해서 좋아지고 있습니까? 어떻게 보시나요?

윤동한 나빠지고 있다고는 생각하지 않습니다. 기업을 바라보는 눈이 많아졌습니다. 노조뿐 아니고 전 사회가 상당히 많은 걸 요구하고 지켜보고 있습니다. 그러면 옛날보다 규범을 지키려고 더 많이 노력하거든요. 생태계가 건강해지고 있습니다. 건강해지고 나면 그 다음에는 기업을 혁신 지향의 방향으로 끌고와야 합니다. 혁신을 뒷받침하는 것은 기술입니다. 기업이 기술 지향으로 가려면 투자의 배분 문제가 있습니다. R&D 중심의 투자가 이루어져야 합니다. 정부 R&D와 기업 R&D는 다릅니다. 늘 R&D 중심으로 생각하고 미래를 준비해야 기업이 유지되고 발전할 수 있습니다.

기업은 두 가지를 추구해야 합니다. 하나는 인간에 대한 존중입니다. 사람을 존중하지 않는 기업은 성공할 수 없습니다. 다른 하나는 기술 지향입니다. 기업가는 성공하기 위해 인간 지향과 기술 지향으로 가는 혁신적 사고를 가져야 합니다. 그와 동시에 기업가는 솔선수범하고 전형을 보이려고 노력해야 합니다. 별 것 아닌 것 같지만 우리 회사는 9시에 출근인데 간부회의는 8시 반에 열립니다. 간부들은 30분 먼저 와서 일을 하자는 거지요. 이런 풍토가 옛날 우리가 기업을 끌어왔던 정신입니다. 에너지는 욕망을 억제하는 데에서 나옵니다. 욕망을 억제해야 다른 일을 할 수 있는 에너지가 생깁니다.

장덕진 한국 경제에 있어서 현재 기업가 정신에 대한 부정적 시각을 가지고 있는 부분은 어떻게 시정되어야 한다고 생각하시나요?

윤동한 우리나라에는 사농공상의 신분 제도가 있다보니 예로부터 장사하는 사람, 요즘은 기업인에 대한 평가가 높지 않았던 것도 사실입니다. 거기다 '한강의 기적'이라고 불릴 만큼 한국이 급격한 경제 성장을 이뤄냈지만, 그 과정에서 각종 부정한 방법들로 성장한 기업들이 있었던 것도 사실입니다. 문제는 이런 일부 기업들의 사례가 일반적인 기업가 정신으로 대중에게 비춰지고 인식되면서 부정적 시각이 고착화되었다는 것입니다. 하지만 건강한 기업가 정신으로 국가 발전에 이바지하는 대다수의 기업들까지 싸잡아 비판적으로 바라보는 시각이 있어 안타깝습니다.

제가 역사를 좋아하다보니 한번은 우리나라의 기업가로 불릴 수 있는 역사 속의 인물이 누구일까 찾아보았습니다. 그러나 그 어떤 기록에도 기업인에 대한 자료가 남아 있지 않았습니다. '개성 상인', '의주 상인'은 있어도 이름을 남긴 기록은 없었습니다. 그러다 저는 문익점이 우리나라의 최초 기업가가 아닐까 생각하고 자료를 찾게 되었습니다. 남평 문씨 문중에도 확인하며 문익점을 우리나라의 최초의 기업가로 보고 책을 쓰기도 했습니다. 당시 당나라와 원나라를 오갔던 수많은 지식인이 있었지만 아무도 목화를 들여오지 않았습니다. 문익점만이 목화씨를 들여와 재배하고 그 기술을 나눠주어 많은 사람이 따뜻한 옷을 입게 되었습니다. 그 덕에 겨울에 동사하는 백성이 줄었고 영아 사망률도 줄었습니다.

저는 문익점의 사례처럼 목화 재배와 직조 기술을 함께 공유해 동반 성장하고, 상생하면서 국가적으로 산업을 키우는 것이야말로 기업가 정신이라 생각합니다. 건강한 기업가 정신은 기업의 성장을 이끄는 강력한 원동력이 됩니다. 결국에는 기업의 성장이 곧 사회와 국가 발전으로 이어진다는 점에서, 기업가 정신을 우리 사회를 더욱 발전시키는 선한 영향력으로 바라보는 시각이 확대되었으면 합니다.

선진국 대부분은 각 나라를 대표하는 기업이 있고, 작게 보면 지역을 대표하는 기업이 있습니다. "기업의 사업 철수가 지역 경제를 마비시킨다" 등의 뉴스를 미디어에서 종종 마주하게 되는데 실제 이 기업들의 사업 실적이 국가와 지역 경제에 미치는 영향력은 상당합니다. 그만큼 기업은 사회, 국가 발전에 깊게 관여되어 있고 또한 기여하고 있다는 것에 주목할 필요가 있습니다.

장덕진 대기업과 중소·중견 기업과의 관계는 앞으로 어떻게 상호 유기적으로 발전해야 할까요?

윤동한 기업이 존재하는 가치는 상생과 공존에 있다고 생각합니다. 중소기업이 중견 기업으로, 또 중견 기업이 대기업으로 성장해가려면 상생의 가치를 잊으면 안 됩니다. 정약용 선생의 이야기를 하나 할까 합니다. 정약용 선생은 귀양 온 사람들을 돌보기 위해 겸제원을 세웠습니다. 예전에는 죄인을 감옥이 아닌 시골 변방에서 살게 하는 형벌을 내렸는데 마을 주민이 귀양 온 양반의 먹거리를 해결해 주었습니다. 그럼 양반은 답례로 글을 가르쳐주었습니다. 이렇게 상부상조하는 정신, 양쪽 다 구제한다는 겸제의 의미를 담고 있습니다.

기업들이 겸제의 정신을 실천한다면 상호 유기적인 발전이 가능할 것입니다. 한국콜마는 경기도 여주에 연수원을 지었습니다. 겸제 정신을 실천해 인재를 키우는 장을 만들고자 하는 생각이었습니다. 중소·중견 기업은 교육 기회가 많지 않아 인재 양성의 어려움을 겪는 곳이 상당수 있습니다. 배움의 장을 통해 인재를 육성하면 작은 기업은 경쟁력이 생겨서 좋고, 대기업도 양질의 인재를 구축한 협력사들과 일하게 되니 이로워집니다.

작은 기업들도 직원을 성장시킬 수 있는 환경을 조성해주면 좋다는 것을 알고는 있지만, 대기업만큼 여유가 없기 때문에 교육할 엄두를 못 내는 것도 사실입니다. 규모의 경제를 생각한다면 한 기업에서 5명의 신입사원을 교육시키는 것보다 열 곳의 중소기업이 뜻을 모아 50명이 모여 교육을 한다면 교육의 기회를 훨씬 많이 갖게 될 것입니다. 공동 배움에도 규모의 경제가 적용되는 것이지요. 연못과 연못을 이어주면 물이 마를 일이 없습니다.

장덕진 앞으로 기술 혁신과 기업가 정신의 관계는 어떻게 될까요?

윤동한 기업의 경쟁력은 결국 끊임없는 혁신에서 비롯됩니다. 혁신의 과정에서 노하우가 쌓이고 대체 불가능한 기술력을 갖게 되면 기업의 가치는 높아집니다. 이 과정에서 놓치지 말아야 할 것은 품질을 포기하지 않는 기업가 정신입니다. 제조업이나 서비스업 등 모든 산업에 걸쳐 공통된 일입니다. 인건비를 줄이고 값싼 재료를 쓰면 얼마든지 단가를 낮출 수 있겠지만 결국 중장기적으로는 회사의 발목을 잡게 됩니다.

한국콜마는 "가격이 아니라 기술로 승부해야 한다", "작지만 큰 기업은 기술력이 있을 때 가능하다"는 말을 어느 기업보다 앞장서 실천했기에 지금의 자리에 올랐습니다. 기업의 성장뿐만 아니라 우리나라 화장품 산업의 발전과 제조업의 신르네상스를 만들기 위해서도 저는 우리만의 기술력이 있어야 한다고 늘 생각해왔습니다. 그래서 창업 초기부터 직원의 30% 이상을 연구원으로 구성한다는 원칙을 지금까지 지키고 있습니다. 또한 연 매출의 5% 이상을 신소재, 신기술 연구 개발에 지속적으로 투자하고 있습니다.

한국콜마가 창립 이후 32년 동안 지속적인 성장해올 수 있었던 배경에는 이러한 연구개발 중심의 경영 철학이 있었기 때문입니다. 지속적인 R&D 투자는 결국 한국의 화장품 산업을 한 단계 올려놓는 데에도 일조했다고 자부합니다. 한국이 서양에 비해 산업화 역사는 짧지만 원조를 받던 나라에서 원조하는 국가가 된 것은 기술에 대한 끊임없는 투자 때문이라고 생각합니다. 브랜드 역사는 짧아도 손재주와 응용력이 바탕이 되었기에 최고의 제품을 만드는 능력이 시장에서 통했다고 믿고 있습니다. 특히 소재의 국산화, 우리만의 기술력을 위해 지속적인 투자를 해왔습니다. 그 결과 해외 의존도가 높았던 기술과 소재 국산화에서 성과를 내고 있습니다.

R&D 투자는 시간에 대한 투자라 생각합니다. 기업가가 시간을 관리하는 능력을 갖출 때 더 새로운 기술이 탄생한다고 믿고 있습니다. 제가 처음 시작한 화장품도, 의약품도 전부 기다림에 대한 결과물이었습니다. 유사한 실험을 계속해야 미세한 차이를 발견하게

되고 더 나은 기술로 성과를 낳게 됩니다. R&D는 이론 싸움이 아닌 경험 싸움이기에, 이런 근성와 노하우가 바탕이 된 기업가 정신 덕분에 우리나라가 반도체, 화장품, 신재생 에너지 등에서 전 세계 톱 클래스에 오를 수 있었습니다. 이런 기업가 정신이 바로 우리나라 각 산업 기술을 한 단계 올렸다고 자부합니다.

장덕진 기업가가 지향해야 할 두 가지로서 인간 존중과 기술 지향을 말씀해주셨습니다. 그런데 요즘은 기술 변화의 방향을 볼 때 갈수록 극소수의 아주 창조적인 사람들이 거의 대부분의 생산성을 만들어내고 대부분의 사람들은 역할이 없어질 것이라는 걱정을 많이 하지 않습니까. 인간 존중과 기술 지향을 함께하기가 갈수록 어려워지는 것은 아닐까요?

윤동한 기술 발전의 방향을 인력을 줄이는 쪽이 아니라, 인간을 편리하게 하는 쪽으로 잡아야 합니다. 저희 회사도 R&D 투자를 우리나라에서 제일 많이 하는 회사 중에 하난데, R&D를 할 때는 인간을 편리하게 할 테마를 찾아야 합니다. 노동력 줄이는 데다가 기술을 맞추면 비인간적이 됩니다. 아이템을 잡을 때마다 '사람 중심의 기술이 뭘까'라는 것을 늘 생각해야 합니다. 노동이 줄어들면 기술 개발이 있어야 되고, 전에 안 하던 일을 찾기 위해 다시 또 R&D에 투자를 해야 됩니다. 예를 들어서 우리 회사도 과학만 할 게 아니라 이제는 천연물 쪽으로 손을 대자 생각하는 겁니다. 그 천연물도 목초, 해양 천연물 등 미래를 위해서 새로운 R&D를 자꾸 찾아보는 겁니다. 노동력을 줄이는 게 아니고 줄어든 노동력이 다른 쪽으로 나갈 수 있게 해야 합니다. 그래야 기술 개발도 됩니다. 그래야 멀리 갈 수 있고 계속해서 발전할 수 있거든요.

지금 기업들은 세계로 계속 발전하고 있습니다. 발전하지 못하는 기업들은 없어집니다. 새로운 기술이 또 오고 새로운 제품이 옵니다. 옛날에는 천연물 하면 식물만 생각했지만 요즘은 해양 식물까지 포함해 많이 활용하고자 합니다. 해양 식물을 개발하면 새로운 것이 또 나옵니다. 노동력을 감축하는 기술 개발이 아니라, 개발된 노동력을 다른 쪽으로 전환할 수 있는 투자라면 인간 중심의 개발이 된다고 생각합니다.

장덕진 기업 운영에서 다른 국가와의 외교 관계가 중대한 영향을 미칩니다. 사실 기업 입장에서도 미국·일본·중국·러시아 이런 나라들하고의 관계가 우리한테는 굉장히 중요하지 않습니까. 물론 북한이라는 변수도 있고요. 기업의 입장에서 지금 한국을 둘러싼 전반적인 국제 정세를 보실 때 앞으로 이런 주요 국가들과 어떻게 관계를 맺어나가야 될까요?

윤동한 국제 정세의 딜레마를 풀어가는 데 있어서 정경 분리 원칙을 철저히 준수하고, 구체적인 경제 행위는 기업에 많이 맡겨야 한다고 생각합니다. 정부는 국제 사회에서 정경 분리 원칙이 지켜지고 국제법과 국제 사회의 조약과 관행이 잘 지켜지도록 파수꾼 역할을 철저히 해주어야 합니다. 우리는 이제 원조를 받지 않아도 살 수 있지만 수출하지 않으면 살 수 없다는 사실을 종종 잊어버립니다. 수출하려면 우리보다 힘센 나라들하고도 사이 좋게 어울려 살 줄 알아야 합니다. 그래서 경제 외교가 매우 중요합니다.

장덕진 한국의 수출 의존도가 거의 세계 최고인 상황인데, 수출하지 않으면 살 수 없다는 말씀이 핵심인 것 같습니다. 회장님은 베이징에도 지사가 있고 외국에서 사업을 한 경험이 많지 않습니까. 경험에 비추어서 보면 어떤가요.

윤동한 정경 분리를 분명하게 하고 경제 문제는 개별 기업에게 상당히 많이 맡기면 됩니다. 정부가 일일이 간섭하거나 문제를 풀어주려고 하지 말고 개별 기업이 스스로 풀어갈 수 있게끔 해야 합니다. 정치는 오히려 간섭을 적게 해야 하고 기업을 지나치게 보호할 필요가 없다고 생각합니다. 미국에 대해서든 일본에 대해서든 중국에 대해서든, 정부가 어려운 기업 문제를 다 해결하겠다고 생각하는 것은 옳지 않습니다.

장덕진 그동안 중국에서 사업을 크게 하셨는데 중국 정부가 사드THAAD 문제로 제재를 할 때에도 기업이 혼자 풀어간 경험이 있었나 보죠?

윤동한 네. 결론부터 말하자면 로우테크는 과감하게 후발국과 공유해야 우리도 하이테크로 갈 수 있으며, 규제를 안 받겠다고 하기보다 한국식 제도를 퍼뜨려야 합니다. 중국은 자기들에게 도움되는 업체를 늘 보호해줍니다. 해외에 가서 성공적으로 사업을 하자면 윈-윈할 수 있는 방향으로 가야 됩니다. 그러니까 국내에서 팔듯이 해외에서 팔기만 하겠다고 하는 게 아니라 이 물건을 해외에 파는 게 우리한테 도움이 되지만 그쪽에도 도움이 될 수 있는 방향으로 가져가면 된다고 생각합니다.

이것은 협력의 문제인데, 협력하려면 줄 건 줘야 됩니다. 이를테면 기술 이전 문제에서 기술을 독점하겠다고 고집하면 안 됩니다. 쉬운 기술은 나눠줘야 합니다. 낮은 단계부터 자꾸 주는 것입니다. 제가는 주장하는 것이 낮은 단계의 기술을 줘야 우리가 높은 단계로 갈 수 있다는 점입니다. 왜냐하면 비용 면에서 낮은 것을 주지 않으면 우리 기업이 이기기 어렵습니다. 우리는 고가품으로 가야 됩니다. 우리는 저가품으로 중국하고 경쟁할 능력이 없습니다. 인도네시아나 베트남하고 경쟁할 능력이 전혀 없습니다. 그러면 우리는 그 위에 고가품으로 가야 됩니다. 고가품은 하이 테크놀로지가 필요한 것입니다. 하이 테크놀로지로 가려면 우리가 늘 준비하고 노력해야 됩니다. 낮은 기술을 억지로 지키겠다고 법으로 보호받고 특허로 보호받겠다고 하면 하이 테크놀로지로 갈 수가 없습니다.

또 하나는 규제입니다. 한국 정부가 산업에 대해서 규제를 하듯이 중국 정부도 나름의 규제를 합니다. 이때 한국식 규제를 하도록 자꾸 우리 제도를 그쪽에 줘야 합니다. 우리에게는 익숙하지만 일본 기업이나 미국 기업은 익숙하지 않습니다. 예를 들어 세관에서 물건을 검사할 때 검사 방법을 한국식으로 하면 한국 업체한테 제일 유리합니다. 그래서 그런 낮은 단계의 기술은 정부 차원에서 줘버려도 된다고 생각합니다.

장덕진 굉장히 인상 깊게 들었습니다. 왜냐하면 우리가 그동안 한편으로는 엄청난 시장이기도 하고 다른 한편으로는 무리한 요구를 계속하는 중국이라는 딜레마를 어떻게 할 것인지 고민해오지 않았습니까. 그런데 국가 차원에서만 고민할 것이 아니라 한국 기업이 중국 시장에 가서 그들이 우리를 필요로 하도록 전략적 우위를 가지고 동시에 협력하고 상생하면서 기술과 제도를 물려주고, 우리는 더 높은 단계로 올라갈 수 있도록 노력하면 해법이 있다는 말씀이네요.

윤동한 그렇습니다. 그러면 우리도 중국 정부한테 요구를 해야 할 게 있습니다. 이를테면 우리가 중국에 가서 사는데 필요한 거주 환경을 조성해달라는 얘기입니다. 외국인 학교를 설립해준다든지 허가를 해주면 우리 직원들이 가서 생활하기가 훨씬 편하지 않겠습니까? 그리고 비용이 훨씬 적게 듭니다. 한 예로 장쑤성 우시無錫에 우리하고 SK가 노력을 해서 한국인 학교를 세웠습니다. 그러면 우리 직원들이 현지에 가서 자녀들을 한국인 학교에 보낼 때 비용이 얼마 들지 않습니다. 만약 국제학교 같은 데 가면 여러 어려움이 있고 비용도 훨씬 많이 듭니다. 중국 정부가 이런 걸 해주면 우리한테 도움이 됩니다. 낮은 단계의 기술은 나눠주고 역으로 중국 정부는 우리 기업이 일할 수 있는 환경을 잘 조성해주는 겁니다. 임직원 자녀 국제학교가 하나의 예입니다. 그렇게 되면 우리의 비용 또한 훨씬 적게 듭니다. 다른 예로는 직항 노선을 띄워준다든가 하는 것이 있지요. 개별 기업만 보지 말고, 눈앞의 이해관계만 보지 말고, 조금 더 넓은 눈으로 도움이 될 것을 주고받는 지혜가 필요합니다.

장덕진 한국콜마를 일으킨 기업가 정신은 무엇이었나요? 또 다른 기업 창업자들에게 주고 싶은 조언은 무엇인가요?

윤동한 기업을 경영하며 수많은 위기와 선택의 순간을 겪었습니다. 창업 초기 단전 예정 통보를 받을 정도로 자금난을 겪었던 일부터, 불황기에 주문을 하겠다며 무자료 거래나 리베이트 거래를 요구했던 제안을 단호하게 뿌리쳤던 일 등 지난날을 돌이켜보면 늘 위기와 선택의 연속이었습니다. 그럼에도 회사가 중견 기업으로 성장했던 배경에는 절대 굽히지 않고 고수했던 경영 원칙이 있었습니다. 급변하는 경영 환경과 위기를 극복하고 미래 발전을 도모하기 위해 중소기업 경영에서 꼭 유념해야 할 몇 가지 원칙을 제언하고자 합니다.

첫째는 지속적이고 공격적인 연구 개발R&D 투자입니다. 중소기업이 R&D할 여력이 어디 있냐고 생각하면 안 됩니다. 기업 규모에 따라서 전략적으로 R&D에 나서면 됩니다. 기존 기술 개량을 통해 연구 효율성을 높이거나 융합 기술을 개발하는 것만으로 큰 경쟁력을 확보할 수 있습니다. 특히 중소기업의 R&D는 타이밍과 순발력이 핵심입니다. 시장 상황을 반영해 순발력 있게 기술 개발에 나선 중소기업은 시장에서 성공하기가 훨씬 유리하기 때문입니다. 대기업은 시장과 효과 등을 모두 완벽하게 분석한 뒤 제품을 내놓기 때문에 시간이 오래 걸리고 변동이 어렵지만 중소기업은 다릅니다. 무엇보다 제품을 만들어 시장에 내놓고 소비자의 의견을 반영해 추가적인 개선을 상대적으로 쉽고 빠르게 해낼 수 있습니다.

둘째는 인재 경영입니다. 기업을 움직이는 것은 결국 사람입니다. 능력 있는 젊은이들이 대기업만 가려고 해서 인재를 구할 수 없다고 탓하기보다는 이들이 오고 싶어하는 기업 환경을 만들어주는 것이 중요합니다. 젊은이들이 대기업에 가려는 이유는 연봉과 복지 차이 때문이기도 하지만, 회사가 자신의 능력을 개발시켜줄 수 있을지에 대한 불안감이 더 큰 원인이 되기도 합니다. 중소기업일지라도 경영자가 생각을 전환하면 얼마든지 환경을 바꿀 수 있습니다. 경영 여건상 신입사원들을 위해 단독으로 교육 프로그램을 운영하기 어렵다면, 몇몇 중소기업들이 뜻을 모아 공동 운영 및 교육 프로그램 구매를 통해 교육비를 낮출 수 있습니다. 인재가 되는 데 필요한 공통 과목만 이수해도 많은 것이 달라진다는 사실을 잊지 말아야 합니다.

셋째로는 스스로 위기를 헤쳐나가는 자력갱생의 리더십을 강조하고 싶습니다. 규모가 작은 기업이라고 해서 외부 환경을 탓하거나 국가의 지원만을 기다리면 안 됩니다. 스스로 위기를 극복하며 핵심 성장 동력을 만들어가야 합니다. 자력갱생의 리더십은 한국인이라면 모두 알고 있는 성웅 이순신 장군의 삶에서 엿볼 수 있습니다. 임진왜란 때 이순신은 백의종군 후 조정의 아무런 지원 없이 칠천량 해전에서 무너져내린 조선 수군을 일으켜 명량에서 대승을 이끌어냈습니다. 전 국토에 걸쳐 전투가 일어나는 상황에서, 이순신은 조정의 지원을 기다리는 대신 재빨리 필수 군수 물자를 자력으로 해결할 방안을 강구했습니다. 최고사령관이면서도 직접 밭에 나가 씨를 뿌리고 생선을 말리며 군수품을 비축했으며, 둔전제를 시행해 식량 보급의 효율을 높였습니다. 그의 자구自救 노력은 결국 국난을 극복하는 원동력이 되었습니다.

노동의 양극화와 이중 구조

권현지 경제, 기업 문제와 밀접하게 얽혀 있는 노동 문제로 넘어가 보겠습니다. 한국의 노동 문제는 복잡한 양상을 보입니다. 정규직과 비정규직, 대기업과 중소기업 간의 이중화가 오랫동안 지속되고 있지만, 한국 사회는 이 문제를 실질적으로 풀지 못하고 있습니다. 경영계와 노동계, 보수와 진보 세력은 노동 문제에서 의미 있는 사회적 합의를 국민에게 보여준 적이 없습니다. 김대환 장관님께서 노동부 장관과 경제사회발전노사정위원회(현 경제사회노동위원회) 위원장으로 일하셨을 때에도 이런 첨예한 상황에 수 차례 놓이셨는데, 십여 년이 지난 현재까지도 상황은 크게 달라지지 않았습니다. 노사정이 보다 생산적인 미래를 두고 대화할 수 있는 실마리는 어디서 찾을 수 있을까요?

김대환 1987년 체제가 벌써 한 세대 지났는데도 우리의 노동 사회는 아직 거기 묶여 있습니다. 2004년 노동부 장관에 취임할 때 "1987년과 1997년을 변증법으로 넘어서서 2007년에는 융합된 체제를 만들자"고 했는데, 너무 시대를 앞서간 얘기였어요. 1987년에는 노동계가 공세를 취하고 경영계가 방어를 했다면 1997년 IMF 위기 당시에는 공수가 바뀐 경험을 한 것뿐이었다고 생각합니다. 1987년 체제의 벽이 생각보다 높았고, 우리 사회의 경직성이 그만큼 강했다는 의미입니다.

노동 시장 양극화 문제를 해결하려면 노사 행위자들의 협력과 상생이 필요한데, 지금의 행위자들은 지나치게 이념 과잉에 빠지고 정치와 밀접하게 엮여 있다고 봅니다. 합리적인 대화와 합의를 어렵게 하는 중요한 요소입니다. 직접 만나 대화할 일이 있을 때 얘기를 나눠보면 노동계도 경영계도 우리 사회의 큰 목표와 방향에는 대부분 동의합니다. 노동 시장, 특히 대기업 부문과 공공 부문의 정규직 고용은 지금보다 유연해질 필요가 있으며, 중소기업과 비정규직 노동자들에 대한 보호는 강화돼야 하고, 사회 안전망은 두터워져야 합니다. 이 방향 자체에는 양쪽 다 대체로 공감하면서도, 정작 공식적인 대화의 장에 나와서 문제를 풀어야 할 상황에서는 고용 유연화가 문제냐 사회 안전망이 문제냐, 마치 닭이 먼저냐 달걀이 먼저냐 같은 식으로 논쟁하면서 시간만 보내고 있습니다.

권현지 장기적으로 보면 고용 유연화와 사회 안전망 강화, 두 가지 다 모두 중요하다는 말씀에 동의합니다. 어떻게 추진해야 할까요?

김대환 두 가지 방향 다 필요성이 인정된다면 어떻게 단계적, 점진적으로 풀어나갈 것인지를 논의해야 합니다. 노동 시장 유연화를 주장할 때 경영계는 가장 먼저 감원과 인원 조정을 말하는데, 사회 안전망이 부족한 상태에서 노동자들은 이를 사형선고로 받아들일 수밖에 없습니다. 그러므로 이것부터 하자는 건 비현실적입니다. 노동계에서 생과 사의 문제로 받아들인다면, 어차피 이를 먼저 시도해봐야 적용 가능한 폭은 지극히 좁습니다.

유연화의 폭이 더 넓은 쪽은 따로 있습니다. 바로 직업 훈련입니다. 노동자들이 지금까지 하던 일에서 다른 일로 전환할 수 있게 해주는 것입니다. 요즘도 새로운 노동 수요가 IT 쪽에서 폭발적으로 생겨서 인력이 부족합니다. 노동자들이 그런 쪽으로 옮겨갈 수 있도록 정부가 능력 계발, 직업 훈련을 지원하는 방향이 궁극적으로 유연성을 높이는 길입니다.

2004년 노동부를 맡았을 당시, 우리나라의 적극적 노동 시장 정책ALMP 예산이 OECD에서 제일 낮은 수준이었습니다. 특히 직업 능력 개발 투자가 GDP에서 차지하는 비율은 0.04% 정도에 불과했습니다. OECD 평균인 0.15%의 4분의 1도 안 되는 수준이었습니다. 이 수치를 0.1%로까지 끌어올리는 것을 목표로 설정했지만, 2009년에 0.09%를 기록했을 뿐 아직까지도 이 목표는 달성되지 못했습니다. 최근 몇 년 동안 아르바이트 수준의 일자리를 만들어 직접 돈을 나눠주는 데 천문학적인 돈을 쏟아부은 것에 비해 직업 능력 개발에 대한 투자는 상대적으로 소홀했던 것으로 생각됩니다. 적극적 노동 시장 정책 중에서 직업소개 등 공공서비스PES, 공공 일자리 측면도 제가 볼 때는 괜찮은 일자리보다는 질 낮은 일자리를 제공하는 쪽에 가깝습니다. 공공 일자리는 복지 측면이 있기 때문에 정부가 나서서 만들고 제공할 수밖에 없는데 좀 더 큰 그림에서 이뤄져야 해요. 예산만 나눠주고 하나 마나 한 일을 하게 할 것이 아니라 정책 수혜자 각자가 원하는 직업 방향으로 나갈 수 있도록 선택권을 주고 동기 부여를 해줘야 합니다. 이를 위해서는 민간기업의 도움이 필요하고 정부가 좀 더 적극적으로 나서야 합니다.

권현지 노동 시장의 이중 구조에 관한 질문을 드립니다. 2000년대 들어 기업 규모에 따른 노동 시장 이중 구조에 대한 문제의식이 커졌는데 이를 완화시키기 위한 의미 있는 실천이 이뤄지지 못했습니다. 이런 상황이 지속되고 있는데 어떤 진단을 내릴 수 있을지요.

김대환 장관으로 노동부에 들어갈 때 딱 두 가지를 생각했습니다. 하나는 노사 관계 조정에 행정 역량이 너무 많이 소진되고 있다는 것이었습니다. 제가 보기에 당시의 노사 관계 문제는 대체로 합법과 불법이 구분되지 않은 채로 전개되었습니다. 노사가 각자 입장을 밀어붙이다가 파업과 직장폐쇄 등이 벌어지고, 그러면 정부가 나서서 불 끄기에 바쁜 구도였습니다. 그러다 보니 노동부 내의 많은 역량이 노사 관계 부문에 몰려 있고 그에 비해서 고용 정책은 소홀히 다뤄졌습니다.

장관 취임 당시에 제가 '친노동계'일 것이라는 기대가 있는 것을 알았지만, 취임 후에 노사 양쪽에 다 엄중한 태도를 취한 것은 노사 관계가 법과 원칙에 준해서 이뤄지기를 바랐기 때문입니다. 그렇게 되면 행정력이 상당히 절약될 것이라고 판단했습니다.

둘째는, 그렇게 절약된 행정력을 고용정책 쪽으로 돌려야겠다는 것이었습니다. 그간의 노사 관계 중심 규제 행정을 노동 시장을 더 원활하게 만드는 서비스 행정으로 바꾸고 싶었어요. 당시 노동 시장 이중 구조로 인한 양극화 문제가 대두되고 있었기 때문입니다.

권현지 2000년대 초중반 당시의 경우 직접 고용한 임시계약직 중심의 비정규직 고용 형태를 둘러싼 이중 구조화가 양극화의 핵심 문제였다면, 2010년대 특히 글로벌 위기 이후로는 점점 더 기업 규모 및 하청 단계에 따른 격차가 크게 작용하는 것으로 보입니다. 최근에는 여기에 플랫폼 경제에 결부되는 경계선상의 노동 혹은 비임금 노동과 같이 기존 제도적 규율이 미치지 못하는 노동의 확산에 따른 격차가 더해지고 있습니다.

노동 시장의 불평등은 노동자 삶의 질, 사회정의와 관련된 문제일 뿐 아니라 생산물 시장의 비효율을 가져옵니다. 노동 시장의 분절 구조로 인한 격차가 완화되지 않으면 결국 그 비용은 경제 사회 전반으로 돌아갈 텐데, 노동 시장의 분절 구조의 양상은 더 복합적이고 복잡하게 전개되는 것으로 보입니다. 이 문제에 대해 정부 혹은 이해관계 당사자들은 어떤 해법을 추구해야 할지요?

김대환 2000년대 초중반에는 비정규직과 파견 노동자로 인한 이중화 문제가 컸다면 이제는 대기업과 중소기업 간, 원청과 하청기업 노동자들 간의 이중화 문제까지 중첩되는 형국입니다. 거기다 이제는 플랫폼 노동 같은 새로운 형태의 노동 문제까지 추가되었습니다. 2000~2010년대에도 특수 고용에 대한 문제가 있었지만 그 수는 적었는데 이제는 플랫폼의 성장으로 인해서 폭발적으로 커지고 있습니다. 이렇게 새로 생겨나는 노동이 이중 구조의 상층이 아니라 하층으로 편입되고 있다는 점을 심각하게 받아들여야 합니다.

권 교수의 말처럼 이중 구조와 불평등은 비효율을 초래합니다. 일자리 간의 질적 차이가 너무 커지면 노동 시장의 역동성도 저하되고 시장 전체의 효율은 떨어지게 됩니다. 자칫하면 이런 불평등이 대물림되어 사회 이동성이 막힌 나라가 될 수 있습니다. 이 문제를 풀기 위해서는 문제가 중첩돼 있다는 점에 주목해야 합니다. 대기업과 중소기업, 원청과 하청, 정규직과 비정규직의 이중화가 중첩돼 있기 때문에 한 차원에서는 약자로 보이는 사람들이 다른 차원에서는 그렇지 않을 수 있습니다. 1987년 노동자 대투쟁으로 노동계가 전기를 마련한 것은 사실이지만, 대기업 위주로 노조가 결성되었기 때문에 노동 운동이 전개되는 동안 노조가 있는 조직과 없는 조직 간의 격차도 벌어졌습니다. 정부는 이런 이해관계를 잘 살피면서 개입해야 합니다.

권현지 노사 관계에서 정부는 구체적으로 어떤 역할을 해야 할까요? 경제사회노동위원회는 지난 20여 년간 한국 사회의 여러 어려운 국면에서 노사 관계 당사자의 갈등을 조정하고 개혁 입법을 모색, 추진하는 장치로서의 역할이 기대되었지만, 어떤 역사적 장면에서도 '사회적 대화의 전형은 이런 것이다'라는 장면을 만들어내지는 못했다고 생각합니다. 해당 기구에 대한 정부의 인식도 극히 도구적이었다고 생각될 뿐 아니라 노사 대표성 및 대화 주체로서의 주도성 미비를 비롯한 제도로서의 한계가 역사의 고비마다 확인된 20년이었다고 해도 과언이 아닙니다. 경사노위로 재출범하면서 대표성의 확대를 꾀했지만, 그 또한 한계가 명백했습니다.

김대환 노사 문제는 기본적으로는 자율에 맡겨야 합니다. 노와 사 간의 대화와 합의로 임금과 근로 조건을 정하는 것이 원칙입니다. 정부는 분위기를 조성하고, 불법적인 부분에만 개입해야 합니다. 그런데 지금은 노는 노대로 정부가 나서서 노동자 권익을 보호해주기 바라고, 사는 사대로 정부의 힘을 빌어서 원하는 바를 이루고 싶어합니다. 그러다 보니 '노사정'이라는 삼자 관계의 틀 속에 들어와야 그나마 대화를 할 수 있다고 봅니다. 노와 사는 사업장 단위에서 끊임없이 대화해야 한다는 생각을 결여하고 있고, 사업장 내에서는 양자가 일단 기 싸움을 해야 하는 것으로 돼 있습니다.

이러다 보니 노사 관계가 너무 정치화되고 문제를 다루는 방식에 합리성이 결여되는 경향이 강합니다. 보수 언론이나 일부 사용자들은 종종 노조를 해체해야 한다는 식으로 주장합니다. 요즘도 경영계 행사에 가면 '귀족 노조를 해체해야 한다'는 식으로 말하는 사람들이 있는데 그럴 때마다 참 답답합니다. 사회과학 용어 중에서 '노동 귀족'이라는 말은 있어도 '귀족 노조'라는 말은 없습니다. 아무리 저널리스틱한 표현이라도 귀족 노조라고 하는 것은 문제의 본질을 오도할 위험이 있어요. 게다가 헌법과 법률이 보호하는 노조를 해체할 수는 없는 일입니다. 경영계는 그런 쓸모없는 주장에 힘을 뺄 것이 아니라 상생할 방법을 찾아야 합니다. 파업권 가지고도 비난만 하는데, 불법이 아닌 이상 법적으로 보장된 권리 자체를 놓고 왈가왈부할 필요가 없습니다. 그러니 경영계는 왜 파업을 하게 되었는지 치밀하게 분석하고 노동계와 적극적으로 대화를 하는 편이 생산적입니다.

권현지 국제적 추세는 노동조합 조직률을 비롯한 노동조합의 힘이 지속적으로 하락하고 있지만, 최근 한국에서는 노조 조직률이 높아지는 다소 이례적인 추세가 발견됩니다. 상생을 언급하셨는데 사회적으로 책임 있는 역할과 대화를 위해 노동조합에서는 앞으로 어떤 노력을 기울여야 할까요?

김대환 그렇습니다. 노조도 마찬가지입니다. '노동 귀족'이라는 비판에 대해 문제의식을 가질 필요가 있습니다. 노조는 주로 기업별로 조직되어 있는데, (정책)사안을 다루는 상황에서는 상당히 중앙집권적이고 위계적입니다. 현장에서 나타나는 다양한 현상들을 중앙이 커버하지 못하는 상황이 곧잘 발생합니다. 또 노조는 조합원만이 아니라 비조합원을 위한 서비스도 해야 합니다. 그러지 못했기 때문에, 즉 노동자 전반을 대변하지 못했기 때문에 비판을 받아온 측면도 큽니다. 지금 MZ세대가 새로운 노조를 만들겠다는 움직임을 보이는 현상을 나쁘게만 보지 말고 엄중하게 받아들여야 합니다. 대립할 게 아니라 끊임없이 대화해서 사회 전반에 통용되는 보편적인 논리를 찾아내야 하는 것입니다.

권현지 문재인 정부의 소득 주도 성장 기조 및 정책에 대해 비판적인 입장을 여러 번 밝히신 것으로 압니다. 정권 초기 급격한 최저임금 인상은 결과적으로 성공적인 정책은 아니었지만 한국 경제가 상당히 의존하고 있는 저임금-저숙련-저생산성의 악순환 고리에 제도적 긴장감을 부여하고 노동 시장 불평등의 여러 지표를 개선하는 데 일정한 영향을 미쳤다고 볼 수 있습니다. 그럼에도 자영업자들을 필두로 한 대대적인 사회적 반발을 불렀고 이에 따른 사회적 비용도 만만치 않았을 뿐 아니라, 이후 노동 시장 정책의 추진 기조나 동력을 상당히 꺾은 것도 사실입니다. 현 정부에서는 최저임금에 대해 어떤 입장을 취하는 것이 바람직하다고 보십니까?

김대환 사실 정부가 가진 수단은 극히 제한적입니다. 문재인 정부의 가장 큰 실책은 노동 시장을 전체적으로 보지 않았다는 것입니다. 임금 근로자 간의 소득 격차 문제만 봤지 노동 시장 안에 같이 들어와 있는 자영업자를 보지 못했습니다. 자영업자가 노동 시장의 25~30%를 차지합니다. 과거 경제가 지속적으로 확장되는 국면에서는 최저임금 인상이 고용에 큰 영향을 미치지 않을 수 있었습니다. 인상이 급격하지 않은 수준이었고, 경제가 확장 국면이면 어차피 노동자 몫이 커지기 때문입니다. 지금은 경제 상황이 다른데 두 자릿수 인상률로 갑자기 최저임금을 높이니 문제가 될 수밖에 없었습니다.

최저임금 인상이 고용 감소에 영향을 준다는 것은 이론적으로도 알 수 있는 것입니다. 그런데 '3년 내에 1만 원 간다' 식으로 정치적 약속을 해버리면 뒤로 갈 수가 없습니다. 그렇게 2년 연속 대폭 올렸다가 문제가 되니까 다시 2%대로 인상률을 확 낮췄고, 기업들이 올려주지 못하는 부족분을 정부 재정으로 메꿨습니다. 임금을 재정으로 보전하는 것은 정책 중에서 제일 하책입니다. 필요하면 근로장려세제EITC 등으로 보완하는 것이 맞지, 아예 임금 자체를 기업이 감당하지 못할 정도로 올리고 정부가 재정으로 보전하는 것은 밑 빠진 독에 물 붓는 격입니다.

여기서도 결여된 것은 합리적 의사 결정 과정입니다. 우리가 그동안 거시경제 정책에서 성장이냐 분배냐, 이런 식으로 구도를 나누고 정치 논리화했기 때문에 합리적으로 의사 결정을 하기가 어려웠다고 봅니다.

내용적으로 볼 때, 소득 주도 성장도 사실은 성장 정책의 외피를 쓴 분배 정책에 불과했습니다. 성장을 내세우지 않으면 분배 정책을 쓸 수 없으니 이런 식으로 제시할 수밖에 없는 것입니다. 성장과 분배는 정태적으로는 상충될 수밖에 없지만 동태적으로 보면 같이 갈 수도 있습니다. 그러기 위해서는 점진적·단계적 접근이 필요한데 우리는 늘 급하고, 그러다 보니 정책이 자꾸 양극단으로 휩쓸리는 경향이 큽니다. 그러다 보면 성장도 분배도 제대로 할 수 없습니다. 더 개방적이고 더 유연해져야 합니다.

당장 어떤 사회적 문제가 떠오르면 그걸 가지고 치열하게 논쟁하는 데 많은 사회경제적 비용이 발생할 뿐, 앞으로 나아가지는 못하는 일이 반복되어 왔습니다. 절충하면서 단계적으로 점진적으로 접근할 때 답을 찾을 수 있다는 태도가 필요합니다. 궁극적으로 상대방도 우리 사회, 이 공동체에 도움이 되는 것이 무엇인지를 고민하는 사람들이라는 신뢰를 가지고 합리적으로 설득하면서 절충해 갈 때에야 비로소 답을 찾을 수 있습니다.

최저임금에 대해서는 사회적 규범이나 공식을 정하는 단계가 먼저라고 봅니다. 예컨대 '평균 임금인상률보다는 높아야 합니다'는 원칙 같은 것입니다. 이런 데 먼저 사회적 합의를 이루고 나서 그 다음 단계로 가면 됩니다. 기업이 규모마다 사정이 다르니 어느 층위의 기업 사정에 맞출 것인가를 정하고, 그 선보다 밑에 있는 기업들의 임금 지불 능력이 모자라면 근로장려세제로 보완해주는 식으로 체계적으로 접근해야 합니다.

권현지 지난 20여 년간 한국 경제 및 노동 시장은 레짐regime의 변화라고까지 볼 수 있는 상당한 구조 변동을 겪었고, 그런 전환기적 변동은 현재 진행형이라고 할 수 있습니다. 경제·사회적 전환기에 놓인 윤석열 정부 5년이 갖는 역사적 의미와 사명은 무엇이라고 생각하시는지요? 특히 어떤 정책에 중점을 두어야 한다고 보시는지요?

김대환 윤석열 정부가 얼마나 준비돼 있는지는 잘 모르겠습니다. 지금 한국 사회에서 가장 심각한 문제인 노동 시장 이중 구조만큼은 정권을 떠나서, 임기 중에 반드시 완화해가겠다는 약속을 할 수 있으면 좋겠는데 쉽지 않을 것입니다. 이 문제는 손을 대면 바로 정치 문제가 돼 버리므로 굉장히 어렵습니다. 전략적으로 접근을 잘해야 합니다. 사실 이 문제를 해결하려면 노동 시장만 들여다봐서는 안 됩니다. (연금을 포함한) 복지 개혁, 교육 개혁, 그리고 노동 개혁은 한 세트로 접근해야 합니다. 윤 정부가 그야말로 우리 대한민국을 한 단계 도약시키기 위해서 이 세 가지 개혁을 책임지고 제대로 다루겠다고 선언했으면 좋겠습니다. 임기 5년 내에 완성할 수 없더라도, 다음 정권에서도 이어갈 수밖에 없도록 사회적 합의를 이뤄내는 것이 중요합니다.

이번 5년 동안 탄탄한 기초를 만든다는 생각으로 뛰어들어야 합니다. 그렇게 불가역적 개혁이 가능하도록, 대통령 프로젝트로 삼아서 매달려 성과를 낸다면 역사에 남을 큰 업적이 될 것입니다. 이를 위한 기구로 헌법 기관인 국민경제자문회의를 비롯해서 교육위원회, 경제사회노동위원회 등을 활용하고, 이 기구들이 유기적으로 협력하도록 하는 방안을 만들어야 합니다. 대통령의 의지가 확실히 실려야만 이런 체제가 제대로 작동할 것이라고 생각합니다.

권현지 연금 문제를 포함한 복지 개혁을 들여다볼 필요성을 언급하셨는데요, 현재 한국 사회의 연금 정책에 대해 국민이 느끼고 있는 가장 큰 문제는 무엇일까요? 이를 어떻게 해결할 수 있을까요?

김대환 연금에 대해서 기본적으로 국민의 불만은 국민연금 수혜 요율이 상당히 낮다는 것입니다. 최근에는 월 200만 원 이상 받는 사람도 생기기는 했지만 대체로는 기본 생활을 할 수 있는 수준이 아닙니다. 낼 때 더 내더라도 받는 수준을 높여야 합니다. 그러려면 필연적으로 부딪히는 문제가 국민연금과 다른 법률에 의해서 운영되는 군인, 공무원, 교원 연금과의 관계입니다. 이 연금과 국민연금 수급액과의 격차가 크다 보니 그에 대한 불만이 상당하죠. 따라서 이 격차를 줄이는 방향으로 가야 합니다.

박근혜 정부가 공무원 연금 개혁에 직접적으로 개입했지만 나머지 군인 연금에는 손을 대지 못했습니다. 이해관계자들의 입장이 강경하고 가계 경제에 직접 영향을 주는 사안이다 보니 사회적 합의에 이르기 상당히 어려운 문제입니다. 세대 간 갈등도 초래될 수 있습니다. 그래서 더욱 사회적 합의가 필요하죠. 결국은 성장과 분배 문제를 지금 시점에서만 볼 게 아니라 길게 보면서 종합적인 큰 그림과 단계적 전략을 함께 세워야 합니다.

권현지 앞서 교육 개혁도 함께 말씀하셨습니다. 교육과 노동, 어떤 연결 고리를 가지고 있나요? 현재 우리 교육 체계가 가지고 있는 문제점을 해결하려면 어떻게 해야 할까요?

김대환 복지가 노동과 연결돼 있듯이 교육도 노동과 연결돼 있습니다. 우리나라는 상당한 고학력 사회인데, 다시 말하면 교육에 대한 열망과 열정이 다른 어느 나라보다 강하다는 것입니다. 그 교육열이 어디서 오느냐? 사회적 성공과 출세의 열망에서 온다고 봅니다. 우리는 그동안 교육을 입신양명의 수단으로 삼았습니다. 치맛바람이라고 불려온, '내 아이만 더 공부를 잘하게 만들기 위한' 노력의 이면에는 자기 자식과 본인의 사회적 성공에 대한 지향이 있었습니다. 여기에 사회 전반의 가치 부여가 집중되다 보니 우리 교육 시스템이 꼭 모노레일과 같아졌습니다. 성적순으로 어느 대학 가고 어디 취직할지가 거의 정해져 있는 것입니다. 영국도 과거에는 그런 식의 엘리트주의 교육 시스템을 가지고 있었습니다. 그러다 노동당 정부 때 교육을 개혁하면서 모노레일을 다변적인 경로로 바꿨습니다.

우리도 교육을 개혁하려면 먼저 교육 성과를 개인의 입신양명과 연결하는 가치관에서 벗어나야 합니다. 함께 살아가는 사회 속에서 각자 가진 다양성을 서로 인정하고 고유한 재능을 최대한 발휘할 수 있도록 하는 시스템으로 교육 개혁을 해야 합니다. 그리고 교육에 대한 사회적 보상 체계를 바꿔야 합니다. 이를 위해서는 대단히 큰 혁명적인 발상이 필요합니다. BTS 멤버들이 한국의 교육 시스템하에서 나왔다는 것이 놀라운데, 이 성과에 집착하기보다는 이를 한 단계 더 뛰어넘는 사람들이 나오도록 하는 게 중요합니다. 개방적이고 유연한 사회에서만 그런 도약이 가능할 것입니다. 이런 생각과 문제의식을 가진 집단지성이 교육 개혁을 주도해갔으면 하는 생각입니다. 궁극적으로 모든 사회적 변화는 정치와 맞닿아 있는데, 사실 합리성이 가장 결여된 게 우리 정치입니다. 결국은 국민이 유권자로서의 힘을 통해서라도 정치권을 합리화시키는 것부터 해야 하지 않을까 싶기도 합니다.

노동 시장의 양극화와 복지 정책

권현지 이제까지 노동 시장의 이중화와 한국 사회의 심리적·물리적 인프라, 정책 과제에 대해 폭넓게 말씀해주셨습니다. 이제 대담을 마무리할 때가 되었는데요, 마지막으로 급변하는 21세기, 우리 사회의 미래를 전망해주십시오.

김대환 제 의견은 낙관이냐 비관이냐를 말할 수 없다고 생각합니다. 결국은 조건을 어떻게 만드느냐, 즉 우리가 어떻게 하느냐에 달렸습니다. 지정학적 위치 때문에 세계 패권 변화의 영향도 받을 것이고 산업 발전 단계에 따라 겪을 수밖에 없는 전환의 문제 등이 있기는 하지만 어차피 우리는 그런 상황을 쭉 겪어왔기 때문에 미래는 우리가 어떻게 대응하느냐에 달려 있을 뿐입니다.

중요한 것은, 이제 우리 경제의 성장률이 과거 수준을 유지할 수 없다는 것을 인정해야 한다는 점입니다. 경제적 과정이나 성과에는 늘 사회적 요인, 정치적 요인이 작용합니다. 그러므로 투입 대비 산출 같은 경제적 효율성만 따지는 것은 지극히 좁은 관점입니다. 사회적 효율성 관점에서 폭넓게 접근해야 합니다. 우리 경제 수준이 이 정도 왔고, 느리게 성장할 수밖에 없다면 이제는 양극화를 줄이는 쪽에 집중해야 합니다.

앞에서도 말했지만 우리 사회 양극화는 노동 시장의 양극화에서 비롯된 겁니다. 무엇보다도 노동 생애 과정에서 겪는 불평등을 줄이는 것이 가장 중요합니다. 한국 사회에는 시장과 정부 개입을 서로 대치되는 것으로 보는 관점이 있는데, 자본주의가 몇백 년 생명을 유지한 것은 그때마다 조정이 이뤄졌기 때문입니다. 양극화 문제가 커지지 않도록 정부는 합리적 조정자 역할을 해야 합니다. 복지에 대해서는 특히 그렇습니다.

복지 수요는 늘어나는데 재원은 부족하다는 것은 분명한 사실입니다. 이 문제를 해결하려면 사회적 합의가 필요합니다. 서구 사회에서도 변곡점마다 그런 경험을 했고, 인내하고 자기 것을 양보하는 결단을 한 사람들이 있었습니다. 우리 세대는 과거 산업화 과정에서 고생을 숱하게 하고 코피를 흘려가며 일한 공로가 있기는 하지만, 그만큼 경제의 확장 속에서 누리기도 했습니다. 젊어서 고생을 많이 했으니 이제 더 누려야 한다고 생각할 만도 하지만, 어차피 우리는 그런 세대니까 차라리 다음 세대를 위해 봉사하고 기증한 세대로 남자는 식으로 생각해볼 수도 있습니다. 국가적인 관점, 전체를 보는 시각을 가지고 솔선수범한다면 사회적 합의를 이룰 수 있는 바탕을 깔 수도 있을 것입니다.

서구 선진국들도 1970년대 후반부터 1980년대까지 장기 불황을 거치고, 세계화와 신자유주의 등이 전개되면서 기존에 사회를 지탱해왔던 안정의 감각이 무너지고 있습니다. 유럽 사회는 어느 정도 안정돼 있던 시절에는 사람이 태어나서 어떻게 살다가 죽을지 대충 그림이 그려졌습니다. 그런데 요즘 이 그림이 확실치 않으니 사람들의 불안이 커지는 것입니다. 이럴 때 다시 국가의 역할이 필요합니다. 어차피 세계화는 불가피하고 기술 변화에 따른 산업 전환도 막을 수 없습니다. 이럴 때는 국가가 안정감을 보완해줘야 합니다. 말하자면 기업은 열심히 경쟁해서 부가가치를 창출할 수 있게 해주되 세금으로 국가에 기여하도록 하고, 정부는 그 세금을 사회적 안정화에 집중 투입해야 합니다. 그런 관점에서 보면 성장과 분배가 별개의 것이 아니라는 점은 분명합니다.

물론 북유럽 복지 모델에 과도한 면이 있었던 것은 사실입니다. 스웨덴은 최근에 이를 인정하고 일부 제도를 조정했습니다. 우리는 복지 측면에서는 후발 주자이므로, 그런 시행착오와 교정 과정을 지켜보면서 적당한 수준을 찾아낼 수 있습니다. 그러려면 현재 우리는 어느 정도 조세 부담을 높일 수밖에 없습니다. 포퓰리즘에 좌우되지 않고, 차분하게 국민을 설득하면 가능하다고 봅니다. 이를 위해서는 당연히 정치적 리더십이 필요하고, 국민은 신뢰에 기반하여 합리성을 학습하고 체화할 수 있어야 합니다.

과학기술

대한민국의 발전은 과학기술의 발전이라고 해도 과언이 아니다. 이공계에 우수 인력이 많이 진출하도록 사회적인 보상 시스템을 작동시켜야 한다. 과학기술이 크게 발전한 시기를 돌이켜보면, 첫 번째 발전 조건은 극심한 경쟁, 두 번째 조건은 기술에 지대한 관심을 갖는 국가 최고 지도자이다. 이공계 단과대학이나 학과 사이에도 칸막이들이 너무 공고하다. 그런 문화가 바뀌어야 도약이 있을 것이다. 우리는 혁신의 마음이 약한 것 같다. 잃을 것을 생각하면 큰 발걸음을 떼기가 그만큼 어렵다. 현재의 사회경제적 상태가 계속된다면 우리 젊은이들에게는 희망이 없다. 미래를 준비하기 위해서 앞으로 우리는 다섯 가지 방향으로 나아가야 한다. 첫째는 기초과학에 대한 투자, 둘째는 바이오 의료 분야의 개척, 셋째는 우수 인력이 이공계로 진출하도록 도와주는 사회 보상 시스템 설계, 넷째는 좋은 교육 기회 제공, 마지막으로 다섯째는 혁신과 창조를 추구하는 연구에 대한 지원이다.

연구란 성공 가능성이 낮은 제안서를 지원하고 오히려 실패에서 배울 점이 무엇인가 분석해야 한다. 반면, AI사회에서도 양극화와 갈등은 존재한다. 지구의 최종 정복자가 인간이기 때문에 인본주의가 된 것인데, 우리의 미래는 80년 안에 인공지능이 섞여 살며, 그들이 우리의 일자리를 대신하게 되는 것이다. 우리가 50년, 100년 후에도 인본주의라고 해서 AI에게 시키는 대로만 하라고 강요하면 혁명이 일어날 수가 있다. 그래서 우리는 제2의 르네상스를 위한 새로운 학문이 필요하다.

과학기술의 발전과 대한민국의 미래

김은미 해방 후 지난 77년간 대한민국의 발전은 과학기술의 발전이었습니다. 근현대사에서 과학기술이 국가 발전에 어떻게 기여했는지는 매우 중요한 영역입니다. 이를 어떻게 평가하십니까?

이광형 대한민국의 발전은 과학기술의 발전이라고 해도 과언이 아닙니다. 다른 나라도 마찬가지입니다. 역사 속에서 세계를 호령한 강대국은 당시 가장 앞선 기술을 보유했습니다. 지금 미국도 마찬가지입니다. 미국이 전 세계를 주도하는 근원적인 힘은 과학기술에 있습니다. 현재 중국이 미국을 넘보며 일어서는 힘도 과학기술입니다. 마찬가지로 대한민국이 일어서서 선진국의 반열에 오르게 된 것도 과학기술 덕분입니다.

지난 시절에 우리는 우수한 인재를 이공계로 진출시켰습니다. 그 인재들이 오늘날의 번영을 뒷받침하고 있습니다. 인적 자원의 활용에서 국가가 필요한 곳에 우수 인력이 진출했습니다. 그런데 현재의 상황을 보면 걱정이 앞섭니다. 우수 인력이 법률, 의료 분야로 많이 진출하고 있습니다. 이러한 분야는 사회에 필요하지만, 국력을 기르는 데 기여하는 비중이 비교적 작습니다. 정작 국가 간에 경쟁하며 국가의 힘을 길러주고, 많은 사람에게 일자리를 제공하고, 부를 창출하는 분야가 이공계입니다. 이런 분야에 우수 인력이 많이 진출하도록 사회 보상 시스템을 작동시켜야 한다고 생각합니다. 이공계로 진출하면 사회적으로 존경받고 좋은 대우를 받도록 해주어야 할 것입니다.

김도연 18세기 산업혁명 이후 국가 발전은 산업이 주도했고, 그 흥망성쇠는 기술력이 좌우했습니다. 대한민국 국력, 즉 산업 경쟁력도 과학기술 발전이 직접 추동했고 이는 미래도 마찬가지일 것입니다. 사실 우리는 완전히 구분되는 'Science and Technology'를 '과학기술'이라고 합쳐서 부르고 있습니다. 미국 MIT의 문장紋章은 'Mens et Manus'로 'Mens'는 '머리, 지력智力'이라는 뜻이고, 'Manus'는 '손, 손재주'라는 뜻입니다. Science와 Technology는 이렇게 서로 완전히 다른 개념인데, 우리는 1960년대부터 이를 과학기술이라고 뭉뚱그려 부르고 있습니다. 그러나 요즘에는 실제로 과학과 기술이 합쳐지는 경우도 많습니다.

그러면 어떻게 과학기술을 진흥할 수 있을까요? 인류 역사에서 과학기술이 크게 발전한 시기를 돌이켜보면, 두 가지 필요충분조건이 있었습니다.

첫째는 극심한 경쟁입니다. 같은 제품을 놓고 두 회사가 사활을 걸고 경쟁을 벌이면 관련 기술은 크게 좋아집니다. 따라서 자유로운 경쟁을 보장하는 것이 중요합니다. 가장 극심한 경쟁은 국가 간의 전쟁이지요. 실제로 항공기, 컴퓨터 등 대단한 기술들은 모두 전쟁 중에 태어나고 발전했습니다. 둘째 조건은 기술에 지대한 관심을 갖는 국가 최고 지도자입니다. 과학기술에 대한 투자, 즉 국가의 역량을 모으는 일은 정치에 종속될 수밖에 없습니다. 결국 과학기술에 대한 최고 지도자의 애정과 관심은 매우 중요합니다. 최고 지도자가 과학기술 전문가일 필요는 물론 없지만, 미래를 여는 중요한 열쇠가 과학기술이라는 신념은 확고하게 지니고 있어야 합니다.

우리 근현대사에서 남북 대결은 경쟁을 통한 과학기술 발전에 긍정적이었습니다. 남북한이 겪은 변화를 보면, 북한은 쪼그라들고 우리는 크게 발전했습니다. 이런 격차를 만들어낸 중요한 이유는 국가 최고 지도자입니다. 3대를 물려가며 권력 세습에 진력하는 독재 체제에서 과학기술은 피어나지 못합니다. 즉 국가는 발전하지 못합니다. 반면 미국 원조로 한국과학기술연구원KIST을 설립하고, 일본에서 받은 보상금으로 제철소를 건설한 박정희 대통령은 대한민국을 후진국의 굴레에서 벗어나는 데 절대적으로 공헌한 분입니다.

김은미 우리나라의 과학기술 발전은 찬란했지만 문제점도 분명 존재하는데, 연구의 효율, 과학계 교육 등의 문제점은 어떻게 보십니까?

김도연 이는 우리 사회 전체의 문제인데, 과학기술계도 예외 없이 각개 약진과 각자도생의 문화를 갖고 있습니다. 이공계 단과대학이나 학과 사이에도 칸막이들이 너무 공고합니다. 1966년에 KIST가 설립되고, 그 후 크게 발전하면서 기계·재료·화학·전기 등 분야별로 각각 독립하여 이제는 모두 26개의 독립된 정부 출연 연구소가 세워졌습니다. 각 분야별로 모두 국가 발전에 기여했지만 이제는 전환점에 들어섰습니다. 서양 음악으로 비유하면 바이올린, 첼로, 관악 등 각 개별 악기의 연주자들은 모두 잘하지만 세계적인 교향악단은 아직 못 꾸린 듯 싶습니다.

김은미 지난 20~30년은 그런 식으로 쪼개지는 시기였고, 지금은 흩어진 조각들을 모아야 하는 시기 같습니다. 각개 약진은 과거 시절 그 나름의 상황에 대한 최적화된 반응이었을 것으로 생각합니다. 그러나 이제는 상황이 변했고 그 변화에 적응해야만 합니다.

김도연 잘게 나뉘어서 더 좋은 가치를 만들어내지 못하고 있습니다. 다른 분야들도 그렇지만 과학기술이야말로 굉장히 발전했습니다. 제가 1982년에 서울대학교 교수가 되었을 때 '해외 학술지에 논문을 내는 게 과연 가능한 일일까' 하는 생각을 했습니다. 당시는 소위 SCI 논문이 매년 전국에서 20여 편 나왔습니다. 40년 전 이야기입니다. 지금은 7만 편이 넘습니다. 이제는 무슨 연구를 해도 힘을 합쳐야 하는데 각개 약진의 습관을 못 고치고 있습니다.

공학이 더 발전하려면 예를 들어 의학과 힘을 합쳐야 합니다. 국가적으로도 마찬가지입니다. 과학기술 예산이 안 가는 데가 없습니다. 과기부로도 가고 보건부로도 가고 환경부로도 가고 국방부로도 가는데, 각자 분산된 상태로 일을 합니다. 이명박 대통령 때 정부에 있으면서 국가 전체 R&D 예산을 관리했는데, 당시에는 가장 중요한 연구 과제가 소위 '그린 테크놀로지'였습니다. 거의 모든 연구소가 여기에 매달렸습니다. 활짝 문을 열고 서로 협력하면 좋은데, 다들 문을 닫아 놓고 각개 약진 했습니다. 그런 문화가 바뀌어야 도약이 있을 것입니다.

김은미 관련하여 지금 과학기술계에서 특별히 문제가 되는 세부 분야나 사례가 있습니까? 물론 괜찮은 것 100개는 있지만, 뚜렷이 잘하고 있거나 잠재력이 모이는 한두 개가 없는 것으로 보이는데, 그것도 평준화와 비슷한 것 같습니다. 비슷하게 수학 잘하고 국어 잘하는 아이들은 수천 명인데, 탁월한 슈퍼스타를 배출하지 못하고 있습니다.

김도연 총체적 문제이기는 하나, 그동안은 앞서가는 걸 쫓아가는 우리 과학기술이었습니다. 모든 연구 과제에 항상 목표가 분명히 있었는데 이제는 우리가 목표를 스스로 설정해야 하는 일이 많아졌습니다. 시간을 두고 새로운 방향에 적응해야 할 것입니다. 슈퍼스타 배출을 위한 노력도 있었고 진행 중입니다. 2011년에 발족한 기초과학연구원IBS이 좋은 예일 것입니다. 그러나 당초 계획보다는 집중 지원이라는 측면에서 많이 약화된 듯싶습니다.

과학도 정치에 영향을 받을 수밖에 없는데, 지난 문재인 정부 정책들은 모든 분야에서 슈퍼스타에 우호적이지 않았습니다. 아시다시피 한두 개를 톱 다운으로 정하여 육성하는 것은 과거의 프레임이라 이제는 쉽지 않은 일입니다. 그야말로 과거 프레임입니다. 중화학공업을 우선 추진하던 시절에 가능했습니다. 이제 대한민국은 산업의 측면에서 전혀 작은 나라가 아닙니다. 거의 모든 산업을 갖고 있는 큰 나라입니다. 산업을 뒷받침하는 기술 개발을 위해 정부가 틀을 정해서 집중 지원하는 일은 바람직하지도 않습니다. 민간에 위임하는 것이 더 좋을 것입니다. 기초과학도 마찬가지입니다. 생명과학, 우주공학 등이 부각되고 있지만 물리학과 기계공학 등도 항상 중요합니다.

김은미 혁신에 대한 우리의 자세에서도 문제점을 지적해볼 수 있습니다. 혁신은 기존의 것을 버리는 데서 시작합니다. 기존에 가진 것을 내려놓는다는 말은 쉽지만 누구든 자신의 것을 내려놓는다면 참을 수 없게 되는데, 어떻게 사회적으로 관리해야 할지 참 어려운 문제입니다. 혁신의 마음이 약하다는 것은 절실하지 않다는 의미입니까? 혹은 뭔가를 희생해야 하는데 희생을 못 견딘다는 것인가요?

이광형 우리는 혁신의 마음이 약한 것 같습니다. 가진 게 있으면 담대하게 나갈 수 있을 것 같은데, 사실 가진 게 있다는 것은 잃을 게 있다는 것이라서 잃을 것을 생각하면 큰 발걸음을 떼기가 그만큼 어렵습니다. 우리는 현재에 너무 안주합니다. 젊은이들과 후손을 생각하면 기성 세대가 좀 양보해주고 희생을 해야 하는데, 그게 어려워서 걱정입니다. 현재의 사회·경제적 상태가 계속된다면 우리 젊은이들에게는 희망이 없습니다. 좀 더 긴 안목을 가지고 미래를 생각하는 훈련을 하면 도움이 될 것입니다. 미래학의 기본은 사고의 시점을 미래로 이동하여 장기적인 시점에서 전략적으로 사고하는 것입니다.

김은미 그동안 우리가 잘나갔기 때문에 안주하고, 변화를 거부하는 경우가 많습니다. 기업의 혁신을 연구하시는 분들이 하시는 이야기를 들어보면, 하나의 제품으로 잘나가는 기업은 결국 그 잘나가는 제품에 추가 성장의 발목이 잡힌다고 합니다. 잘나가는 제품을 파는 것에 몰입하다 보면 이것을 놓기가 그만큼 어려워진다는 아이러니가 생깁니다. 앞으로 10년, 100년으로 시점을 늘려서 생각하면 지금 해야 할 일과 우선순위가 바뀐다는 말씀이 이해가 됩니다. 좀 더 긴 호흡의 분석을 제시해서 여론에 영향을 미쳐야 하는데 안타까울 때가 많습니다.

이광형 우리가 가진 문제를 현재 시점에서 보면 답이 안 풀리고 자기 이익만 생각하게 됩니다. 10년 후로 이동해서 보면 세상이 너무 많이 변해서 내 이익도 변합니다. 제가 지금 어떤 주장을 한다고 해서

10년 후에도 그대로 반영되는 것은 아닙니다. 긴 안목으로 현재를 통찰하면 지금의 갈등과 이해 충돌이 완화됩니다. 그렇기 때문에 우리가 좀 더 미래지향적으로 생각하면 좋겠습니다. 저는 항상 테이블에 달력을 두 개 놓습니다. 현재의 달력과 10년 후의 달력입니다. 중요한 결정을 할 때면 달력을 보며 10년 후를 한 번 더 생각해 봅니다. 그러면 미처 생각하지 못한 것이 떠오르기도 합니다. 국민, 특히 리더는 현재 갈등에서 손해를 따지기보다는, 10년 후 은퇴한 미래 시점에서 생각해봐야 합니다.

김은미 역사에서는 물론이고 현재까지도 강대국은 모두 과학기술 선진국입니다. 세계를 주도하는 선진국의 조건이 여럿 있겠지만, 그중에 과학기술은 필수 조건입니다. 대한민국이 미래 과학기술 선진국으로 나아가기 위해서는 어떻게 해야 할까요?

이광형 한국이 미래 선진국이 되기 위해서는 과학기술에 집중적인 투자를 해야 합니다. 현재 GDP 대비 매우 많은 돈을 과학기술에 투자하고 있다고 말합니다. 그러한 투자에 감사하지만, 사실상 그런 숫자는 의미가 적습니다. 국제 경쟁에서는 투자액이 중요한 것이지, GDP 대비 비율이 중요하지 않습니다. 어떻든 국민적인 합의로 많은 투자가 이루어졌고, 좋은 인재들이 연구 개발에 투신하여, 그 결과 오늘날 대한민국을 일구었습니다. 한국이 선진국이 되기 위해 해야 할 일 세 가지를 제안하고자 합니다.

첫째, 기초과학에 더 많이 투자해야 합니다. 지금까지는 시간이 없어 추격자 전략을 펼쳤기 때문에, 응용 기술에 치중했습니다. 이제는 선도자first mover 전략이 필요합니다. 우리도 선진국으로서 새로운 길을 개척해야 하기 때문에 기초과학에 중심을 두어야 합니다.

둘째, 바이오·의료 분야를 개척해야 합니다. 전 세계에서 바이오·의료 시장은 조선업이나 반도체보다 훨씬 큽니다. 그런데 우리는 그것의 2%도 차지하지 못하고 있습니다. 이 분야를 개척하기 위해서 연구 인력을 적극 양성해야 합니다. 특히 연구하는 의사를 길러야 합니다.

셋째, 우수 인력이 이공계로 진출하도록 사회 보상 시스템을 설계해야 합니다. 이공계로 진출하면 좋은 대우도 받고 존경도 받는 사회적인 분위기를 조성해야 합니다. 우수 인력이 이공계로 많이 진출해야 국력이 튼튼해집니다.

김도연 한국 과학기술 생태계가 앞으로 나아가야 할 방향성에 대해서 묻는다면 궁극적 해답은 역시 교육입니다. 이를테면 물리학과와 생명학과는 훨씬 더 협력해야 합니다. 공과대학 학과들도 마찬가지입니다. 21세기를 살아갈 오늘의 학생들이 필히 갖추어야 할 능력으로는 소통 능력과 협력 정신이 꼽힙니다. 대학교에서 교육 시스템을 바꾸어 서로 소통하고 협력하는 인재를 양성해야 합니다. 과학기술계에만 해당되는 이야기는 아닙니다.

김은미 현재 초중등의 과학기술 교육에 대한 의견은 어떠신가요?

김도연 수능 과학 문제만 봐도 너무 꼬아서 내기 때문에 깊이 사고해서 풀 수 있는 문제가 아닙니다. 학생들이 그런 문제 풀이를 위해 12년 동안 훈련합니다. 참 아쉬운 부분입니다. 그리고 '과학기술 강국', 'IT 강국'이라고 하는데 사실 세계 무대에서 차지하는 비중은 미미합니다. 우리는 기술 강국이라기보다 산업 강국입니다. 더 정확하계는 자동차, 반도체, 조선업 강국입니다. 그것만 해도 대단한 일이지만, 우리가 과학 강국이라고 생각하는 것은 지나치다고 봅니다. 논문 수나 임팩트를 봐도 우리나라가 전 세계에서 차지하는 비중은 3% 정도입니다. 〈동아일보〉 칼럼[13]에서 밝힌 바처럼, 2022년 4월에 발표된 '세계적으로 영향력 있는 재료과학자 100명' 중 한국에서는 서울대학교의 현택환 교수 한 명이 65위에 올라 있습니다. 재료과학뿐만 아니라 다른 분야도 비슷합니다. 특히 기초과학은 약합니다.

과학기술의 안보 개념화와 국가 생존권

김은미 과학기술이 안보 개념화되고 있습니다. 기술 안보나 기정학技政學이 신문에도 많이 오르내리고 있습니다. 기술이 국가 생존권의 요체가 되고 있는 것입니다. 자강력 없이 예속화되면 생존권에 위협을 받게 됩니다. 기술의 자강력을 확보하기 위한 특단의 대책은 무엇입니까?

김도연 작은 규모의 폭력배 간에도 기존의 지배 세력과 신흥 세력이 충돌하면 골목길은 어지러워지는 것이 필연입니다. 세계 무대도 마찬가지입니다. 새롭게 부상하는 중국에 대해 지난 세기 세계를 지배해온 미국이 두려움을 느끼고 이를 견제하고 있습니다. 양국 간의 전쟁 가능성은 우리가 인식하는 것보다 훨씬 더 높으며, 그 불꽃은 한반도에 튈 확률이 가장 높습니다.

군사 전쟁이 아니어도 그만큼 무서운 것이 경제 전쟁입니다. 몇 년 전 우리나라에 사드를 배치한 일로 미국과 중국이 갈등하면서, 그 불똥이 튀어 우리 롯데백화점이 중국에서 모두 철수하는 일이 있었습니다. 중국에는 약 100여 개의 롯데백화점이 있었던 것으로 아는데, 이를 철수하는 일은 우리에게 경제적으로 상당한 타격이었습니다. 그러면 우리의 전략은 무엇일까요?

미·중 간의 경쟁은 결국 반도체와 같은 기술경쟁입니다. 대만은 세계 반도체 1위 기업 TSMC가 있기에 절대로 중국이 침공할 수 없다는 이야기도 있습니다. TSMC가 망하면 중국이 멈추기 때문입니다. 이처럼 기술력에 기반을 둔 전략 자산을 확보하는 것이 우리에게는 매우 중요한 일이라고 믿습니다. 국회에서도 반도체특별법이나 데이터특별법 등으로 우리가 전략 자산을 지닐 수 있는 정책적 노력을 해야 합니다. 결국은 인력과 연결되는데, 현재 우리 사회에는 어려움이 많습니다. 과학기술인들이 더 자긍심을 갖고 사회에서 활동할 수 있는 방안을 모색해야 합니다. 젊은이들이 꿈을 갖고 과학기술계에 들어올 수 있도록 사회적 인센티브를 만들어야 합니다.

이광형 기존에는 국제 정치가 지정학地政學 패러다임 속에서 진행되었습니다. 그러나 21세기 현재의 국제 정치는 패러다임이 바뀌었습니다. 국가의 지리적인 위치도 중요하지만, 그에 못지않게 중요한 것이 핵심 전략 기술을 가졌느냐 하는 것입니다. 지정학에서 기정학 시대로 변하고 있습니다. 국력과 국방에 필수적인 기술을 보유하고 있으면 국제 관계에서 무시당하지 않고 대우받을 수 있습니다. 현재 모든 나라에 필수적인 기술이 반도체와 배터리 기술입니다. 이 기술을 보유한 나라는 한국·미국·대만·일본을 포함하여 소수입니다. 한국은 이러한 기술을 가지고 있기 때문에 국제 사회에서 당당한 위치를 차지하고 있습니다.

한미 정상회담의 선언문에서 가장 강조되는 내용이 경제, 기술 동맹입니다. 미래 기술을 공동으로 개발하고, 산업에 필요한 장비, 소재, 부품의 공급망에도 공동 협력을 강조하고 있습니다. 한국이 나토NATO에 초대받아 참석하고 있습니다. 이러한 변화는 모두 국제 정치가 기정학 시대로 바뀌었기 때문입니다. 이제 기정학 시대를 맞이한 우리 대한민국의 전략은 명확합니다. 국가 전략 기술을 개발하고 산업화하여 국부를 창출해야 합니다. 특히 국방과 산업에 공통으로 활용되는 민군 겸용 기술에 중점을 두는 것이 유리합니다. 앞으로 10년, 20년 후에 필요한 국가전략 기술도 미리 예측하여 지금부터 개발해야 합니다.

김은미 그동안 기정학에 대해 많이 말씀하셨습니다. 오늘날 기정학의 시대에는 전략 기술이 국방 안보와 경제 산업에 직결됩니다. 국제 정치를 좌우하는 것은 기술 패권이고, 한미 동맹도 반도체와 배터리 기술 공급망 공유를 통해 강화할 수 있으며, 과학기술이 저성장 탈출에 핵심이라고 하셨습니다.[14] 기술과 정치, 경제가 서로 직접적으로 연관되어 있음을 여러 번 피력하셨습니다. 그렇다면 기술 안보를 위해 없애야 하는 관습이나 정책은 무엇입니까? 그동안 과학기술이 큰 역할을 해왔지만, 연구 개발 현장에서는 연구 효율이 떨어진다는 말이 나오고 있습니다. 어떻게 하면 이런 점을 개선할 수 있을지요?

이광형 정부가 기술개발 연구과제를 심사하고 R&D 예산을 집행할 때 연구 성공 가능성을 보는데, 그걸 없애면 좋겠습니다. 지금은 성공 가능성이 높게 평가되면 연구비를 줍니다. 그러다 보니 연구자들은 성공 가능성 높은 연구만 제안서를 씁니다. 성공 가능성이 80% 이상인 연구는 지원하지 말고, 성공 가능성이 낮더라도 마음껏 연구하고 시도할 수 있도록 실패를 용인하고 지원해주면 좋겠습니다.[15] 성공 가능성이 낮은 연구에서 오히려 창의적이고 좋은 결과가 나올 수 있습니다.[16]

김은미 좀 더 위험 부담을 감수하고 담대한 연구를 장려하자는 말씀이십니다. 제가 학생들에게 많이 하는 말 중에 하나가 "흠잡을 데 없지만 재미없는 연구보다 허술해도 재미있는 연구를 해보자"는 것입니다. 성공하기 어려운 것에 도전해야 한다는 점에서 앞서 말씀하신 창조 국가 모델과도 공명합니다. 과학기술의 경우에도 연구 개발 현장에서는 연구 효율이 떨어진다는 말이 나오고 있습니다. 어떻게 하면 이런 점을 개선할 수 있을까요?

이광형 연구비는 많이 쓰지만 연구 효율이 떨어지고 연구 결과는 신통치 않다는 말이 있습니다. 현재 95% 이상의 연구가 성공으로 마감을 합니다. 연구란 새로운 일에 도전하는 것입니다. 그런데 실패가 없다는 것은 모순입니다. 실패가 성공보다 많아야 정상적인 연구라 할 수 있습니다. 현재 연구 현장에는 성공 가능성이 높은 연구, 안전한 연구가 유행하고 있습니다. 연구자들이 반성해야 할 대목입니다. 그리고 또한 연구자들을 이렇게 행동하도록 만든 공무원의 책임도 있습니다. 공무원은 자신이 그 자리에 있는 동안에 결과가 나오는 단기 연구를 재촉하는 경향이 있습니다.

김은미 과학기술은 연구에서 결과가 나오고, 연구 결과는 실패 경험을 딛고 쌓입니다. 실패가 두려워 안전한 연구, 쉬운 연구, 만만한 연구만 한다는 의견이 있습니다. 이를 개선하기 위한 방안이 있을지요?

이광형 연구란 실패 위험을 무릅쓰고 도전하는 것입니다. 그런데 현재와 같이 거의 모두 성공으로 마감하는 연구는 의미가 있다고 말하기 어렵습니다. 이러한 현상을 고치기 위해서는 두 가지 정책이 필요하다고 생각합니다.

첫째, 연구비 제안서를 평가하여 성공 가능성이 높은 연구에는 연구비 지원을 하지 않아야 합니다. 반대로 성공 가능성이 낮은 연구를 지원해야 합니다. 이렇게 하면 연구자들은 좀 더 도전적인 연구를 시도할 것입니다.

둘째, 실패를 용인하는 정책이 필요합니다. 지금은 연구하다가 실패하면 매우 크게 불이익을 받는 것으로 되어 있습니다. 심지어 연구하다가 연구 장비를 실수로 파손했을 때 연구자 개인이 보상하게 하려는 감사 결과까지 나온 바 있습니다. 그러기 때문에 실패하지 않으려고 처음부터 안전한 연구만 하는 것입니다. 성실하게 연구하다가 실패하는 경우에는 아무런 제재를 가하면 안 됩니다. 오히려 실패에서 배울 점이 무엇인가 분석하여, 다음에 더 좋은 연구의 발판이 되도록 지원해주어야 합니다. 실패에서 배울 점이 있으면 실패라 부르지 말고, 성공이라 재해석해주어야 합니다.

AI 사회에서 양극화와 갈등

김은미 AI나 로봇이 일상으로 들어오면서 생기는 경제 구조의 변화가 엄청날 것으로 예상합니다. 우선 일부 노동력의 대체가 일어나면서 직업이나 일의 정의가 변화할 것입니다. 사람에게 정서적인 위안을 주는 상담이나 돌봄 같은 역할이야말로 인간 고유의 일이라고 생각했는데 요즘 보면 그렇지도 않습니다. 오히려 사람이 아니라서 챗봇 상담이 편하다고 하고, 돌봄 로봇도 등장했습니다. 이러한 미래 전망에 대해 과학자로서 어떻게 전망하십니까? 인간이 로봇이나 AI와 같이 사는 세상은 이제 피할 수 없이 주어진 조건 같은데, 지금 우리는 무엇을 준비해야 할까요?

이광형 제2의 르네상스를 맞이할 수 있을 것입니다. 인간을 다시 발견하고, 인간의 삶의 질서를 되찾은 게 15세기 르네상스입니다. 그전에는 모든 게 신 중심이었습니다. 신 중심으로 살다가 공자와 소크라테스가 만들어놓은 사상 체계 속에서 인간을 되찾은 것입니다. 질서가 다시 만들어지고 몇 번의 혁명을 거쳐서 여기까지 왔습니다. 휴머니즘, 인본주의가 기본 흐름이 되었습니다. 지구의 최종 정복자가 인간이기 때문에 인본주의가 된 것인데, 우리의 미래는 80년 안에 인공지능이 섞여 살며, 그들이 우리의 일자리를 대신하게 되는 것입니다.

김은미 특이점이 올 것이라고 예측하십니까?

이광형 기능적인 면에서 온다고 봅니다. 그 시대에는 인공지능 기계를 잘 쓰는 사람이 리더가 됩니다. 지금도 회사에서 능력 있는 사람은 기계를 잘 활용하는 사람입니다. 앞으로 인공지능을 잘 활용해서 일하는 사람이 업무 성과를 내고, 그런 사람이 좋은 평가를 받아서 리더로 클 것입니다. 그러면 이제 되돌아갈 수는 없습니다. 일자리를 빼앗는다고 인공지능을 배제할 수는 없습니다. 일자리도 변하고 삶의 방식도 바뀔 것입니다. 인공지능이 자의식을 갖게 될 것인지에 대해서는 자신이 없지만, 기능적인 면에서는 지능을 복제할 것입니다. 자의식은 자기 자신의 존재를 인식하는 것으로, 표현이 되어야 알 수 있습니다. 사람도 가만히 있으면 자아가 있는지 모릅니다. 행동을 해야 자아가 있다고 합니다. 컴퓨터의 자아 유무는 인간과 비교해서 생각해보면, 개체나 종족 보존의 본능이 있는지 여부에 달렸다고 생각합니다.

김은미 AI와 인간의 역할 분담이 선순환적으로 이어지면 좋겠으나 AI로 인한 인간 영역의 위축을 우려하는 경향도 늘고 있습니다. 앞으로 우리 인간은 AI와 어떻게 더불어 살아가야 할까요?

이광형 자의식까지는 모르겠지만, 어쨌든 기능은 잘할 것입니다. 존재론적 관점에서 르네상스 이후에 세계를 주도한 주인은 인간이었지만, 정확히는 귀족, 신학자들이었습니다. 그러다가 부르주아가 형성되면서 중산층도 목소리를 내게 되었습니다. 또 프롤레타리아 혁명으로 노동자도 목소리를 키우게 되었습니다. 노예 해방까지는 피를 흘리는 혁명을 통해서 이루어졌습니다. 그러나 100년 전의 여성 해방 운동은 많은 피를 흘리지 않고 여성 인권을 회복했습니다. 앞으로는 사회의 집단적 갈등에 AI가 하나의 집단으로 등장할 것입니다. 우리가 50년, 100년 후에도 인본주의라고 해서 AI에게

시키는 대로만 하라고 강요하면 혁명이 일어날 수 있습니다.

그래서 우리는 제2의 르네상스를 위한 새로운 학문이 필요합니다. 기술 변화에 따라 변이하는 사회에서 인간이 원하는 것과 인간에게 필요한 것이 무엇인지 고민하고, 선례를 잘 배워서 궤도를 벗어난 새로운 일을 벌여야 합니다.[17] 로봇과 AI까지 보듬어 사는 삶의 질서를 지금부터 연구해야 합니다.

김은미 이러한 인본 사상과 AI의 기능이 어떻게 조화를 이룰 수 있을까요? 우선 인간과 비인간이 무엇인지 생각해야 하지 않을까요?

이광형 그러지 않으면 100년 후의 우리는 100년 전 여자와 겸상을 거부했던 할아버지들과 비슷해집니다. 사회가 피 흘리지 않고 부드럽게, 유연하게 가도록 해야 합니다. 그래서 제2의 르네상스가 필요합니다. 카이스트는 디지털인문사회과학대학원을 세워 제2의 르네상스 연구를 하려고 합니다. 또 인문사회 과학자들과 이공계 교수들이 공동 연구를 하도록 장려합니다. 이제 인문 연구만 단독으로 해서는 연구도 잘 안 되고 연구비도 별로 없습니다.

창조적 파괴형 혁신이 요구되는 한국의 교육

Round-table 6

국가 원로		현역 학자
김도연	이광형	김은미

교육의 역할과 성취

해방 후에 대한민국의 경이적인 발전의 가장 큰 원동력은 교육이었다. 그 성공의 원천은 바로 한국 부모들의 교육열이었다. 대한민국의 근현대사는 한마디로 기적 같은 발전을 이룩한 자랑스러운 것이며, 이는 누구도 부정할 수 없는 교육의 성과이다.

교육 문제에 대한 반성과 회한

우리나라 교육을 암기 위주에서 사고력 교육과 창의 교육으로 바꾸는 데 가장 큰 걸림돌은 부모들의 교육열이다. 교육열이 과거 한국 교육의 가장 큰 공로자였는데, 이제 변화에 큰 장애물이 되었다. 현재는 학벌이 절대적으로 중요한 요소가 되었기 때문에 자식을 좋은 학교에 입학시키는 것이 집안의 지상 과제다. 지나친 교육열의 근원은 학벌주의이다. 대학 입시가 바뀌면 초중등 교육도 바뀔 것이다.

미래 세대를 교육함에 있어 오래 생각하는 힘을 길러주는 것은 참으로 중요하다. 하지만 우리는 무언가를 오래 생각해서 스스로 깨우쳤을 때의 기쁨을 학생들에게서 빼앗고 있다.

대학이 해결해야 할 급선무는 사회로부터의 신뢰를 회복하는 일이다. 포퓰리즘의 폐해가 가장 크게 드러나는 곳이 대학이다. 신뢰 회복을 위해서는 교수들이 제일 중요하다고 생각하는 기득권을 버려야 할 것이다. 특히, 교수 정년 보장 제도를 다시 생각하고 검토해보아야 한다. 실제로 외국에서는 이미 교수 정년 보장 제도를 버리고 있다.

대학 개혁과 교수에 대한 신뢰의 위기

대학이 해결해야 할 급선무는 사회로부터의 신뢰를 회복하는 일이다. 국민에게 사랑과 존경받는 대학이 되어야 한다. 지금 우리 대학과 교수들은 사회적 신뢰의 위기에 빠져있다. 많은 제도 개혁도 필요하다. 총장 직선제를 폐지하고 4년 총장 임기제도 바뀌어야 한다. 그리고 교수 정년제도를 폐지하여 교수들의 기득권을 버려야 한다. 다들 알면서도 그런 이야기를 함부로 꺼내지 않는다. 치부이기 때문이다. 대학이 스스로 변하지 못하는 부분이기 때문에, 좀 아프더라도 치부와 문제점이 공개되어 매를 맞을 필요도 있다.

방대한 조직이 변화를 받아들이려면 문화 전환이 필요하며 문화 전환은 내부적인 반성과 자성만으로는 힘들고, 큰 계기가 있어야 이루어진다. 서울대학교나 카이스트도 세계 2류 대학의 수준은 이미 이루었다. 어디 가면 알아주기는 한다. 그런데 1류는 아직이다. 학생들을 위해 학교가 있는 것이 아니라, 현재 학과 시스템을 유지하기 위해 학생 정원과 전공 교수가 있다고도 볼 수 있다. 학문의 다양성을 보존하는 방향에서 이제는 아예 전공이라는 개념이 없어지는 시대에 진입했다고 생각한다.

미래에 인간이 어떻게 살지, 뭘 원할지 생각해야 한다. 대학에서 그런 인재를 키워야 한다. 우리의 교육이 산업화를 위한 인재 공급에 초점을 맞추다 보니 창조적 인간, 선도적 혁신가를 양성하는 데 많은 장애가 있다. 기존의 산업화 시대의 추격자fast follower 교육 방식에 갇혀 있다. 오늘의 젊은이들이 살아갈 디지털 세상은 지난 산업 시대와 완연히 다를 것이기에, 당연히 우리는 미래 사회에 필요한 인재상을 치열하게 고민하며 교육의 틀을 새롭게 짜야 할 것이다.

교육의 창조적 혁신 없이 한국의 미래는 없다

한 문제를 가지고 오래 생각하는 힘, 그게 미래 세대에게 꼭 필요한 창조력이라고 생각한다. 뉴턴은 만유인력을 어떻게 발견했느냐는 질문에 "내내 그 생각만 했으니까"라고 대답했다. 다윈은 "내가 과학에서 성취한 모든 것은 오로지 오랫동안 생각한 결과다"라고 말했다. 청년들이 '할 수 있다, 해보자' 하는 마음을 가지고 뛰게 해야 한다. 창조 국가가 되어야 한다. 창조를 해야 세계 일류가 된다. 창조를 하려면 가진 것을 걸고 모험해야 한다. 바로 기존에 하던 걸 버리고 새로운 것을 하는 것이 미래를 위한 것이다.

교육의 역할과 성취

김은미 대한민국 발전의 원동력은 인적 자원이었고 앞으로도 그럴 것이라는 데에는 이견이 없을 것입니다. 하지만 각자의 위치와 경험에 따라 근현대사를 바라볼 때 국가 발전에 교육이 구체적으로 어떤 영향을 미쳤는가에 대한 해석은 다를 수 있습니다. 평생을 교육 현장에 계셨던 전문가로서 근현대사를 총체적으로 보신다면 어떤 말씀을 해주실 수 있을까요?

이광형 해방 후에 대한민국의 경이적인 발전의 가장 큰 원동력은 교육이었다고 생각합니다. 우리 국민은 자녀 교육에 모든 정성을 쏟아부었고, 그 결과 자식들은 대부분 개천에서 나온 용이 되어 부모 세대보다 훨씬 윤택한 삶을 영위하게 되었습니다. 또한 국가는 오늘날과 같이 크게 발전하여 세계 어디에 나가도 부러움을 받는 나라가 되었습니다. 일부에서는 현 교육의 문제점을 지적하며 우리 교육의 성과를 과소평가하는 경향이 있다고 봅니다. 물론 부작용도 있지만 큰 틀에서 보면 한국 교육의 대박이었습니다. 그 성공의 원동력은 부모들의 교육열이었다고 생각합니다.

교육의 성공 속에서도 특히 다행이었던 것은 인적 자원의 활용이 국가 발전에 일치하는 방향으로 이루어졌다는 점입니다. 이것은 개인과 국가가 원하는 방향이 일치했다는 것입니다. 국가가 발전하기 위해서는 과학기술이 발전해야 하는데, 사회 보상 시스템이 이에 맞게 설정되어 있었습니다. 그래서 과학기술 분야에 우수 인력이 많이 진출했습니다. 그 인력이 지금 세계인이 부러워하는 반도체·배터리·자동차·제철·석유화학 등의 세계 최고 수준의 산업을 이끌어가고 있습니다. 그러나 현재는 우수 인력이 국가 발전에 직결되지 않은 분야로 진출하는 경향이 있어서 크게 걱정이 됩니다.

김도연 '사람을 기르는 교육은 동서고금을 막론하고 국가 발전의 알파이고 오메가다'라고 말씀드리고 싶습니다.

1945년 해방 직후, 우리는 국민 대부분이 문맹文盲인 처참한 상황이었습니다. 문맹 퇴치를 위한 초등교육 의무화는 1950년에 시행되었고, 취학률은 1960년을 전후해서 이미 90%를 훌쩍 넘었습니다. 학교 시설이 크게 부족해 오전반, 오후반으로 학생을 나누었던 것은 물론이고 3부제 수업도 흔했습니다. 학생 수 100명을 넘는 대규모 학급이 대다수였던 시절입니다. 당시 참으로 헐벗었던 우리 어린이들은 유네스코가 지원한 미화 10만 달러 덕분에 교과서를 갖게 되었습니다. 이를 이용해 공부했던 어린이, 반기문은 2007년에 유엔 사무총장이 되었고 대한민국은 이제 유네스코를 지원하는 주요 선진국이 되었습니다.

모두가 새벽에 울리는 〈잘살아보세〉라는 노래를 들으며 기상한 것은 1970년대였습니다. 중화학공업 인력 양성을 위한 공업고등학교가 전국적으로 100여 개 이상 설립되었고, 여기에 우수한 인재가 모여들었습니다. 국제기능올림픽에서 첫 종합 우승을 한 1977년의 수출 실적은 100억 달러였지만 1997년에는 1,400억 달러에 이르렀습니다. 대한민국 도약의 발판은 이렇게 교육을 통해 배출된 기능 인력들이 마련했습니다.

김은미 전쟁으로 초토화된 지 반세기 만에 한국은 정말 전 세계에 우뚝 섰습니다. '어쩌다 선진국'이라는 말처럼 세계 무대에서 한국의 위치에 정작 우리 스스로가 가장 낯설어 하고 있는지도 모릅니다. 해방 직후 문맹 퇴치, 1970년대 공업고등학교의 설립과 기술에 대한 강조, 이런 흐름과 기반 위에서 1980년대 이후에는 고등 교육계의 도약이 시작된 것이겠지요?

김도연 1990년대부터는 기술 자립을 위한 석·박사 R&D 인력 양성도 첫발을 떼기 시작했습니다. 대학에 석·박사 과정이 활성화되었고, 지식을 전달하던 일에 그쳤던 대학이 새로운 지식을 창출하는 연구에서도 성과를 내기 시작했습니다. 논문 출판이 늘어났고, 주로 연구 성과에 근거해 순위를 매기는 세계 대학 평가에서 2005년에는 서울대학교가 93위로 처음 이름을 올렸습니다. 그 후 우리 대학들은 지속적으로 순위가 상승해 최근에는 세계 대학 평가 100위 안에 무려 5개의 대학이 들어갔습니다. 대한민국의 근현대사는 한마디로 기적 같은 발전을 이룩한 자랑스러운 것이며, 이는 누구도 부정할 수 없는 교육의 성과입니다. 앞으로도 교육은 당연히 국가백년대계입니다.

교육 문제에 대한 반성과 회한

김은미 교육의 중요성은 끊임없이 대두되지만 현재 교육과 관련된 많은 문제가 제기되고 있습니다. 정치 이념이나 이해관계 세력 간에 다툼으로까지 발전되고 있습니다. 이러한 문제를 풀어나가려면 어떤 선택이 우리에게 필요할까요?

이광형 교육 체제 개편의 핵심은 대학 입시입니다. 입시를 어떻게 할 것인지 합의해야 합니다. 우리나라 교육을 암기 위주에서 사고력 교육과 창의 교육으로 바꾸는 데 가장 큰 걸림돌은 부모들의 교육열이라 생각합니다. 교육열이 과거 한국 교육의 가장 큰 공로자였는데, 이제 변화에 큰 장애물이 되었습니다. 현재의 입시 제도를 개편하려면 부모들이 새로운 입시 제도 방향을 이해해야 합니다. 다시 말해서 '나의 자식이 새로운 입시 제도를 따라서 공부하고 입시를 통과하여 성장하는 것이, 자식의 미래를 위하여 좋겠다'고 생각해야 합니다.

입시에서 선다형 객관식 문제만 출제할 수밖에 없는 이유는 바로 주관식 채점을 믿을 수 없다는 신뢰 부족 탓입니다. 교육열이 지나치게 강하기 때문에, 채점에서 약간의 오차도 허용하지 못하는 것입니다. 그러니 행정 당국에서는 객관식 문제로 출제할 수밖에 없지요. 이제는 단순 지식보다 사고력 깊은 인재가 사회에서 성공한다는 인식을 가지도록 분위기를 만들고, 그런 교육과 시험 제도가 자녀에게 유리하다고 생각하게 만들어야 합니다.

김은미 이번 대통령 선거에서도 입시 문제와 관련된 정책 논의가 없었습니다. 총장님의 말씀대로 교육에 대한 열의는 큰데, 정작 진지한 논의가 없다는 점이 이상합니다.

김도연 국민 대다수가 현재 입시 제도를 공정하다고 생각해서입니다. 대학들이 나서서 현재 입시 제도가 지닌 근본적인 문제들을 환기시켜야 합니다. 캘리포니아 공대의 입학처 인터넷사이트에 들어가면 "학생 선발은 과학이 아니다. 예술이다"라고 쓰여 있습니다. 우리는 모든 것을 점수화하여 0.1점이라도 높은 학생을 선발하는 제도를 택하고 있습니다. 그러나 점수로 줄 세우는 수능도 사실은 공정성 면에서 아쉬움이 많은 제도입니다. 우선, 정답 고르기 시험은 시간을 많이 들여 훈련을 반복하면 점수를 높일 수 있습니다. 이렇게 재수생, 삼수생이 유리한 입시 제도가 과연 공정한 것일까요? 아울러, 사설학원에 다니며 값비싼 사교육을 받은 특정 지역 학생들이 수능에서는 훨씬 더 높은 점수를 받을 수 있습니다. 수년 전부터 입학사정관 제도를 도입하며 수시 전형을 확대한 이유입니다. 그런데 이 제도는 조국 전 장관의 경우처럼 탐욕을 부리는 부모들 때문에 불신의 대상이 되었습니다. 21세기를 살아갈 우리의 젊은이를 한 사람 한 사람 모두 소중한 인재로 키우기 위해, 대학 입시는 어떻게 운영되어야 할까요? 정권을 넘는 충분한 시간 여유를 갖고 많은 의견을 모으면서 점진적으로 방향을 설정해야 합니다.

김은미 한편 교육에 대한 열의가 큰 만큼 한국 사회는 타 선진국과 비교해도 학벌주의가 매우 강고하게 자리 잡고 있습니다. 이를 완화할 방법이 있을지요?

이광형 현재는 학벌이 절대적으로 중요한 요소가 되었기 때문에 자식을 좋은 학교에 입학시키는 것이 집안의 지상 과제입니다. 어느 학교에 입학하느냐는 인생을 결정하는 매우 중요한 요소가 되었습니다. 그러니 입시에 조그만 오차라도 허용할 수 없습니다.

지나친 교육열의 근원은 학벌주의입니다. 현재와 같이 학교 차이가 강하게 굳어 있는 한, 객관식 입시는 피하기 어렵다고 생각합니다. 그래서 학벌주의를 완화 또는 타파하는 정책이 선행되어야 대한민국의 교육 개혁이 가능할 것입니다. 그 일환으로 블라인드 채용 등의 정책이 시행되고 있는데, 저는 이 정책에 동의합니다. 실제로 직원을 블라인드로 채용하여 근무하는 것을 보면, 특별히 채용 방식이 잘못되었다고 생각되지 않습니다. 블라인드로 채용 심사를 하니 다양한 학교 출신들이 많이 선발되고 있습니다. 결국 어느 대학을 졸업했느냐가 중요한 것이 아니라, 얼마나 좋은 성과를 내느냐가 중요한 사회가 되고, 학벌 표시를 하지 않는 제도가 더욱 확산하는 것이 필요합니다. 물론 전문직에까지 블라인드 채용을 하는 것은 문제가 있습니다. 이 점은 개선이 필요합니다.

김은미 교육열이 과잉되다보니 학생들의 심리적 안정감과 행복에 관해서도 생각해보게 됩니다. 한국인의 행복 지수나 삶의 질이 최하위권에 머무는 것은 어떤 구체적인 사회 현안보다도 더 큰 문제라고 생각합니다. 행복감을 느끼는 것이 상황, 조건, 성취도 등에 따라서이기도 하지만 습관이기도 한 측면이 분명히 있다고 봅니다. 행복하지 않은 어린이가 행복한 어른이 되기는 힘들지 않을까요?

김도연 우리 교육의 많은 측면이 실제로 시간과 노력의 낭비일 뿐입니다. 반복 학습과 주입식 교육으로 학생들은 학교 생활을 지겹게 생각합니다. 학생들이 매일매일 즐겁게 등교하고 방학보다는 개학을 더 기다리는 그런 학교를 만들어가야 합니다. 지금으로서는 꿈같은 이야기입니다. 우리 사회에서 행복한 학생들은 아주 드문 듯싶습니다. 즐거운 학교 생활은 머나먼 꿈입니다. 2021년 말, 영국 BBC 방송은 다음과 같은 우리나라 고등학생의 인터뷰를 방송했습니다.

"우리는 하루종일 학원에 있는 것 같다. 내일도 똑같은 하루를 보내고, 주말에는 더 열심히 해야 한다. 너무 힘들고 지친다. 울고 싶을 때도 많고 다 그만두고 싶을 때도 있다."

얼마나 가슴 아픈 이야기인가요? 우리 교육은 전통과 문화, 기존의 가치관 등 모두를 탈피해야 합니다. 총체적인 변화가 필요합니다. 교육 개혁은 오래된 제도와 관행을 바꾸는 일이기에 대단히 어렵습니다. 아울러 제도 변경에 따른 갈등도 필연이기에 끈질긴 추진력이 필요합니다. 어떤 계획이든 한 정부에서 국민적 동의를 얻어 시작하고 그다음 정부에서 계획이 완료되는 장기적인 변화를 모색하면 좋겠습니다. 면밀한 검토를 거쳐 정책을 수립하고, 이를 정권과 상관없이 계속 추진해야 합니다. 정부가 바뀌면 마치 컴퓨터를 리셋하듯 모든 것을 갈아엎고 단시간에 새롭게 시작하는 개혁은 교육에서는 전혀 택할 방법이 아닙니다.

대학 개혁과 교수에 대한 신뢰의 위기

김은미 현재 대학의 학사 제도도 시급히 바꿔어야 하는 게 한둘이 아닙니다. 학생들이 주입식으로 다방면의 지식을 쌓은 상태로 대학에 오기 때문에, 이때부터는 자신에게 맞는 영역을 자유롭게 파고들 수 있도록 해주어야 합니다. 대학은 특정한 전공 지식을 주입하는 곳이 아니라, 학생에게 선택권을 주고 지적 자극과 자신의 문제의식에 지속적으로 매진할 수 있도록 안내하는 곳으로 탈바꿈해야 합니다. 대학이 기존 방식을 버리고 혁신하는 것이 가장 시급한 과제라고 봅니다. 초중등 교육 문제와 고등 교육(대학)의 문제 중 무엇을 먼저 풀어야 할까요? 국가적으로 동원할 수 있는 유무형의 자원은 한정되어 있어서 일단 무엇에 더 집중할 것인지를 판단해야 합니다.

김도연 어느 사회 조직이건 그 구성원들에게 가장 중요한 일은 평가를 잘 받는 것이며, 이는 학교도 마찬가지입니다. 학생들의 학습 목표는 당연히 시험을 잘 보는 것이므로 시험은 결국 교육을 지배합니다. 고등 교육과 초중등 교육의 연결 고리는 대학 입시입니다. 특히 우리 학생들에게는 초중등 12년이 오로지 대학 입학을 위한 준비 기간이라 해도 과언이 아닙니다. 대학 입시는 초중등 교육을 결정합니다. 대학 입시가 바뀌면 초중등 교육도 바뀔 것입니다. 특히 대학이 주체이면서도 전혀 관여하지 못하는 수능 시험은 우리 교육 전체 시스템에서 엄청난 걸림돌입니다.

수능 시험 기출 문제를 인터넷에서 찾아보았는데 영어, 수학, 과학 모두 시간이 턱없이 부족하고 난이도가 높았습니다. 국어는 A3 용지에 빼곡히 인쇄된 16장에 달하는 시험지를 80분 만에 다 풀어야 합니다. 이를 두세 시간에 걸쳐 차분하게 생각하며 답을 찾으면 왜 안 되나요? 수십만 학생들을 한 줄로 세우기 위해 우리는 너무나 비교육적인 평가 방법을 택하고 있습니다. 수능 만점을 받았던 대학생에게 어떻게 그런 성적이 가능했는지 물어보니 지금은 불가능하다고 했습니다. 변별력을 이유로 하여 평가 제도가 뒤틀렸고 결국 교육 전체가 망가졌습니다.

오래 생각하는 것, 참으로 중요합니다. 예를 들어, 수학을 공부하는 제일 중요한 이유는 오래 생각하는 힘을 기르는 것입니다. 하지만 수능 수학 시험은 문제당 평균 3분 이상 생각하면 안 됩니다. 조금이라도 긴 시간이 필요한 문제를 만나면 시간 부족으로 인해 정답으로 아무것이나 하나 찍고 넘어가라고 가르치는 것이 현실입니다. 오래 생각해서 스스로 깨우쳤을 때의 기쁨을 우리는 학생들에게서 빼앗고 있습니다. 연구는 한 과제를 오래 생각하는 일입니다. 그런 훈련을 받아야 나중에 교수가 되고 연구자가 되어도 오래 연구하며 좋은 성과를 낼 수 있습니다. 그런데 우리 교육은 오히려 거꾸로 가고 있습니다.

교육 혁신의 측면에서 오늘날은 특히 중요한 시기입니다. 인류는 오랜 기간의 농경사회를 지나 대략 1750년부터 2000년까지 산업 문명 시대를 지냈습니다. 그리고 2000년부터는 디지털 문명 시대로 접어들었습니다. 우리는 산업 문명 시대에 뒤늦게 뛰어들었지만 그에 걸맞은 교육을 잘 해냈습니다. 산업 문명 시대에는 균일한 품질의 상품을 대량 생산하는 일이 최고 덕목이었습니다. 인재 양성도 마찬가지였습니다. 이를 위해 고등학교 때부터 학생들을 문과와 이과로 나누었습니다. 대학도 전공이 분절화되었습니다. 이제는 인재를 그렇게 키우면 안 됩니다. 하나하나가 보석 같은 인간입니다. 개성을 존중하는 교육 시스템을 만들어야 합니다.

김은미 국가 지도자들의 책임이 크다고 봅니다. 이번 대선에서도 교육 혁신에 대한 의견 교환이나 정책 논의는 거의 없었습니다. 교육에 우선순위를 두거나 문제의 심각성을 인지하지 않았다는 이야기입니다. 우리 교육의 문제와 나아가야 할 방향에 대해 오랫동안 지적이 있었음에도 불구하고 근본적인 변화를 이루지 못했던 것을 보면, 과거처럼 독재적인 방식이라도 취해야 하는 시점에 다다른 것이 아닌가 하는 단순한 생각도 듭니다.

김도연 오늘날 교육계의 문제는 과거처럼 독재적인 방식을 취한다고 해결되지 않습니다. 교육 문제는 결기로 해서는 안 됩니다. 그 시절에 과외를 금지하니까 다들 '몰래바이트'를 했습니다. 숨어서 과외를 한 것입니다. 자식을 잘 가르치겠다는 열망을 어떻게 처벌하겠습니까. 근본적인 흐름을 바꿀 수 있도록 장기적인 시각으로 임해야 합니다. 그런데 우리나라는 정부부터가 5년 안에 뭔가를 다 하려고 합니다. 사실 대학은 입시 제도가 어떻게 되든 상관이 없습니다. 학생들이 입학하는 한에는 그렇습니다. 그렇기 때문에 대학 입시가 초중등 교육에 어떻게 영향을 미치는지 별로 신경을 안 쓰는 것 같습니다.

김은미 한국 대학은 입시에 자율권이 거의 없습니다. 변화 과정에서 시행착오도 있겠지만, 시도라도 해봐야 무엇이 되고 무엇이 안 되는지 알 수 있습니다. 지난 정권에서는 갑자기 정시를 늘리라고 대학을 압박했습니다. 관료제의 폐해가 가장 극심하게 드러나는 영역이 교육이라는 것을 느꼈습니다. 정부가 대학을 규제하는 것을 막아야 한다고 생각합니다. 교수님은 과거 교육부에도 계셨는데, 어떻게 생각하시나요?

김도연 2008년에 교육 정책을 맡아 잠깐 일했습니다. 당시 서울대학교를 포함한 몇몇 대학 총장님들께 대한민국 교육을 위해 입시를 고민해달라고 말씀드렸습니다. 대학들이 장기적으로 대한민국의 미래를 생각하면서 입시를 바꾸어 가면 초중등 교육도 바뀝니다. 그런 일은 오히려 교육부가 하기에는 힘든 일입니다. 우리나라 국가 행정은 획일적으로 갑니다. 우리 사회는 모든 일에서 무차별 평등을 지향하기 때문입니다. 정부가 대학 사회 일부분에만 특별히 다르게 하기는 어렵습니다.

대학 입시 개편은 몇몇 대학만이라도 모여서 의지를 가지고 자율적으로 추진하면 좋겠습니다. 그러나 대학들은 이에 대해 큰 관심이 없는 것 같습니다. 지금도 충분히 좋은 인재들이 입학하고 입시 업무를 수월하게 하다 보니 그렇습니다. 수능 문제를 보면 '18살 꽃 같은 우리 아이들에게 어떻게 이런 시험을 보게 하나' 그런 자괴감이 듭니다. 산업 시대의 전형적인 교육을 지금도 하고 있습니다. 수능은 기괴한 모습이 되었습니다. 그간 서울대학교도 30% 정도의 학생을 수능으로 선발했는데, 지난 정부에서 그 비율은 40%로 올라갔습니다.

김은미 교육부가 할 수 없는 일이고 대학이 목소리를 내야만 가능하다는 의견에 선뜻 동의하기 어렵습니다. 그렇다면 결국 아무도 할 수 없는 일이 아닐까요. 국가 행정이 획일적이고, 그것 때문에 교육이 어그러지고 있다면 교육부는 획일성에서 벗어나려는 노력을 했어야 한다고 생각합니다. 교육 전문가들이 모인 곳이고 국민이 교육을 맡긴 곳이 아닌가요? 마치 국민 대신 일하라고 국민의 대표를 뽑았는데, 모든 결정을 국민투표로 하겠다는 아이러니처럼 들리기도 합니다. 과연 교육부가 그동안 진정성 있게 한국 교육을 생각했는지 의심스럽습니다. 정권이 유권자 눈치를 보느라 정시 비율을 높여서 공정하게 보이는 게 훨씬 중요했고 그런 점에서는 교육을 안다고 자부하는 교육 관료들이 권력자들에게 맞서지 못하고 책임을 방기한 것 아닐까요?

김도연 교육부를 변호해야 할 이유는 없지만 교육부는 여론과 정치적 리더, 특히 국회를 따라야 하는 국가의 공적 조직입니다. 국가 정책을 공무원들이 소신대로만 집행할 수 있는 것이 아님은 너무 당연합니다. 저는 1982년에 서울대학교 교수로 부임할 때 공무원 선서를 했는데, 당시 선서의 첫 항목이 "본인은 법령을 준수하고 상사의 직무상 명령에 복종한다"였습니다. 교육부를 포함한 우리 공무원 사회에 아직 그런 분위기가 남아 있습니다. 대통령이 지시하면 따라야 하는 것이 공무원의 덕목이기도 합니다. 여론이 뒷받침해주면 대통령도 제어될 수 있을 텐데 여론은 일반적으로 교육에 관심이 없습니다. 지난번 경우처럼 정년 보장을 받는 교수들로 구성된 대학도 권력에 맞서지 못하고 정치적 이유로 정해버린 정시 합격생 비율을 그대로 따르면서, 관료들에게 이에 대한 저항을 요구하는 일은 그다지 합리적이지 않습니다.

김은미 지금은 문명 전환기이기에 혁신하지 못하면 현상 유지가 아니라 퇴보하는 것이 아닐까요? 변화에 방향성만 있어서는 안 되고 속도가 더해져야 합니다. 제가 있는 서울대학교에서도 혁신의 방향성에는 동의하지만, 적응을 위해 천천히 가야 한다는 반대 의견이 항상 있습니다. 기득권을 내려놓아야 할 때 반드시 나오는 목소리입니다. 그것은 변화하지 말자는 말과 같지 않습니까? 익숙함에 안주해서는 변할 수 없는 것이 아닐까요?

김도연 물론 변화의 속도는 중요합니다. 특히 요즈음처럼 급변하는 사회에서 느린 속도는 결국 경쟁에서 탈락하는 길입니다. 그러나 2~3년 내에 급하게 할 수도 없는 일이 대학 혁신입니다. 실질적으로 불가능합니다. 대학의 변화는 적어도 10년 정도가 필요하다고 생각합니다. 이를 위해서는 변화를 관리할 리더십이 확고해야 하며, 따라서 대학 총장 임기가 적어도 10년은 되어야 합니다. 우리가 롤모델로 삼는 세계 유수의 대학들은 보통 총장이 10년 이상씩 학교를 이끌지 않습니까? 왜 우리 대학들이 세계 무대에서 앞서 나가지 못하는지 그 이유를 생각해봐야 합니다. 총장도 전체 교수 선거를 통해 뽑으며 그나마 4년마다 바꾸고 있습니다. 학장은 고작 2년 일합니다. 일반인이 인식하기 어렵지만 포퓰리즘의 폐해가 가장 큰 곳이 대학입니다. 총장 직선제가 대학에 끼친 폐해가 너무 크다는 데는 이미 많은 교수가 동의합니다.

대학은 혁신에 관해서 구조적으로 모든 구성원이 무기력 상태입니다. 저도 서울대학교에서 26년이나 근무했지만, 총장 직선으로 확실히 좋아진 것은 교수 봉급이 아닌가 생각합니다. 물론 바람직한 면도 있습니다. 그러나 봉급이 적은 옛날에는 자기 희생으로 인한 교수로서의 긍지와 프라이드가 있었는데 지금은 다 없어졌습니다. 아쉬운 일이지요. 그래도 여전히 서울대학교를 비롯한 고등 교육기관의 사회적 역할은 막중합니다. 장기적인 총장 리더십이 있어야 팔로워십도 생깁니다. 짧은 임기의 총장이 뭔가를 혁신한다고 하면, 기득권을 내려놓아야 하는 사람들은 그때만 피하면 된다고 믿으니 더 강하게 저항합니다. 여하튼 현재의 대학 시스템에서는 장기적인 변화를 생각하고 준비할 수 있는 방법과 조직이 없습니다.

우리나라의 획일적인 대학 총장 임기 4년은 바뀌어야 합니다. 어떤 대학은 총장 임기가 7년이고 또 다른 대학은 아예 임기가 없으면 왜 안 되나요? 일반적으로 공기업 대표는 임기가 있지만 사기업은 임기가 없습니다. 성과가 부진하면 대표자를 일찍 교체하고 성과가 좋으면 얼마든지 길게 일할 수 있는 사기업이 공기업보다 더 효율적임은 누구나 인정할 것입니다.

김은미 총장 직선제를 폐지하고 리더십을 오래 가져갈 수 있게 바꾸어야 한다는 의견을 주셨습니다. 그 외에도 대학의 문제는 무엇이 있을까요? 추가로 무엇을 해야 하느냐보다, 현재 있는 것 중에 무엇을 없애야 하고 그만해야 하는지를 먼저 논의해야 하지 않을까요? 그렇다면 대학에서 뭘 제일 먼저 빼야 하나요? 지금 교수들이 누리는 것 중에서 무엇을 가장 먼저 내려놓아야 할까요? 서울대학교의 경우 연구 성과가 승진 기준에 미치지 못해도 해고할 수 없게 되어 있습니다. 원래 승진 기준을 채우지 못해 재임용만 받는 경우 한 번 그렇게 넘어가고, 그다음 기회에도 승진을 못 하면 학교에서 나가게 되어 있었습니다. 그런데 몇 년 전 법원에서 재임용을 횟수 제한 없이 반복할 수 있도록 판결을 내렸습니다. 바깥에서는 대학 교수들이 스스로 철밥통을 만든 것처럼 이해하지만 잘못 알고 있는 것입니다. 고등 교육에 대한 몰이해에서 비롯된 것입니다.

김도연 대학이 해결해야 할 급선무는 사회로부터의 신뢰를 회복하는 일입니다. 국민에게 사랑과 존경 받는 대학이 되어야 합니다. 그래야 풍부한 재정 지원도 얻을 수 있습니다. 이를 위해서는 교수들이 제일 중요하다고 생각하는 기득권을 버려야 할 것입니다.

교수 정년 보장 제도를 다시 생각하면 좋겠습니다. 실제로도 아무 의미가 없는 제도입니다. 우리 대학 사회에서 정년 보장을 못 받아 물러난 교수가 몇 명이나 있나요? 교수 정년 보장은 권력자와 의견을 달리해도 이를 거리낌 없이 표현할 수 있는 정치적 자유를 위해 미국 대학에서 100여 년 전에 도입된 제도입니다. 그러나 이제 세상은 크게 바뀌었지요. 선진 사회라면 정치적 자유를 누리지 못하는 교수는 없으며 이는 우리도 마찬가지입니다. 그나마 미국에서는 정년 후에도 매년 교육 및 연구 성과를 평가하여 이를 교수 연봉에 직접 반영하는 것에 비해, 우리는 정년까지 계속 봉급이 오르는 호봉제가 대부분입니다. 우리 대학의 정년 보장 제도는 일부 교수들이 본연의 업무를 팽개치고 선거철이면 후보들의 캠프 활동에 전념하는 도덕적 일탈까지 조장하는 듯싶습니다. 대학에 대한 우리 사회의 신뢰는 바닥입니다. 크게 안타까운 일입니다. 교수들은 모두 자기 자식을 부정한 방법으로 대학 보내는 데 혈안이 되어 있는 줄 압니다. 논문 표절도 제대로 제재하지 않고 있습니다.

김은미 이광형 총장님께도 같은 질문을 드립니다.

이광형 사회의 법과 제도가 대학이 자율적으로 교수의 실력을 평가하고 해고할 수 있게 도와주어야 합니다. 현재는 사회가 교수 철밥통을 보장해주고 있습니다. 카이스트에서 실적이 부진한 교수를 탈락시키면 교육부 소청위원회와 법원에서 거의 모두 교수 개인의 손을 들어줍니다. 그러니 철밥통이 더욱 공고해집니다. 교수 사회는 자유로운 연구를 보장하지만, 또 한편으로는 너무 자극 없는 곳이 되었습니다. 사회 기득권이 많습니다. 법원도, 언론도, 공무원도 그렇습니다. 대학도 그렇고 사회도 그렇기 때문에 청년들에게 기회가 없다고 생각합니다.

김은미 지도층부터 털고 시작해야 하는데, 희망이 없습니다.

김도연 많은 대학에서 박사 학위 수여를 신중히 다루어야 합니다. 모두를 지칭해 이야기할 수는 없지만 그 바쁜 정치인들이 어떻게 박사 논문을 제대로 쓰겠습니까? 연구 윤리에 문제가 있을 확률이 큽니다. 정치하는 사람들이 왜 박사 학위가 필요한지도 사실 모르겠습니다. 이건 당사자의 잘못보다 지도교수와 대학의 잘못입니다. 대학은 권력층에 동문이 생기는 것을 힘이라고 생각하고 오히려 이를 격려하기도 합니다. 여하튼 대학이 그간 중요하다고 생각했던 것을 과감하게 버려야 합니다. 실제로 외국에서는 이미 교수 정년 보장 제도를 버리고 있습니다.

김은미 바꾸어야 하는 것은 많습니다. 문제를 알면서도 너무 오래 한 발짝조차 움직이지 못한 탓입니다.

김도연 그렇습니다. 여러 문제가 있으며 그 해결은 결국 리더십을 바로 세움으로서 시작할 수 있습니다. 이것은 대학만이 아니라 우리 사회 전반에 펴져 있는 문제입니다. 기적 같은 경제적 발전을 이뤘지만, 그 과정에서 그만한 희생이 있었습니다.

그동안 우리 사회는 철저히 각개 약진이었습니다. 조직도 개인도, 각자도생과 각개 약진으로 이렇게 발전해왔습니다. 각자 옆을 돌아보지 않았습니다. 2005년에 서울대학교 공대 학장으로 선출된 후 처음 학장 회의에 들어가 받은 느낌은 봉건 시대의 영주 회의 같았습니다. 대학교의 토론 이슈가 올라오면, 다들 자신이 속한 단과대학에 미칠 영향만 검토하고 있었습니다. 전체적인 리더십이 없고 대학 구성원들은 전체나 주변을 돌아보지 않습니다. 이제는 폐쇄적인 대학 문화를 허물고,[18] 전체가 함께 가야 합니다.

김은미 교수님이 목격하신 풍경에서 크게 달라지지 않았습니다. 그동안 우리 대학에 변화가 없었다는 자각이 더 강하게 듭니다. 기존에 있던 것들을 없애거나 바꾸기가 참 어려운 구조입니다. 단과대학이나 학과의 목소리가 크면 변화를 위한 계획을 무산시키기 쉬운 풍토입니다. 역으로 개별 단과대학은 여전히 대학본부의 힘이 너무 크다고 생각합니다.

김도연 기존의 전통과 관습에서 벗어나야 합니다. 목표를 향해 꾸준히 밀고 나갈 수 있는 리더십을 세우는 일이 가장 시급합니다. 제일 먼저 바꾸어야 할 제도는 총장 직선제 아닐까요? 세계무대에서 경쟁해야 하는 것이 대학입니다. 그런 측면에서 대학은 프로축구팀이나 프로야구팀과 같습니다. 총장을 직선으로 선출하는 일은 프로축구팀에서 선수들이 모여 끼리끼리 감독을 뽑는 것과 같습니다. 모든 것을 똑같이 나누자는 감독이 선출될 수밖에 없습니다. 동네 축구팀이라면 그렇게 하는 것이 바람직합니다. 그러나 프로라면 감독은 밖에서 파격적인 대우로 선수를 모시기도 하고, 필요에 따라 선수를 방출하기도 해야 합니다. 직선제로는 불가능한 일입니다. 총장 직선제가 거의 사라졌다가 지난 정부 때 다시 추진되었습니다. 저도 2005년에 직선으로 선출되어 임명된 학장이었지만, 이는 전혀 바람직한 일이 아닙니다.

김은미 총장이 총괄적인 리더십을 가지고 각 단과대 학장을 임명해야 조직 전체가 통합적으로 움직이고 변화를 구성해낼 수 있습니다. 특히 현재와 같이 기존에 해오던 고등 교육의 방식이 큰 변화를 통해 재구조화되어야 하는 시점에는 더욱 더 통합적 리더십이 필요합니다.

김도연 제가 공대 학장을 지내며 스스로 잘했다고 생각하는 건 직선제를 없앤 것입니다. 당시 모든 교수를 쫓아다니면서 '세계 최고의 대학이 되겠다면서 학장을 직선으로 선출하는 공과대학이 어디 있느냐'고 문제 제기를 하고 다녔습니다. 실제로 선진국의 대학에서는 그런 사례를 찾을 수 없습니다. 그게 설득이 되어서 간선제로 바꾸게 되었습니다. 또 스스로 2년 임기를 마치고 물러날 테니 다음부터는 학장 임기를 4년으로 늘리자고 했습니다. 공과대학 전체 교수회의에서 모두 통과되었습니다. 그런데 이제는 옛날로 다시 돌아갔다고 들었습니다.

직선제와 짧은 임기로는 절대 리더십이 생길 수 없습니다. 결국 리더십을 갖고 일할 수 있도록 제도적 토대를 만드는 것이 모든 것의 초석입니다. 지역의 작은 대학들은 학장 선거 공약으로 1년 임기를 내걸기도 합니다. 그렇게 여러 교수들이 돌아가면서 학장을 합니다. 이게 우리 대학 사회 현실입니다. 다들 알면서도 그런 이야기를 함부로 꺼내지 않습니다. 치부이기 때문입니다.

김은미 대학이 스스로 변하지 못하는 부분이기 때문에, 좀 아프더라도 치부와 문제들이 공개되어 매를 맞을 필요도 있습니다. 그게 장기적 변화의 동력이 될 수 있다면 말입니다.

김도연 직원들에게도 총장은 어차피 짧은 임기가 지나면 물러나니까 그저 지나가는 존재입니다. 그러니 불편한 상황이 생기면 버티고 피하고 맙니다. 그런 것이 이제는 관습이 되었습니다. 서울대학교가 먼저 나서서 우리나라 대학 사회의 변화를 이끌어야 합니다. 다른 대학들은 서울대가 안 하는 걸 할 수가 없습니다. 구성원을 설득하기 어렵습니다. 일본은 도쿄대를 시작으로 모든 국공립대학이 총장 임기를 6년으로 늘렸습니다. 게다가 일본 대학 나름의 독특한 전통이 있어서 대학 총장이 직선으로 뽑혀도 우리처럼 선거 공약을 내지는 않습니다. 우리도 총장 임기를 적어도 6년으로 늘리면 좋겠습니다. 포스텍에 근무하던 무렵, 총장 임기를 3년으로 하고 이사회 평가를 거쳐 무조건 3년을 재임할 수 있는 방향을 고려한 바 있습니다. 사립대학법에 총장 임기는 4년 이내로 한다고 정해져 있기 때문입니다. 그러나 우리 대학 문화에서 자칫 잘못하면 3년마다 총장이 바뀌겠다 싶어서 그냥 뒀습니다. 변화를 만들어낼 수 있는 리더십을 위해 총장 임기는 궁극적으로 없애야 할 것입니다. 우선 임기를 6년으로 늘리는 일을 시작으로 점진적으로 바뀌면 좋겠습니다.

김은미 대학 행정을 하다 보면 작은 한 부분의 제도를 고쳐서 시대에 맞게 하고자 해도 고등교육법을 비롯해서 엄청난 상위법뿐 아니라 여러 가지 교육부의 세세한 지침들이 버티고 있어 무엇은 되고 무엇은 되지 않는지가 촘촘히 규제하에 있음을 알게 됩니다. 더욱이 세세한 부분까지 감사를 받게 되고 그에 따라 제재를 받아 손발이 묶인 상태라는 것을 절감하고 좌절하게 됩니다. 한 대학 안에서도 단과대마다 상황과 특성이 달라 개별적인 발전 방향으로 뛰어도 모자라는 판에 모든 대학을 하나의 규제로 틀어쥐는 것은 오히려 고등교육을 기를 써서 후퇴시키고 있는 것 아닌가요?

김도연 21세기에 접어들며 세계는 엄청나게 변화하고 있습니다. 이제는 스마트폰으로 모든 지식과 정보를 찾을 수 있고, 또 이를 통해 지구촌 모두가 서로 연결되는 디지털 세상입니다. 디지털 전환은 문명 전환입니다. 오늘의 젊은이들이 살아갈 디지털 세상은 지난 산업 시대와 완연히 다를 것이기에, 당연히 우리는 미래 사회에 필요한 인재상을 치열하게 고민하며 교육의 틀을 새롭게 짜야 할 것입니다. 철기 시대에 접어들었음에도 불구하고 석기 만드는 법을 계속 교육하고 있는 듯싶습니다.

대한민국은 디지털 문명 시대에 적합한 새로운 교육 시스템으로 전환해야 합니다. 코로나 팬데믹으로 멀리서 서성이던 디지털 시대 교육이 성큼 다가왔습니다. 사실 시간과 공간을 초월하는 비대면 교육은 이미 와 있는 미래였으며, 그 비중이 높아질 것은 예기된 일이었습니다. 초등학교에서 대학교에 이르기까지, 비대면을 효과적으로 이용하는 교육 방법을 개발해야 합니다.

김은미 진화와 변화는 계속해서 강조되지만, 현재 있는 것을 바꾸는 것은 정말 어렵습니다. 종합대학이 카이스트처럼 무언가를 바꾼다면 작업 스케일이 다를 것입니다. 방대한 조직이 변화를 받아들이려면 문화 전환이 필요하며 문화 전환은 내부적인 반성과 자성만으로는 힘들고, 큰 계기가 있어야 이루어집니다. 서울대학교의 경우 종합

대학인지라 카이스트와는 달리 거의 모든 영역이 학과로 존재합니다. 어느 누가 기존 규모가 축소되는 것을 그대로 두겠습니까? 하지만 먼저 버려야 새로운 것을 할 수 있다는 말씀에 공감합니다. 변화를 꾀한다면 버리는 것이 생길 수밖에 없습니다.

이광형 당연합니다. 대학에 새로운 미션이 생겼다면 그것은 기존에 하고 있는 것 중 절반은 버려야 한다는 것입니다. 지금은 패러다임 전환기입니다. 인간의 발이 두 개인 이유는, 한쪽 발로 현재를 지탱하고 다른 한쪽 발로 새로운 것을 모색하기 위해서입니다. 새로운 걸 한다고 마구잡이로 하는 게 아니라 10년, 20년 후에 인간이 원하는 걸 해야 적중합니다. 그걸 찾아야 하는데, 지금 하는 일만 열심히 해서는 알 수 없습니다. 남이 만들어놓은 길을 열심히 따라가는 것밖에 안 됩니다. 그저 남들이 하는 것을 열심히 하는 시기는 지났습니다. 그것은 기성 세대의 몫이었습니다.

서울대학교나 카이스트도 세계 2류 대학의 수준은 이미 이루었지만, 1류는 안 되었습니다. 대한민국도 선진국이지만 1류 국가는 못 되었습니다. 뚜렷이 새로운 것을 이룬 게 없어서 그렇습니다. 남들이 하지 않고 생각하지도 않던 새로운 걸 창조해야 노벨상도 받고 제품도 팝니다.

원천 기술도 그렇습니다. 수십 년 후에 세상이 원하는 걸 미리 준비해야 합니다. 미래를 예측하는 일을 가능케 하려면 두 가지가 필요합니다. 우선 생각의 여유를 가지고 미래를 보려고 노력해야 합니다. 미래에 인간이 어떻게 살지, 뭘 원할지 생각해야 합니다. 한마디로 인간의 근본에 대한 연구가 필요합니다. 인간의 본성·욕망에 관해 근원적인 질문을 던지고 생각하는 사람들이 사회 전체에 있어야 합니다. 그런 사람들만이 진정한 창조를 할 수 있습니다. 남들이 하지 않은 것만 하면 된다고 생각한다면 그야말로 엉뚱한 것을 창조할 위험이 있습니다. 물론 모든 사람이 그렇게 할 수는 없습니다. 하지만 사회에는 그게 가능한 리더들이 반드시 있어야 합니다. 세계 일류 기업에는 그런 역할을 하는 사람들이 있습니다. 대학에서 그런 인재를 키워야 합니다. 그래야 새로운 걸 창조하고 점프할 수 있습니다. 지금 체제로 선진국이 하던 걸 계속 따라가기만 한다면 한 단계 업그레이드는 없습니다. 산업이 크지 않습니다. 새로운 제품이 나올 리 만무합니다. 젊은이들 일자리도 없습니다.

김은미 한편, 최근 서울대학교 출신의 허준이 프린스턴대 교수가 노벨상에 해당하는 필즈상 수상자가 되어 퍽 감격스러웠습니다. 이렇게 역사의 흐름에 따라 문맹부터 인류 공영을 위한 지식 창출에 이르기까지 켜켜이 쌓아왔다고 보니 앞으로 다음 단계의 교육도 매우 신중하게 접근해야 한다는 점이 더 또렷해집니다.

그런데 최근에는 우리 교육이 산업 시대의 모델에서 탈바꿈해야 하는데 그 전환이 이루어지지 못하고 있는 현실에 대해 우려가 큽니다. 대학에 있는 사람으로서 창피하지만 대학도 여전히 30년 전의 구조를 그대로 안고 있어서 어디서부터 엉킨 문제를 풀어야 할지, 문제를 알고도 해결하지 못하고 있는 상황입니다. 담대한 연구나 창의적인 인재 양성이 이루어지기 어렵다는 걱정도 많이 하십니다. 어떻게 대전환을 가져올 수 있을지요?

김도연 그렇습니다. 우리의 교육이 산업화를 위한 인재 공급에 초점을 맞추다 보니 창조적 인간, 선도적 혁신가를 양성하는 데 많은 장애가 있습니다. 2020년 기준으로 우리 청년층(만 25~34세)의 고등 교육 이수율은 70%로 OECD 국가 중 단연 1위입니다. OECD의 평균인 45%를 크게 앞서고 있습니다. 대한민국은 이미 고등 교육이 보편화된 사회임에 틀림없습니다. 그러나 우리 대학들은 언급대로 창조적 인간, 선도적 혁신가를 충분히 배출하지 못하고 있습니다. 세계 무대에서 인정받고 있는 우리 기업들과 비교했을 때, 대학 경쟁력은 열악하지요. 오늘의 대학 경쟁력이 미래의 국가 경쟁력이라는 점에서 이는 중차대한 이슈입니다. 이를 위해 필요한 첫 단계는 대학 운영에 자율권을 허락하는 것이라 믿습니다. 지금처럼 모든 대학을 하나의 잣대로 평가하고 규제하는 일에서 벗어나야 합니다.

김은미 어떻게 하면 현 교육 체제를 바꾸어 선진국다운 사고력을 기르는 교육을 할 수 있을까요?

이광형 국가의 미래 어젠다는 더욱 깊은 사고력을 요하는 상황으로 변해가는데, 교육은 기존의 성공 신화에 사로잡혀서 한 발자국도 앞으로 가지 못하고 있습니다. 기존의 산업화 시대의 추격자 교육 방식에 갇혀 있습니다. 앞으로 가기 위해서는 이 틀을 깨야 합니다. 암기 위주 교육에서 창의 교육으로 바뀌어야 합니다. 이 틀을 깨기 위해서는 정치의 힘이 필요하다고 생각합니다. 교육은 국가 전반적인 사안에 연결되어 있고, 모든 국민의 관심사입니다. 그러기 때문에 약간의 변화를 추구하면 엄청나게 많은 논란에 휩싸입니다. 큰 방향 전환을 위하여 지금부터 국민적인 의견 수렴을 위해 노력해야 합니다.

김은미 문명 전환기에 있기에 입시도 대학도 변화하지 않으면 현상 유지를 못합니다. 지금은 변화하지 않는 것 자체가 퇴보하는 것입니다. 그만큼 교육의 변화가 절실한데 서로의 이해득실이 너무나 복잡하여 아무도 실천의 발걸음을 떼지 못합니다. 그렇다면 과연 누가 이런 변화를 추동할 수 있을까요?

김도연 지금과 같은 교육은 오히려 인재를 망가뜨리는 것과 같습니다. 변화가 시급합니다. 대학과 중고등 교육의 연결고리는 입시가 아닌가요? 그래서 입시 개혁이 가장 시급하다는 것입니다. 수능은 많은 교육 전문가들도 비판하고 있습니다. 저는 오래전부터 프랑스의 '바칼로레아(고교졸업자격시험)'와 같이 수능을 사고 과정을 보는 서술형으로 바꾸어야 한다[19]고 주장했습니다. 문제는 어떻게 변화해야 하는지 그 방향을 많은 사람이 알면서도 변화가 가져오는 불편함이나 갈등에 맞서지 못하고 지금까지 미루어왔다는 점입니다. 교육 현장에 있는 모두가 함께 반성해야 합니다.

대학들 스스로 목소리를 내는 수밖에는 없습니다. 특히 서울대학교가 앞장서길 바랍니다. 국가의 미래에 대해, 즉 교육 전반에 대해 서울대학교는 남다른 책임감을 지녀야 합니다. 많은 대학은 입시 제도가 어떻게 되든 상관하지 않는 듯싶습니다. 학생을 받고 가르치는 일에 큰 차이가 없기 때문입니다. 대학 입시 자체가 초중등 교육에 어떻게 영향을 미치는지 별로 신경을 안 쓰는 듯싶습니다.

교육의 창조적 혁신 없이 한국의 미래는 없다

김은미 마지막으로 교육 영역의 미래와 지향점에 관한 질문을 드리겠습니다. 시대에 맞게 실제로 가치를 만들어내는 대학으로 진화해야 한다는 것은 전 포스텍 총장이신 김도연 장관님도 충분히 강조하셨습니다. 하지만 창출하는 부가가치를 중심으로 고등 교육에 투자해야 한다고 하면, 오히려 담대한 연구와 멀어지게 되고 기초학문 분야가 약해지지는 않을까요?

이광형 기초학문, 그중에서도 기초과학은 정말 중요합니다. 앞으로 대한민국의 수백 년, 수천 년까지의 미래가 달려 있기 때문에 길게 보고 기초를 쌓아야 부가가치가 생깁니다. 지금처럼 필요한 것만 한다고 해서 되는 건 아닙니다. 비유하자면, 입시를 위해서는 시험에 잘 나오는 기출 문제를 먼저 공부합니다. 응용 중심으로 하는 것입니다. 그러면 저처럼 실패합니다. 저는 첫 입시 때 기출 문제만 가지고 공부해서 실패했습니다. 공부를 잘하는 사람은 책을 앞에서부터 뒤까지 차근차근 공부합니다. 그래야 기초가 탄탄하고 오래 갑니다. 대한민국은 그동안 기출 문제 중심으로 성공했습니다. 먼저 시장의 제품을 보고, 그다음 필요한 기술을 습득해서 재현해냈습니다. 효율적인 방법을 택했고 근면했기 때문에 경제 발전을 엄청나게 빠른 속도로 이루어냈습니다.

그러나 이제는 다릅니다. 한 단계 더 올라서기 위해서는 기초가 있어야 합니다. 미래에는 어떤 기술이 필요할지 모릅니다. 그래서 기초를 토대로 다양한 가능성을 끊임없이 테스트해야 합니다. 기초

과학을 꼭 해야 하는 이유는 거기서 만들어지는 생산력에서 부가가치를 거두기 위해서입니다. 지금의 단기적인 성취 패러다임을 넘어서야 합니다. 기초를 튼튼히 하되 응용은 전략적으로 접근해야 하므로 지금보다 더욱 선택과 집중을 해야 합니다.

김은미 전략적 접근이라는 것은 미래를 예측해서 도전할 만한 영역을 보고 거기에 투자해야 한다는 말씀인데, 한국 대학 내에서 선택과 집중은 실행하기가 참 어렵습니다. 선택되지 않는 쪽의 저항을 이겨낸 경험이 없기 때문입니다. 뭐든 '골고루' 해야 한다는 논리가 여전히 지배적입니다. 기초와 응용이라는 체제의 예를 들자면, 응용을 중시하면 바로 '기초를 쭈그러뜨려야 한다는 말이냐'라는 비판에 마주해야 합니다. 변화가 일어나야 하는 현장에서 만연한 문제입니다. '나는 몇 년 있으면 은퇴하는데 내가 왜 움직여야 돼' 하면서 변화를 늦추려는 분도 있습니다. 당장의 불편함을 피하려는 것인데, 역시 장기적인 관점이 필요하다는 것을 절감합니다.

선진국다운 사고력의 키워드 중 하나는 창조력이라고 생각합니다. 미래를 개척할 소수 핵심 인재를 키운다고 하면, 흔히 창조성 있는 인재를 키워야 한다고 말합니다. 창조적인 역량을 키운다는 것은 무슨 뜻인가요?

김도연 이미 언급했듯 한 문제를 오래 생각하는 힘, 그게 창조력이라고 생각합니다. 뉴턴은 만유인력을 어떻게 발견했느냐는 질문에 "내내 그 생각만 했으니까"라고 대답했습니다. 다윈은 "내가 과학에서 성취한 모든 것은 오로지 오랫동안 생각한 결과다"라고 말했습니다. 지금처럼 속전속결이 필요한 오지선다 식의 수능을 계속하면 우리

학생들의 창조력은 오히려 위축됩니다.

김은미 창조적 인재가 새로운 분야로 유입되어 국가 발전의 동력이 되어야 하지 않을까요?

이광형 새로운 영역을 창조하고 개척하는 것은 얼마든지 가능합니다. 단, 우리 리더들이 그런 생각을 가지고 추진해야 합니다. 윤석열 대통령의 핵심 논리도 성장입니다. 이 성장은 신성장 분야를 개척하여 젊은이들에게 일자리를 주고 희망을 주는 것이기도 합니다. 우리 때는 산업이 팽창하던 때라 어디를 가든 일자리가 생겼습니다. 당시 만들어놓은 게 반도체·조선·석유화학·자동차·제철입니다. 우리가 지금 잘하고 있는 이 산업 분야들은 거의 세계 수준에 이르렀지만, 더는 크기 어렵습니다. 이러한 기존 산업의 경쟁력을 유지하기 위해서 디지털화가 필요합니다.

5,000만 인구 소득이 1인당 1만 달러로 뛰려면 GDP가 5,000억 달러 추가로 뛰어야 합니다. 아주 새로운 것을 창조하는 방법 외에도 개인적으로 가능성이 있다고 보는 것은 바이오·의료 산업입니다. 약품, 장비를 포함한 바이오·의료 산업은 반도체 산업보다 4배가 더 큽니다. 우리는 현재 2%를 차지합니다. 바이오·의료 산업의 잠재력은 한국이 기존에 잘해오던 주요 산업보다 훨씬 크고, 파고들 틈새가 분명 있습니다. 기존의 우리 바이오·의료 산업 실력은 100점 만점에 30~50점입니다. 30점, 50점 받는 학생은 조금만 노력하면 80점, 90점을 받습니다. 그렇지만 95점 받는 학생은 97점 받기가 힘듭니다. 그런데 바이오·의료 산업에서는 워낙 못하니까 오히려 조금만 해도 확 올릴 수 있습니다. 여기서 힘을 얻어서 바이

오·의료 산업을 확장하면 일자리가 생기고, GDP 5,000억 달러를 추가로 만들 수 있습니다.

이 시나리오대로만 된다면 대한민국은 지금 위치보다 더 올라갈 수 있을 것입니다. 우리 같은 대학교 교수들도 미래 시점에서 생각해준다면, 그동안 많은 영화를 누렸으니 후배들에게 새로운 틀을 만들어줘야 합니다. 그래야 사회가 변해서 새로운 산업도 일으키고 젊은이들이 희망을 갖습니다. 그런 희망을 일으킨다는 것은 얼마나 멋진 일인가요?

김은미 문과 교수로서 '문송(문과여서 죄송합니다)'이라는 말이 나올 때마다 씁쓸하기도 하지만, 이런 말이 나올 정도면 대학이 반성해야 할 측면이 분명히 있습니다. 일시적인 현상이라고 볼 수도 없습니다. 문과생들을 '문송'하게 만들 만큼 변화하지 못하고 있는 대학의 책임도 있습니다. 대학에서 시간을 쏟아 공부할 전공을 고등학생 때 미리 정해야 하는 현재 제도는 너무나 불합리합니다. 세상은 빛의 속도로 변하는데, 한국 대학의 전공 학과들은 30년 전과 똑같은 체제를 갖고 있다고 비판하는 신문 사설[20]을 읽고 많이 부끄러웠습니다. 학생들을 위해 학교가 있는 것이 아니라, 현재 학과 시스템을 유지하기 위해 학생 정원이 있다고도 볼 수 있습니다.

한국의 대학들도 글로벌 스탠다드에 따라 무전공으로 학생을 뽑아야 합니다. 지금부터 몇 년에 걸쳐 순차적으로 무전공 학생 수를 늘려가면서, 그 사이 필요한 학과에 지원을 하는 식으로 조정기를 가져야 합니다. 힘들어도 내부적으로 조금씩 바꾸어간다면 학문의 다양성을 보존하는 방향으로 나갈 수 있을 텐데, 바깥에서 떠밀려서 준비되지 않은 상태로 변화에 내몰린다면 그만큼 더 힘들 것입니다. 이제는 아예 전공이라는 개념이 없어지는 시대에 진입했다고 생각합니다.

김도연 고등학교 때 문·이과를 나누는 것부터 잘못된 일이고, 학과 전공을 너무 일찍 나누고 칸막이를 치는 것은 더욱 잘못된 일입니다. 전공 구분도 구분이지만, 숫자로 따지면 모든 게 과다합니다. 전공이 너무 많습니다. 지나치게 세부적으로 나누어져 있습니다. 어떤 학과인들 쓸모없다고 하기는 어렵지만, 과연 지금의 규모나 인력이 필요한가 하는 질문을 해봐야 합니다.

이과를 보더라도, 자연계와 공대를 비교했을 때 자연대 수가 너무 많습니다. 정작 자연대 내에서도 학자의 길이 제한적이고, 모두 대기업에 취직하고 싶어하는데, 그럼 공대와 다를 게 없습니다. 문과도 마찬가지입니다. 우리나라 전체로 봤을 때 이공계와 인문계가 4대 6 정도일 텐데, 너무 많습니다. 고등 교육에서 그런 벽을 없애야 합니다. 벽이 없으면 문과가 많으니 어쩌니 하는 말이 의미가 없어집니다. 제가 포스텍 총장을 할 때 물리학과 20명, 기계과 30명 정원으로 학생을 뽑던 걸 없애고, 전체 정원을 뽑은 후 1년 반이 지난 시점에 학생들이 각자 전공을 정하게 했습니다.

김은미 그러면 비인기 학과는 어떻게 되나요? 당장 그런 반발 때문에 무전공 제도를 해야 한다는 것을 알면서도 누구도 실행할 수 없습니다.

김도연 아무 문제가 없습니다. 항상 반대 주장이 '그렇게 하면 학생 확보 못 한다', '컴퓨터학과에 몰릴 것이다' 그런 이야기입니다. 그래서 '300명이 다 컴퓨터학과로 가더라도 수용한다'라고 했습니다. 그런데 실제로 교수들이 우려하는 쏠림 현상은 일어나지 않았습니다. 학생들은 훨씬 현명합니다. 물론 반대 의견을 잠재우는 것이 쉽지 않았습니다. 그러나 총장이 해야 합니다. 마땅히 일어나야 하는 변화임에도 불구하고, 우리나라 4년제 대학 중 포스텍이 처음으로 그런 시도를 했다는 게 참 아쉬운 일입니다.

김은미 서울대학교도 그렇게 가야 합니다. 방향에 대해서는 대개 동의를 하지만, 자신이 속한 학과에 조금이라도 변화가 생긴다면 당장 저항에 부딪힙니다. 그래서 아무도 시도를 못 합니다. 직선제하에서는 누가 총장이 되어도 그런 설득을 하기가 너무 어렵습니다.

김도연 그렇습니다. 교수 사회에 동의를 얻어야 해서 어렵습니다. 산업 문명 시대에는 대학이 부품 같은 인간을 생산해냈습니다. 전기공학, 기계공학 등에 최적화된 인재를 키웠습니다. 그러나 지금 학부 교육은 옛날 고등학교 교육처럼 되었습니다. 대학원 가서나 전공을 하는 거지, 학부 교육은 훨씬 뭉뚱그려서 융합 교육을 해야 합니다. 공대 학생들에게도 인문사회 교육을 많이 해야 합니다. 《교양 있는 엔지니어The Civilized Engineer》라는 책에 그런 내용이 나옵니다. MIT 졸업생들이 30대에는 학교가 전공을 제대로 가르쳤어야 하고, 40대에는 사람하고 일하는 데 도움이 되는 경영학을 가르쳤어야 한다고 말합니다. 그러다 50대에는 역사나 인문학을 가르쳤어야 한다고 이야기하는 내용이 있습니다. 길게 보면 각자의 인생을 행복하게 만들어주는 게 교육입니다. 예를 들어 기계공학만 가르쳐서는 불행한 사람을 만드는 것입니다. 폭넓은 교육을 해야 합니다.

김은미 앞서 정부가 청년을 더 배려하고 보듬어주는 정책을 펴야 한다고 하셨습니다. 그런데 이게 청년 복지를 두텁게 하자는 뜻은 아닌 것 같습니다.

이광형 희망을 주자는 것입니다. 복지로 최소한의 안전망은 마련해줘야 하지만, 취업 준비하라고 현금을 주는 건 아니라고 생각합니다. 기회를 주고 교육을 시켜줘야 합니다. 아직 여력이 안 되지만, 카이스트에서 마이크로 디그리(이수 시간이나 학점 단위로 이수 결과를 조합해 정규 학위를 취득하는 과정)를 시행하여 카이스트 학생이 아니더라도 교육을 받을 수 있게 만들고 싶습니다. 이를테면 문과 학생이 컴퓨팅 기초 수업을 들을 수 있게 하는 것입니다.

김은미 서울대학교에서는 이미 학생 대상으로 마이크로 디그리를 시행하고 있습니다. 공공 데이터 분석 역량처럼 구체적인 스킬을 습득하는 데 쓰이도록 설계하고 있습니다.

이광형 제가 생각한 마이크로 디그리는 이미 입학한 학생 외에도 외부 청년들에게 교육을 해주는 것입니다. 6개월이나 1년짜리 강좌를 수강하게 한 뒤 마이크로 학위를 주면 좋을 것 같습니다. 미국 MIT 대학은 'MITX 마이크로 마스터' 프로그램을 운영하고 있는데, 온라인 학습을 듣고 수강 이력과 시험 등의 인증을 한 수강자에게 비정규 학위 인증서를 수여하고 수강 학점을 인정해줍니다. 전 세계 수강생들은 프로그램 이수 학점을 제휴 대학 석사 과정에서 인정받을 수도 있습니다.[21] 마이크로 디그리 시행 과목으로는 소프트웨어, 인공지능, 반도체 등을 생각할 수 있습니다. 이런 걸 하자는 이유는 청년 실업이 너무 많기 때문입니다.

김은미 앞서 총장님은 과거와 미래를 낙관하시는 한편, 이대로라면 청년들에게 희망이 없다고 말씀하셨습니다. 반면 중장년층은 청년들이 과거에 비해 더 나은 환경에서 살아간다고들 하십니다. 그러면서 과거 세대는 이보다 더 힘든 상황을 헤쳐왔다고 합니다. 미래 세대인 청년들이 가져야 할 자세는 어떤 것인가요?

이광형 기성 세대가 현재 한국에서 누리고 있는 것과 젊은이들이 맞부딪쳐야 하는 현실에는 너무 큰 차이가 있습니다. 기성 세대가 힘들게 사회 기반을 일구어놓은 것은 맞습니다. 그래서 지금 즐기고 있습니다. 하지만 이대로 간다면 청년 세대가 중장년층이 되었을 때 지금의 중장년층처럼은 살 수 없습니다. 사회 양극화는 심화되고 있고, 청년층 일자리 걱정도 사실입니다. 우리의 미래가 밝고, 현재보다 더 도약할 수 있는 잠재력을 가졌다는 것은 모두 조건부 예측입니다. 청년들이 '할 수 있다, 해보자' 하는 마음을 가지고 뛴다는 것이 바로 그 조건입니다. 그렇게만 된다면 우리나라는 순식간에 GDP 5만 달러 시대로 갈 수 있습니다. 윤석열 정부가 청년에게 희망을 주는 정책을 펼치기를 바랍니다.

김은미 청년들이 마음을 먹으면 더 도약할 수 있다고 하셨는데 구체적으로 말씀 부탁드립니다.

이광형 우리나라가 희망을 가지고 한 번 더 점프를 하려면 창조 국가가 되어야 합니다. 창조를 해야 세계 일류가 됩니다. 지금 경제를 견인하고 있는 대기업들이 어떻게 해왔는지, 이들의 위상이 앞으로 어떻게 될지 생각해봅시다. 삼성, 현대, LG는 이미 있는 것을 해서 여기까지 왔습니다. 그러나 이제는 이 세상에 없는 새로운 제품을 만들고, 완전히 새로운 영역을 개척하여 세계 시장을 주도해야 일류 국가가 됩니다. 애플을 능가하는 제품이 하나쯤은 나와야 합니다. 창조를 하려면 있는 것을 걸고 모험해야 합니다. 기존에 하던 걸 버리고 새로운 것을 하는 것입니다. 기존에 하던 것을 계속 쥐고 놓지 못하면 창조는 이루어지지 않습니다.

대담을 마치며

김은미 서울대학교 언론정보학과 교수

솔직히 '원로'라는 말에서 느껴지는 '올드'한 느낌에서 처음에 인터뷰 요청을 받았을 때 흥미로운 시도라는 생각이 들면서도 이 작업이 어떻게 갈지 확신이 서지는 않았다. 세상은 그야말로 현기증이 날 정도로 빠르게 변화하고 있어서 전문가라고 할지라도 뒤에 오는 세대에게 크건 작건 확신을 가지고 조언할 수가 없기 때문이다.

하지만 지금이야말로 원로들의 목소리를 새겨들어야 할 아주 적합한 시점이라는 것을 인터뷰를 진행하면서 천천히 느끼게 되었다. 교육계와 과학계의 큰 어른이신 김도연 총장님과 이광형 총장님 두 분을 인터뷰하면서 이분들이 공통적으로 던져주신 메시지가 있었다. '우리는 잘해왔고 앞으로도 잘될 것이다'라는 낙관론 속에서도 '앞으로는 우리가 지금까지 잘해온 것을 그대로 하면 절대로 안 된다'고 이구동성으로 말씀해주셨다. '문화는 축적된 역사'라는 말을 개인적으로 좋아한다. 이 두 원로분들은 그간 역사의 축적에 깊이 참여했던 분들로서 지성적으로뿐만 아니라 감각적으로도 우리가 지금 빨리 방향을 선회해야 한다는 점을 강조하셨다. 원로란 세월을 지나오면서 체득한 감각이 빛나는 분들이라는 것을 생각하게 되었다. 그리고 '대상에 대한 애정을 가진 분'이라는 것도 원로의 조건에 추가되어야 한다.

우리는 경제, 사회, 문화, 기술 등 모든 면에 있어서 큰 전환기에 놓여 있다. 세계 질서는 급변하고 있고 국내적으로도 디지털 전환에 팬데믹을 겪으면서 기존에 우리가 잘하고 익숙했던 모든 일의 방식들은 그야말로 백지부터 다시 돌아봐야 하는 상황에 놓이게 되었다. 그리고 돌아다보니 한국은 이미 선진국이다. 앞을 보고 쫓아만 가면, 우리 민족 특유의 성실성으로 인력을 갈아 넣어가면 반타작은 할 수 있는 좋은 시절은 다 지났다. 그렇기에 이제는 대한민국의 다음 버전을 준비해야 한다.

앞으로 만들어야 하는 그림이 있어야 첫걸음을 뗄 수 있다. 첫걸음을 떼어야 어딘가로 도달할 수 있다. 낯선 곳으로의 첫걸음을 떼기 위해서는 익숙한 것들과 결별해야 하는데 아주 독하게 마음먹지 않는다면 기존의 것을 버리는 일은 누구에게나 어렵다. 어디로 가야 하는지를 대충 공유하더라도 다들 변화는 내가 아닌 다른 곳에서 일어났으면 좋겠고, 내가 아닌 옆 사람이 변화의 대가를 치러주길 바란다. 첫걸음 떼기란 그래서 어렵다. 원로들의 애정과 고언이 있어도 걸음 떼기는 여전히 현세대의 몫이다. 결국 변화와 혁신을 원한다면 나부터 관찰하고 나부터 고쳐야 한다는 평범한 진실을 다시 떠올린다.

질곡의 세월을 지나온
한국의 외교 안보, 새 길을 찾다

Round-table 7

국가 원로		현역 학자	
이홍구	김종인	강원택	김남국
최상용	김황식	김병연	장덕진
송민순	이종찬		

한국 외교의 성취, 반성 그리고 미래의 길

대한민국은 제2차 세계대전 이후 가장 성공한 나라의 선두에 서 있다. 외교 현장에서도 국민이 안전하고 행복할 수 있도록 외부 환경을 만드는 것이 주목적이다. 그런 면에서 우리 외교도 성공했다고 생각한다. 반면 외교, 안보 부문에서 반성할 점은 북한 문제가 첫 번째다. 1990년대 초 냉전이 종식될 당시 남·북과 미·중이 교차 수교했더라면 한반도와 동북아의 안보 환경이 달라질 수 있었을 것이다. 두 번째는 과한 대외 의존도다. 지금 우리는 심각한 존립의 위기가 오더라도 혼자 설 수 없는 나라라는 뜻이다. 세 번째는 북한 핵 개발 초기에 우리가 더 과감한 행동을 하지 못했던 점이다. 이 세 가지가 중요한 이유는 앞으로 유사한 일이 생겼을 때도 당시의 상황만 보고 판단하지 말고 아주 냉정하게 미래까지 고려해 대처해야 한다는 교훈을 주기 때문이다.

신냉전과 미중 갈등, 한국의 전략적 선택

미국과 중국이 서로 부딪치면 양쪽 모두 전혀 이익이 안 된다는 것을 서로 잘 알고 있다. 따라서 상황이 심각한 위기로 가지는 않을 것이다. 우리는 한미 동맹을 견지하되 국가 이익을 냉철히 살펴야 한다. 우리에게는 한미 동맹이 매우 중요하고 국제적인 책무를 이행해야 할 때는 우리도 나서야 한다. 하지만 우리의 국가 이익을 우선 전제하고 모든 것을 판단해야 한다. 맹목적으로 '동맹이니까 무조건 따라야 한다'는 식은 곤란하다. 지난 30여 년에 걸쳐 미국의 대외 정책이 상당히 단기화되는 경향을 보이고 추진 방식에는 변화와 기복이 가능하므로 한국은 항상 행동 반경을 확보하면서 행보를 조절해야 할 것이다. 한국 외교가 한미 동맹을 중심축으로 하면서도 4강 외교를 통해서 북한과의 평화 공존의 조건을 만들고 평화 통일을 준비하는 과정에서 한중 관계를 전략적으로 판단해야 하기 때문이다. 우리가 중심이 되어 4대 강국에 대해 연결점을 만들어내는 구조를 신책략으로써 가지고 있어야 한다.

윤석열 정부의 외교 방향성에 대한 조언

윤석열 정부의 외교 안보 정책은 현재 배워가는 과정이라고 생각한다. 윤석열 정부는 조심해야 한다고 본다. 대외 관계를 비롯해서 전반적인 국정 운영은 간단치 않은 일이며, 따라서 훨씬 깊고 길게 생각해야 할 것이다. 윤석열 정부는 전략적 모호성이란 용어를 자기 입으로는 쓰지 않는 것이 좋다고 생각한다. 정책의 실체에서도 전략적 명료성이 필요하다. 이념과 민족주의로 과잉되어 친미, 친북, 반미, 반중 등의 양분적 찬반으로 나누는 곳에서는 건강한 외교가 되기 어렵다. 선진 강국으로 부상하는 지금 우리의 외교 인프라 즉 인적·물적 인프라를 국격에 맞게 대폭 확충하는 것이 시급한 과제이다.

한국 외교의 성취, 반성 그리고 미래의 길

김병연 한국 근현대사 발전에서 외교 영역은 오늘날 한국의 국제적 위상을 달성하는 데 핵심적인 역할을 했습니다. 외교부에서 오랫동안 근무하시고 또 외교부 장관을 역임하시면서 한국 외교를 이끌어오셨던 분으로서 한국 현대사, 특히 외교 부문을 어떻게 평가하십니까? 우리가 이룬 성취는 어느 정도입니까?

송민순 대한민국은 제2차 세계대전 이후 가장 성공한 나라의 선두에 서 있습니다. 분단과 대결의 위기 속에서 이런 업적을 이루었습니다. 응분의 자부심을 가져도 좋다고 생각합니다. 우리나라의 어제와 오늘을 시간적으로 비교해서 보거나, 또 세계 다른 나라와 비교해 봐도 우리가 이룬 성공은 엄청납니다. 외교 안보 측면에서도 그렇습니다. 나라를 건설하고 경영하는 것은 국민을 안전하고 행복하게, 간단히 말하면 배부르고 따뜻하게 해주는 것입니다. 외교 현장에서도 국민이 안전하고 행복할 수 있도록 외부 환경을 만드는 것이 주목적입니다.

그런 면에서 우리 외교도 성공했다고 생각합니다. 특히 내용을 들여다보면 더욱 그렇습니다. 6·25 전쟁 이후에 전후 복구 시대나 군사정부가 들어와서 부각된 가장 중요한 과제는 경제 개발이었습니다. 또 남북 대립이 지속되면서 정권의 정통성 확립도 중요한 과제였습니다. 그런데 2000년대에 들어서는 경제 개발이나 정권의 정통성 홍보 같은 수준을 벗어나 우리의 위상이 국제무대에서 크게 높아졌습니다. 국제 질서를 형성하는 데 있어서 우리의 역할은 과거와는 비교가 되지 않을 정도로 높습니다. 현장에서 일해보면 그런 것을 구체적으로 체감할 수 있습니다.

김병연 반면, 우리가 이룬 성취에도 불구하고 지금 대한민국의 모습에 많은 분이 만족하지 못하고 있습니다. 걱정하는 분도 많습니다. 우리의 외교, 안보 부문에서 반성할 점은 무엇이라고 생각하시는지요?

송민순 외국 사람들이 우리에 대해 하는 이야기 중에 귀에 딱 들어오는 것이 있습니다. "한국 사람들은 자기 나라에 대해서 잘모르는 게 두 가지가 있는데, 하나는 자기들이 얼마나 잘사는지를 모른다. 그리고 또 하나는 얼마나 불안한 곳에 사는지 모른다"라는 것입니다.

왜 우리는 여전히 불안하게 살아야 할까요? 북한 문제가 그 첫 번째 이유입니다. 분단의 근원까지 거슬러 올라가면 복잡해지겠지만, 비교적 근래의 사정으로는 1990년대 초 냉전이 종식될 당시 남·북과 미·중이 교차 수교했더라면 한반도와 동북아의 안보 환경이 달라질 수 있었을 것이라 생각합니다. 우리는 당시에 중국, 러시아와 수교했습니다. 교차 수교 이야기는 그 이전에도 남쪽뿐 아니라 북쪽에서도 나왔고, 또 주변국에서도 나왔습니다. 그런데 우리는 올림픽 이후 북방 외교의 성공을 보자 한국 주도로 통일할 수 있다는 자신감에 더하여 약간의 도취감까지도 생겼습니다. 돌이켜 보면 좀 더 냉정한 정세 판단과 현실 인식이 필요했는데 말입니다. 당시는 북한이 핵을 개발할 욕구는 있었지만 본격적인 진전을 보기 전이었습니다. 그랬더라면 지금 같은 북한 핵 문제는 물론, 그로 인해 파생되는 지속적 안보 불안은 상당 부분 해소되었을 가능성이 높습니다.

두 번째는 과도한 안보의 대외 의존도입니다. 한국만큼 의존도가 심한 나라는 세계에서 유례를 찾기 어렵습니다. 심각한 존립의 위기가 오더라도 혼자 설 수 없는 나라라는 의미입니다. 그런 상태에서 "과연 우리가 미래를 스스로 개척할 수 있을까?"라는 의문이 듭니다. 1992년에 미국이 '동아시아 전략East Asia Strategic Initiatives'을 내놓았는데 넌과 워너라는 민주당, 공화당 양당의 상원 의원이 공동으로 수정안을 발의했습니다. 그 안에는 미군의 작전권을 한국에게 넘겨줄 때가 되었다는 내용도 포함되어 있었습니다. 저는 '우리가 왜 그걸 과감하게 받지 못했을까?' 또한 '넘겨받는 조건으로 미국으로부터 우리에게 필요한 더 좋은 안보 여건을 왜 확보하지 못했을까?'라는 생각이 듭니다. 그런데 작전권 이양에 대해 국내의 반대가 많다 보니 결국 작전권을 평시와 전시로 분리하여 평시 작전권을 한국에 넘기자는 의견이 나왔습니다. 그러나 개념상 작전권은 평시와 전시의 분리가 불가능합니다. 자동차가 네 바퀴로 달리는데, 앞바퀴 두 개와 뒷바퀴 두 개를 따로따로 몰고 가자는 소리와 같은 이야기입니다. 북한이 아직 핵 개발의 구체적 진전을 보지 못한 상태에서 한국이 작전지휘권을 갖고 북한과의 협상은 물론 대남 공세에 대한 대응도 주도적으로 해왔다면 지금보다는 한반도 문제를 이끌어가는 우리의 역량과 입지가 훨씬 나았을 것이라고 봅니다.

세 번째는 북한 핵 개발 초기에 우리가 더 과감하게 행동하지 못했던 것입니다. 1989년에 북한 핵 문제가 표면에 불거졌습니다. 그때 우리 군을 포함한 정부 일각에서 이스라엘이 이라크의 오시라크 핵시설을 파괴했듯이 영변 핵시설을 폭격해야 한다는 주장과 우리도 핵무기를 가져야 한다는 주장이 동시에 대두되었습니다. 그랬더니 미국의 제임스 베이커 국무부 장관이 최호중 외교부 장관에게 친서를 보냈습니다. 이 서한에서 베이커 장관은 "미국은 모든 수단을 동원해서 북한의 핵 개발을 저지할 것이다. 그러니 한국은 결코 독자적인 행동을 하지 말아 달라"라고 요청했습니다.

당연히 정부 내 대책회의가 열렸지요. 저는 당시 실무를 담당했던 외교부 안보과장으로서 장관의 지시를 받아 답신의 초안을 기안했습니다. 일방적 행동을 자제할 테니 북핵 저지를 위한 한·미 공조를 강화하자는 요지였습니다. 지금 돌이켜 보면 북한 핵 개발 저지에 대한 미국의 의지와 능력을 우리가 과대평가한 것 같습니다. 당시 우리가 북한 핵을 해결하기 위한 미국의 책무를 더 분명하게 요구하고, 일정한 시기 내에 해결에 실패할 경우 우리가 할 수 있는 행동의 자유를 확보했어야 했습니다. 그런 과감한 외교를 하지 못했습니다. 만약 33년 전 당시로 돌아간다면, 미국에게 "미국의 우려를 충분히 이해하고 북핵 저지를 위한 미국의 의지를 신뢰한다. 그러나 만약 어떤 시점에 가서 북한의 핵 개발 저지가 안 될 경우 한국은 스스로 필요한 행동을 취하지 않을 수 없을 것"이라는 취지의 단서를 집어넣고 그에 따른 행동을 했어야 한다고 생각합니다.

이 이야기를 하는 이유는 앞으로 유사한 일이 생겼을 때 그 당시의 상황만 보고 판단하지 말고 아주 냉정하게 미래까지 고려해 대처해야 한다는 교훈을 전달하기 위해서입니다. 물론 당시는 냉전이 종식되고 미국이 세계를 지배하는 '팍스 아메리카나Pax Americana'

에 들어서는 상황이었습니다. 그러다 보니 미국을 과도하게 믿었다는 생각이 듭니다. 저는 회고록을 쓰면서 이 부분을 길게 썼습니다. 이상의 세 가지가 외교, 안보, 북한과 관련된 과거 정책 중에 우리가 특히 달리 했어야 할 부분이 아닐까 생각합니다. 늘 뇌리에 남아 있습니다.

김병연 이제 우리 외교가 향후 나아가야 할 새로운 길, 외교의 원칙, 방향 등에 대해 질문드리겠습니다. 그동안 우리 외교 전략은 전략적 모호성에 입각한 부분이 많았습니다. 그러나 이에 대한 비판도 많이 있습니다. 전략적 모호성이 아니라 전략적 명료성이 필요하다고요. 새 정부에 이와 관련하여 조언이 있으시면 한 말씀 부탁드립니다.

송민순 전략적 모호성이란 말은 상대방에게는 좋게 들리지 않습니다. 복잡한 계산을 하는 중이라고 스스로 자백하는 것과 다름없습니다. 자기 입으로는 쓰지 않는 것이 좋습니다. 그런 부정적 효과를 떠나서 정책의 실체에서도 전략적 명료성이 필요합니다. 여기서 말하는 전략적 명료성은 '우리는 미국 편이다', 혹은 '우리는 중국 편이다' 이런 것이 아닙니다. 우리가 추구하는 가치에 대해서 명료해야 한다는 것입니다.

예를 들면 자유 무역은 우리가 추구하는 가치입니다. 실은 미국이 오랫동안 주장해온 원칙이기도 하지요. 그런데 근래 미국의 일부 주장은 자유 무역을 하지 말자는 것입니다. 그리고 사드는 우리가 추구하는 안보적 가치, 즉 생명이 걸려 있는 문제이지 않습니까. 이 부분에 대해서는 중국에 모호한 태도를 취할 필요가 없습니다. 중국에게 "북한이 핵 개발과 미사일 시험 같은 행위를 하지 않도록 설득한다면 사드 배치는 필요없다" 하고 말할 수 있는 것이 전략적으로 명료한 것입니다. 미국에게도 "현대 사회에서 산업의 쌀이라고 하는 반도체의 자유 무역에 반하는 조치를 하는 것은 기존 원칙에 어긋나는 것"이라고 일단 입장을 분명히 하고 그 위에서 양국의 현실적 필요를 조율해야 한다고 봅니다. 그렇다고 미국의 반대편에 서는 것이 아니라, 우리가 추구하는 가치 위에서 최대한 협조하겠다는 것이 전략적으로 명료한 외교입니다. 그러지 않고 원칙보다는 상대의 눈치부터 보는 나라로 간주되면 지속적으로 흔들리면서 우리가 설 땅은 극도로 협소해지고 나라는 왜소해질 것입니다.

김병연 대북 정책과 대외 정책은 되도록 일관성 있게 장기적 관점에서 결정하고 집행해야 한다고 생각합니다. 그러나 어쩌다 보니 정부의 성격에 따라 가장 급속히 변하는 분야가 대북·대외 정책이 되고 말았습니다. 앞으로는 이를 어떻게 해야 할까요?

송민순 그렇습니다. 이념과 민족주의로 과잉되어 친미, 친북, 반미, 반중 등의 양분적 찬반으로 나누는 곳에서는 건강한 세계관이 형성될 수 없고, 건강한 외교가 되기 어렵습니다.

외교 안보 정책, 대북 정책을 5년마다 바꾸는 나라가 세계 어디에 있습니까? 아주 드문 경우죠. 그것도 그냥 수정하는 것이 아니라 확 뒤집어서 바꾼다는 말입니다. 그래서 다른 나라의 외교관들이 우리에게 "지금 너희 정부가 하는 정책이 언제까지 갈 것이냐? 너희를 믿고 손잡고 가도 되나?"라고 묻는 것입니다. 명시적으로 그렇게 말하지 않지만 외교적 표현으로 그렇게 묻는 겁니다.

또 하나는 안보와 경제의 대외 의존도가 한국만큼 높은 나라가 없는데, 국내의 의사 결정 과정에서 외교 안보 부서, 특히 외교부의 위상이 점점 떨어지고 있습니다. 우리 정부 수립 당시 조직이 어떻게 되었습니까? 외무·내무·재무·법무·국방 이런 순서로 되지 않았습니까? 그런데 아마 지금 외교부는 정부 내부 서열로 3~4번째로 왔다 갔다 합니다. 우리와 비슷한 나라에서는 외교를 부총리가 맡습니다. 제가 청와대에서 대통령을 세 분 모셨지만, 대부분 끝날 때쯤 외교의 중요성을 절감하는 듯했습니다. 집권 초에 외교를 가벼이 여긴 어떤 분은 "국정을 맡아보니 외교는 부총리가 해야 맞는 것 같다"라고 실토하기도 했습니다. 집권 4년 가까이 가서 나오는 판단입니다.

또 지금처럼 외교, 남북, 국방 분야가 짜임새 있게 조정되지 않은 채 각개 약진하는 것을 바꾸어야 한다고 생각합니다. 외교부·통일부·국방부·국정원은 물론, 정부 각 부처가 전부 바깥에 나가 각기 작은 점포들을 따로 운영하면서 분절화되어 있습니다. 국가 자원의 합리적 운용과 정책 집행의 성과를 위해서는 대외 관계를 실질적으로 총괄하는 외교 부총리를 둘 필요가 있습니다. 그래야 대외 정책 전반의 조화와 효율을 기할 수 있을 것입니다.

신냉전과 미중 갈등, 한국의 전략적 선택

강원택 지금 세계 질서를 두고서 많은 사람이 '대격변', '대전환'이란 말을 사용합니다. '투키디데스 함정'이라는 비유로 미중 갈등이 전쟁으로 이어질 수 있다는 경고도 나왔습니다. 특히 지금 우리나라가 안보 분야는 미국에, 경제적으로는 중국에 의존도가 높다는 말을 많이 하기 때문에 고조되는 국제 사회 갈등에 주목해야 합니다.

지금은 반도체 등 경제적 분야에서의 갈등뿐만 아니라, 대만 문제 등 군사적 문제로까지 확대되고 있습니다. 미국이 군사 분야뿐만 아니라 반도체 등 경제 분야에서까지 중국을 견제하게 된 것은 그만큼 중국이 미국에 견줄 만큼 강해졌다는 것을 반증하는 것이라고 생각합니다. 미국과 중국의 갈등은 어떤 결과로까지 이어질 것인지 걱정되기도 합니다. 이런 미중 갈등의 상황이 우리에게는 어떤 영향을 미칠까요?

이홍구 키신저는 국제 사회에서 중국의 지위를 인정했고 그 역할을 기대했지만, 그 이후의 상황 전개에서 미국이 소홀하고 부족했다는 겁니다. 그런데 중국은 스스로 강대국으로서의 위치를 자각하고 있는 나라이며, 따라서 중국에 인접한 국가로서는 이를 인정하고 이에 기반한 외교적 대접을 해주는 것이 편할 수 있고 중국 또한 이를 긍정적으로 수용할 것이라는 주장이 있습니다.

싱가포르의 리콴유 총리가 한국에 방문하여 만난 적이 있습니다. 그때 리콴유 총리는 우리에게 중국에 대한 조언을 해주면서 "중국에 맞춰주는 태도를 취하는 게 오히려 한국에게 덜 성가실 수 있다"고 말한 바 있습니다. 또한 경제학자였고 경제 정책에 영향을 미쳤던 리콴유의 부인도 "중국과 부딪히거나 견주는 것은 현명하지 못하다"는 식으로 말했습니다. 한국 참석자들이 볼 때 리콴유 총리의 태도가 너무 중국 친화적이라는 느낌을 받았고 이 때문에 못마땅함을 느낀 분들도 있었던 기억이 납니다.

그러나 또 한편으로 보면 이들은 자신들의 경험으로부터 솔직한 조언을 해주었다고 볼 수도 있습니다. 싱가포르는 이러한 중국의 생각을 잘 이용하여 경제 발전도 이루고 도시 국가로서 성공을 했다고 평가해줄 수 있는 면도 있다는 겁니다. 싱가포르가 중국을 대하는 태도의 성공 사례는 우리가 중국을 인정하는 태도에 중요한 참고가 될 것입니다. 외교와 관련해서 우리는 전반적으로 체계화가 부족한 면도 있다고 생각합니다. 중국의 뜻대로 따라야 한다는 것이 아니라, 다른 국가들이나 국제적 플레이어들에 관한 복잡한 계산을 해낼 인내심도 필요하고 또 단순하게 크게만 생각하는 것이 아니라 디테일에도 신경을 써야 합니다.

미중 갈등이 심각한 위기로 간다는 데 대해, 저는 그렇게 생각하지는 않습니다. 왜냐하면 중국과 미국의 관계는 경제 분야, 안보 분야가 따로 있는 것이 아니고 원래 큰 나라끼리 부딪치면 그렇게 되게 되어 있습니다.

일전에 중국에서 열린 회의에 참석한 적이 있습니다. 회의에는 영국이 중국에 홍콩을 돌려주었을 당시의 홍콩 시장, 즉 그때 홍콩의 최고 책임자 역할을 했던 사람도 참석했습니다. 그 사람은 중국과 미국이 전쟁까지는 가지 않을 것이라고 했습니다. 중국이 경제 발전을 추진하면서 사실상 시장 경제 국가가 되었다는 겁니다. 미국은 원래 시장 경제의 원조인 국가이고요. 원래 장사를 하는 사람들끼리는 싸워도 별로 이익이 나지 않으니 잘 싸움을 하지 않는다고 말했습니다. 즉 미국과 중국이 전쟁을 해서 부딪치면 양쪽 모두 전혀 이익이 안 된다는 것을 서로 잘 알고 있다는 겁니다. 장사를 하면 그때그때 좀 어려워도 상의해서 해결하려고 하지 그 싸움이 세계대전과 같은 큰 싸움으로 이어지지 않을 것이라는 겁니다. 농담처럼 이야기했지만 저는 그 사람의 말이 일리가 있다고 봅니다.

그러니까 미국과 중국이 충돌한다고 해도 전쟁이라는 결과만 생각할 필요는 없다고 봅니다. 사실 전쟁에 대한 것은 제일 말하기 쉬운 것일 수도 있는데, 협상을 예측하기는 더 복잡하겠지요. 하지만 그것이 어떻게 진행될 것인가, 그리고 우리는 또 그 과정에서 어떻게 끼어들고 우리의 이익을 지킬 것인가를 생각해봐야 합니다.

김병연 공감합니다. 김종인 의원님은 이런 대격변의 시대, 불확실성의 시대에 우리 미래를 위해서 어떤 정책을 세워야 한다고 생각하시는지요?

김종인 가장 먼저 한미 동맹을 견지하되 국가 이익을 냉철히 살펴야 합니다. 먼저 글로벌라이제이션Globalization의 혜택을 가장 많이 본 나라가 대한민국입니다. 그런데 글로벌라이제이션이 미중 갈등으로 상당히 훼손되고 있는 과정에 있고, 더군다나 최근에 우크라이나 전쟁을 통해서 이 문제가 더 심각해지고 있습니다. 하지만 대한민국 경제는 여전히 해외에 크게 의존할 수밖에 없습니다. 이것이 냉엄한 현실입니다. 지금 우리가 미국과 중국과의 관계가 변함에 따라 그 가운데 어떻게 살아갈 것인가 하는 부분이 매우 중요합니다. 역사적으로 보면 영국이 산업혁명 후에 자국 기술이 유출되지 않도록 봉쇄하려 했지만 잘되지 않았습니다. 독일 등 다른 나라가 기술 개발에 오히려 더 집중했습니다.

중국은 6,000년 가까운 역사를 가진 나라입니다. 그러나 청나라

때 서양 문물을 받아들이지 못했습니다. 그 결과 자연과학이 낙후되었고 그동안 공산 체제하에서 큰 어려움도 겪었습니다. 이제는 그런 단계가 지났다고 봅니다. 그래서 중국을 도외시해서는 안 됩니다. 지금은 미국이 모든 것을 다 할 수 있는 시대가 아닙니다. 이번 우크라이나 전쟁을 보면 안보와 경제가 필연적으로 엮이고 있습니다. 이런 시대가 왔다는 것을 절감할 수밖에 없습니다. 우리처럼 경제가 해외 시장에 크게 의존하는 나라는 이 문제를 심각하게 생각해야 합니다. 미국이 우크라이나 전쟁에서 우크라이나를 지원해달라고 요청하더라도 러시아와의 외교 관계를 고려해서 적절하게 지원해야 합니다. 이런 국제 정세 속에서는 우리가 처신을 유연하게 잘해야 합니다.

우리에게는 한미 동맹이 매우 중요하고 국제적인 책무를 이행해야 할 때는 우리도 나서야 합니다. 하지만 우리의 국가 이익을 우선 전제하고 모든 것을 판단해야 합니다. 맹목적으로 동맹이니까 무조건 따라야 한다는 식은 좀 곤란하다고 봅니다.

김병연 장기적으로 볼 때, 미국과 중국에 대한 외교적 비중을 어떻게 가져가야 한다고 보시는지요?

송민순 숫자로 정확히 표현하기는 어렵지만 지금 미국과 중국에 대한 비중을 100대 40이라고 한다면 장기적으로는 100대 50 정도 되지 않을까 싶습니다. 지금 미국과 중국이 벌이고 있는 사활적 경쟁과 대립은 앞으로 상당 기간 지속될 것으로 보는 것이 평균적 전망입니다. '죽느냐 사느냐'의 문제인 안보는 미국에 의존하고 있고, '잘사느냐 못 사느냐'의 문제인 경제는 중국 시장에 더 크게 의존하는 상태가 지속된다고 볼 때, 100대 50 정도의 비율이 적절하지 않을까 하는 것입니다.

지금 미국 쪽에서 보면 쿼드QUAD라는 동맹이 있고, 또 이번에 IPEF(인도-태평양 경제 프레임워크)라는 걸 만들었습니다. 제 생각에는 미국은 쿼드를 통해서 안보와 경제 동맹의 전체적인 방향을 정하고, IPEF에서는 경제 안보 분야의 실행 방안을 마련하려는 그림을 갖고 있는 것 같습니다. 그런데 한 가지 유념할 것은 지난 30여 년에 걸쳐 미국의 대외 정책이 상당히 단기화되는 경향을 보인다는 점입니다. 대중 정책 방향에 관한 한 미국의 민주·공화 양 진영 간 큰 차이가 없다고 하지만, 추진 방식에는 변화와 기복이 가능하므로 한국은 항상 행동 반경을 확보하면서 행보를 조절해야 할 것입니다.

김남국 다음으로 최상용 대사님께 신냉전에 관한 질문을 드립니다. 앞서 말씀하신 대로 최근 러시아의 우크라이나 침공을 계기로 세계 질서가 새로운 국면을 향해 치닫고 있고 신냉전 등의 개념이 주목받고 있습니다. 이러한 개념의 사용에 대해 어떻게 생각하시나요? 새로운 세계 질서의 모습은 어떻게 드러나고 있고 그 의미는 무엇이라고 보십니까?

최상용 20세기는 혁명·전쟁·냉전으로 점철된 극단의 시대였습니다. 이념의 절대화로 전 세계를 양극화한 것은 역사상 처음 있는 일이며 그만큼 동서 냉전, 미소 냉전의 후유증은 클 수밖에 없습니다. 역사의 청산은 혁명이나 전쟁으로도 어려우며 기득권의 개혁과 유지는 권력 투쟁의 속성이 아니던가요. 냉정히 말하면, 역사는 변화와 연속성의 영원한 상호작용입니다. 동서 냉전이 붕괴된 후 21세기는 분명히 상대화 시대의 출발이지만 상대화 시대가 곧 평화의 시대는 아닙니다.

미소 냉전에 승리한 미국은 9·11 테러, 이라크 전쟁, 아프가니스탄 전쟁, 글로벌 금융 위기 등을 겪었습니다. 지금 미국은 미중 패권 경쟁의 당사자이며 러시아의 우크라이나 침공을 둘러싼 국제 정치를 주도하고 있습니다. 이런 현상들을 두고 우리 사회의 학계와 논단에서는 신냉전이라는 말을 당연시하는 경향이 있으나, 신냉전의 당사국인 한국의 입장에서는 신냉전 개념에 대한 분석적 이해가 필요합니다. 신냉전이 과거 미소 냉전의 복사판이라면 한국의 선택이 냉전 시대와 다를 것이 없습니다.

미중 갈등으로 퍼지는 신냉전 개념의 모호성에도 불구하고 신냉전의 '신'의 의미는 지난 세기 미소 냉전에서 보인 것처럼 세계적 수준에서 이데올로기 및 군사력의 조직적인 양극화가 아니라는 함의가 있습니다. 우리가 냉전과 신냉전의 차이에 주목해야 할 이유입니다. 한국 외교가 한미 동맹을 중심축으로 하면서도 4강 외교를 통해서 북한과의 평화 공존의 조건을 만들고 평화 통일을 준비하는 과정에서 한중 관계를 전략적으로 판단해야 하기 때문입니다.

장덕진 이종찬 원장님께서는 상해에서 사시다가 초등학생 때 광복과 동시에 귀국하셨죠. 저는 원장님의 삶을 볼 때 참 운명적이라는 생각이 듭니다. 독립운동을 하신 증조부, 조부님들 때문에 상해에서 사시다가 광복과 동시에 귀국하셔서 나라를 설계하는 그런 일에 쭉 관여해오셨기 때문에 원장님의 삶에 생래적으로 이런 동아시아를 둘러싼 국제 정치적인 감각이 있을 것이라고 미루어 짐작합니다. 지금 한반도를 둘러싼 상황, 중국·일본·미국과의 관계 등을 어떻게 보십니까?

이종찬 1880년에 김홍집 대감이 일본에 가서 황준헌黃遵憲이라는 청국 외교관한테서 《조선책략朝鮮策略》이라는 책을 받았습니다. 저는 이제 시대가 바뀌었으니까 《조선책략》에 있는 그대로 "친중국親中國해라, 결일본結日本해라, 연미국聯美國해라" 이런 구조를 그대로 따르자는 것은 아닙니다. 그러나 당시에 한국의 입장을 고려하여 이에 대처할 방향을 잘 얘기해줬다고 봅니다. 그러므로 시대가 바뀌었으니 신조선책략, 신한국책략, 신한반도책략이 있어야 된다는 겁니다.

그런데 거기에 제가 주목하는 것이 있습니다. 미국이라는 나라에 대해서 황준헌이 굉장히 강조를 했습니다. 김홍집 대감이 그걸 고종한테 보고했는데, 고종은 미국이라는 나라 자체를 모르고 있었습니다. 미국에 대해서 물으니 '그 나라는 스스로 풍족하니까 남의 나라 침범할 욕심이 없다'고 답했습니다. 우리나라는 지정학적으로 책에서 제시한 것과 같은 책략적 구조는 불가피하다고 본 겁니다.

우리가 중심이 되어 4대 강국에 대해 연결점을 만들어주는 구조를 신책략으로써 가지고 있어야 된다고 봅니다. 또한, 미국을 강조한 이유는 원교근공遠交近攻[22]이라는 말입니다. 일본, 중국, 러시아는 우리하고 가깝기 때문에 다 이해관계가 있지만 미국은 떨어져 있기 때문에 이해관계는 적습니다. 저는 미국을 새롭게 끌어들여서 균형을 맞추는 구조는 필요하다고 보고, 지금 윤석열 대통령이 그런 구조로 가고 있다고 생각합니다. 그런데 그것은 저만 그렇게 생각한 게 아니라 과거 김대중 대통령도 미국을 끌어들여서 한국이 강하게 버팀으로써 중국, 러시아, 일본 사이에 균형자 역할을 해줄 수 있다고 봤습니다. 그래서 김대중 대통령이 김정일 국방위원장한테도 그 구조를 설명했습니다. 대화록을 보니 김정일 위원장도 동의를 했습니다. 저는 지금도 그 구조가 우리 외교의 큰 방향이라고 생각합니다.

장덕진 미국은 한국하고 단순한 동맹 정도가 아니라 사실은 전쟁을 같이 한 혈맹 관계입니다. 그리고 동시에 중국은 우리의 최대 무역 파트너이고 거꾸로 중국한테도 우리가 세 번째로 큰 무역 파트너입니다. 그래서 미국하고 동맹을 유지하면서 중국하고 경제적인 관계를 유지하는 것이 문재인 정부의 소위 전략적 모호성인데 이게 더 이상 유지되기 어려운 상황이고 새 대통령은 미국 쪽으로 기우는 것 같습니다. 지난번 바이든 대통령이 방문했을 때 그다음 날 곧바로 윤석열 대통령이 IPEF 회의에 참여하지 않았습니까. 이런 일들을 보면 빠른 속도로 미국 쪽으로 기울어가는 것 같습니다. 이 상황이 유지가 가능하다고 보십니까?

이종찬 미국을 끌어들여 균형자 역할을 하면서 관계를 맺는다고 하더라도 조금 생각해볼 문제가 있습니다. 지금 외교 실무자들이 그만한 실력이 있는지 의심스러운 사람들도 있기 때문에 너무 미국에 편중하는 것 아니냐는 걱정을 하고 있습니다. 그렇지만 구조는 그렇게 가야 됩니다. 미국을 균형자로 자리매김하도록 해야 합니다. 현실적으로 보면 미국의 이익은 일본에게 가 있습니다. 미국은 일본을 유럽에서의 영국처럼 생각합니다. 미국은 그렇게 생각하더라도 우리는 거꾸로 한국에 중심을 잡아놓고 한·미·일 세 국가를 엮는 방향으로 가야 한다고 생각합니다.

장덕진 지금까지 동아시아 중심으로 주로 말씀을 나눴는데 좀 더 글로벌하게 보면 미국이 아프간에서 철수하면서 중동 전선이 없어진 셈 아닙니까. 그러면 결국 국제 정치적인 압력이 한국을 중심으로 해서 동아시아로 다 모이는 거 아닐까요?

이종찬 결국은 한국을 포함해 동아시아에 국제 정치적 압력이 가속화될 것입니다. 과거 문재인 정부가 잘못한 것이 국방 개혁을 하지 않았다는 점입니다. 국방 개혁이 지금 2.0입니다. 다른 나라는 4.0으로 가고 있는데 우리는 2.0인 것입니다. 윤석열 대통령도 병사 월급 200만 원 주겠다고 하는데 저는 찬동하지 않습니다. 너무 국방 예산을 월급 주는 데만 다 쓰면 경직성 예산이 돼서 개혁을 못 합니다. 그러니까 저는 기술하사관들을 강하게 만들자고 내내 주장했습니다. 그들이 국방 개혁의 핵이기 때문입니다. 말하자면 직업 군인입니다. 장군이나 장교보다도 이 사람들이 중심입니다. 이 사람들이 강해져야 합니다. 선진 무기라도 누가 운용을 합니까? 이 사람들이 합니다. 아무리 첨단 무기가 들어와도 기술하사관들이 없으면 운영이 안 됩니다. 기술하사관이 정비를 안 하면 비행기가 뜨지도 못합니다. 그래서 저는 이 사람들이 직업 군인을 선택할 때 충분히 돈을 줘야 된다고 봅니다. 대개 10~20년 채우지 못하고 그만둡니다. 이렇게 그만두는 사람들을 버리지 말라 이겁니다. 보훈부가 그 사람들을 전부 찾아다니면서 대학 가겠다고 그러면 폴리테크닉을 만들어서 거기로 보내면 됩니다. 재교육시키다가 그들이 창업을 하면 돈을 지원해줘야 합니다. 군을 떠나도 살 길이 있다고 느껴야 합니다. 이런 게 이스라엘식 병영 문화입니다. 의무 복무하는 사람들한테 기술을 가르쳐줘도 18개월 하고서 기술을 익히기만 하면 다 그만두니 어떻게 기술이 축적되겠습니까? 기술하사관들이 강해야 합니다. 그래서 저는 국방 개혁을 해야 한다는 겁니다. 물론 무기 체계도 중요하지만 인력 구조 자체를 과학 군대를 만드는 걸로 개편해야 됩니다. 또 하나, 일부는 저에게 육·해·공군으로 나누는 것 자체가 선진 개념에 안 맞고 통합군으로 가야 된다고 말합니다. 비록 제가 그 부분에 대해 미약한 지식을 갖고 있지만 충분히 연구할 필요가 있다고 생각합니다. 태스크포스를 만들어서 필요하다면 통합군체제로 가면서 우주군도 만들 수 있어야 합니다. 하지만 그걸 하루아침에 하면 안 되니 태스크포스를 만들어서 충분히 토론하자는 것이 제 의견입니다.

한미 관계

우리는 미국과 여러 가지 가치를 공유하고 있다. 다른 나라보다 지정학적으로 조화로운 위치에 있기도 하고 상대적으로 역사적 갈등도 적다. 그리고 어떤 나라보다도 국가 이익의 호혜성이 강하며 문화적 수용성도 높다. 따라서 한미 동맹은 대체 불가하다고 생각한다.

그러나 미국은 한국의 사정을 예외적으로 고려해서 지원하는 나라가 아니다. 미국은 세계 질서를 이끄는 차원에서 한국을 한 부분으로 생각하는 경향이 강하다. 국내 정치적으로 부담을 안으면서 한국의 필요를 수용할 것으로 기대하면서 행동해서는 안 된다는 뜻이다. 미국은 한반도에 대해 상당 기간 '현상 유지' 세력으로 남을 가능성이 높다. 그렇기 때문에 우리도 냉정한 인식을 갖고 미국을 봐야 한다.

또한, 우리 스스로가 대한민국의 가치를 지켜야 한다. 우리의 가치나 정체성이 분명하지 않으면 우리의 주권, 생존권을 지키기 위한 협상력이 약화되기 때문이다.

한미 동맹은 대체 불가능한 동맹

강원택 이제는 한국과 미국과의 관계에 대한 질문을 드리려고 합니다. 해방 이후 한국에서 안보상으로나 경제적으로 가장 중요한 나라는 역시 미국입니다. 향후 한미 관계는 어떻게 나아가야 할까요?

이홍구 한미 수교 140주년 회의가 있었습니다. 그때 제가 그 회의에서 참석자분들에게 했던 얘기가 있습니다. 한미 관계가 여러 가지 이유로 잘되고 있는데, 왜 그렇게 한미 관계가 잘되느냐? 저는 두 가지 이유가 있다고 얘기했습니다.

첫째는 조미 수교가 이뤄진 게 1882년이니까 19세기 아닙니까? 그때는 제국주의 시대입니다. 미국이 제2차 세계대전에 참전해 전승국이 되고 1945년에 일본을 전쟁에서 패배시키고, 우리에게 해방의 기회를 줬기 때문에 그것만으로도 한국 사람은 미국에 호의를 가질 수밖에 없다는 이유를 들었습니다.

적절한 설명인지 모르겠지만 미국 사람이 한국에 호의를 가진 이유도 있습니다. 제 생각에는 아시아에서 한국이 제일의 기독교 국가인 것 같습니다. 바다 건너 멀리 있는 아시아에 기독교를 중심으로 한 국가가 있다는 건 미국이 친근감을 갖는 이유가 됩니다. 우연일 수도 있지만, 결과적으로는 그렇기 때문에 한미 관계는 좋을 수밖에 없다는 얘기를 했습니다. 누가 특별히 외교를 잘하고 못 하고를 떠나서 한미 관계에 대해 참고해야 할 배경이 있다는 뜻입니다.

둘째로 6·25 전쟁을 한 국가라는 점도 중요합니다. 제가 잠깐 주미 대사를 한 일이 있습니다.[23] 그때가 외환 위기였는데 IMF 지원을 받고 온 국민이 나서서 환란 문제를 해결했습니다. 과거 미국에 있을 때 어느 모임에서 클린턴 대통령을 만났습니다. "당신이 일을 다 도와줘서 해결이 잘되는 것 같아 난 이제 서울로 가야겠다"고 얘기했더니 조금 더 있어야 된다고 얘기하더라고요. 자기가 대통령으로 있는 동안 의사당 앞에서 6·25 전쟁 50주년 기념식을 크게 하려고 하는데, 한국이 제일 중요한 나라이니 한국 대사인 제가 꼭 참석해야 한다고 했습니다. 그 정도로 미국에서도 한국에 대한 특수한 관계가 작동하고 있었기 때문에 IMF 사태를 빨리 해결하는 데 큰 도움이 되었다는 말씀을 드립니다.

이와 관련해서 한 가지 더 얘기하면 김대중 대통령의 판단력이 굉장히 뛰어났다는 것입니다. 대통령이 되고 나서 저에게 주미 대사로 가라고 하셔서 당시에는 '이분이 무슨 얘기를 하시는 건가' 하는 생각이 들었습니다. 왜냐하면 1996년 당시 저는 신한국당, 즉 야당의 대표였습니다. 왜 나를 주미 대사로 보내려고 하시느냐고 물었더니, 김대중 대통령이 말씀하시기를 "내 책상 위에 외환 위기 관련 보고서가 와 있는데 이거 다 소용이 없다. 이 경제난은 내가 판단할 때 우리 실력으로는 해결하지 못한다. 그럼 누가 해결하냐? 그래도 해결책이 있다면 미국이 도와주어야 한다. 우리 실력으로는 해결 못하니까 다른 방법이 없다"고 하셨어요. "미국에 가서 이 사정을 잘 얘기해서 미국이 나서게 하는 방법밖에 없는데, 미안하지만 정당을 넘어서서 당신이 꼭 가줘야 되겠다"고 하셨습니다. 그 자리에서는 어렵다고 일단 거절을 했는데, 한 이틀 생각해보니까 김대중 대통령의 판단이 옳은 것 같아요. 그래서 대사직을 수락

했습니다.

위기 상황에서 한미 관계가 잘되면 모든 것이 잘 해결될 수 있다는 인식을 갖게 한 시기가 아닌가 그런 생각도 합니다. 이제 그런 인식을 넘어서 새로운 상황에서 어떻게 나갈 수 있는지 생각해봐야 하는데, 사실 쉬운 일이 아닙니다. 무슨 위원회를 새로 만든다고 될 일도 아니고. 제가 김대중 대통령 말씀을 드린 것은, 결국은 외교에서 제일 중요한 일은 대통령이 판단을 잘하는 것이라는 점을 강조하기 위해서입니다. 제도상으로도 그렇습니다. 사실 이 점은 한국에만 국한된 게 아니고, 대다수 국가에게 다 똑같이 중요하다고 생각합니다.

김병연 송 장관님께도 같은 질문을 드립니다. 우리와 긴밀한 관계를 맺고 있는 국가인 미국, 중국, 일본이 모두 중요하지만, 가장 먼저 미국을 어떻게 바라보고 외교를 해야 할까요?

송민순 우선 각 나라에 대한 우리의 생각을 잘 살펴봐야 한다고 생각합니다. 미국은 우리와 여러 가치를 공유하고 있습니다. 또 다른 나라보다 지정학적으로 조화로운 위치에 있고, 상대적으로 역사적 갈등도 적죠. 그리고 어떤 나라보다도 국가 이익의 호혜성이 강하다고 봅니다. 그리고 문화적 수용성도 높죠. 그러니까 가치 공유, 지정학적 조화, 국익의 호혜성, 역사적 갈등 부재 등 이렇게 놓고 보았을 때 한미 동맹은 대체 불가한 동맹이라고 생각합니다.

그렇지만 무조건 미국의 편에 서 있으면 된다는 생각은 경계해야 합니다. 우리가 추가로 생각해야 할 부분은 '미국은 한국의 사정을 예외적으로 고려해서 지원하는 나라가 아니다'라는 점입니다. 미국은 세계 질서를 이끄는 차원에서 한국을 한 부분으로 생각합니다. 또 미국의 국내 정치 연장선상에서 한국에 대한 정책을 정하고 집행하는 것이지 한국을 동맹국 이상의 특수한 나라로 생각하지 않습니다. 이 점을 항상 염두에 둬야 합니다. 즉 미국이 대일 관계나 대중 관계를 희생해가면서, 또는 국내 정치적으로 부담을 안으면서 한국의 필요를 수용할 것으로 기대하며 행동해서는 안 된다는 뜻입니다.

그 대표적인 예가 남북 분단이나 북한 핵 문제입니다. 미국은 중대한 부담을 감수하면서까지 이 문제를 해결하겠다고 나서지 않습니다. 즉 군사 작전에 비유하면 미국의 핵심 이익이 노출될 위험이 있는 8부 능선 이상으로 올라가지 않습니다. 그렇게 하면 미국은 대외 정책 전반과 타협해야 하고, 국내 정치적으로도 큰 부담을 안아야 하며, 중국과 불리한 거래도 해야 하는 등 더 큰 국익 손상을 감수해야 하기 때문입니다. 이런 냉정한 시각으로 미국을 바라보아야 합니다. 간단하게 미국, 혹은 중국 이렇게 양분하여 바라보는 시각도 있는데, 이렇게 생각하면 현실과도 괴리되고 우리가 꿈꾸는 줏대 있는 나라도 되기 어렵습니다.

한마디로 미국은 한반도에 대해 상당 기간 '현상 유지' 세력으로 남을 가능성이 높아요. 미국 지도자나 장관들이 한국의 통일을 어떻게 해야 한다고 구체적으로 언급한 적이 없습니다. 우리 기대는 다릅니다. 이런 면에서 냉정한 인식을 갖고 미국을 봐야 한다고 생각합니다.

김병연 그럼 IPEF에 대해서는 어떻게 생각하시는지요?

송민순 미국이 왜 기존의 TPP(환태평양경제동반자협정)는 하지 않고 IPEF라는 것을 만들었겠습니까. TPP를 하게 되면 미국이 자기 시장을 열어야 합니다. 이건 미국 국내 정치적으로는 받아들일 수 없기 때문입니다. 그래서 오바마 대통령 때 추진했다가 힐러리 클린턴 후보 때는 철회하고, 트럼프 대통령 때는 완전히 없애버리지 않았습니까? 지금도 CPTPP(포괄적·점진적 환태평양동반자협정)는 안 하고 IPEF나 Chip4(미국, 일본, 한국, 대만으로 구성된 반도체 동맹)를 한다는 것이지요. 이것은 미국 시장은 열지 않으면서 회원국들의 중국에 대한 접근을 제한하겠다는 구도입니다. 이런 면에서 나중에 한국이 IPEF 관련 협상을 할 때 관련국들과 힘을 모아서 미국의 입장에 너무 대립하지 않으면서도 우리의 입장을 관철하려는 노력이 필요합니다. IPEF에 참여하는 것은 기본적으로 필요한 결정이라고 생각합니다. 이제 얼마나 우리의 기회를 잘 살리는지는 향후 우리 외교팀의 역량에 달려 있겠지요.

장덕진 지금 상황을 보면 미국의 글로벌 전략이 과거에는 아시아 태평양이었는데 십여 년 전부터 인도 태평양으로 바뀌지 않았습니까. 아시다시피 '인도 태평양'이라는 용어 자체가 일본의 아베 신조 총리가 만든 용어입니다. 아베 총리가 인도를 방문하여 연설하면서 처음 제안했던 용어이고, 미국이 이 용어를 공식적으로 채택한 지가 십여 년 가까이 되어갑니다. 그리고 지금 원장님 말씀하신 것처럼 미국은 일본을 아시아의 영국처럼 생각하는데 미국, 일본 중심의 쿼드에도 한국은 못 들어갔습니다. 쿼드 플러스에 들어갈 가능성도 별로 없어 보입니다. 이런 상황에서 중국을 버리고 인도 태평양 전략에 적극 동참하는 게 한국한테 정말로 그렇게 실익이 될까요?

이종찬 한미 관계를 다루는 데 우리가 민주주의와 시장 경제라는 정체성을 잃지 말아야 된다고 생각합니다. 제로섬으로 생각해선 안 됩니다. 제일 중요한 것, 그리고 문재인 대통령이 가장 실패한 것은 우리의 정체성을 잃어버린 것입니다. 민주주의와 시장 경제입니다. 헌법적 가치 말입니다. 중국과 얘기를 할 때 우리는 이걸 당당히 주장했어야 했는데 굽실거렸습니다. 그러면 중국의 일대일로에 우리나라가 종속되게 되어 있습니다. 그건 아니라고 봅니다. 일본, 러시아, 북한에 대해서도 마찬가지로 우리의 헌법적 가치를 주장하고 당당할 땐 당당해야 합니다.

솔직히, 우리는 제일 성공한 나라입니다. 일본의 민주주의가 우리만 못합니다. 일본은 지금 정권 교체가 되는 나라입니까? 아닙니다. 우리는 정권 교체를 한 나라입니다. 국민의 선택의 자유에 의해서 우리는 존재합니다. 그래서 통일 문제도 저는 얘기하지 말자고 하는 것입니다.

박관용 전 국회의장이 "통일은 산사태처럼 온다"고 한 적이 있는데, 저는 그렇게 생각하지 않습니다. 북한에 있는 2,000만 명이 동의하지 않는 한 통일은 오지 않습니다. 우리 헌법 1조 2항에 "모든 권력은 국민으로부터 나온다"고 하지 않았습니까. 그게 우리 헌법적 가치입니다. 북한의 2,000만 명이 선택해서 남쪽하고 통일을 하지 않는다고 그러면 못 하는 겁니다. 어떻게 군사력으로 합니까. 예를 들어 카탈루냐, 스코틀랜드, 체코, 슬로바키아가 독립을 하겠다고 하면 따로 사는 것이 당연한 이치입니다. 이처럼 북한이 따로 살겠다고 그러면 따로 사는 겁니다.

지금 우리가 중국을 비판하는 이유가 강제로 국가 전체를 묶어서 입니다. 저는 이게 한계가 있다고 봅니다. 어떤 시기에 가면 중국도 분권화되어야 합니다. 지방 분권, 지역 공화국이 생겨야 됩니다. 대만도 공화국이 되어야 합니다. 그게 중국이 앞으로 나갈 방향이라고 생각합니다. 베이징의 차이나 스탠다드 타임을 티베트까지 적용하는 건 말이 안 된다고 봅니다. 다 분권화시키고 억압하지 말아야 합니다. 그리고 그 지방에 선택권을 주어야 한다는 것이 우리의 헌법적 가치이니 우리도 그걸 따라야 합니다.

장덕진 저는 우리 스스로가 대한민국의 가치를 지켜야 한다고 생각합니다. 우리의 가치나 정체성이 분명하지 않으면 협상력이 없어지기 때문입니다. "한국한테는 뭐든지 요구해도 된다"라는 인상을 주어서는 안 됩니다. 우리가 정체성과 가치를 분명히 하여 "다른 건 요구해도 이거는 한국한테 도저히 요구 못 해"라는 게 있어야 된다고 생각합니다.

이종찬 그렇습니다. 그래야 무서워합니다. 중국이 베트남을 무서워하는 이유는 베트남이 할 말을 당당하게 하기 때문입니다. 문재인 대통령은 그걸 놓쳤어요. 문재인 정부는 중국, 일본, 북한으로부터 모두 경멸당했습니다. 심지어 미국에서 오랫동안 대사 임명을 하지 않았고 우리가 엄청난 무시를 당했는데 이 점을 얘기하는 사람이 없습니다. 문재인 정부가 스스로는 대미 관계를 잘했다고 그러지만 전혀 아니라고 생각합니다. 4개국으로부터 전부 무시를 당한 이유는 자기 정체성을 잃어버렸기 때문입니다.

한중 관계

중국은 역사적으로 봤을 때 다섯 손가락 안에 드는 강대국이다. 우리는 중국의 적절한 위치를 찾아줄 필요가 있다. 하지만 문제는 중국이 미국과 다른 관점을 갖고 있다는 점이다. 중국은 미국이 생각하는 것처럼 유엔을 통해 평화를 유지한다는 데 대해 100% 동의하는 입장이 아니다. 중국은 중국이고, 또 '아시아에서 우리는 옛날 방식으로 국가 간 관계를 추구할 테니 외부에서 간섭하지 말라'는 태도를 갖는 것이 현실적인 문제이다. 이제 중국의 국제적 책임 문제를 거론하고자 한다. 중국은 유엔 상임이사국으로서의 책무를 다하지 못하고 있다. 중국을 바라보는 시각에 협력, 견제, 경계하는 자세가 공존해야 한다.

시진핑의 장기 집권 체제가 던지는 시사점은 더 심각할 수 있다. 1인 장기 독재에 수반될 수 있는 위험 범주에 속하기 때문이다. 우리는 중국과 협력과 공존을 하면서도 견제와 경계를 하는 관계로 계속 갈 수밖에 없다. 외교는 시시각각으로 변하는 불확실한 상황에서 국익을 추구하는 정치 행위지만 상대방에게 일관되게 설득할 수 있는 원칙과 논리를 가지고 있어야 한다.

중국이라는 나라를 견제하면서 친하게 지내고, 친하게 지내면서 견제하는 일을 우리는 부단히 반복할 수밖에 없다. 그러지 않으면 어느 틈에 문어에게 먹히듯이 중국에게 순식간에 장악당할 것이다. 중국은 중화사상을 바탕으로 한국이 역사적으로 자신의 복속국가였다는 시각을 갖고 접근하는 것도 사실이다. 적어도 부당한 중국의 압박 제재 등에 단호히 맞설 수 있는 자세와, 일시적 어려움이 있더라도 기꺼이 감내할 자세를 늘 가져야 한다.

방대한 국력과 국토를 가지고 있는 중국과 공생의 생존 틀을 갖추기 위해서는 문화적·도덕적 우월성을 확실히 갖추면서 일류의 보편적 가치를 철저히 준수하고, 자유민주정치와 자유시장체제를 더욱 창달해야 한다. 무엇보다도 과학기술 면에서 중국이 꼭 필요한 원천·핵심·틈새 기술을 다수 확보함으로써 중국이 함부로 건드릴 수 없는 필수 국가가 되어야 한다.

협력·자강력 확보를 통해 공존의 틀을 확립해야

강원택 한중 관계로 넘어가겠습니다. 국제적으로 중국은 이제 다방면에서 강대국이 되었습니다. 우리로서는 북핵 문제뿐만 아니라 경제적으로나 안보상으로 중국과는 긴밀한 관계를 가질 수밖에 없습니다. 미중 갈등 속에서 중국과의 관계를 어떻게 해야 할까요?

이홍구 안보 상황만 보더라도 우리의 이웃 나라들이 매우 큰 나라들이기 때문에 국제 정세에 위기가 발생하는 경우, 상당한 피해를 입을 수 있습니다. 따라서 어느 한 국가와의 관계가 잘될 것 같다고 해서 너무 낙관적으로만 보는 것도 위험합니다.

우선 미중 관계에 대해 생각해봐야 합니다. 미중 관계에 대한 우리의 대응과 관련해서는 헨리 키신저 박사의 시각이 매우 중요해 보입니다. 키신저의 말은 역사를 제대로 봐야 한다는 것, 다시 말해 당장 현재만이 아니라 오랜 역사적 시각 속에서 강한 국가들을 판별할 필요가 있다는 것입니다. 어떤 나라가 큰 나라이고 강국인가를 제대로 판별해야 하는데, 키신저 박사의 말은 중국이 역사적으로 봤을 때 다섯 손가락 안에 드는 강대국이라는 것입니다. 나라의 크기나 국가가 달성한 문명의 수준 및 업적을 볼 때 중국의 슈퍼 파워로서의 지위를 인정할 필요가 있고, 만약 이를 제대로 인정해주지 않는다면 국제 정세에 상당한 장애를 일으킬 위험이 있으며, 극단적인 경우 전쟁으로 귀결될 가능성도 있다는 겁니다.

이런 시각에서 본다면 우리는 중국의 적절한 위치를 찾아줄 필요가 있습니다. 이런 주장을 하는 학자들이 키신저와, 카터 대통령 때 국가 안보보좌관을 한 브레진스키 등입니다. 다만 이들은 상황을 너무 낙관적으로 본 측면이 있어서 그 이후에 전개된 결과는 이들이 제대로 예상하지 못한 부분이 있습니다. 다시 말해 미중 국교 정상화 같은 조치는 중국에게 적절한 위치를 줘야 한다는 그들의 관점에서 가능했던 것이지만 그 이후에 전개된 상황에 대한 대처는 다소 미흡했습니다.

이들의 관점은 과거 세계 무역에서 중국이 차지하는 비중이 매우 컸다는 겁니다. 중국은 역사적으로 강대국이었다는 거죠. 그래서 중국을 빼고 유엔을 운영하는 것은 현실적이지 않기 때문에 중국을 상임이사국으로 해야 책임 있는 국제 정세 관리가 가능하다고 봤습니다. 이런 주장은 나름대로 수긍되는 데가 있습니다. 하지만 문제는 중국이 미국과 다른 관점을 갖고 있다는 것입니다. 미국은 유엔 같은 조직을 통해 세계 평화를 유지하는 것이 최선이라고 생각합니다. 하지만 중국은 미국이 생각하는 것처럼 유엔 같은 기구를 통해 평화를 유지한다는 데 대해 100% 동의하는 입장이 아닙니다. 중국은 중국이고, 또 '아시아에서 우리는 옛날 방식으로 국가 간 관계를 추구할 테니 외부에서 간섭하지 말라'는 태도를 갖는 것이 문제입니다.

마지막으로, 다시 한 번 중국의 책임 문제를 거론할 수 있습니다. 즉 중국이 유엔 상임이사국으로서 책무를 다하지 못하고 있다는 점을 지적해야 합니다. 중국을 5개 상임이사국 중 하나로 넣은 것은 평화 유지에 힘쓰도록 하라는 취지에서였고, 미국과 러시아도 과거에 NPT 조약을 체결하면서 핵을 억제하고 평화를 지키려는 노력을 했습니다. 이렇듯 매우 중요한 핵 문제 및 핵전쟁 억제와 관련해서 중국은 북한을 충분하게 제지하지 못하고 있습니다.

그런 상황에서 한국의 핵무장에 대해서는 강경하게 반대하는 중국의 입장은 매우 모순된다고 비판할 수 있습니다. 원자탄의 피해를 받은 일본과 한국과 같은 나라의 입장에서 보면 중국의 그런 태도를 매우 비판적으로 볼 수밖에 없습니다. 아시아의 이웃 나라로서, 그리고 국제적으로 볼 때 큰 국가로서 이러한 중국의 태도는 잘못된 것입니다. 이러한 문제는 법률로 해결하기는 어려운 면이 있으므로 우리나라가 외교를 통해 합리적으로 해결해야 하며, 이는 우리가 꾸준히 밀고 나가야 할 외교 과제가 될 것입니다.

강원택 말씀하신 중국에 대한 우리의 외교적 과제와 관련해서, 이전 문재인 정부의 중국에 대한 태도가 너무 저자세였다는 지적이 있었습니다. 여기에 대해서는 어떻게 평가하시나요?

이홍구 '어떤 정부가 잘했다, 못 했다' 이것을 따지기보다 이것이야말로 저는 배워가는 과정이라고 생각합니다. 각 대통령마다 서로 겪는 일이 사실 다르기 때문에 어느 수준으로 중국에 이야기해야 좋은 것인지 판단이 잘 서지 않을 수 있다는 점을 이해해야 합니다. 윤석열 정부에 좋은 분이 많이 참여했다고 하지만, 이런 사안을 대통령이 너무 쉽게 생각하는 경향이 있어 보이는데 그것은 조심해야 합니다. 대외 관계를 비롯해서 전반적인 국정 운영은 간단치 않은 일이며, 따라서 훨씬 깊고 길게 생각해야 합니다. 중국과의 관계도 마찬가지라고 생각합니다. 이러한 지적을 청와대에서 잘 새기면서 신중하게 풀어가야 할 일입니다.

김병연 송민순 장관님과 최상용 대사님은 대중 외교를 어떻게 해야 하며, 우리가 유념해야 할 점이 무엇이라고 생각하시는지요?

송민순 저는 중국을 바라보는 시각에 있어서 협력, 견제, 경계하는 자세가 공존해야 한다고 생각합니다. 중국하고 우리가 서로 이익을 공유하는 부분이 크게 두 가지라고 봅니다. 하나는 지역 안정, 즉 한반도 평화이고, 다른 하나는 경제적 번영이지요. 북한 정세를 안정적으로 통제하는 데 분명한 이익을 공유하고 있죠. 하지만 미국과 공유하는 이익하고는 차원이 달라요. 당연히 미국과의 이익 공유 부분이 압도적으로 크죠. 또 미국은 우리가 원하는 만큼은 도와주지 않는다는 면에서 냉정하게 보면, 중국의 경우는 기본적으로 갈등 요인이 있잖아요. 갈등 요인은 중국이 '현상 변경' 세력이라는 점입니다.

대표적인 예로 2017년 4월 시진핑 주석이 트럼프 대통령한테 "조선 반도는 원래 역사적으로 중국 땅이었다"라는 말을 한 적이 있죠. 중국에게는 이런 기본 인식이 늘 깔려 있거든요. 심지어 수양제와 당 태종이 고구려를 칠 때도 같은 말을 했어요. 기본적으로 중국이 서태평양, 즉 중국이 말하는 북해, 동중국해, 남중국해를 바라보는 기본적인 시각은 미국이 카리브해를 보는 것과 같다고 봐요. 하지만 우리는 그것을 받아들일 수 없습니다. 그래서 우리가 볼 때는 중국은 '현상 변경' 세력인 것입니다. 따라서 우리와는 항상 부딪치는 일이 생기고 심대한 안보 갈등이 생길 수 있습니다. 이런 면에서 중국의 '역사 공정'이라는 게 사실 엄중한 일입니다.

그리고 경제 면에서 미국과 중국에 차이가 있습니다. 미국은 비교적 국가가 시장의 기능을 인정하는 편이라면 중국은 국가가 시장에 영향력을 행사하는 부분이 크기 때문에 구조적으로 우리와 마찰이 생겨요. 무엇보다 중국은 공산주의 1당 체제이고 우리는 민주 시장 경제 국가에요. 중국과 우리는 가치 체계 면에서 기본적으로 다르죠. 또 시진핑의 장기 집권 체제가 던지는 시사점은 더 심각할 수 있습니다. 푸틴의 우크라이나 침공에 이어 핵무기 사용 우려까지 대두되고 있습니다. 1인 장기 독재에 수반될 수 있는 위험 범주에 속하기 때문입니다.

결론적으로 이런 모든 차이를 감안하면서 우리는 중국과 협력과 공존을 하면서도 견제와 경계를 하는 관계로 계속 갈 수밖에 없다고 생각합니다. 저는 중국의 국력이 다소 부침은 있겠지만 최소한 2050년까지는 현 추세가 유지된다고 봅니다. 우리 대외 경제에 있어서 앞으로 상당 기간 중국을 대체할 만한 시장은 찾기 어려울 것입니다. 우리는 한반도와 동북아시아의 안보, 또 경제에서도 상호 의존적인 관계에 있기 때문에 양국의 이익을 타협하면서 공존해야 하겠죠. 물론 이것은 어디까지나 대체 불가능한 동맹인 한미 동맹의 바탕 위에서 이루어지는 겁니다. 한반도에서 미중 사이에 힘의 균형이 장기간 이어진다는 전제하에 대중 관계, 그리고 대미 관계를 풀어나가야 합니다. 아마 중국은 현재 한반도에서 미국이 행사하는 영향력, 특히 현 수준의 군사적 위상을 중국이 받아들일 수 있는 상한선으로 볼 겁니다. 우리로서는 그 점도 염두에 둬야겠지요.

최상용 중국은 무엇보다도 사회주의 시장 경제 체제의 첫 성공 사례입니다. 사회주의 소련의 붕괴와 함께 동유럽 공산국가들은 붕괴의 도

미노 현상을 보였습니다. 그런데 아시아 공산국가들 가운데 1당 독재 체제를 유지하면서도 시장 경제를 수용하고 있는 현상을 어떻게 설명할 것인가요? 중국은 1978년 개혁 개방 이래 40년 만에 세계 제2의 경제대국이 되었고 베트남도 기본적으로 개혁 개방으로 시장 경제에 적응하고 있습니다. 한때 유교 전통의 국가가 자본주의 친화적이라는, 이른바 유교 자본주의론이 있었으나 인구 80% 이상의 불교 국가인 베트남 사회주의 공화국이 시장 경제에 적응하고 있는 것을 보면 시장 경제의 보편성은 종교나 이데올로기의 제약으로부터 어느 정도 자유롭다고 볼 수 있습니다.

소련 사회주의는 1917년 사회주의 혁명 후 70년 만에 붕괴했지만, 1949년 수립된 중국 사회주의 정권은 이미 70년이 지났습니다. 중국 정치는 각기 다른 마오쩌둥, 저우언라이, 덩샤오핑 3인 리더십의 융합, 혼합의 양태를 보일 것입니다. 따라서 사회주의적 시장 체제에 파생될 수 있는 난제를 두고 앞으로도 삼권 분립을 핵심으로 하는 민주화된 중국을 기대한다는 것은 어리석은 일입니다. 오히려 중국은 디지털 중심의 공산당 1당 독재를 무기로 '중국 특색의 사회주의'로 불리는 사회주의적 애국주의와 사회주의적 권위주의로 대처해나갈 것입니다.

이상과 같은 중국에 대한 전망하에서, 특히 미중 패권 경쟁하에서 한국은 한중 관계를 어떻게 할 것인가요? 지금까지 미국과 중국에 대한 한국 외교의 입장을 설명하는 정치 용어로 '균형자 외교' 또는 '균형 외교'가 있었습니다. 그런데 '균형자 외교'는 적절한 표현이 아니고 '균형 외교'는 좀 더 명확한 설명이 필요합니다. 균형자 외교는 외교사의 독불 관계에서 영국의 외교와 같은 것이고, 균형 외교에서 저는 균형의 의미를 비례로 해석하고 있습니다.

지금 한국 입장에서 분명한 것은 미국과 중국이 양자택일의 문제가 아니고 산술적인 등거리 외교의 대상도 아니라는 점입니다. 중용 정치의 관점에서 보면 중용 외교는 비례 외교이며 비례 외교는 비례의 원칙에 토대를 두고 구체적인 조건과 상황을 사안별로 판단하는 외교입니다. 한미 관계는 군사 안보를 핵심으로 하는 동맹 관계이고 한중 관계는 경제 문화 등 주로 비非군사 분야에서 전략적 협력을 공유하는 동반자 관계입니다. 외교는 시시각각으로 변하는 불확실한 상황에서 국익을 추구하는 정치 행위지만 상대방에게 일관되게 설득할 수 있는 원칙과 논리를 가지고 있어야 합니다.

장덕진 한국은 일대일로에 직접 참여한 건 아니지만 아시아 인프라 투자은행AIIB에 상당한 규모의 투자를 이미 해놓지 않았습니까. 우리는 AIIB에 다섯 번째로 분담금을 많이 낸 나라입니다. 중국 일대일로 사업에 사실은 이미 깊숙이 개입해 있는 셈인데, 우리가 여기에 계속 참여를 해서 그로부터 어떤 혜택을 추구해야 하는 건가요? 실익이 없다고 보십니까?

이종찬 중국이라는 나라는 제가 태어난 나라입니다. 저는 태생적으로 친중파입니다. 그러나 저는 중국을 지금 굉장히 좋지 않게 생각합니다. 그 이유는 제가 중국인을 그만큼 잘 알기 때문입니다. 중국인은 생각이 아주 깊습니다. 일대일로에 한국이 잘못 참여하게 되면 깊이 엉켜버립니다. 그렇기 때문에 저는 중국이라는 나라를 우리가 견제하면서 친하게 지내고, 친하게 지내면서 견제하고 이걸 계속할 수밖에 없는 나라라고 봅니다. 그러지 않으면 어느 틈에 문어에게 먹히듯이 먹혀버립니다. 여태까지 대한민국이 중국 변두리에 있으면서도 살아남은 것은 그야말로 우리 민족성의 강인함 때문인데, 그걸 잃지 말아야 합니다. 자칫 잘못하면 중국이라는 나라의 감싸서 먹어버리는 힘에 휘말리게 됩니다.

중국은 이미 동북 공정으로 우리 역사를 왜곡했습니다. 발해 역사를 연구하는 나라는 러시아밖에 없고 한국하고 중국은 그걸 무시하고 있다고 비판하는 사람이 있었습니다. 이 점이 우리가 잘못한 것입니다. 동북 공정이 심해질수록 발해 역사와 고구려 역사를 계속 정립해야 될 텐데 우리는 다 놓치고 있습니다. 단군의 역사를 신화로 만드는 것도 잘못된 것입니다. 왜 우리 스스로 자꾸 우리를 왜소하게 만듭니까. 정체성을 키워놓고 '우리는 너희 역사에 편입하지 않는다'는 것을 확실히 해야 합니다.

김병연 중국 관련해서 경제 문제에 대해 여쭈고 싶습니다. 저는 장기적으로 보더라도 중국이 미국을 대체할 수는 없다고 생각합니다. 그리고 중국이 지금 위험 요인이 되고 있고 앞으로 이 위험이 증가할 가능성이 크다면 우리의 기업들도 질서 있게 중국 시장에서 철수하는 게 낫다는 주장도 있습니다. 물론 정부가 그렇게 하라고 할 수도 없고 그것이 바람직하지도 않겠지만, 중국의 위험 요인을 고려했을 때 조기경보 시스템 같은 것을 우리가 내부적으로 갖고 있어야 하지 않나 생각합니다. 1,800개가량의 상품으로 중국이 마음만 먹으면 한국 경제를 당장 위험에 빠뜨릴 수 있는 상황에서 우리가 어떻게 경제적 생존을 담보할 수 있을지 고민이 됩니다.

김종인 그 부분은 우리가 미국을 설득해야 합니다. 삼성과 SK는 미국에 투자를 하고 필수적인 제품을 공급하고 있기 때문에 미국 입장에서도 삼성이 심각하게 어려워지는 상황은 만들지 않을 것으로 봅니다. 대한민국 경제가 이렇게 빨리, 그리고 크게 발전할 수 있었던 데에는 중국 시장의 역할이 있었습니다. 제가 보기에 이 덕분에 우리가 선진국이 되는 기간이 5~6년 앞당겨졌다고 봅니다. 그런데 미국 입장에서 본다면 중국의 제조업이 오늘날 이렇게 빨리 발전한 것도 한국이 도와주었기 때문이라고 생각할 수도 있습니다.

한국뿐 아니라 세계 경제도 중국 덕을 많이 보았습니다. 사실 한동안 전 세계가 저물가 수준을 유지할 수 있었던 이유는 중국이라는 거대한 공장이 값싼 물건을 많이 공급했기 때문입니다. 지금 중국 봉쇄 이야기도 나오고 있지만 미국이나 유럽 등 선진국에서 일반 사람들이 생활에서 사용하는 필수품의 70%가 '메이드 인 차이나'입니다. 미국이 약 30년 동안 제조업을 포기하고 중국에 맡기고 있다가 이제 중국의 부상을 막으려 하니 전 세계 공급망이 엉망이 되고 있습니다. 우리가 국제 사회의 움직임을 제대로 냉정하게 파악하지 못하면 곤경에 처할 수밖에 없습니다.

김남국 김황식 총리님이 재직하시던 중에 한중 FTA 협상이 개시되었습니다. 중국과의 관계를 경제적인 생존 관계로 바라보는 시각과 안보 차원의 지정학 관점에서 바라보는 시각이 대립되고 있습니다. 현 상황에서 어떻게 정리되어야 할까요?

김황식 중국은 우리나라 제1의 무역 파트너로 경제적으로 중요한 나라입니다. 양국 간의 무역 거래액이 우리나라 전체의 25% 정도에 이르고, 이는 미국과 일본과의 무역 거래액을 합친 것보다 더 큰 규모입니다. 따라서 원만한 관계를 유지해야 하는 것은 국익 관점에서 당연합니다. 그러나 다른 한편 안보나 인류 보편적 가치의 공유 면에서는 완전히 협력하기에 부담스러운 나라입니다. 북한에게 영향력을 발휘할 수 있는 세계의 유일한 국가임에도 불구하고 그런 노력은 기울이지 않고 오히려 그 상황을 이용하여 우리나라와 미국을 견제하고 있습니다.

총리 시절 만난 중국 지도자들에게 북한 문제 해결을 위한 중국의 역할을 부탁하면, '자기들도 그런 방향으로 노력을 하지만 북한도 주권 국가로서 자기들 뜻대로 변화시키는 데 어려움이 있다'는 도식적 답변을 반복할 뿐이었습니다. 특히 중국은 중화사상을 바탕으로 한국에 대하여 역사적으로 복속 국가였다는 시각을 갖고 접근하는 것도 사실입니다. 현대를 사는 우리 국민으로서는 용납할 수 없는 일입니다. 위 양면을 잘 고려하면서 중국과의 관계를 설정할 필요가 있습니다.

미중 갈등 관계 속에서 명분 없이 무조건적으로 어느 한쪽에 편향하는 것은 바람직하지 않습니다. 우선 국가의 품격에 맞지 않습니다. 국익을 고려해야겠지만 국제 규범을 기준으로 하여 우리 입장을 정리하여 사안별로 대응해야 할 것입니다. 우선 당장의 단순한 경제적 이익에 따라 중국 편향으로 우리 입장을 정한다면 한국이 중국에 예속되는 결과가 되어 장기적으로 국익의 손상을 가져올 것입니다. 안보와 인류 보편적 가치 공유의 면에서 우리는 기본적으로 미국과의 관계를 중시할 수밖에 없습니다. 그렇지만 미국과의 관계도 국익과 국제 규범에 비추어 우리의 입장을 정리해야 하는 것은 마찬가지입니다. 우리 안보에 최우선의 가치를 두고 국제사회에서 수긍할 수 있는 원칙 있는 대응이 우리가 취해야 할 태도입니다. 적어도 부당한 중국의 압박 제재 등에 단호히 맞설 수 있는 자세와, 일시적 어려움이 있더라도 기꺼이 감내할 자세를 늘 가져야 합니다.

한일 관계

한일 관계의 과거와 현재, 특히 미래를 생각할 때 김대중과 오부치 두 정상이 진행한 〈21세기 새로운 한일 파트너십 공동선언〉이 한일 두 나라 국민이 동의할 수 있는 최선의 협정이라는 것에 대해 공감대가 형성되고 있다. 이 선언이 갖는 의미는 세 가지가 있다. 첫 번째는 동서 냉전 후 한일 관계의 이정표라는 차원이다. 두 번째 의미는 상호 인정을 통한 화해의 발상이다. 외교란 국가 관계에서 상호 인정을 통한 평화의 실천이었다. 세 번째 의미는 21세기 한일 관계의 초석 역할이다. 극단주의, 절대화 시대였던 20세기를 넘어 상호 인정을 바탕으로 21세기의 한일 관계를 선취先取한 전략적 관점이 공동선언의 주된 내용이다.

앞으로 두 나라 국민과 지도자들이 인내와 관용으로 김대중-오부치 공동선언의 정신을 살려나간다면 한일 간에 극복하지 못할 일은 없을 것으로 믿는다. 한국과 일본은 자유 민주주의와 자유 시장 경제를 공유하고 있으며, 양국 모두 중국과 북한의 현실적 잠재적 위협에 마주하고 있다. 인류 보편적 가치를 공유하는 나라로서 우리 국익을 위해서라도 교류 협력을 해나갈 수밖에 없다. 한일이 국력 면에서 이제는 경쟁 관계가 되었다는 상황 인식하에서 한국도 이제는 더 장기적이고 큰 국가 이익을 고려해서 한일 관계를 설정할 필요가 분명히 있다.

최근 동북아시아의 민족주의 경향이 두드러지고 있는 것은 매우 불행한 일이다. 과거지향적 민족주의나 닫힌 민족주의는 한일 관계를 계속 과거에 머무르게 할 것이다. 과거에 불행했던 역사를 다시 되뇌지 않고 미래지향적으로 나아가려면 국내에서 국민이, 열린 민족주의의 자세를 갖도록 양국의 정치가 부단히 노력해야 한다.

한일 관계의 미래 지향적 해법 모색

김남국 미국과 중국, 그다음으로 우리에게 중요한 나라는 일본입니다. 민주주의와 시장 경제를 공유하는 아시아의 두 나라로서 한국과 일본의 역할은 동북아 질서뿐만 아니라 세계 질서의 형성 과정에서 매우 중요합니다. 현재 교착 상태에 있는 한일 관계는 어떻게 돌파구를 찾을 수 있을까요?

최상용 지금까지 한일 관계는 역사와 외교, 국민 감정과 국가 이익, 과거와 미래 3축에서 쟁점이 크게 부각되었을 때 예외 없이 악화되었고, 접점을 찾아 경제·문화 영역에서 인적·물적 교류가 왕성했을 때는 친선 우호의 분위기가 고조되었습니다. 따라서 한일 관계 정상화를 위해서는 두 나라가 과거사 관련 국민 감정을 상호 이해하고 국가 이익의 상호 인정을 통하여 미래 지향적인 외교를 펼쳐나가야 합니다. 쉬운 일은 아니나 결코 불가능한 일이 아닙니다. 고통스러운 과거사를 화해 협력 관계로 전환하여 유엔을 이끌고 있는 독일과 프랑스의 경우는 주목할 만합니다.

한일 관계는 1965년 국교 정상화 이래 우여곡절이 많았고 그때마다 역사 관련 쟁점으로 첨예하게 대립해왔습니다. 그런데 국교 정상화 57년 동안에 단 한 차례 한일 두 나라 정부가 역사 반성과 화해 협력을 약속한 협정을 맺어 일정 기간 그것을 실천하여 밀월 시대를 보낸 선례가 있습니다. 그 협정이 바로 1998년의 〈21세기 새로운 한일 파트너십 공동선언〉입니다. 더욱이 희망적인 것은 두 나라 여야 정치 세력과 대부분의 국민이 이 공동선언에 지지를 보내고 있어 앞으로 전개될 외교 협상에서도 상호 인정을 통한 화해의 신호로 작용할 수 있을 것입니다. 저는 이번 기회에 이 공동선언의 역사적 의미와 미래 지향적 메시지를 정리하며 역사적 기록으로 남겨두고자 합니다.

김남국 현재 한일 관계를 이야기할 때 자주 언급되는 김대중-오부치 선언에 대해 말씀하셨는데요, 대사님께서 입안하셨던 김대중-오부치 선언의 배경에 대해 설명해주시겠습니까?

최상용 김대중 대통령은 1998년 10월 7일부터 10일까지 일본을 국빈 방문했습니다. 방문 기간 중 10월 8일 오전, 김대중 대한민국 대통령과 오부치 게이조 일본 내각 총리대신은 〈21세기 새로운 한일파트너십 공동선언〉(이하 공동선언)에 서명했습니다. 같은 날 오후 김 대통령은 600여 명 이상의 일본 중·참의원이 참석한 가운데 공동선언의 정신과 내용이 담긴 국회 연설을 했습니다. 저는 당시 국빈 방문 준비 과정에 참여했고 특별수행원으로 현장에 있었습니다. 그 후 2000년에 대사로서 공동선언의 정신을 실천하는 과정에서 어려움도 많았지만 잊을 수 없는 큰 보람도 있었습니다. 한일 관계의 과거 현재, 특히 미래를 생각할 때, 두 나라의 전문가들은 김대중-오부치 공동선언이 한일 두 나라 국민이 동의할 수 있는 최선의 협정이라는 것을 인정하고 있습니다.

공동선언은 11개 항목의 핵심 내용과 43개 항목의 행동 계획으로 구성되어 있고 국회 연설은 김 대통령이 일본 국민을 대표하는 중·참의원에게 NHK 생중계를 통해 공동선언에 담긴 21세기 미래 비전을 정중히 설명하는 것이었습니다. 공동선언과 국회 연설에는 역사와 외교, 국가 이익과 국민 감정 등 지난한 문제가 엄존하는 현실 속에서 21세기 한일 양국의 평화와 번영을 위하여 어떻게 하면 부정적 요인들을 극복할 수 있을 것인가에 대한 깊은 고뇌와 사려가 담겨 있습니다. 그리고 동아시아에서 인권·민주주의·시장 경제의 보편적 가치를 공유하고 있는 두 나라 국민에 대한 신뢰와 한반도 평화 정착을 위한 두 나라의 역할에 대한 기대도 포함되어 있습니다.

김남국 김대중-오부치 두 지도자가 합의했던 〈21세기 새로운 한일파트너십 공동선언〉이 현재와 미래의 한일 관계에서 어떤 의미를 갖는다고 보십니까?

최상용 이 공동선언과 국회 연설의 내용 속에 살아 숨 쉬고 있는 지속적이고 미래 지향적인 메시지를 3가지로 나눠 간단히 설명하고자 합니다.

우선 첫째는 동서 냉전 후 한일 관계의 이정표라는 차원입니다. 세계 정치의 차원에서 보면 1965년 한일 국교 정상화는 동서 냉전의 절정기에 이루어졌습니다. 그래서 한일 양국은 각기 국내 냉전으로 격심한 조약 반대 운동이 있었고 정부 차원에서도 과거사 문제에 대한 구체적이고 진지한 논의가 배제되었습니다. 그 후 미소 냉전과 한반도 냉전의 이중 구조하에서 한국은 미국, 일본과 함께 자유 민주주의와 시장 경제를 지키는 냉전의 중심축을 형성했습니다.

1998년 김대중-오부치 공동선언은 동서 냉전이 무너진 상황에서 한일 양국 국민의 광범한 지지 속에 서명되었습니다. 무엇보다 획기적인 것은 1965년 한일 기본 조약 당시 유보되었던 역사 문제에 대한 합의였습니다. 일본 정부의 식민지배에 대한 '통절한 반성과 마음으로부터의 사죄'와 대한민국 정부의 '화해와 협력'을 상호 확인하고, 처음으로 두 나라 정상이 직접 협정서명식을 가진 것입니다. 당시 공동선언을 반대했던 아베 신조 전 총리도 2018년 김대중-오부치 공동선언 20주년 기념식에 현직 총리로 참석하여 연설에서 "당시는 젊었고 역사 문제에서 일본이 너무 양보하는 것 같아서 반대했지만 지금 생각해보니 정치가의 결단이 이런 것이구나"라고 말해서 좌중을 놀라게 했습니다. 한국과 일본의 학계와 논단에서는 제2차 세계대전 후 한일 관계사에서 1965년 한일 기본 조약과 1998년 김대중-오부치 공동선언의 역사적 의미를 부각시켜, 1965년을 기점으로 하는 '65년 체제', 21세기를 향한 새로운 출발이란 의미에서 '98년 체제'라는 개념이 통용되고 있습니다. '98년 체제'야말로 21세기를 향한 미래 지향적 한일 관계의 존재 이유라고 할 수 있습니다.

김남국 말씀하신 대로 이 공동선언과 국회 연설이 지니는 의미를 지금 다시 해석해보니 그 깊이가 더욱 의미 있게 느껴집니다. 두 번째 의미는 어떤 차원에서 바라볼 수 있을까요?

최상용 곰곰이 생각해보면 상호 인정을 통한 화해의 발상은 2,500여 년 동서양의 고전 속에 일관되게 이어져온 중용 사상의 한 양태에 다름 아닙니다. 60여 년 전 니콜슨의 《외교Diplomacy》를 읽고 느낀 독후감이 바로 '외교란 국가 관계에서 상호 인정을 통한 평화의 실천'이었습니다. 저에게 있어 김대중-오부치 공동선언과 국회 연설은 한일 간의 중용 외교의 결실이었습니다. 무엇보다 김대중 대통령과 오부치 게이조 총리는 국가 이익의 상호 인정을 바탕으로 상호 존중하는 마음가짐이 있었는데 최근에 나온 구술사 〈崔相龍 Oral history: 중용의 삶〉에 두 분을 지켜본 저의 증언이 수록되어 있습니다. 오부치 총리는 전후 한국의 산업화와 자주적 민주화, 특히 평화적 정권 교체를 이루어낸 김 대통령에게 경의를 표했습니다. 이에 대해 김 대통령은 일본이 평화 헌법하에서 비핵 3원칙을 지키고 개발도상국에 대한 경제 지원을 통해 국제 사회의 평화와 번영을 위해 공헌한 것을 높이 평가했습니다. 어려울 때 친구가 진정한 친구임을 상기시키면서 외환 위기를 극복하는 과정에 도와준 일본에 대해 고마움을 잊지 않았습니다. 그리고 두 정상은 한일 양국이 자유 민주주의와 시장 경제라는 체제 이념을 공유하고 있음을 확인했습니다. 특히 김 대통령은 국회 연설에서 인권을 이른바 "아시아적 가치"를 넘어 보편적 가치로 받아들이고 있고 높은 교육 수준과 동양과 서양에 대한 균형 잡힌 교양과 식견을 가지고 있는 두 나라 국민에 대한 신뢰와 기대를 표명했습니다.

김남국 마지막 의미로는 아마 이 공동선언이 21세기 한일 관계의 초석 역할을 하지 않았을까요?

최상용 정확합니다. 세 번째 의미는 21세기 한일 관계 초석의 차원입니다. 다시 한번 강조하지만 공동선언의 정식 명칭은 〈21세기의 새로운 한일 파트너십 공동선언〉입니다. 1998년에 서명된 것이지만 일회적인 약속이 아니라 현재진행형 협정입니다. 극단주의, 절대화의 시대인 20세기의 황혼에 서서 상대화 시대인 21세기의 한일 관계를 선취先取한 전략적 관점이 공동선언의 주된 내용입니다. 지금 우리는 동아시아 평화의 가능성을 시험하는 중요한 전환점에 서 있습니다. 동아시아 평화의 핵심 과제가 한반도 평화를 만드는 것입니다.

김대중 대통령은 1998년 일본과의 공동선언에 이어 2000년 분단체제 55년 만에 처음으로 남북한 정상회담을 열었습니다. 공동선언의 행동 계획에는 두 정상이 남북 관계 개선 및 한반도 평화를 위한 협력을 약속하고 있습니다. 북한 문제에 관해서 우리가 공동선언의 약속과 고이즈미 정권 때의 '평양 선언'의 유효성을 인정할 만한 때가 오면 일본과 북한 관계의 정상화의 길이 열릴 것이며 그 길은 한반도의 평화 공존 상태에 부합하는 길입니다.

현대 국제 정치에서 평화 공존은 동서 냉전 시대나 권력 투쟁 과정에서 보인 한시적인 이데올로기의 병존이 아니라 실제로는 경제 교류를 매개로 한 평화적 상호 의존입니다. '신냉전'의 대립 구도가 과거 동서 냉전과 결정적으로 다른 점은 이해 당사국 간의 경제적 상호 의존 관계가 구조적으로 깊다는 것입니다.

저는 평화 연구에 이미 뿌리를 내리고 있는 경제(통상)평화론과 함께 '문화평화론'의 유효성을 제기하고자 합니다. 경제적 상호 의존과 함께 문화 교류가 왕성한 국가 간에는 전쟁의 가능성이 줄어들 수 있다는 관점입니다. 문화는 소프트 파워의 핵심이며 그 자체가 비군사적 영역이란 점에서 평화 지향적인 공공 외교의 자원입니다. 하지만 어느 민족이나 국가의 문화가 강력한 정치 이데올로기가 되어 정체성의 과도한 형태로 나타날 경우에는 갈등이나 전쟁의 원인이 될 수도 있습니다. 그러나 국가 간의 지속적인 문화 교류는 문화의 폐쇄성을 스스로 거부하는 상호 학습의 과정입니다. 그렇기 때문에 21세기에 들어와 유네스코를 중심으로 평화 문화라는 개념이 보편화되고 있듯이 평화를 의식화하고 만들어가는 과정에서 문화 교류의 유효성이 경험적으로 검증되고 있습니다.

김남국 김대중-오부치 공동선언과 문화를 통한 외교와 교류, 즉 '문화평화론'이 한일 관계에 어떤 영향을 미칩니까?

최상용 공동선언과 국회 연설에서 역사적 사실을 인식하고 반성과 화해를 확인하는 과정에서 특히 주목해야 할 것은 화해의 구체적 실천으로, 당시 한국 내에서 80%에 가까운 반대 여론이 있었는데도 일본 대중문화를 개방한 것입니다. 이 정책을 결정하는 과정에서 저는 김 대통령에게 다음과 같이 문화평화론의 요지를 설명하면서 찬성의 입장을 밝혔습니다.

우선 문화 교류를 상호 학습의 과정으로 파악하자는 의견을 제시했습니다. 문화 교류를 지금 시점에서 우열로 보지 말고 서로가 배우는 긴 안목으로 보자는 것입니다. 과거에는 상당한 기간 한국이 일본에게 문화 전수의 역할을 했다는 점을 언급하며, 지금 일본이 앞서고 있는 만화, 애니메이션 등 대중문화도 막을 것이 아니라 개방하자는 취지의 의견을 냈습니다. 금서가 금지되어 있지만 많이 읽히는 책이듯이 우리 젊은이들이 이미 일본의 만화와 애니메이션을 즐기고 있다는 얘기까지 했습니다.

모두가 알고 있듯이 공동선언 이후에도 한일 관계에는 어려움이 많았고 최근 수년간은 최악의 위기란 말이 익숙할 정도가 되었습니다. 그 와중에도 문화 교류는 상호 학습을 통해서 한일 간의 갈등 요인을 크게 완화시켰음이 증명되고 있습니다. 2005년 한일 우정의 해부터 매년 열려온 한일 문화 축제는 두 나라의 젊은 층을 중심으로 호응이 높아지고 있습니다. 저는 한국 측 위원장으로서 일본 국민과 미술을 애호하는 세계인의 존경을 받는 히라야마 이꾸오平山郁夫 일본 측 위원장과 함께한 것을 아름다운 기억으로 간직하고 있습니다.

김남국 특히 젊은 세대 간의 문화를 통한 교류는 가능성이 무궁무진한 것 같습니다. 앞으로도 미래 세대 간에, 더 나아가서는 두 나라 국민과 지도자들이 이 공동선언의 정신과 취지를 잘 살려나간다면 긍정적인 결과를 기대할 수 있을까요?

최상용 물론입니다. 앞으로 두 나라 국민과 지도자들이 인내와 관용으로 김대중-오부치 공동선언의 정신을 살려나간다면 한일 간에 극복하지 못할 일은 없을 것으로 믿습니다. 한일 양국의 미래지향적 협력은 미국·중국·북한에도 유력한 메시지가 될 수 있습니다. 한국과 일본은 각기 미국의 세계 및 동아시아 전략에서 핵심적인 동맹국입니다. 20세기의 동서 냉전 시대에는 동아시아 냉전의 중심축을 형성하여 냉전 승리의 체제 이념인 자유 민주주의를 지키는 데 이바지했습니다. 한일 양국은 인권·자유·민주주의·시장 경제라는 가치를 공유하고 있기 때문에 한·미·일 3국 관계에서도 양국 협력의 시너지와 존재감은 클 수밖에 없습니다.

한·중·일 3국으로 구성된 동아시아 내지 동북아 공동체 논의가 현실적으로 어려운 상황에서도 경제 교류와 문화 교류를 중심으로 협력 방안을 강구할 수 있습니다. 그 과정에서 체제 이념과 비핵·평화의 가치를 공유하고 있는 한일 협력은 한반도의 평화와 안정을 바라는 한·중·일 3국의 공통 이익에도 기여할 수 있을 것입니다. 특히 2008년부터 정례적으로 열리게 되어 있는 한·중·일 3국 정상회의와 한국에 있는 3국 협력 사무국은 한·중·일 협력을 위한 좋은 외교 공간이 될 수 있습니다.

김황식 최상용 대사님께서 강조하신 경제 교류와 문화 교류, 모두 아주 좋은 시각입니다. 한국과 일본은 서로 협력하여 상호 윈윈하는 관계로 만들어나가야 합니다. 특히 양국 모두 중국과 북한의 현실적이고 잠재적인 위협을 마주하고 있는 현실을 고려하면 더욱 그러합니다. 양국 관계가 과거사 문제 등으로 교착 상태에 빠져 있으나 이를 방치해서는 안 됩니다. 한일 관계는 과거사 문제 등으로 끝없는 갈등을 겪고 있습니다. 한국과 일본은 자유 민주주의와 자유시장 경제를 신봉하면서 인권, 정의, 법치 등 인류 보편적 가치를 공유하는 나라로서 우리 국익을 위해서라도 교류 협력을 해나갈 수밖에 없습니다.

2011년 3월 동일본 대지진과 후쿠시마 원전 사고가 발생했을 때 우리 국민은 일본이 겪고 있는 불행을 안타까워하며 마음으로, 물질로 정성을 다해 도왔습니다. 1998년 10월 한일 간의 우호적 파트너십을 선언한 김대중 대통령과 오부치 총리의 〈21세기의 새로운 한일 파트너십 공동선언〉은 그에 이어 불게 된 한류와 더불어 한일 관계를 개선하는 좋은 기회가 되었습니다. 그러나 그 뒤 이명박 대통령의 독도 방문, 전쟁 위안부 문제와 강제징용 판결 문제 등으로 한일 관계는 오히려 최악의 상태를 맞고 있습니다. 우리는 양국 관계를 바람직한 방향으로 이끌기 위해 노력해야 합니다. 저 또

한 이를 한때 견원지간이었으나 지금은 형제 우호국으로 변모한 독일과 프랑스의 사례에서 그 해답을 찾을 수 있다고 생각합니다. 핵심은 열린 정치적 리더십과 활발한 민간 교류입니다.

김남국 예전에 김황식 총리님께서 과거 독일과 프랑스가 겪었던 화해와 협력 과정을 통해 어떻게 우리가 일본과의 관계를 미래 지향적으로 풀어나갈 수 있을지 언급하신 걸 흥미롭게 읽은 적이 있습니다.

김황식 독일과 프랑스는 보불 전쟁, 제1, 2차 세계대전 등 숱한 전쟁을 겪은 견원지간의 나라입니다. 그러나 제2차 세계대전 후 독일과 프랑스의 정치 지도자들은 증오의 역사를 극복하고 화해와 협력 관계로 나아가기 위하여 노력했습니다. 특히 아데나워 서독 수상과 드골 프랑스 대통령은 두 민족 간의 적대 관계를 해소하기 위하여 여러 차례 교차 방문하는 등 온갖 노력을 다했습니다.

마침내 1963년 1월 22일 파리에서 독불 우호 조약(엘리제 조약)을 체결했습니다. 양 정상은 연 2회, 주요 장관들은 3개월마다 반드시 만나며, 청소년교류재단 환경협의회 및 문화협의회 구성, TV ART 채널, 핵 분야 및 우주항공 분야 공동 연구와 기술교류 등을 통하여 양국 관계를 형제의 나라로 발전시켰습니다. 그동안 연간 5만~10만 명의 청소년 교류가 이루어졌습니다. 2003년에는 공동 역사 교과서도 출간했습니다. 교과서는 양국의 교사 등으로 구성된 집필자들이 객관적 사실을 기술한 뒤 그에 대한 역사적 평가는 각각 구분하여 기술함으로써 상대방의 입장을 서로 이해하도록 했습니다.

2019년 1월 22일에는 메르켈 총리와 마크롱 대통령이 아헨에서 만나 독불 관계를 더욱 발전시키는 아헨Aachen 조약을 체결했습니다. 굴곡진 역사를 가진 한일 관계가 지금의 독불 관계처럼 변화 발전할 수 없을까 하는 소망이 있습니다.

김남국 결국 인정하고 용서하며 대화로 갈등을 풀어나가야 한다는 말씀으로 들립니다. 미래 지향적인 관점에서 본다면 결국 인적 교류나 문화 교류 등을 통해 우호 관계를 유지해온 시간이 꽤 되었고 앞으로 미래 세대는 더욱 그럴 것으로 보여지기 때문이겠죠.

김황식 물론 한국은 역사적으로 일본 침략의 많은 피해를 입었습니다. 가까이는 1910년부터 1945년까지 36년간, 멀게는 1592년부터 1599년까지 7년간 침략을 받았습니다. 또 수백 년 동안 일본 정부 차원의 침략은 아니지만 수시로 '왜구'라고 불리는 일본인의 침략을 받았습니다. 20세기 식민지 시대에는 한국 성을 쓰지 못하게 하는, 이른바 창씨개명을 강요당했고 한국말을 쓰지 말고 일본말을 쓰도록 강요당하기도 했습니다. 그렇기에 한국인이 과거사 문제에 무관심한 일본에 대해 섭섭한 생각을 갖는 것은 당연합니다.

그러나 한국과 일본은 앞서 본 쓰라린 과거 외에 오랫동안 인적 교류, 문화 교류를 통해 선린 우호 관계를 유지하고 발전해온 것도 사실입니다. 아니, 그런 기간이 훨씬 길었습니다. 에도 시대의 조선통신사가 그 사례입니다. 또 서기 663년에는 일본과 백제가 힘을 합쳐 당나라와 신라의 연합군에 대항해 싸우기도 했습니다. 그 이전에 많은 한반도 사람들이 일본으로 건너가 서로 돕고 도우며 살았습니다. 지금도 양국의 많은 사람들, 특히 젊은이들은 음악, 드라마, 영화, 만화, 애니메이션, 소설 등 상대방의 문화를 이해하고 즐기고 있습니다. 또한 한국 관광객들이 즐겨 찾는 곳 중 하나가 일본입니다.

요컨대 가장 중요한 것은 서로를 잘 알고 이해하는 것입니다. 서로 교류하는 과정에서 상대방을 알게 됩니다. 알게 되면 이해하게 됩니다. 이해하게 되면 친밀해집니다. 그런 의미에서 일시적으로 정부나 정치인 사이에 갈등이 있더라도 민간 차원에서 교류 협력을 통한 관계 개선 노력은 계속되어야 합니다. 독불 관계 개선에 있어서 가장 중요한 역할을 한 것은 청소년 교류였습니다.

나아가 정치인은 문제 해결에 자신의 정치적 이해를 바탕으로 민족적 감정으로 접근하는 것을 피해야 합니다. 국제 규범을 기반으로 미래 지향의 리더십을 발휘해야 합니다. 모범을 보여 준 독불 관계 및 유럽연합에서 우리가 배워야 할 교훈입니다.

김병연 송 장관님은 한일 관계를 어떻게 풀어가야 한다고 생각하시는지요?

송민순 저는 앞서 말씀드렸던 윈윈 관계를 강조하고 싶습니다. 사실 한일 관계가 이렇게 소원해지면 양국 모두한테 손해 아니겠습니까. 한일 관계가 나빠지면 두 나라가 공히 베이징이나 워싱턴에 대응하는 목소리가 약해지는 거예요. 한국과 일본의 관계가 개선된다고 하면 전략적으로 이익이 많아요. 중국에도 한목소리로 대응할 수 있고, 미국에게도 함께 의견을 주장할 수 있는 것입니다. 이를 통해서 미중 간 갈등을 최소화하는 역할도 할 수 있다고 봐요. 이런 면에서는 일본도 좋고, 한국도 좋은 거란 말이에요. 그런데 양국의 국내 정치와 정서가 녹록하지 않습니다.

두 번째로 과거 역사적으로 보면 일본은 늘 한반도를 넘어서 중국을 의식한 대한 정책을 폈는데, 최근 들어서는 일본의 경제나 전반적인 국력이 줄어들어서인지 한국 자체를 타깃으로 하는 경향이 있어요. 한국에 대한 수출 규제도 그 예입니다. 쉽게 말해서 한일이 국력 면에서 이제는 경쟁 관계가 되었다는 이야기죠.

이런 상황을 보았을 때, 한국도 이제는 더 장기적이고 큰 국가 이익을 고려해서 한일 관계를 설정할 필요가 있어요. 일각에서는 우리가 북한 문제를 해결하기 위해서 한일 협력을 해야 한다고 합니다만, 사실 일본이 남북한 문제라든지 핵 문제를 해결하기 위해서 적극적으로 나서는 나라는 아닙니다. 핵 문제에서 일본과 조율이 필요한 면도 있지만, 이것은 제한적이고 소극적인 의미에서 조율인 것이죠. 그보다 중요한 것은 '한국과 동북아'라는 큰 틀에서 국가 이익입니다. 한국의 입지에서는 한·미·일 협력과 한·중·일 협력의 연결이 필요하다고 생각합니다. 그래야 한국의 외교 영역이 확대될 수 있고 세력 간 마찰로부터 피해를 줄일 수 있습니다. 이 구도로 가려면 한일 관계의 작동이 필수적입니다.

장덕진 지금 미국이 한국에게 내심 강력하게 요구하고 있는 것 중에 하나가 한일 간 불편한 관계의 해소인 것 같습니다. 한·미·일 협력 구도를 강화하려는 취지이지요.

이종찬 저는 독립운동 가문에서 성장을 했습니다. 일본 때문에 할아버지가 돌아가셨고 아버지는 불구가 되었습니다. 제국 일본은 제게 철저한 원수가 되어 있습니다. 저는 쇼와 천황을 전범으로 재판해야 된다고 주장했습니다. 도쿄재판에서 왜 쇼와 천황을 제외했느냐에 대한 강한 이의를 제기할 정도로 증오심이 있는 사람입니다. 그런데도 제가 헤이세이平成에서 레이와令和로 넘어갈 때[24] 레이와가 굉장히 평화 지향적 얘기를 많이 하는 걸 보고 원로들이 모여 있는 자리에서 문재인 대통령에게 이렇게 말을 했습니다. "독립운동 가문에서 성장한 사람이 이런 얘기를 한다고 이상하게 들을지 모르지만 제가 건의합니다. 일본에 적대감을 갖지 마십시오. 지금이 기회입니다. 헤이세이가 레이와로 바뀌는 때인데 레이와 즉위식에 대통령께서 직접 가셔서 평화 제스처를 보이십시오."

그랬더니 다른 사람들이 다 저를 쳐다봤습니다. 문 대통령이 "저는 반대합니다. 대법원에서 판결이 난 걸 제가 어떻게 좌지우지합니까"라고 했습니다. 저는 깜짝 놀랐습니다. 대법원 판결 때문에 일본에게 적대감을 갖겠습니까? 당연히 투 트랙으로 가야 한다고 봅니다.

장덕진 정치의 사법화를 걱정하는 사람이 많았는데 이제는 국제 정치의 사법화까지 가는 거군요.

이종찬 그래서 거기서 끝이 났습니다. 그 후에는 원로 모임에 저를 부르지도 않았습니다. 그런데 저는 지금도 일본이 헌법을 고쳐가면 달라질 수 있다고 봅니다. 일본이라는 나라가 지금은 그냥 무기력하고 점점 소득도 우리보다 떨어지지만 이제 재무장하면 거기에 바람이 들어갑니다. 소위 내셔널리즘에 바람이 들어갑니다. 그러면 금방 변화됩니다. 굉장히 역동적인 나라로 바뀔 것입니다. 그렇게 되는 일본을 볼 때, 우리 세대는 끔찍한 생각을 할 수밖에 없습니다. 그래서 저는 일본 헌법 개정을 반대하는 운동에 참여했습니다. 이홍구 총리와 이부영 의원도 함께였습니다. 헌법을 바꾸지 말고 자위력 수준에서 하자는 것입니다. 만약 헌법을 바꾸어 전쟁이 가능한 나라가 되면 가속이 붙습니다. 그렇게 일본에 가속이 붙고 중국은 계속 군비를 확장해가면 한국에 굉장한 위협이 될 것입니다. 그래서 저는 일본이 그런 지경까지 가지 않도록 지금 친화하고 압박하며 헌법을 안 바꾸도록 하는 것이 우리가 해야 할 일이라고 생각합니다.

장덕진 예전에 탈아입구脫亞入歐[25] 얘기할 때부터 그랬습니다만 일본은 지금도 동아시아의 주요 구성원이라고 스스로 생각하는 것 같지 않습니다. 아까 미국이 일본을 아시아의 영국처럼 생각한다고 하신 것처럼 일본도 자신들은 미국이나 유럽이랑 같이 분류가 되는 것이지 아시아가 자기들의 주 무대가 아니라고 생각하는 것 같은 느낌을 저는 받습니다.

이종찬 후쿠자와 유키치福澤諭吉가 말하는 탈아입구 관념에는 구질구질한 사람들하고 같이 어울리기 싫다 하는 부분도 있긴 있습니다. 그런데 저는 일본이 그렇다고 지정학적으로 아시아를 떠날 수는 없다는 것을 압니다. 그런 상황에서 저는 중국에게도 "우리 민주주의를 배우라, 자유가 소중하다, 자유가 없는 한 중국 경제도 결국은 막혀버린다"라고 계속 설득해야 한다고 봅니다. 그럼으로써 중국을 여러 공화국으로 만드는 데 표면적으로 얘기는 못 하더라도 분위기를 잡아줘야 합니다.

장덕진 그런데 일본은 경제적으로 한국과 중국하고 사실 무역 관계가 그렇게 많지 않습니다. 그래서 일본은 별로 부담 없이 미국 편을 들 수 있는 입장인데, 한국은 아시다시피 무역에서 중국에 엄청나게 의존하고 있지 않습니까. 그래서 일본보다 훨씬 더 어려운 입장에 처해 있는 것 같습니다.

이종찬 제가 조사를 해보니까 우리가 대외 의존도가 62%입니다. 중국, 일본은 약 20%밖에 되지 않습니다. 그러니까 일본이라는 나라는 인구수 1억이 넘으니까 경제 단위가 된단 말입니다. 스스로도 생산하는 것으로도 풍족하지는 않지만 기본 충족은 된다는 겁니다. 그러니까 대외 의존도가 떨어지는 것입니다. 그러나 우리가 좀 더 분발해서 지금의 한일 관계가 처한 어려움에서 벗어나야 할 것입니다.

동북아 지정학, 북핵 위기, 그리고 한반도 평화

Round-table 8

국가 원로	
이홍구	이종찬
김종인	최상용
김학준	김황식
송민순	

현역 학자	
강원택	김남국
김병연	장덕진

한반도 평화와 통일의 길은 멀어져가는가

우리의 지정학적인 위치가 우리의 운명을 거의 결정하지 않았나 하는 생각이 든다. 지도를 보면 미국과 중국의 패권 사이에 끼어 있는 한국의 상황은 절대 새로운 것이 아니고 계속 이어져온 것이다. 우리 국민과 문화가 어떻게 이를 받아들이고 적응했는가에 따라 발전해온 면이 있다. 우리는 수천 년 동안 상당히 어려운 위치에서 살았지만 그래도 명심해야 할 점은 우리는 어떻게 해서든 우리 것을 꼭 지켜냈다는 점이다. 다시 말해 영토와 정체성을 모두 지켜왔다. 이를 긍정적으로 평가하고 우리가 앞으로 나아갈 길을 찾는 데 있어서도 이런 우리의 전통 위에서 새로운 세상에 대해 생각해야 한다.

한편, 역사적으로 남북 관계에 있어서 아쉬웠던 점 중 하나는 김영삼 대통령과 김일성 주석의 남북 정상회담이 김일성 주석의 갑작스러운 사망으로 이뤄지지 못한 것이다. 만약 성사되었다면 남북 간의 역사가 상당히 바뀌었을 것이다. 통일은 현실적으로 어렵다. 한반도 분단은 양측 국민이 원해서 한 것이 아니고 제국주의적 국가들의 유산이기 때문이다. 더욱이 북한과 중국 그리고 러시아가 강력한 전체주의 국가이고 그런 정치적 틀을 이용해서 존속해왔기 때문에 남북 대화가 더 어려운 측면이 있다. 북한의 체제가 외견적으로는 견고해 보이지만 꼭 그렇지만은 않을 수 있다. 북한 문제에 대해 꼭 중국에만 의존할 필요는 없다고 본다. 우리가 장기적으로 통일에 다가가기 위해서는 우선 남북을 보통의 국가 관계로 바꿔야 한다. 그래야만 통일로 갈 수 있는 길을 다질 수 있다.

한반도에 대한 4강의 정책 태도를 보면 한국과의 2국 관계에서는 차이가 있지만 대체로 한반도의 평화로운 현상 유지를 바라고 있다. 이제는 결국 우리가 추구해야 할 가치가 제일 중요하다. 따라서 한국이 추진할 수 있는 최선의 외교 선택은 4강과의 평화 공존이다. 오늘날 북한의 실정은 민족주의는커녕 반민족주의이고 반인민적 정권이다. 따라서 현재는 이를 비판하는 것이 마땅하다고 할 수 있다. 현대 문명 사회에서 그러한 정권은 일시적으로는 몰라도 장기간 유지·존속될 수 없는 것이 세상의 이치다. 북한 체제가 붕괴될 경우에 전개될 가능성이 있는 다양한 상황을 대비하여야 한다. 결국 북한의 생존 여부는 북한에 달려 있다. 북한 체제가 견고하게 보이지만 사실 북한의 권위적 체제는 한계점에 다다랐다고 볼 수 있고 경우에 따라서는 우리가 이를 잘 활용할 수 있다. 통일을 내세우고 민족적 시각에서 접근하다 보니 남북 관계가 과도하게 국내 정치화되었다. 대북 정책이라는 것은 대를 이어갈 수 있어야 한다. 국내에서조차 그 지속 가능성에 대해 지지를 제대로 못 받는 정책은 대외적으로도 힘을 받기 어렵다. 정권 교체시마다 대북 정책으로 인한 국론 분열이 과열된다. 서로를 통일의 대상으로 보니까 남북 사이에 교류와 접촉이 오히려 더 어렵다. 통일의 과정에 대한 개념 자체를 달리 생각해볼 필요가 있다.

극단으로 치닫는 북핵 문제, 해법은 무엇인가

북한의 핵에 대한 대응에는 결국 세 가지 진로가 있다. 첫 번째는 한미 동맹, 특히 미국의 핵 우산을 강화하면서 북한과 과감한 협상을 하는 것이다. 그러나 냉정히 말하면 이 협상으로 목표에 도달할 것이라 기대하기는 어렵다. 두 번째는 우리가 미국의 핵 우산과 더불어 우리 자체의 3축 체계를 보완하는 것이다. 그러나 3축 체계는 어느 정도 정치적·심리적 효과를 기할 수는 있어도 군사적으로 북핵의 위협과 위험을 사전에 대응하고 제어하는 데 충분한 기능을 할 수 없다는 것을 전문가들은 모두 알고 있다. 마지막 세 번째로 한국 자체의 핵 능력, 즉 무기화되지 않은 무기 체계unweaponized weapon를 갖추면서, 핵 협상에서 자체 위상을 올리고, 핵 위기의 구름이 모이면 즉각 스스로 대응할 수 있는 태세에 돌입하는 것이다. 이 세 가지 트랙은 상호 배타적인 길이 아니라 병행 보완적으로 운용되어야 할 것이다.

북핵 문제와 관련해서도 중국의 태도에 문제가 있다. 핵폭탄은 인류 전체의 문제인데 마치 다른 동네의 이야기인 것처럼 방관하는 것은 무책임해 보인다. 중국이 유엔 상임이사국임에도 불구하고 핵 문제와 관련해 북한을 설득하지 못한다는 것은 중국이 그만큼의 힘이 없다는 말이거나, 중국이 상임이사국으로 있을 자격이 없다는 말이다.

한반도 평화와 통일의 길은 멀어져가는가

강원택 최근 들어 미중 갈등의 고조 속에 한국과 중국, 한국과 북한, 북한과 중국 관계 등 한반도 문제가 더욱 복잡해졌습니다. 한국의 미래 발전에 이러한 지정학적 변수도 중요하게 작용할 수밖에 없습니다. 이런 상황에서 한국은 어떤 입장을 취해야 할까요?

이홍구 이런 상황은 어제오늘의 일이 아니고, 역사의 시작부터 끝까지 우리나라는 늘 이러한 상황에 놓여 있었습니다. 단순화하면 우리의 지정학적인 위치가 우리의 운명을 거의 결정하지 않았나 하는 생각이 듭니다. 지도를 보면 그렇게 이야기할 수밖에 없습니다. 미국과 중국의 패권 사이에 끼어 있는 한국의 상황은 절대 새로운 것이 아니고 계속 이어져온 것입니다. 지정학적인 요인이 중요합니다.

그런데 지정학적 요인이 중요하다고 해도 우리가 어떻게 대응했느냐, 그리고 우리 국민과 문화가 어떻게 이를 받아들이고 적응했는가에 따라 우리가 발전해온 측면이 있습니다. 우리는 어려움을 겪으면서도 그때그때 잘 대응해온 경우가 많습니다. 또 한국적이라고 할까요, 우리의 상황을 지키려는 노력도 많이 했습니다. 우리는 수천 년 동안 상당히 어려운 지정학적 위치에서 살았지만 그래도 명심해야 할 점은 우리는 어떻게 해서든 우리 것을 꼭 지켜냈다는 점입니다. 다시 말해 영토와 정체성을 모두 지켜왔습니다. 삼국 시대를 예로 들면 삼국 간 경쟁도 있었지만, 결과적으로 통일신라를 거쳐 고려와 조선이라는 통일된 국가를 만들 수 있었던 것도 삼국이 서로 잘 어우러졌기 때문에 가능했다고 봅니다. 삼국 시대에 삼국 간 싸움도 많이 했지만, 고구려가 확실하게 중국을 막아주지 않았습니까? 싸움뿐만 아니라 삼국 간에 교류도 적지 않았고 서로 영향도 많이 주고받았는데, 이런 것이 우리 전통과 정체성을 지켜오는 데 많은 도움을 주었습니다.

이를 긍정적으로 평가하고 우리가 앞으로 나아갈 길을 찾는 데 있어서도, 우리의 이런 전통 위에서 생각해봐야 합니다. 삼국 시대와 다르게 오늘날 우리와 북한은 왕래가 사실상 없고 서로 별 관계 없는 집단이 되었습니다. 이러한 기형적인 상황을 어떻게 해결할 것인가는 우리에게 큰 숙제라고 생각합니다.

사실 제가 통일원 장관으로 있을 때 남북 관계의 해결 방식으로 민족공동체 통일 방안을 주장한 것도 이런 방식 말고 다른 식으로 설득하는 것이 적절치 않았기 때문이었습니다. 왜냐하면 이런 방식은 남·북한이 동등한 지위라는 데서 시작하기 때문에, 누가 주도권을 잡을 것인가 하는 불필요한 논쟁을 피하면서 서로 이야기를 시작할 수 있고 이를 통해 합의를 오히려 간단하게 이끌어낼 수 있는 겁니다. 이런 점은 남·북한 간에도 중요하지만 국내 정치적으로도 중요합니다. 요즘에는 북한 문제로 국내에서 갈등이 많지만, 그 당시 민족공동체 통일 방안을 만들 때는 노태우 대통령뿐만 아니라, 야당의 세 총재가 도왔기 때문에 만장일치로 국회에서 통과되었습니다.

특히 그때 제1야당이었던 평민당 김대중 총재가 가장 적극적으로 도와주셨는데, 김대중 총재는 노태우 대통령에 대한 신뢰가 있었습니다. 물론 당시 통일민주당 총재였던 김영삼 대통령도 그 안이 좋다고 했고, 신민주공화당 김종필 총재 역시 안목이 있으신 분이어서 흔쾌히 동의하셨습니다. 이렇게 된 데에는 야당 총재들 한 분 한 분의 리더십이나 성격 때문도 있지만 중요한 순간에는 근본적으로 합의를 이뤄내는 우리의 전통과도 관련이 있다고 생각합니다.

강원택 총리님이 생각하시기에 역사적으로 남북 관계에서 아쉬웠던 점이 있을까요? 오늘날 남북 간의 상황이 조금이라도 바뀔 수 있었던 상황이 있었을까요?

이홍구 가장 아쉽게 생각하는 것은 김영삼 대통령과 김일성 주석의 남북 정상회담이 이뤄지지 못한 겁니다. 김일성 주석이 회담 며칠 전에 세상을 떠났습니다.[26] 만약 그렇지 않았다면 남북 간의 역사가 상당히 바뀌었을 겁니다. 김영삼 대통령뿐만 아니라 김일성 주석도 회담을 하고 싶어했는데, 두 분 다 세세한 사항에 크게 신경 쓰는 사람이 아니었기 때문에 큰 틀에서 여러 합의를 이룰 가능성이 매우 컸습니다.

김일성이 그때 미국에도 상당히 호의적이었는데 미국에서 카터 전 대통령을 특사로 북한에 보냈던 것과도 관련이 있습니다. 미국에서 전직 대통령을 특사로 보낼 만큼 대우에 신경을 쓴다고 생각한 것 같습니다. 미국도 남북 정상회담을 긍정적으로 보고 있었기 때문에 그런 상황에서 회담이 열렸다면 의미 있는 성과를 이룰 수 있었겠지요. 아쉬운 일입니다.

강원택 김일성이 북한에서 차지하는 위상이 있으니 그때 비핵화 선언이 나왔다면 그 이후에 상당한 변화가 있었을 것 같다는 생각이 듭니다. 그 기회가 무산된 것이 안타깝습니다.

이와 관련된 질문 하나 더 드리겠습니다. 통일에 대한 것입니다. 노태우 정부 때 통일원 장관도 역임하셨고, 그때 남북 기본합의서 작성도 주도하셨습니다. 그런데 최근 들어 북한에 대한 태도가 전반적으로 많이 달라진 것 같습니다. 보수 정부의 강경 대북 정책, 진보 정부의 유화적 대북 정책 모두 경험했지만 북한은 달라지지 않는다는 것을 깨닫게 되었다고 할까요. 특히 젊은 세대에서는 통일에 대한 부정적 인식이 크고, 김정일-김정은 체제로 내려오면서 이질감도 많이 느끼는 것 같습니다. 북한과 어떻게 지내야 할까요?

이홍구 통일은 현실적으로 어렵습니다. 한반도 분단이 한국 사람들이 원해서 발생한 것이 아닌, 제국주의적 국가들의 유산이기 때문입니다. 우리의 선택으로 말할 수 있는 문제는 아니라고 생각합니다. 더욱이 북한과 중국 그리고 러시아가 강력한 전체주의 국가이고 그런 정치적 틀을 이용해서 존속해왔기 때문에 남북 대화가 어려운 면이 있습니다. 그럼에도 불구하고 이토록 어려운 통일에 대한 희망을 놓지 않는 이유는, 제 개인적 경험을 통해 얻은 생각인데, 북한의 체제가 겉으로는 견고해 보이지만 꼭 그렇지 않을 수 있다는 점 때문입니다.

조금 전 말한 대로, 김영삼·김일성 정상회담 준비 당시, 대남 비서를 만나보니 이야기가 수월하게 진행되었습니다. 그때 북한의 대남 비서, 즉 총책임자가 가장 신경 쓴 점은 김일성이 북한에서 특수한 위상이기 때문에 회담을 위해 판문점 혹은 서울에 오는 것이 내부적으로 문제가 될 수 있다는 것이었습니다. 저는 그때 대남 비서와 단독으로 이야기를 하면서 꼭 필요하다면 북쪽에서 회담을 해도 괜찮다는 입장을 전했습니다. '김일성이 나이가 더 많지 않으냐, 그러니 우리 정서를 생각하면 우리 대통령은 자신이 북쪽으로 가도 괜찮다고 생각하신다'라고 이야기했습니다. 대남 비서는 그 제안에 매우 놀랐는데, 어쨌든 이후 논의는 수월하게 이루어졌습니다. 그 경험을 통해 생각해보면 북한 체제가 견고하게 보이지만 사실 북한의 권위적 체제는 한계점에 다다랐다고 볼 수 있고 경우에 따라서는 우리가 이를 잘 활용할 수 있다고 생각합니다.

또한 당시 김영삼 대통령은 호탕하게 우리가 북으로 갈 수 있다고 이야기하셨으며 이러한 점은 장점으로 작용했습니다. 북한 대남 비서의 입장과 달리, 저는 우리 대통령과 스스럼없이 이야기할 수 있었으며 이는 우리의 강점으로 북한과의 문제 해결에서 긍정적으로 작용했습니다. 저는 지금도 이러한 것이 가능하다고 봅니다.

강원택 우리가 북한 문제에 대해서는 중국에 많이 의존하고 있는 것도 사실입니다. 앞으로도 중국에 의존해서 북한 문제를 풀어나가야 할까요?

이홍구 북한 문제를 꼭 중국에 의존할 필요는 없습니다. 경제적으로 남·북한 협조가 가능한 부분에서 물꼬가 잘 트인다면 현재 상황이 달라질 수 있을 것입니다. 북한에 도움을 줄 수 있는 부분은 돕고, 다른 한편으로 우리는 과거에서 벗어나서 실질적으로 다루어야 할 문제에 집중하는 태도를 취해야 할 것입니다.

역사를 돌이켜 보면 옛날에 우리나라에 삼국시대가 있었지만, 그 삼국시대를 그래도 잘 넘기고 통일을 해서 여기까지 왔습니다. 통일 국가로 살다가 지금 남북으로 갈린 건데, 삼국도 합친 사람들이 둘로 나뉘었다고 쩔쩔맬 이유가 없습니다. 그래서 '우리 민족은 하나의 공동체를 만들 수 있다, 공동체의 역사가 있다' 하는 것만 확실히 인식하면 우리는 통일로 갈 수 있습니다.

김병연 해당 분야 경험이 많으신 송 장관님께도 같은 질문을 드립니다. 어떻게 남북 관계를 설정하는 것이 좋을지부터 말씀해주시면 감사하겠습니다.

송민순 저는 우리가 장기적으로 국가 야망과 국가 단합 차원에서 통일이라는 개념을 유지해야겠지만, 통일에 다가가기 위해서라도 우선은 남북을 보통의 국가 관계로 바꿔야 한다고 생각합니다. 남한과 북한이 아니라 대한민국Republic of Korea과 조선민주주의인민공화국Democratic People's Republic of Korea, 이렇게 두 개의 국가 관계로 만들어야, 오히려 통일로 갈 수 있는 길을 다질 수 있습니다. 보통의 국가처럼 따로 공존하다가 자연스럽게 조건이 이루어질 때 합치는 길을 열어두는 것입니다.

지금은 민족공동체 통일 방안을 만들었던 30년 전과는 많이 다른 상황입니다. 북한이 핵 보유 국가가 되었고, 지금 같은 미중 관계, 즉 일종의 냉전 상태는 앞으로 상당 기간 이어질 것입니다. 일단 핵을 보유했으니 북한은 체제가 유지되는 한 결코 이를 포기하지 않을 것이고, 중국은 가능한 모든 수단을 동원하여 북한 체제가 붕괴되는 것을 막으려 할 것입니다. 그런데도 여전히 통일을 당장의 국가 야망과 국가 단합의 기치로 삼고 이에 다른 정책을 추진하면 순기능보다도 역기능이 더 큽니다.

우리가 북한을 통일해야 할 하나의 민족 국가로 접근한다면, 한반도와 국제 사회의 현실과 유리되고 마찰을 야기합니다. 우선 북한은 남한이 자신들에게 도움을 줄 의무가 있다는 시각이 있습니다. 그리고 남한도 북한의 비이성적, 비규범적 행동에 대해서 국제 사회의 규범보다는 민족이라는 시선으로 대응하는 경향이 있습니다. 그런데 막상 북한은 실제 민족의 장래 문제는 '우리 민족끼리'가 아닌 미국과만 논의해야 한다고 주장하며 일관되게 행동합니다. 우리가 계속 민족과 통일을 이야기하면 남북 관계는 더 악화되고, 비정상적 대립 상태로 고착될 수밖에 없어요.

김남국 최상용 대사님께서는 이 문제에 대해 어떤 의견을 가지고 계십니까?

최상용 북한과 민족주의, 남북한 관계에서 민족주의를 어떻게 이해해야 할까요? 'Nationalism'의 번역어로서 '민족주의'는 긍정과 부정의 이중성이 있기 때문에 지극히 논쟁적인 개념어입니다. 그럼에도 국가와 민족의 독립과 통일을 추구하는 민족주의는 정당화되고 있고 개인이 자기 나라에 대해서 가지는 적절한 애국심도 보편적인 감성으로 받아들여지고 있습니다. 그리고 개별 국가가 국제 정치의 현장에서 국가 이익을 추구하는 민족주의는 주권 국가가 해체되지 않는 한 지속될 것입니다.

북한은 민족주의라는 말을 피하면서도 실제로는 민족자주·조국통일·사회주의적 애국주의를 열광적으로 표방하는 전투적인 민족주의를 지향하고 있습니다. 근현대사 이래 민족주의는 남북한 동포가 공유하는 에너지의 원천이었습니다. 그러나 제2차 세계대전 후 한민족이 냉전형 분단국으로 양극화되면서 북한의 민족주의는 사회주의와 결합하게 되었고 대한민국의 민족주의는 자유 민주주의와 결합하게 된 것입니다. 여기에 바로 민족주의의 함정이 있습니다. 체제 이념 경쟁에서 이긴 대한민국의 입장에서 민족주의는 북한과의 경쟁의 테마가 아니라 평화 통일을 실현하는 과정에서 우리의 유력한 정치적 자원이 될 것입니다.

제2차 세계대전 후 현대사에서, 또 한국 외교에서 가장 중요한 나라는 미국입니다. 냉전 시대는 물론 신냉전 상황에서도 한미 동맹 관계는 한국 외교, 특히 한국의 4강 외교에서 부동의 중심축입니다. 4강의 한반도에 대한 정책 태도를 보면 한국과의 2국 관계에서는 차이가 있지만 대체로 한반도의 평화로운 현상 유지를 바라고 있습니다. 따라서 한국이 추진할 수 있는, 가능한 최선의 외교 선택은 4강과의 평화 공존입니다.

그동안 한국은 원칙적으로나 현실적으로 평화 공존의 역사적 흐름에 효과적으로 적응할 수 없었습니다. 무엇보다 한반도가 전후 최악의 냉전형 분단국이었기 때문에 북한의 혁명 도덕주의와 남한의 반공 도덕주의는 자본주의 체제와 사회주의 체제의 평화 공존을 받아들일 수 없었습니다. 현실의 평화 공존 정책이 분단을 고정화한다는 통념도 중요한 원인이었습니다. 그래서 남북한 당국은 물론 한국 내 여야 정치 세력도 평화 공존이라는 말을 의도적으로 피해왔습니다. 이제 우리는 반反정치적인 선악의 이분법과 통념이란 이름의 허위 의식에서 깨어나야 합니다. 남북한 평화 공존은 엄연한 역사적 현실이며 전쟁 아닌 방법으로 통일에 접근하는 가능한 최선의 정책이고 평화 통일을 위한 최소한의 과정입니다.

강원택 김학준 회장님은 일찍부터 북한 문제에 관심을 갖고 많은 연구를 해오셨습니다. 의견이 어떠신가요?

김학준 우리나라는 사회주의에 대한 동경이 강한 나라, 다시 말하면 평등에 대한 열망이 강한 사회입니다. 그것이 일부 사람들에게는 공산주의에 대한 동경으로까지 나아갔습니다. 여기서 문제는 일제 치하에서 항일 운동을 목숨 걸고 하던 사람의 다수가 공산주의를 지향했던 것입니다. 항일 운동의 투쟁과 열망을 폄하하는 것이 아닙니다만, 해방 이후 지향해야 할 목표가 소련이었다는 것에서 비극이 시작되었다고 봅니다.

1990년대 공산권 붕괴로 인해 공산주의에 대한 열망이 많이 가라앉았지만 그럼에도 아직 우리 사회의 사상적·정신적 경향에는 사회주의를 지향하는 분위기가 많이 남아 있고, 이것이 반자본주의 등으로 이어지는 것으로 봅니다. 사회주의라고 해도 영국식 사회민주주의는 얼마든지 허용될 수 있다고 봅니다. 이들은 마르크스의 계급론이나 레닌의 볼셰비키 혁명을 공식으로 부정한 바 있으며 이러한 바탕 위에서 국민의 선거를 통해서, 국민의 선택을 통해서 정책 프로그램을 선정하는 방식이라면 이는 허용될 수 있다고 생각합니다.

그런데 우리나라에서 이런 흐름이 주사파로까지 이어질 것으로는 상상도 할 수 없었습니다. 저는 군사 독재에 대한 저항과 반대를 용기 있는 행동으로 보았지만 그 바탕에 김일성에 대한 동경 혹은 주체사상의 실현이 있다고는 생각도 하지 못했습니다. 문재인 정부 시기에 와서 민주화 운동을 했던 사람들에 대한 평가가 국민 사이에서 많이 달라졌다고 생각합니다. 그 사람들이 순수하게 자유 민주주의를 위해서 투쟁한 것이 아니라 사실은 주체사상을 지향하고 있었다는 것을 깨닫게 해준 것이 문재인 정권의 역설적인 공이라고 봅니다. 그런 점에서 이홍구 선생님이 서울대학교에 계실 때 쓰신 논문 중 〈반자유주의적 자유주의〉라는 논문은 다시 한 번 읽을 만하다고 생각이 됩니다. 당시 운동권을 비판하기가 상당히 힘들었던 분위기 속에서, 운동권을 외형적으로는 자유를 표방하지만 내용을 보면 완전히 자유주의에 반대되는, 즉 반자유주의적인 것이라고 비판한 이 논문이 지금 이 시점에서도 매우 주목할 만한 글이라고 생각합니다.

그러나 이제 분위기가 바뀌었습니다. 주사파 등의 세력은 대체될 필요성이 있으며, 대한민국을 건강한 자유 민주주의 체제로 만들겠다고 하는 열정은 옹호되어야 하지만 그 수면 아래 내재되어 있었던 소비에트 지향적, 주체사상 지향적 사상은 완전히 제거되어야 한다고 생각합니다. 나아가 민족주의를 계속 내세워서 북한도 민족주의의 관점에서 접근하며 너그럽게 바라보는 것 또한 잘못된 것임을 지적해야 합니다. 오늘날 북한의 실정은 민족주의는커녕 반민족주의이고 반인민적 정권이며, 따라서 현재는 이를 비판하는 것이 마땅하다고 할 수 있습니다. 이러한 비판이 지지를 받을 수 있는 지적인 분위기가 형성되었다고 생각합니다. 통일 문제에 대해서도 우선 1948년 남북 협상 식의 통일 방안에 대한 긍정적 평가에서 벗어나야겠다는 생각을 하고 있습니다.

장덕진 이종찬 원장님은 북한을 민족주의적 관점에서 바라보는 것에 대해 어떤 의견이 있으실까요? 혹은 어떤 문제로 바라보아야 한다고 생각하시나요?

이종찬 저는 여러 면에서 가치의 문제로 보인다고 생각합니다. 결국 우리가 추구해야 할 가치가 제일 중요합니다. 대한민국 임시정부에서 내내 가치를 얘기했습니다. 그런데 대한민국이 성립이 된 후에는 가치 문제가 자꾸 죽어갑니다.

러시아가 우크라이나를 침범한 것을 우리가 규탄할 때, 침략이라는 사실도 중요하지만 '왜 우크라이나 사람들이 스스로 결정할 수 있는 걸 다른 나라가 강제로 결정을 하려고 하느냐', 이 문제를 이야기해야 되는 것 아닙니까? 헬무트 콜이 오데르-나이세 동쪽 지역을 포기했습니다.[27] 그리고 거기 있는 독일 시민들을 서쪽으로 이주를 시켰습니다. 그건 굉장한 일입니다. 지금 통일이 그냥 자연히 온 것처럼 말하는데 사실은 그런 의지가 있었다는 것입니다. 그렇게 하지 않으면 통일이 이루어질 수 없다고 해서 합의된 것 아닙니까.

우리 국민은 지금까지도 각자의 뜻에 따라서 살아왔고 앞으로도 자신이 결정하는 뜻에 따라서 나갈 수밖에 없는 겁니다. 그 지역에 사는 사람들의 의사를 제일 존중해야 합니다. 어떤 선거 제도도 최대한 국민의 의사를 국정에 반영할 수 있도록 해야 합니다. 41%를 얻었음에도 불구하고 3분의 1밖에, 33%밖에 행사하지 못한다면 이것은 제도가 잘못된 것입니다.

장덕진 원장님이 강조하시는 가장 근본적인 가치, 자유에 대한 의지나 인민 자결은 인류 보편적인 겁니까, 아니면 동서양이나 국가 간에 차이가 있는 겁니까?

이종찬 전 보편적이라고 봅니다. 카탈루냐의 주민이 '우리는 스페인과 분리해서 독립하겠다' 하면 그걸 존중해줘야 합니다. 마찬가지입니다. 저는 북한이 '우리하고 분리해서 살겠다'고 하면 그걸 막을 재주가 없습니다. 그래서 저는 통일 운동이 잘못되었다고 봅니다. 북한의 2,000만을 우리와 함께 살게 하겠다는 운동을 해야지, 지금처럼 3만5,000명의 탈북자도 같은 동포로 생각하지 않으면서 통일 운동을 한다면 그건 거짓말입니다. 점령을 하겠다는 얘기나 마찬가지라는 겁니다. 우리가 북한을 점령해서 2,000만 명을 피압박자로 만들겠다는 얘기입니다. 그건 통일이 아닙니다. 불행한 일입니다. 저는 그런 통일은 안 했으면 합니다.

제가 황장엽 씨하고 한 얘기가 있습니다. "통일이 당장 됩니까?" "안 됩니다." "그럼 어떻게 생각합니까?" "적어도 북한 인민들의 생활이 올라가서 남북이 같이 사는 데 불편함이 없을 때 통일이 됩니다." 지금 북한의 소득이 우리의 50분의 1입니다. 현실적으로 과거 동서독 통일과 비교하면 동서독은 수준이 비슷했음에도 지금까지 문제가 많습니다. 남북은 경제 수준 격차가 너무 크기 때문에 더 문제가 될 것이고요. 지금은 평화 공존이다 이겁니다.

장덕진 지금 상태에서 그냥 통일이 될 경우에 소위 얘기하는 통일 비용의 문제가 있지 않습니까. 그런데 그게 감당이 안 되겠지요.

이종찬 저는 통일부를 없애고 민족화해부를 만들어야 한다고 생각합니다. 이스라엘도 디아스포라부가 있습니다. 전 세계적으로 보면 우리 한민족이 미국에 200만, 중국에 100만, 일본 100만이 깔려 있습니다. 아프리카 구석구석까지 우리 한국 사람들이 다 뻗어 있습니니다. 그러면 그 사람들을 우리가 전부 우리 동포로 포용하는 부처를 만들자는 생각입니다. 북한의 2,000만도 그 안에 포함시켜서 말입니다. 그래서 통일부는 필요 없다는 생각입니다. 그리고 지금 이 시기에는 '한반도와 그 부속 도서'라고 얘기할 것 없이 한국의 인민들이 결정하는 영역을 우리의 영토라고 할 수 있습니다. 지금 한국에 사는 인민들이 생각하는 영역이 우리의 영토입니다.

김남국 김황식 총리님께서 보시기에는 북한을 민족주의적 시각에서 포용해야 할까요? 향후 50년 미래에 북한의 생존 가능성은 어떠한가요? 한국은 북한과 장기적으로 공존할 수 있을까요? 북한의 미래에 최대의 적은 미국인가요? 혹은 그들 스스로의 체제인가요?

김황식 우리에게 북한은 법률적으로는 반국가단체이지만 정치적으로는 같은 민족으로서 함께 통일을 이루어야 하는 상대방입니다. 이러한 북한의 양면성을 고려하여 군사적 측면에서 단호한 대비와 민족적 측면에서 교류 협력 지원 및 포용이 병행되어야 합니다. 양자택일의 문제가 아닙니다.

서독은 동독 정부가 국민의 의사에 의하지 않고 수립되었다는 이유로 오랫동안 정상 국가로 보지 않고, 오로지 서독만이 선거에 의하여 수립된 정통 독일 정부라는 생각이었지만 동족인 동독 주민의 고통을 덜어주는 차원에서 지원했습니다.

우리도 이러한 자세로 접근하여야 합니다. 북한의 세습 왕조 유사 체제는 유지되기 어려울 것입니다. 현대 문명 사회에서 그러한 정권은 일시적으로는 몰라도 장기간 유지·존속될 수 없는 것이 세상 이치입니다. 북한 체제가 붕괴될 경우 전개될 가능성이 있는 다양한 상황을 대비해야 합니다.

결국 북한의 생존 여부는 북한에 달려 있습니다. 개혁 개방의 길로 나오면 북한의 생존, 남한과의 공존은 가능할 것입니다. 그런 뜻에서 북한의 미래는 스스로에게 달려 있습니다. 그러므로 미국이 북한의 적은 아니고 북한 체제 자체가 스스로의 적이라 할 것입니다.

김병연 민족주의적 시각에 관한 많은 이야기가 나왔습니다. 반면, 우리가 민족과 통일을 앞세우면 주변국들이 이것을 활용하게 될 것이라 생각합니다. 어떤 방면에서 활용하려고 할까요?

송민순 그들은 한국이 북한을 정상적 국가 관계가 아닌 민족 관계로 보는 정책을 활용합니다. 그들의 대북 정책을 한국에 대한 지렛대로 쓰는 것입니다. 많은 경우, 서울이 평양 문제만 나오면 비논리적인 반응을 보이는 경우가 허다하고, 그래서 입지가 약해진다는 것을 알고 있는 것이지요. 그러면 주변 나라들이 갑의 위치에서, 한국은 을의 위치에서 관계가 설정되는 것입니다. 한국이 아주 비정상적인 대외 환경을 자초하는 셈이 됩니다.

또 하나는 통일을 내세우고 민족적 시각에서 접근하다 보니 남북 관계가 과도하게 국내 정치화됩니다. 정권 교체 시마다 대북 정책으로 인한 국론 분열이 과열됩니다. 남북 관계를 보통 국가 관계로 전환하면 비근한 예로, 해수부 공무원의 서해 피살 사건이나 탈북 어부의 북송 사건도 해난 구조에 관한 국제 협약과 난민 처리에 관한 국제 협약에 따라 조치하면 국내 정쟁은 물론 남과 북 사이에도 논란이 생길 소지가 상당 부분 해소됩니다.

이런 논리에 대해 '영구 분단'을 조장한다며 비판할 수도 있다고 보지만, 저는 그 반대로 봅니다. 지금처럼 서로를 통일의 대상으로 보니까 남북 사이에 교류와 접촉이 오히려 더 어렵습니다. 만약 이산가족이 중국이나 러시아처럼 우리와 보통 관계로 설정된 나라에 살고 있다면 훨씬 쉽게 만날 수 있고, 일반 북한 주민과도 접촉하면서 가까이 지낼 수 있지 않겠습니까. 그러면 종국적인 통일의 토양이 조성될 수 있을 것입니다. 지금 같은 상태에서 그 토양은 갈수록 척박해질 뿐입니다. 그런 의미에서 통일 과정에 대한 개념 자체를 달리 생각해볼 필요가 있습니다. 그렇게 별개 국가로 존재하다가, 어느 시점에 가서 통일을 할 수 있는 조건이 형성되고, 의지가 축적되면 그때 통일하면 된다고 생각합니다.

더욱이 최근 우리 국민의 통일 지지도도 떨어지는 추세입니다. 이런 상황에서 더 이상 국가의 목표로 통일을 내세울 필요는 없어요. 헌법 3조의 영토 조항은 상징적으로 유지하고, 4조의 통일 정책은 발전적으로 해석하면 된다고 봅니다. 그리고 추후 개헌이 이루어지면 좀 더 현실에 가까이 가도록 수정할 수 있다고 봅니다. 통일이나 북한 비핵화 문제를 희망적 사고로 판단해서는 안 됩니다. 아무리 좋은 목표를 갖고 있다 하더라도 그 목표에 도달할 수단이 없다면 허상에 불과합니다. 흔히 지금 당장은 수단이 없지만 앞으로 수단을 만들고 찾으면 된다고 주장하기도 합니다. 자신의 능력을 과대평가하고 희망적으로 생각하는 오류의 대표적 경우이지요. 냉정하게 판단해야 합니다.

김병연 5년마다 바뀌는 대북 정책으로 인해 지속적인 정책 유지가 힘든 것이 큰 문제점입니다. 어떻게 생각하시나요?

송민순 대북 정책이라는 것은 대를 이어갈 수 있어야 해요. 5년마다 바뀌는 정책에 대해 가뜩이나 움츠리는 북한은 의심의 눈초리로 보고 주변국들도 기꺼이 협력하기를 주저하게 됩니다. 국내에서조차 지속 가능성에 지지를 못 받는 정책이 대외적으로 힘을 받기 어렵지요. 이런 현상에 대해 '초당', '협치' 등 좋은 말로 극복하자고 하는데, 정치의 속성상 어렵다는 것은 이미 입증되고 있습니다.

다음으로 '북한이 핵을 가졌는데 어떻게 공존이 가능하느냐'는 질문이 제기됩니다. 북한의 비핵화 가능성이 희박한 상태에서 한반도에서 새로운 핵 균형을 모색하는 일이 필요하다고 생각합니다. 지금 우리는 미국의 '확장 억제'라는 이름의 핵 우산 아래 보호받으며 살고 있습니다. 그 우산을 걷어내면 바로 북핵 위협에 그대로 노출된다는 의미이기도 합니다. 동맹을 강화하면서 미국을 믿고 지내면 된다는 생각이 지배적입니다. 나아가 확장 억제가 실제 작동하는가는 그 특정 시점의 국제 정세는 물론 미국의 국내 정치 사정에 달려 있습니다. 어떤 경우에도 가동되는 자동장치가 아니라는 점도 늘 염두에 두어야 합니다.

그래서 우리와 같이 미국의 최대 군사 동맹국인 일본이나 독일은 어떻게 하는지를 주목해야 합니다. 그들의 핵 정책은 일종의 '무기화되지 않는 무기 체계'와 같습니다. 핵 국가는 아니지만 유사시 단기에 자체 핵 우산을 펼 수 있는 역량을 갖추고 있다는 것입니다. 잠재적 적대국은 물론 동맹으로부터도 핵 능력에 관해 응분의 인정을 받으면서 자체 무게가 있는 국가 위상을 유지하는 것입니다. 우리는 어떻습니까? 좀 단적으로 말하자면, 진보 정부에서는 북한을, 보수 정부에서는 미국을 각각 의식해서 엄두를 내지 못하는 겁니다. 그런데 NPT, 즉 핵 비확산 체제 내에서도 얼마든지 '무기화되지 않는 무기 체계' 시스템의 기초를 닦을 수 있습니다. 이를 막고 있는 한미원자력협력협정을 발전적으로 개정해야 할 것입니다. 남북이 별개 국가로 공존하면서 정상적 관계를 발전시키는 과정에서도 반드시 가야 할 길입니다.

김병연 남북 관계의 정상적인 발전은 한미 동맹에도 큰 영향을 준다고 생각합니다.

송민순 그렇습니다. 이런 선택은 한미 동맹을 대미 '의존형 동맹'에서 '자립형 동맹'으로 만들어가는 데 필수 과정입니다. 재차 강조하지만, 한국은 안보의 대외 의존도가 너무 높습니다. 미국이 손을 놓을 경우 제대로 설 수도 없는 나라라면, 평상시에도 나라를 제대로 설득하고 우리의 국익에 맞게 이끌어갈 수 없습니다. 저는 한국이 영국이나 프랑스 수준은 아니더라도 일본이나 독일 정도의 자립형 동맹으로 발전되어야 한다고 생각합니다. 이런 나라들은 유사시 미국이 손을 놓아도 설 수 있는 동맹입니다. 외교는 한 나라가 취할 수 있는 선택의 여지를 확대하는 예술입니다. 핵 기초 역량을 갖출 수 있는 국제법적 환경 조성과 자립형 동맹의 기반을 구축하는 일은 한국이 외교의 지혜와 에너지를 쏟아야 할 곳이라고 생각합니다.

극단으로 치닫는 북핵 문제, 해법은 무엇인가

김병연 저도 통일 문제에 대해서는 냉정하게 바라봐야 한다고 생각합니다. 핵 문제에 관해서는, 북한 핵 문제가 실질적인 위협으로 다가오고 있는데 우리가 아무런 행동을 취하지 않을 수는 없지 않겠습니까? 일전에 장관님과 대화 나눌 때 핵무장에 대해 말씀하신 것으로 기억합니다. 한국이 핵무장을 하겠다는 것만으로도 미국, 중국에게 압박이 될 수 있다고 말씀하셨던 것 같습니다. 그런데 오늘 말씀은 북한 비핵화가 실패할 경우 무기화되지 않은 핵무기 체계를 가져야 한다고 강조하시는 것 같습니다.

송민순 제가 우리의 핵 능력 이야기를 꺼내면 대부분의 경우 "그럼 우리도 핵무기를 갖자는 말이냐?" 하고 결론부터 거론합니다. 그러면서 한반도 비핵화 포기냐, 미국 등 국제 사회의 압박을 견딜 수 있느냐 같은 장벽부터 치고 나옵니다. 저는 핵무장하자고 주장한 적이 없습니다. 핵국가와 비핵국가 사이에 중간지대가 있다는 점을 눈여겨보려 하지 않는 것이지요.

앞서 말씀드린 바와 같이, 외교는 자기가 취할 수 있는 행동의 여지를 확대하는 예술입니다. 우리가 핵무기를 스스로 갖겠다는 것이 아니라, 핵무기를 가질 수 있는 여지를 확보해야 한다는 말입니다. 다시 말해, 한미원자력협정을 개정해서 우리가 발전용 연료인 5~25% 수준의 우라늄 농축을 할 수 있어야 한다는 것입니다. 세계 5~6위의 원자력 발전 국가인 한국이 핵연료를 확충하는 길이기도 합니다. NPT 체제에서도 평화적 이용을 위한 우라늄 농축은 가능합니다. 대신 농축은 철저하게 IAEA의 감시 속에 해야겠지요. 재차 강조하지만 일본과 독일이 선택하고 있는 길입니다. 이건 사실상 미국과 합의만 하면 가능한 일입니다.

제가 보기에 북한 핵에 대한 대응에는 결국 세 개의 진로가 있습니다. 하나는 한미 동맹, 특히 미국의 핵 우산을 강화하면서 북한과 과감한 협상을 하는 것입니다. 그러나 냉정히 말하면 이 협상으로 목표에 도달할 것이라는 기대는 하기 어렵습니다. 2017년 북한이 핵무기를 완성하기 이전 단계에서 협상은 최소한 핵무기 개발 진전을 막는 효과를 기대할 수 있었습니다. 당시에는 북한이 핵을 완성하기 전이었고, 특히 6자 회담이 진행 중이었을 때는 중국도 협상에 참여하고 있었기 때문에 의미와 효과가 있었습니다. 그러나 지금은 이미 핵 보유국이 된 상태로 기본 환경이 바뀌어 버렸습니다.

두 번째는 우리가 미국의 핵 우산과 더불어 우리 자체의 3축 체계(탐지와 사전 타격 장치, 미사일 방어 체계, 압도적 보복 능력)를 보완하는 것입니다. 그러나 3축 체계는 어느 정도 정치적·심리적 효과를 기대할 수는 있어도 군사적으로 북핵 위협과 위험을 사전 대응하고 제어하는 데 충분한 기능을 할 수 없다는 것을 전문가들은 다 알고 있습니다.

마지막 세 번째로 한국 자체의 핵 능력, 즉 무기화되지 않은 무기 체계를 갖추면서, 핵 협상에서 자체 위상을 올리고, 핵 위기의 구름이 모이면 즉각 스스로 대응할 수 있는 태세에 돌입하는 것입니다. 이 세 가지 트랙은 상호 배타적인 길이 아니라 병행 보완적으로 운용되어야 할 것입니다.

김병연 북한 문제라는 것이 중국과도 관계되어 있고, 아까 말씀하신 것처럼 우크라이나 전쟁 때문에 지금은 중국, 러시아, 북한이 밀접해지고 있습니다. 미국, 서방과 대립되는 구조인데 여기에 우리의 생존 문제가 걸린 거 아니겠습니까? 만약 북한이 비핵화를 하지 않는다면 우리는 어떤 전략적 선택을 해야 할까요? 예를 들어 현재 미국 일각에서는 오커스AUKUS 동맹(오스트레일리아, 영국, 미국이 결성한 군사동맹)을 확대하자는 이야기도 나오는 것 같습니다. 만약에 북한의 비핵화가 실패한다면 오커스 동맹에 가입하는 것을 우리 정책의 선택지로 두는 것에 대해서는 어떻게 생각하시는지요?

김종인 저는 우리나라는 오커스에 가입하지 않는 것이 좋다고 생각합니다. 미국이 공격 대상이 되지 않는 한 남의 나라가 공격을 받았다고 해서 핵을 투입하기는 어렵다고 생각합니다. 북한은 비핵화하지 않을 것입니다. 비핵화라는 것은 김정은에게 "네 생명을 내놓으라"라고 하는 것과 똑같은 이야기입니다. 하지만 북한이 핵을 갖고 있다고 해서 남한에 핵을 쓰지는 못할 것입니다. 따라서 우리가 오커스 혹은 이와 유사한 그룹에 가입해서 중국이나 러시아를 무조건 적대적인 관계로 만들 필요는 없습니다.

지금 중국과 미국과의 관계를 놓고 봤을 때, 미국도 그렇고 중국도 그렇고 한반도가 통일되는 것을 원하지 않을 것입니다. 만약 한반도가 통일되었는데 통일된 한국이 자주권을 갖고 미국 편을 들 수도 있고, 들지 않을 수도 있는 상황이 된다면 미국이 가만히 있지 않을 것입니다. 중국도 마찬가지입니다. 한국 전쟁 발발 직후인 1950년 7~8월에 대한민국이 없어질 뻔한 것을 미국이 막아주었습니다. 그해 10월 말~11월 초에는 북한이 없어질 뻔한 것을 중국이 33만 명 군대를 보내 막았습니다. 그렇게 지금까지 남북한의 이해관계가 고착되어 있습니다. 그러니까 지금은 어느 한쪽으로 가도 서로가 불편해지는 상황입니다. 즉 현상 유지가 중국이나 미국에게 편안한 상황입니다.

중국이 한국과 수교할 때 머뭇거린 이유는 북한 때문입니다. 그런데 남북이 유엔에 동시 가입을 한 결과 국제적으로는 서로 독자적인 나라가 되었으니까 수교를 할 수 있었습니다. 그러니 우리는 중국과의 관계를 어느 정도 잘 유지하면서 북한은 자기 스스로 홀로 살게 놓아두는 것이 낫습니다. 일단 북한이 그냥 안심하고 살게 해주고 같은 민족으로서 우리는 대화도 하고 도와줄 수 있는 일이 있고 여건이 되면 도와주기도 하면서 이 시기를 지나가는 것이 낫다고 생각합니다. 억지로 되지 않을 일을 될 수 있는 양 밀어붙이면 오히려 문제가 발생한다고 생각합니다.

김남국 최상용 대사님께 질문 드립니다. 북한의 미래를 어떻게 예상하십니까? 한미 동맹과 4강 외교를 중심축으로 하는 한국의 외교 안보 정책에서 구조로써 지정학적 위치와 행위자로서 한국의 역량 가운데 어떤 차원이 더 중요할까요? 한국은 지정학적 결정론을 뛰어넘을 수 있다고 보십니까?

최상용 '북핵, 어디로 갈 것인가?', '제2의 6·25는 없어야'. 제가 28년 전에 쓴 글의 제목입니다. 그때 진술한 저의 의견과 전망이 지금도 유효하다는 것은 한반도 분단 상황 자체에 기본적인 변화가 없고 남북한 관계에서 전쟁과 평화의 문제, 특히 북한 핵 문제 해결의 지난함을 말해줍니다.

앞으로 북한 지도부가 경제난 극복에 실패하여 정치적 통제 능력마저 상실할 경우 어떤 행태로든 군사적 도발을 시도할 수도 있습니다. 그때는 규모가 크든 작든 동족상잔의 비극이 재연될 수도 있습니다. 어떤 경우에도 제2의 6·25는 막아야 하고 한반도 평화를 지키는 것이 대다수 국민이 지지하는 대한민국의 국정 지표입니다. 그렇다면 북한 핵 문제는 어떻게 할 것인가? 북한의 최우선 순위 정책 목표는 북한식 사회주의 체제, 단순화하면 김정은 체제의 유지입니다. 따라서 현실적으로 북한은 체제 유지에 결정적 도움이 된다면 끝까지 핵 보유를 고집할 것이고, 논리적으로 말해 핵 보유가 체제 붕괴로 이어진다는 판단을 하면 핵을 포기할 수도 있을 것입니다. 현시점에서 분명한 것은 핵 보유가 체제 수호를 위해 필요하다고 판단한다는 점입니다.

따라서 대화를 통한 당근과 제재를 통한 채찍을 저울질하는 경우에도, 그 당근이 효력을 가지려면 북한으로 하여금 그들의 체제 유지에 어느 정도 자신감을 갖게 해야 합니다. 그리고 채찍이 의미가 있으려면 북한이 그 채찍에 두려움을 느끼거나 아니면 체제 붕괴를 초래할지도 모를 전쟁을 피하기 위해 북한에게 그 채찍의 결과를 읽을 수 있게 해야 합니다. 우리는 북한 핵 문제 해결의 능력과 책임은 일차적으로 미국에 있다는 냉엄한 현실을 받아들여야 합니다. 북한 핵 문제에 관한 한 한국이 미국의 주도를 원칙적으로 지지하고 북한의 핵 보유를 원치 않는 우리의 단호한 입장을 밝히는 것이 우리의 국가 이익을 지키기 위한 현실적이고 비용이 적은 선택입니다.

강원택 마지막으로 북핵 문제와 한반도 안보 문제 해결을 위해 어떻게 접근해야 할까요? 이 문제의 해결이 복잡한 것은 북한뿐만 아니라 이에 대한 중국의 역할도 중요하기 때문입니다. 핵무기 개발과 관련된 대북 제재 조치에도 북한이 일정하게 버티는 것은 중국의 지원이 있기 때문이 아닐까요?

이홍구 북한 핵 문제와 관련해서도 중국의 태도에 문제가 있습니다. 핵폭탄이 인류 전체의 문제인데 마치 다른 동네 이야기하는 것처럼 방관하는 것은 무책임해 보입니다. 중국이 유엔 상임이사국인데 핵 문제로 북한을 설득하지 못한다는 것은 중국이 그만큼 힘이 없다는 말이거나, 중국이 상임이사국으로 있을 자격이 없다는 말밖에 안 된다고 생각합니다. 북한 핵을 막는 일은 국제 사회는 물론 특히 동아시아 3국이 모두 신경을 써야 할 일인데, 그중에서도 특히 중국이 북한을 제대로 제어하지 못한다는 것은 잘못된 일이고 반성할 일이라는 점을 강조할 수밖에 없습니다.

이미 구한말에 안중근 의사가 동양평화론에서 주장한 바는 아시아에서 제국주의를 추구하거나 서로 공격하면 안 된다고 일본을 타이른 것입니다. 핵 문제와 관련해서 보면 일본은 세계에서 유일하게 원자탄 공격을 받은 나라입니다. 그런 점에서 일본은 북핵과 관련해서 더욱 강경한 태도를 보여야 합니다. 일본 사람들이 원자탄 공격으로 많은 피해를 입었지만 사실 피해자 중에서 한국 사람도 상당수 포함되어 있습니다. 징용으로 끌려갔거나 유학을 갔거나 다른 이유로 일본에 머물렀던 조선 사람들도 많이 희생되었습니다. 그런 점에서 우리도 희생자라고 할 수 있습니다. 북한의 핵 문제와 관련해서 일본은 핵무기는 용납될 수 없다는 입장을 보다 강경하게 취해야 했는데, 도쿄올림픽 개최와 관련해서 아베 총리가 보여준 모호한 태도는 그런 점에서 아쉬움이 있었습니다. 북한 핵 문제는 한국이나 미국만의 문제가 아니라, 한국, 중국, 일본 등 동아시아 국가들이 해결을 위해 함께 노력해야 하는 일입니다.

한편 북핵 문제와 관련해서는 아까 중국의 방관이나 소홀을 실수라고 평가했는데, 중국뿐만 아니라 아시아 국가들이 해결을 위해 적극적으로 나서야 하는 문제입니다. 우선 전 세계에서 유일하게 일본이 핵폭탄 피해를 경험했고, 또 당시 한국 사람들 가운데서도 똑같은 피해를 입은 사람이 많았습니다. 이런 점을 고려하면 북핵 이슈는 동아시아 전체가 깊이 고민해야 할 사안이라고 할 수 있습니다. 다시 말해 이 문제는 아시아 지역에 핵폭탄 피해가 발생한 것이기 때문에 아시아 국가들이 이런 문제를 어떻게 해결할 것인가라는 시각으로 바라볼 수 있습니다.

과거에 이와 관련한 동아시아 평화 회의를 한 경험이 있습니다. 일본에서는 하토야마 전 총리가 왔고 중국에서는 리자오싱 전 주미 대사가 왔었습니다. 아시아에서의 핵 문제 해결을 위해 한·중·일의 동맹과 협력은 매우 중요하고 이는 안중근 의사의 동양평화론에서도 강조된 바입니다. 결국 아시아의 평화를 위해서는 무엇보다 한·중·일 이웃한 세 나라 간의 협조가 중요할 것입니다.

3·1 독립선언서를 봐도 놀랄 만한 것은 '일본이 나쁜 놈이다'라는 말이 없다는 것입니다. 즉 안중근 의사는 일본에 대한 무조건적 비난만을 한 것이 아닙니다. 오히려 동양 평화가 필요하다는 것, 그리고 일본이 중국을 침공해서는 안 된다는 것, 그리고 세계 평화를 위해 동아시아 3국이 아시아 평화를 이룩해야 한다는 정신이 깃들어

있습니다. 일본 학자들의 말을 들어보면 당시 이토 히로부미도 동아시아 평화에 관한 신념을 갖고 있었고 그러한 점에서 안중근 의사가 그를 존경했다는 이야기가 있습니다. 그러나 이토 히로부미가 이후 한일 합방으로 동양 평화를 해치면서 안중근 의사가 실망하고 분노하여 암살을 시도했다는 이야기입니다. 아까 언급했던 동아시아 3국 회의에서 일본이 헌법에서 전쟁을 금지한 조항을 두고 노벨평화상에 추천하자는 논의가 있었는데, 그것은 평화를 유지하기 위한 모범적 조치로 다들 공감한 것입니다. 한·중·일이 서로 적, 경쟁자라는 생각을 버리고 평화와 관련한 정신을 계승하여 함께 가야 할 것입니다.

천명과 절명 사이 K-정치, K-환경을 창조해야 한다

김진현
세계평화포럼 이사장 · 前 과학기술처 장관

이 땅에서의 오늘의 삶, 내일의 삶-성공과 위기의 결정

한반도 역사와 21세기 현상을 통시通時적, 통장通場적으로 짚어보면 이 땅에서의 삶이 얼마나 독특한 삶이고, 변함없는 지정학적 위험의 삶이고, 생명자원(에너지와 먹거리)이 부족한 삶인지 알 수 있다. 이런 삶의 기본적 특성들은 '극단성'을 축으로 세계사적 기록을 세운 대한민국 근대화 혁명, 선진국화 성공에도 불구하고 도전, 모험, 위기에 부닥친 삶임을 일깨우게 한다. 첫째가 지리적·역사적 도전이고, 둘째가 지구촌 인류의 보편적 실존 문제에서 제일 앞장선 가장 깊은 진앙지에서의 삶이다.

근대화 혁명 성공을 바탕으로 이 도전을 극복하고 세계 중심으로 가는 길을 개척하느냐, 내부의 도착, 역발전의 실패로 가느냐의 갈림길에 섰다.

대한민국 국가로서의 삶, 사회 공동체로서의 삶, 개별시민의 삶의 실존적 안전·안보는 여전히 '문제군'적 위험 덩어리로 남아 있다. 에너지와 먹거리 생명자원 확보라는 1차원적 국가 사명뿐 아니라 남북 분단과 세계 4대 강국에 둘러싸인 1945년 제2차 세계대전 이후 80년 가까이 지속되고 있는 지정학적 위험은 오히려 핵 위험과 복잡성을 더해가고 있다.

대한민국은 제3세계 국가 중 유일하게 초고속, 초압축 근대화에 성공한 나라다. 서양 근대화 500년의 대가인 환경, 기후 변화(온난화), 쓰레기, 공기 오염, 팬데믹, SNS, 포퓰리즘, 양극화, 가짜 뉴스, 팬덤, 핵, 무인살상무기, 사이버전 등 근대와 현대를 넘어 초현대-호모 사피엔스의 시대를 넘어 전개되는 새 인류 문명사 도전의 최전선에 서게 되었다. 지구상 최고의 실험장, 인류 생존 문제군의 딜레마가 가장 농축된 땅에서의 삶이다. 시간이 갈수록 한국적 민주주의는 본래 모습으로 완성되어가는 것이 아니라 분열, 갈등의 원천이 되고 도착적 민주주의로 진행하고 있다. 근대화(발전 성장)의 절정과 지구촌 문제군 진앙지에서의 삶이라는 또 하나의 절정을 동시에 맞이하며 사는 것이 대한민국에서의 삶이다.

대한민국 문제군 해결에 정면으로 맞부딪치는 것은 동양의 문제군과 맞부딪치는 것이고 동시에 서양까지 아우르는 인류 문명사적 도전, 멸종 위기까지 맞은 인류 탄생 이래의 도전이기도 하다. 건국 74년, 성공의 절정과 위기·도전의 절정 앞에 대한민국의 미래 '새 길', 자강의 길 개척이 곧 지구촌 문제 해결 개척자의 '새 길'임을 자각하며 새 마음, 새 혼, 새 정성을 모아보자. 그러나 대한민국 근대화 성공의 상징이었던 '가족계획'의 도착적 결과는 인류 역사상 최고의 저출산율과 인구 감소로 영국 경제학자의 계산대로라면 2750년 이 지구상에서 가장 먼저 사라지는 나라, 대한민국의 멸종이다.

자강의 길, 근대·초근대 문제군을 인간 본연, 인류 보편의 윤리로 통합하여 해결의 길을 여는 것이 대한민국에 주어진 천명天命이다. 대한민국의 삶이 곧 인류 생존 문제군(환경, 생명자원, 안보…) 진앙지에서의 삶이고 가장 예민한 실험장에서의 삶이다. 이 삶의 천명을 거부하면 절명絶命으로 간다. 앞으로 10년 이내, 빠르면 5년 이내 천명의 수행이냐 절명의 길이냐가 확실히 가려질 것이다.

대한민국의 독특하고 유일한 위치

대한민국은 역사적 불행의 유산으로 4대 강국에 모두 교포를 두고 있는 유일한 나라다. 국력에 있어 세계 4대 강국(1등 미국, 2등 중국, 3등 러시아, 4등 일본)과 지리상 유일하게 국경을 접한 나라이기도 하다. 또한, 세계 최대 대륙 국가(중국, 러시아), 세계 최대 해양 국가(미국, 일본) 사이에 있는 유일한 반도 국가이기도 하다. 따라서 대한민국 국민 한 사람은 네 나라 인구, 즉 40배의 인구와 더불어 살고 경쟁하며 살아야 한다. 1당 40의 능력을 목표로 해야 한다. 그래야 규모(지리, 인구) 자원 조건에서 절대 불리하고, 역사적 지정학 조건이 숙명적으로 극열한 대한민국이 이 불리하고 열세한 조건을 극복할 수 있다. 자강의 방향과 목표의 핵심이다.

또한, 세계에서 가장 밀집된 핵무기 소유국가들로 둘러싸여 있는 유일한 나라다. 중국, 러시아, 북한과 일본(전전과 전후 핵기술개발 경험)에 포위된 유일한 비非핵 고도孤島국이다. 그리고 인류 역사상 가장 중무장된 '국경선', 가장 장기간 '휴전'을 유지하고 있는 나라로 사실상 깨진 '정전 협정'(1953.07.27.)으로 평화 협정 없이 북한과 휴전선DMZ을 유지하고 있는 나라다. 세계 전쟁사상 유례없이 국경선을 지키며 사는 나라가 바로 대한민국이다.

제3세계 국가 중 근대화·선진화의 조건을 달성한 유일한 나라이며 동시에 서구 선진국에서도 볼 수 없는(일본과의 비교에서도 특출한) 근대화의 왜곡·도착·역진 현상으로 인구·종교(크리스천화)·'산관교문 복합체'(재벌 중심 엘리트축)를 지닌 국가다.

반면, 아이러니도 존재한다. 세계적으로 한류를 다방면에서 배출하고 있지만 한편에서는 고아 수출 2~3등을 기록한다. 이는 동시에 전통·근대·현대·초현대(신인세 Anthroprocence)의 문제군이 복합적으로 축적·폭발하는 인류의 딜레마이며, 생존 문제군이 가장 농축된 나라라는 양면성을 잘 보여준다. 특히 전통적 안보에다 새 안보(AI, 사이버, 핵, 생명자원, 환경), 공간, 도시화, 인구, 전통적 사회 갈등에다 신사회 갈등인 세대, 젠더, 팬덤 현상 등이 복합적으로 전면적으로 동시에 폭발하는 나라가 오늘날 한국이 되었다.

국가와 국력, 자강을 중심으로 재구성하기

국가가 소멸할까?

우리가 예측할 수 있는 미래(예로 2050~2070년)까지 국가는 존재할 것이다. 1972년 《성장의 한계 The Limits To Growth》 발간 이후 100년이 되는 2072년 무렵이면 환경위기 경험을 바탕으로 세계 정부 논의가 실체적으로 전개될 것이다.

정치와 경제가 부딪치면 역사적으로 항상 정치가 이겼다.[1] 2022년 러시아-우크라이나 전쟁 사태, 코로나 팬데믹 재난에서 여실히 드러났다. 정치가 경제 국제화만큼 국제화될지, 경제가 정치 경계선만큼 지역화될지[2] 이 기본 명제는 계속 남으면서 불가피하게 유엔이 국제 정부가 되고 국가를 대신하는 세상이 오지 않는 한 일부 변형된 여러 모습은 나타나겠지만, 국가라는 사회 공동체, 정치 공동체는 존속할 것이다. AI 바이오 기술이 발전하면서 인간, 인조 인간, 인조 두뇌와 국가간의 관계도 복잡하게 될 것이다.

국가가 존속하는 한 세계화, 세계 정부, 이마누엘 칸트가 그리는 영원한 평화, 세계 정부를 만들고 싶은 보편적 이상과 국가 이익의 이성 간에는 끊임없는 충돌·단절·긴장이 있을 것이다. 그러나 국가란 옛날이나 지금이나 전쟁 방지·회피·국제적 합의와 실천이 담보되지 않는 한 '국익'을 최우선으로 할 수밖에 없다.

원래부터 정경분리政經分離란 없다. 정경분리라는 외교 용어가 레토릭으로 있는 것이지 정경분리라는 국가 관계는 없다. 때때로 그 나라 정부들은 우리를 정탐하기 위하여 스파이를 보내기도 한다. 그 나라는 우리와 가까운 동맹국이기도 하다. 그게 우리가 헤쳐가는 현실 세계다.[3] 2019년 코로나19 팬데믹 발생과 2022년 우크라이나 전쟁을 계기로 '국익, 정치적 국익'이란 명제는 더욱 명확해졌다.

코스트와 효율이란 무역 경제 중심의 국제 관계는 후퇴하고 국가 단위 안정성, 지속가능성이라는 전통·정통 지정학이 뚜렷해졌다.

2022년 9월 7일(한국 시간)엔 대한민국이 새겨들어야 할 매우 상징적인 말이 워싱턴과 모스크바에서 나왔다. 미 상무부 장관 지나 러몬드는 백악관에서 500억 달러 지원 반도체법 시행을 위한 전략 보고를 발표하면서 "우리가 기업을 평가할 때 살필 모든 요소는 '미국 국가 안보 보호'라는 렌즈를 통해 보게 될 것"이라 했다. 러시아 외무부 아주1국 게오르기 지노비예프 국장은 국영 〈스푸트니크통신〉 인터뷰에서 "미국이 러시아 원유 가격을 통제하려는 '구매 카르텔'에 한국을 끌어들이려 한다는 것을 알고 있다. 한국이 동참하면 매우 나쁜 결과를 낳을 것이고 한국 경제가 큰 타격을 입게 될 것"이라 했다.

미·중, 미·러시아 양국으로 대표되는 안보 지정학 대결의 결투장에 한국 최고의 경쟁력 산업인 반도체와 한국이 가장 취약점을 갖고 있는 에너지 수입이 적나라하게 모습을 드러내고 있는 것이다. 이제 2022년 러시아의 침공으로 시작된 우크라이나 전쟁과 가스, 석유, 식량, 희토류, 기술, 교류, 무역의 단절 또는 붕괴 위험은 전쟁, 국경, 가치, 경제 간 우선순위의 변화를 확연히 드러냈다. '역사의 종말'이 아니라 '역사의 부활'이다. 그러나 일원적 역사의 부활은 아니다. 복잡성의 역사 부활이다. 그것은 전쟁과 국경, 가치와 동맹, 경제와 자원 그리고 앞의 세 차원을 모두 넘나드는 과학기술, AI, 바이오, 4차 산업혁명이 복합적으로 작동하는 상황이다. 생명자원인 에너지, 먹거리가 자원 무기화되면서 이를 무역에 절대적으로 의존하는 대한민국에겐 더할 수 없이 불리한 환경이 전개되는 것이다.

따라서 대한민국이 존속하는 한 미국·중국·일본·러시아에 둘러싸인 지정학 조건, 강력한 핵국가들에 포위된(북한과 잠재적 핵국가 일본 포함) 안보 조건은 변함이 없을 것이다.

국가 목표의 정체성, 자강

그간 대한민국은 깊고, 기본적이고, 근원적인 정체성을 확립하는 노력보다 성장·발전·민주화 같은 눈에 보이는 이익이나 제도·기능 같은 외형

발전에 치중했다. 선진국에 도달하기만 하면, 선진국 수준 통계에 이르기만 하면, 안전도, 안보도 보장된다 믿었다. 분단되고, 4대 강국에 둘러싸이고, 해양 세력과 대륙 세력 간의 충돌 지역에 자리했다는 특수한 생존의 기본 명제를 잊고 지냈다. 너무 절실해서 그랬는지 너무 불가항력적이라 그랬는지, 이 기본 명제에 다가가려 하지 않았다. 역사상 가장 오래되고 가장 중무장된 휴전선을 둔 'DMZ 휴전 평화', '수도 한복판에 외국군 주둔 병영'을 둔 부자연스러운 안보가 너무 오래 계속되니, 이 두 요소가 세계 역사상으로도 특이한 변종이고 도착이고 정상이 아니라는 사실을 잊었다.

이제 한국의 선진국화와 사회 구조 변화, 북한의 핵과 미사일 완성, 중국 굴기와 미국 중심 단극체제 해체, 인도·베트남·인도네시아·나이지리아·이집트 등 주변부 세력의 등장과 함께 대한민국의 생존 명제는 자강이라는 기본·본질·근원으로 돌아가야 한다. 국력 신장의 목표도 사회 공동체 안전의 목표도, 외교 안보의 목표도 자강이다. 먹거리와 에너지의 '실질적 자립'을 목표로 하지 않는 선진국은 없다는 사실을 우리는 새삼 직시해야 한다. 자강을 위한, 자강을 통한 외교(동맹 외교든 다자 외교든 균형 외교든)여야 하고, 자강을 위한, 자강을 통한 정치여야 하고, 자강을 위한, 자강을 통한 안전(특히 생명자원)이어야 하고, 자강을 위한, 자강을 통한 인류 보편 휴머니즘의 확장이어야 한다.

국가의 진정한 힘이란?

국력은 경국력Hard Power, HP과 연국력Soft Power, SP을 모두 갖춰야 한다.

그러나 국력의 존재 확장만이 목표가 되어서는 안 된다. HP와 SP를 적절한 목표에, 적절한 시기에, 적절한 수단을 동원하는 국력 사용의 효율성을 갖춰야 한다. 국력의 외형적 크기만이 아니라 국력 사용의 장치 기제 통치(정보·경계·훈련·동원·실행 체제)가 효율적이어야 한다. 국력의 크기가 자동적으로 국력 사용의 효율을 보장하지는 않는다. 국력 융성, 국력 사용·통치 모두 정치와 깊은 관련이 있다.

최후 최고의 국력은 재난 또는 전쟁이라는 최고 안보 위기 현장에서 국민이 얼마나 희생·인내·절제하느냐에 달렸다. 이 점에서 대한민국은 HP·SP 확장에도 불구하고 민주화 이후 국력 행사의 통치는 안팎으로 우려를 자아낸다. 외교·안보·안전의 책임 부서와 그 꼭대기에 있는 대통령과 국회의 기능은 국력 신장과 국력 사용, 특히 그 기제와 통치를 마비시키고 있다. 30년 일관된 북핵 실패, 중심 없는 대중·대일 외교, 꼭 만화와 같은 문재인·김정은, 문재인·트럼프 북한 외교가 그런 것이다.

최대 취약점은 보수 진보를 막론하고 역대 정권에 의하여 너무나 오래 지속된 '자강'이라는 외교·안보·안전의 국가 목표가 약화·소멸되면서 국민들까지 국가 의식·자강 의식이 희석되고 왜곡되었다는 것이다.

그 극치가 김부겸 행정자치부 장관의 답변이다. "북한 공격 대비 훈련은 정부가 나서 위험을 조장하는 오해나 불안감이 있을 수 있다. 비상 대비 계획은 있지만 그런 북한 공격 상황을 생각해 정부가 집행에 옮기는 부담과 파장이 큰 문제이며 국민이 상황을 납득해주고 필요성을 공감할 때만 가능하다."[4] 북핵 실험으로 미국 호놀룰루와 일본 도쿄가 방공호 훈련을 했는데도 직접 최대 피해대상국인 대한민국은 국민의 '오해나 불안감' 때문에 훈련을 할 생각이 없는 나라가 되었다. 스위스·이스라엘·스웨덴·독일·북한·미국·일본·중국은 이런 한국을 어찌 평가할 것인가.

독일 의회는 2016년 8월 26일, 2명의 반대뿐 사실상 만장일치로 민간 방위개념법을 통과시켰다. 유럽 내에서 '국경선을 넘는 전쟁은 없을 것이나' 테러의 자행으로 국내 수도, 전기, 가스, 터널, 발전소 등 주요 사회간접시설이 공격받을 가능성에 대비해 모든 국민은 10일치 식량과 5일치 물(1일 5L 기준)을 의무적으로 비축하라는 법이다.

6년이 지난 2022년, 국경선을 넘는 우크라이나 전쟁이 나고 에너지 공급에 일대 위기가 생겼다. 대만 해협에 불꽃이 튀고 있다. 대한민국의 성찰과 개조가 절실하다.

환경, 인류 문명사적 실존 위기의 최전선에 서다

로마클럽이《성장의 한계》를 펴낸 것이 1972년, 꼭 50년 전이다. 인구 증가·경제 성장·자원 소비·탄소 폐기물 배출·환경 문제까지 제기하며 세계 시스템적 접근을 시도, 성장의 한계를 제기했다. 1990년 IPCC(기후변화국제패널) 1차 보고서에서도 또 국가 간 국제회의가 열리기 시작하면서도 '성장의 한계'는 확실한 미래가 아닌 듯 다루어졌다. 경제, 기술, 시장주의 중심의 반론도 컸다. 그러나 2013년 IPCC 5차 보고서에서 기후 변화는 인간 활동과 온실가스 발생에 의한 것이라는 공식 결론에 이르렀다. 온실가스 감축 없이, 즉 2050년까지 1800년대 평균 기온에서 1.5℃ 상승 이내로 억제하지 못 하면 지구적 재앙, 인류 멸종의 재앙이 올 수 있다는 '확실한 미래'에 합의한 것이다.

우리는 앞으로 30~50년 탈탄소하지 않으면 닥쳐올 이 확실한 미래의 불행을 예방하기 위하여 인간 이성, 인류 집단, 연대를 통해 어려운 싸움을 시작해야 한다. 이제 앞으로 50년 뒤 사랑을 기반으로 한 인류의 집단적 행동은 인간 사랑, 지구 사랑, 환경 사랑으로 국가의 경계를 허물 수도 있을 것이다.

한국 휴머니즘을 대표하는 BTS와 지구 사랑을 대표하는 스웨덴 환경 운동 소녀 그레타 툰베리가 함께 참여하는 '지구촌 살리기 새 생명 운동'의 새 물결, 새 횃불을 보았으면 좋겠다.

확정된 미래와 확정된 재앙

예견되는 미래가 아니라 '확정된 미래'가 기다리고 있다. 특히 대한민국이 그러하다.

첫째는 환경, 특히 기후 변화, 그중에서도 지구 온난화다. 한국은 역대 어느 정부도 2030년 국가온실가스 감축목표NDC와 2050년 탄소중립시나리오 달성의 구체적 방안을 본격적으로 내놓지 못하고 있다. 실천이 담보된 정부 방안을 약속하지 못하고 있다. 이명박 정부 시절 '녹생성장'이라는 구호와 녹색성장 국제협력기구까지 한국 주도로 만들고 운영하고 있지만 정권이 바뀌면서 퇴색하고 유명무실해졌다.

현재 수준의 탄소 배출과 온난화가 지속될 경우 2100년까지 한국 주변 해수면은 40cm 이상 오를 것이 분명해졌다. 한국 해안지도의 변화와 국토의 축소를 의미한다. 이는 이 나라 모든 강물 수위도 오른다는 것을 뜻하며 더 잦은 홍수 폭우가 몰고 올 재난이 기하급수적으로 악화된다는 뜻이다. APCC 발표는 한국이 온실가스 배출량을 현재 수준으로 유지할 경우 '100년 재현빈도 극한강수량'(100년에 한 번 내릴 가장 많은 비)이 2021~2040년 구간에 최대 492.7mm 기록할 가능성을 제시했다. 이

전 20년 구간 최대량 318.4mm보다 54%가 늘어난 수치이고 2022년 8월 8일 서울 동작구 하루 강수량 381mm의 기록을 훌쩍 뛰어넘는다. 2040년까지의 '확정된 미래'를 보여주는 것이다.

2021년 8월 발표된 기후 변화에 대한 IPCC 6차 보고서에 따르면 온실가스가 현 수준으로 배출될 경우 2080~2100년 구간에 세계는 여름이 최대 6개월로 늘어나고 겨울은 1개월에 불과할 것이다. 인생을 100년 또는 100년 이상으로 '확정된 수명의 미래'를 사는 다음 세대, 특히 MZ세대는 지금까지 산 세월의 4배 이상을 여름만 있는 미래, 또는 여름이 태반인 미래, 아니면 겨울이 없는 미래를 살아야 한다.[5]

한국의 환경 생태 조건이 선진국 중에서 최악에 속하며 계속 나빠지고 있다는 조사 분석 자료는 WWF, EOGS Index 등에서 2000년대부터 계속 나오고 있다. 한국의 플라스틱 쓰레기 배출량은 세계 3등을 기록하고 있다. 미국 국립과학공학의학원이 2021년 12월 1일 발표한 2016년 기준 세계해양플라스틱 배출 평가보고서에 의하면 한국은 플라스틱 쓰레기 1인당 배출량이 연간 88kg으로 미국 130kg, 영국 99kg에 이어 3등이다. 독일 81kg, 일본 38kg, 중국 16kg을 앞섰다. 버려야 할 3등 기록이다.

21세기 이 땅이 세계에서 가장 살기 힘든 나라로 되어가고 있음을 알려주는 것이다. 이미 한국은 2009년 코펜하겐 기후변화총회에서 2020년 예상배출량 30% 감축을 약속하고 발표했지만 2017년 실적 통계로 30% 감축은커녕 오히려 25% 가까이 증가했다. 그래서 '기후 악당'이라는 소리를 듣고 있다.

'K-환경', 'K-소비'의 탄생-BTS와 툰베리가 합작해야 하는 새 물결-'소비가 미덕'인 시대는 없고 절제하며 소비하는 '성省소비'로

좁은 땅, 밀도 높은 인구와 도시, 생명자원 부족(수입 의존) 조건에서 초특급으로 성공한 대한민국은 근대·현대·초현대 문명이 만들어낸 의도하지 않은 결과 즉 기후 변화, 지구 생태 변화, 팬데믹이라는 자연의 보복을, 극단으로는 인류 멸종이라는 위기를 가장 앞서 맞게 되었다. 역사 시간을 넘는 이 문명사적, 실존적 도전 앞에 가장 먼저 심각하고 절절하게 공기로 물로 쓰레기로 에너지와 먹거리 문제로 위기의 일상을 맞이하고 있다.

시간이 촉박하다. 케인즈 혁명이 찬양했던 '소비가 미덕'인 시대는 갔다. 다시 오지 말아야 한다. 반反케인즈 혁명, 성소비가 생존의 길인 새 시대를 만들어야 한다. 소비절약 성소비, 성공간, 성교통, 성에너지, 성먹거리, 성놀이가 시민, 공동체, 국가의 새 정신, 새 가치, 새 통치 규범 기제의 근간이 되어야 한다. 지금 수준의 소비를 3분의 1로 줄여도 사람의 건강과 사회안전 국가의 안보가 유지될 수 있는 길을 찾아야 한다. 회피할 수 없는 과제요, 명제다.

한국은 ① 초현대문제군, 즉 한국문제군, 동북아문제군, 히말라야권문제군, 지구촌인류문제군, ② AI, 바이오, 양자기술과 4차 산업혁명-특이점Singularity Point(2045~2029), 세기적 팬데믹의 전개와 이들이 겹쳐 만들어갈 디지털 독재 가능성, ③ 유발 하라리가 제기하는 '신이 된 인간Homo Deus', '쓸모없는 인간Useless People' 등 신인세 전개까지, 인류 역사 이래 가장 크게 근본적으로 다른 인간-사회-문명 대전환이라는 도전 앞에 있다.

그 실험에(중국과 더불어) 제일 앞장서 살고 있다. 히브리대학교 교수로 호모 사피엔스의 인류사를 다루는 유발 하라리는 한국을 '최고의 실험실'이라고 했다.[6]

대한민국이 맞고 있는 절대 조건이고 '필연'(운명)이다. 그렇기 때문에 선진국에서도, 제3세계에서도 배울 모델이 더 이상 없다. 근대화에서 제3세계의 맏형으로 성공했다. 그 성공 덕분에 어느덧 선진국보다 앞선 미래문제군, 미래 경험의 아방가르드(전위) 역할을 하게 되었다. 새 패러다임을 개척·창조해야 하는, 회피할 수 없는 천명天命이다. 이를 거부하는 것은 스스로의 절명絶命이다.

국가로서 자강의 도전, 지구촌 인류문제군 진앙지에서의 선구적 삶의 도전, 새 역사 시간과 지질학적 시간을 뛰어넘는 새 경지의 도전. 이 세 도전을 관통하는 정신, 윤리, 가치, 규범, 행동을 찾아나서야 한다. 인간끼리의 휴머니즘을 넘어 인간과 자연이 합일하는 휴머니즘의 승화이다. K-환경을 만들어내야 한다. 개벽의 길이다. 지극한 자연, 지극한 인간의 길이다.

위기절정에서 K-정치 만들기-정권 변동기의 국가위험도 측정 다이어그램

시작과 끝은 정치다

중국·그리스·로마·인도·영국·소련, 오늘의 미국에 이르기까지 한 나라의 흥망성쇠는 정치에서 시작되고 정치에서 끝난다. 그것이 동서, 과거 현재 모든 관찰 분석 이론의 결론이다. 우리 앞엔 두 길이 있다. 지금

제2차 세계대전 이후 60여 년 계속되던 냉전, 미국 주도 국제화 질서가 깨지는 위기와 지구 온난화가 강제하는 인류 생존적 위기 앞에 가장 절박하게 선 도전을 극복하는 것이다. 그리하여 대한민국 근대화 혁명의 성공을 이어 인류 지구촌의 세계 위기 해결의 선구자로 등장하는 길이 있다. 승화이다. 인류문제군 실험실의 역할을 넘어 새 문명 창조자의 길이다. 또 하나는 건국 이후 처음 맞는 대전환기의 절대 도전 앞에서 근대화 성공 안에 내재했던 역발전, 반근대화, 도착 현상의 증폭으로 국가 해체, 소멸로 가는 패배자의 길이 있다.

특히 2022년 한국은 안으로 정치 변동기일뿐 아니라 사실상 내전內戰 상태로까지 악화되었다. 우크라이나 전쟁, 지속적인 국제 세력 질서와 경제 체제의 혼란, 그리고 올해 여름 전후한 전 세계적 기상대재앙 가뭄·폭염·산불·태풍·홍수·폭우·폭설·지진 등은 실존적 삶, 국민·시민으로서의 삶, 땅 위 한 생물로서의 삶, 대한민국의 생존, 지구촌 인류의 삶을 같이 생각하게 만든다.

그럴수록 우리 공동체의 실존적 위기 극복에 매달려야 하고 그 본원적 출발점이 정치임을 확인한다. 문재인-윤석열 정부 이행 과정과 정치 개혁 없는, 존재 이유를 알 수 없는 정치의 파열은 더욱 극단의 분기점, 개벽과 종말의 절정을 보게 한다. 이 절정에서 새 정치, K-정치를 만들어야 한다. 그것이 대한민국 개벽의 첫길이다. 한 나라, 한 공동체의 집단적 결정, 결기의 힘은 국민, 시민 구성원의 자발·신뢰·절제·인내·희생, 그런 각오의 정도에서 결정된다. 체제 경쟁이란 어떤 체제가 이런 국민의 자발·신뢰·인내·희생을 얻는 데 우월하느냐의 경쟁이다.

부탄의 국왕은 2020년 코로나 전염병이 퍼졌을 때 예방주사를 최후에 맞겠다 선언했다. 보건부 장관은 전국을 누비며 '국왕을 지키기 위해서라도 빨리 맞으라'고 국민들을 독촉하고 다녔다. 이 세계에서 가장 빨리 전 국민이 예방접종을 마친 나라가 되었다. 부탄이 국민행복지수 세계 1위인 이유를 국왕은 이렇게 설명한다. "우리는 작은 나라다. 중국과 인도라는 초거대국가 사이에 끼어 있다. 무력에 의한 방어는 한계가 있다. 최후의 힘은 국민의 일치단결된 힘에 의한 저항이다. 그러려면 국민이 이 나라에서의 삶에 행복해야 한다."

이 대전환, 한국·동북아·지구촌·인류의 새 역사 개척에서, 대한민국의 새 출발도 정치의 구도 패러다임 전환이다. 정치의 목적, 기본, 구조, 리더십, 기능 전반의 개혁 전환이다. 국민이 '이게 내 나라이고 내가 헌신·희생해야 한다'는 자발성을 만드는 본원적 정치가 되어야 한다. 국가와 국민 생존의 안전·안보·평화·발전의 최고 관리기능, 통합 조정은 정치이고 그것이 정치 리더십으로 나타나는데 한국의 정치는 어떻게 하면 다음의 명제를 충족시킬 수 있을까.

통일·평화·안보·외교를 일관되고 유연하게 통합해낼 수 있는 정치가 필요하다. 4차 산업혁명을 선도할 수 있는 정치가 필요하다. 인류 공동체적 어젠다인 지구 온난화, 환경, 핵, 격차, 에너지, 먹거리 문제를 해결하고 지정학적, 현실적 국제 관계를 아우르며, 이들을 우선순위, 전략, 정책에서 통합적 국가 전략으로 추진할 수 있는 정치가 필요하다. 본원적 창의 기업, 21세기 환경사회통치ESG, 지속가능목표SDGs 추구에 모범을 보이는 기업을 키우고 가족 이기주의에 빠진 재벌을 혁신할 수 있는 정치가 필요하다. 진보, 보수, 그 어느 정권도 정상화하거나 법치화하거나 손대지 못한 불법 노조 형태와 독특한 노사 관계를 정리하는 정치가 필요하다. 사회 해체·불신을 치유할 수 있는 정치가 필요하다. 저출산, 국제 비교에서 도 특별히 낮은 행복감, 최고로 높은 돈에 대한 가치 평가로 얼룩진 불행을 치유할 수 있는 정치가 필요하다. 2022년 대통령 선거에서 표출된 바와 같이, 상호 증오에 가까운 7대 갈등(분열·이념·소득·세대·젠더·교육·지역 갈등)을 치유할 수 있는 정치가 필요하다. 공무원·군인·교원 연금과 국민연금을 개혁하고 세대·신분 공평과 재정을 개혁할 수 있는 정치가 필요하다. 교육이 사회 공동체의 덕성과 공동선과 혁신의 중심이 될 수 있는 정치, 낙망·절망을 호소하는 미래 세대·MZ 세대에 희망과 기회를 줄 수 있는 정치가 필요하다. 정치인이 외교·안보·경제·과학기술·교육·노사·사회 구조에 대한 최소한의 기본 지식과 소양을 갖추고 국가기능을 종합 조정할 수 있는 정치로의 대전환을 꾀해야 한다.

일반적으로 거대한 체제 문제에 접근할 때는 세 가지 방식이 있다. 교육을 통한 변화, 제도와 법 개정을 통한 기능 변화, 마지막으로 새 지도자 찾기다.

이상은 기존의 정상적이고 일반적인 접근이다. 비평화적 방법으로는 혁명, 쿠데타, 한국식 촛불, 전쟁을 계기로 한다. 대한민국 근대화 방식을 고려하면 외부 지원 또는 압력의 방식도 있다. 이제 새로 주체적 반성·비판·참회·수렴·승화를 통한 새 길을 찾아보자.

'발전'과 '도착'의 주류 세력은 정직과 인간다움의 기준에서 과거의 행적을 절실히 참회하고 반성해야만 과거를 정리·여과·수렴·극복하는 길이 열린다. 그것만이 진정한 화해·사면·용서의 길이다. 2014년 이후만 해도 세월호, 성완종, MERS, 촛불, 탄핵, COVID-19, 3·9, 6·10 선거를 겪고도 국가 개조의 동력이 불지 않는 것은 주류의 참회가 없기 때문이다.

고백, 참회, 사면을 제도화하는 방안을 착실히 추진해야겠다. 이 땅의 성공 신화는 반드시 자발적·자생적·자성적인 것만이 아니었다는 역사의 진실에 즉해야 한다. 이 나라 이념, 계층, 지역, 역사 갈등에 숨어 있는 함정·블랙홀을 자발적으로 고백하는 참회·용서·화해의 씻김굿이 필요하다.

2022 절정의 위기 - 정권변동기의 국가위험도 측정 다이어그램

절체절명의 위기와 문명사적 지구촌 대도전이라는 끝과 시작의 절정에서 정권 변동기의 위험도를 계산하여 우리의 위치를 확인해보자. 왜 나라는 선진국이 되었는데 국가 위험도는 최고로 높아졌는가.

건국 이후 10차례 정권 변동에서 모두 국가 위험, 위기를 겪지는 않았다. 1960년 4·19 학생혁명, 1961년 5·16 군사혁명, 1979년 10월 26일부터 1980년 5월 18일까지 박정희 피살-전두환 등장-세계 석유 파동, 1997~1998년 외환 위기(DJ 정권 등장), 2017~2022년 박근혜-문재인-윤석열 정권 교체, 그리고 2022년 우크라이나 전쟁, 대만 해협 긴장, 미중 갈등, 북핵, 세계 공급망 교란, 경제 악화는 모두 국가적 위기 또는 위기감을 초래하는 경우이다. 노태우, 김영삼, 김대중, 노무현, 이명박까지는 정권 이동과 국가 위험도가 직결되거나 의식해야 하는 상황은 아니었다.

다섯 번의 정권 변동기를 정치, 안보, 경제, 사회의 4차원을 축으로 하여 국가 위기 정도를 한국 현대사에 통합적으로 비교 측정하는 시도가 다음에 나오는 다이어그램이다. 다만 2022년 무렵부터 환경, 지구 온난화, 팬데믹의 지구적 차원을 추가하면 5차원이 된다.

1960년 4·19는 우리나라 최초의 정권 퇴진 운동이었고 더구나 건국

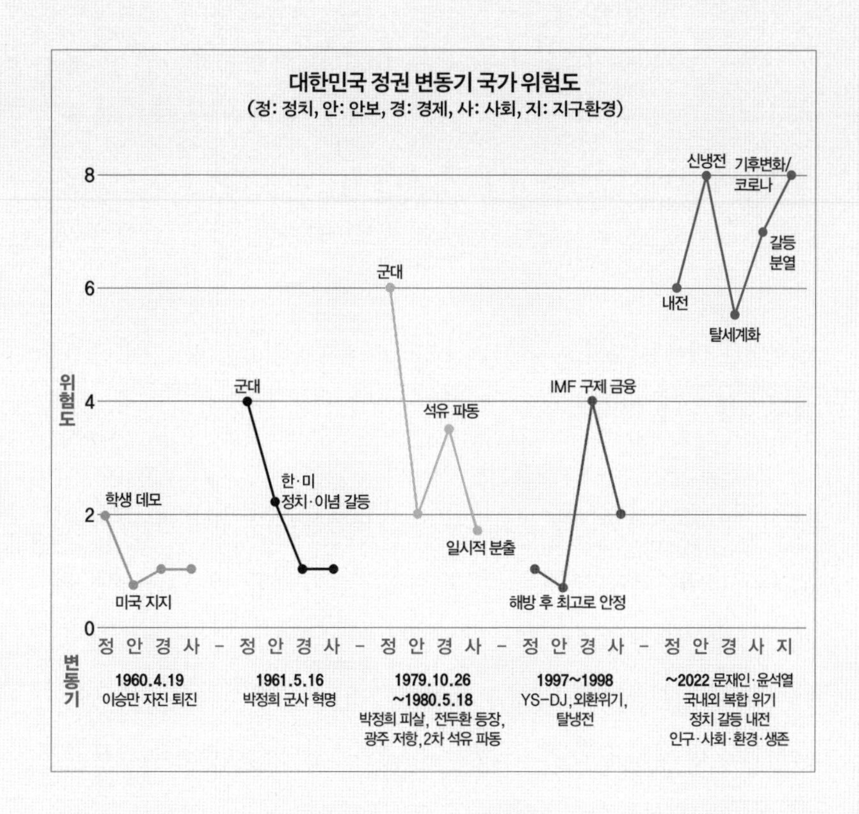

신화격인 이승만에 대한 저항이었지만, 이 저항 뒤에 미군의 전폭적 지지가 있었고 북한의 도발도 상상의 영역이 아니었다. 또 이승만 스스로 학생 요구를 받아 자진 후퇴하여 정치와 안보가 동시에 갈등하는 위기는 아니었다. 경제는 6·25 전쟁 후 처음으로 안정 성장기였다.

1961년 5·16은 건국 후 첫 군사 쿠데타였다. 비록 4·19 의거의 열매를 민주당 신파, 구파 정쟁 분열로 갉아먹어 '올 것이 왔다'는 평가도 있다. 그러나 합법 정부의 군사적 전복이라는 불법 사태에다 군사 정권의 이념과 정책에 대한 의심으로 한미 갈등까지 겹치고 4·19, 5·16의 연이은 극한 정치에 경제 사회도 불안해했다.

1979년 10월 26일부터 1980년 5월 18일까지의 박정희 피살, 전두환 등장, 5·18 광주 비극은 극도의 정치 위기에다 2차 세계 석유 파동에 환율 20% 인상, 금리 25%로 인상하는 경제 위기였다. 건국 후 6·25 전쟁 시기를 제외하고 당시까지의 시간으로는 최고의 국가 위기 사태였다. 북한, 한미 관계는 비교적 안정적이었다. 비록 전두환이 박정희의 꿈이었던 원자력과 미사일 계획을 자진 포기하고 미국에게 정권을 승인받는 부끄러운 기록은 남겼지만.

1997~1998년은 YS에서 DJ로의 정권 변동이긴 하나 탈냉전으로 안보 조건은 건국 이후 가장 평화로운 때였다. 외환 위기, 경제 요인 하나만의 특수한 위기였다. 외환 위기를 계기로 지금까지 한국의 기존 국가 위험 구조에 중요한 요소가 새로 추가된다. 사회 불안, 양극화, 노사 관계, 세대 갈등이 시작된다. YS-DJ-노무현-MB-박근혜-문재인의 24년은 축적된 근대 성공 요인들의 발현 기간이면서 동시에 대한민국 도착·역진·왜곡·역발전의 축적 극대화 기간이기도 하다.

2022년 문재인-윤석열 정권 교대기는 공교롭게도 내외 요인이 동시에 폭주하는 퍼펙트스톰이 불어닥쳤다. 다각·다원적 복합 위기이다. 그 위기의 수준도 과거 어느 정권 교대기에 비교하기 어려울 정도로 높다. 노무현 자살 이후 본격 적화된 한국 정치에서의 이념과 세력의 이른바 좌우 간 단절·분열·갈등·증오는 이제 절정에 이르렀다. 사실상 내전內戰 상태의 정치다. 안보 위협은 6·25 이후 최고로 높다. 이미 북한은 아홉 번째 핵 보유국이 되었고 미·중 신냉전, 유럽의 우크라이나 전쟁, 대만 해협의 불꽃이 직접·간접으로 무역·산업·과학기술을, 그리고 일상의 국민 생활을 위협하고 있다.

건국 이후 최고 수준으로 선진국들보다 더 심각하게 맞은 것이 사회 갈등이다. 지금까지 국가 위협으로 등장하지 않았던 요소다. 소득, 노사, 교육, 지역 갈등은 물론 특히 세대와 젠더 갈등은 선진국보다 더 격렬하다. 2022년 5월 선거에 나타난 20대 남녀 간의 갈등은 세계 정치사상 최초·최고의 젠더 갈등이다. 여기에 선진국보다 더 기록적인 인구 감소, 저출산율, 고령화 문제까지 겹치고 있다. 거기다 '환경 악당'으로서 닥친 문명사적 도전의 선구자로서 어느 나라보다 어려운 처지다. 21세기 인류문제군 딜레마의 진앙지에서의 삶이다.

오랫동안 그려온 미래 한국의 모습

나는 근 30년 전 1995년 6월 한국국제경제학회정책세미나('21세기를 향한 한국 경제의 세계화 전략') 기조 발표에서 2020년쯤의 한국 모습을 그린 적이 있다.

"한국의 21세기 경제는 대담하게 연성화의 길로 바꾸어가야 할 것이다. 선진국을 지향하되 '善進國(선진국)'이라야 한다. 양과 규모의 지향이 아니라 격과 질 중심으로, 정보·지식·문화·예술·기술 중심으로 문명사적 변혁의 체제·질서·패러다임의 변화가 있어야 한다. 나는 2020년쯤의 한국 경제는 그 부가가치 구성의 대부분이 전혀 새로운 산업, 그것도 새 정보·지식·문화 산업에서 이루어질 것을 꿈꾸어 본다. 5,000명 정도의 빌 게이츠 같은 벤처기업인, 1,000명 정도의 스필버그와 임권택 같은 영화감독, 500명 정도의 정명훈과 조수미 같은 음악가, 또 100명 정도의 한국판 E. 라이샤워, J. 페어뱅크, P. 케네디, P. 새뮤얼슨 같은 학자, 50명 정도의 W. 리프먼, R. 아롱, N. 맥크레, W. 크롱카이트 같은 언론인, 그리고

5명 정도라도 W. 처칠과 J. 네루 같은 정치가만 만들어낼 수 있다면 한국은 격과 질에서 선진국이 될 것이다. 이뿐만 아니라 전 인류 공동체 지향의 평화, 자연과 인간 간, 그리고 인간 간의 조화로운 삶의 보편적 공생-상생 질서, 체제, 양식, 기구, 상징을 창조하는 데 노력하는 선진국善進國이 되어야만 '우리'와 '우리들', 황·동해문제군과 인류문제군 해결의 길이 보이고 우리의 안전·평화·건강이 지켜질 것이다."

오늘에 평가하면 K-팝, K-영화·드라마, K-클래식, 한류는 성공했다. 그러나 K-벤처는 미완이고, 보다 높은 국가 거버넌스 부분인 K-학자·K-언론, 특히 K-정치·K-리더·K-원로는 미달이 아니라 싹도 보이지 않는 역진 도착의 길을 가고 있다.

가장 다급한 과제는 자강과 인류공동체 문제군의 일체화, 국내화, 국제화 그리고 그 대처, 처방에 있어 기술·경제·사회의 협동화, 사회 신뢰와 연대화, 이를 가능케하는 사회 공동체 거버넌스, 즉 정치 바로 세우기이다. 안보경제, 생명자원, 환경 어느 한 부문에서의 위협과 도전의 예방과 대처에는 즉각 안보, 경제, 생명자원 분야의 관·민 담당자들이 함께 논의·협력·숙의하는 국가 관리 시스템, 정치 시스템의 변혁이 필요하다. 행정부뿐 아니라 의회·정당·사법·종교·지성계에서도 이런 통합 거버넌스에 책임 있게 자발적으로 참여하는 새 습관, 새 기축을 만들어야 한다. 물리적인 힘, 군사력, 경제력, 과학기술력, 문화력의 개별적 힘, 외형적 힘의 성장·확대로만 전진하거나 성취에 도취되어 편의적 안주로 머무르면 실질적·실체적 구조 기능 개혁이 안 된다.

19세기 조선조 말 영국여행가 I. B. 비숍 여사와 1962년 M. F. 에반스가 썼던 대로, 자유가 주어진 곳이면 세계 어디서든지 한인 개인재능요소ITE가 폭발하는 K-팝, K-영화, K-클래식, 한류의 폭발이 일어나고 있다. 개인의 재능이 발현한 대한민국의 소프트파워를 세계가 느끼고 있다.

그런데 그 세계 한인들의 중심축인 대한민국 안에서는 K-팝처럼 세계가 부러워하고 배우고 싶은 K-정치가 왜 안 나오는가. 아니 왜 시간이 갈수록, 자유가 더 많이 주어질수록 한국의 정치는 역진, 반反선진하려는가. 정치는 재능만으로 되는 것이 아니기 때문이다. 정치는 오직 재주·흥행·팬덤으로 되는 것이 아니다. 정치는 재능 요소보다 인격이고 개인 요소보다 사회 연대의 산물이기 때문이다.

한국의 정치인은 최소한 대한민국의 국가 정체성, 안전·안보의 국가 명제, 인류의 재난과 인간의 문명자적 실존을 실감하여야 한다. 그 실감은 보편적 인간다움, 보편 윤리로 소화하고 실천하는 인격이라야 한다. 그런 K-정치, K-리더십이어야만, 개인 재능의 발현으로서의 한류 소프트파워를 국력으로 승화시킬 수 있다. K-국방, K-사회, K-신뢰, K-환경을 만드는 K-정치를 만들어보자. 여기 그 사고의 출발점으로 과거 정권 변동기 국가 위험도를 체계적으로 측정하는 다이어그램을 시도했다. 다이어그램은 산술적 언어는 적으나 통通사건, 통시대, 통차원적 안목에서 가치가 있다. 그리고 이런 안목과 가치 위에서만 미래 개척을 실체적으로 꾸려갈 수 있다.

정덕구 NEAR 재단 이사장

역사에서 진실의 순간을 찾으려는 눈빛

NEAR 재단이 15인의 원로·현자들을 모시고 근현대사를 재조명하여 현실의 풀기 힘든 문제의 해법을 찾기로 한 것은 2022년 1월 말경이었다. NEAR 재단은 창립 15주년을 맞아 스스로 깊은 회한에 빠지며 벽에 부딪힌 상황이었다. 지난 15년 동안 한국을 둘러싸고 있는 제반 환경이 급속히 변화하는데도 국내 정치는 분열 상태에 빠졌고 국민의 정신세계는 흔들리고 있다. 그동안 NEAR 재단이 수많은 학술 세미나와 저서를 통해 울리고 외쳤던 메시지는 국가 사회의 의사 결정 과정에서 거의 투영되지 못했다.

지난 15년간 우리는 과연 무엇을 위해 무엇을 외치고 그것은 어떤 메아리로 돌아왔는가? 그러나 이러한 현상에는 우리 씽크탱커Think-Tanker들의 잘못과 실패도 배어 있지 않을까 하는 반성과 회한이 밀려든다.

침통한 마음으로 시작한 근현대사 반추와 추적은 의외의 호응과 공감을 얻었다. 무엇보다도 15인의 원로·현자들의 동의와 동참을 얻어낸 것은 성공적인 첫걸음이었다. 8명의 현역 학자들을 모시고 원로·현자들과 담론을 전개하고 이를 모아 지난 6월 30일에는 발표회를 열게 되었다. 이것이 중간 반환점이었다. 그 후 반년 가까이 NEAR 재단과 23인의 참여자들은 고통스러운 자기 정리의 시간을 갖고 수정과 다듬이질을 통해 이 책을 완성하게 되었다.

모든 분의 눈빛에는 역사를 통해 답을 구하고 우리가 보지 못한 진실의 순간을 맞이하려는 의욕으로 불타 있었다. 우리는 90세에 가까이 다가가는 노지식인들이 아직도 일필휘지一筆揮之의 필력을 발휘하시는 모습에 감동하며 미래를 살아갈 우리의 사표師表로 삼고 싶었다. 그리고 이 세상에 아무리 생존형·생계형 인간이 넘실거린다 해도 상당히 많은 분이 가치형 인간으로 자신을 닦아가고 있다는 믿음을 보게 된 것은 매우 소중한 신뢰 자산이었다. 이 과정을 우리는 매우 소중한 학문 세계의 이정표로 삼고 싶다. 이 책에는 역사에 남을 명구와 귀중한 자기 성찰도 담겨 있다. 이 책이 모든 국민의 현실 인식이 더욱 깊어지는 데 도움이 되었으면 좋겠다는 간절한 소망이 여기 담겨 있다.

명경지수 위에 비친 현자의 모습

김성수 전 성공회대주교를 만나 뵈러 강화도 우리마을을 방문한 것은 8월 29일이었다. 인생의 찌꺼기가 모두 치워지고 욕망과 집착의 어두운 그림자가 모두 사라진 대주교님의 모습에서 인간의 아름다운 본래 모습이 되살아난 것처럼 보였다. 15인의 원로·현자 중 한 분이신 대주교님을 찾아간 것은 이 책에 대한 추천의 글을 부탁드리기 위해서였다.

그러나 우리의 근현대사에 대한 구체적 언급은 가급적 피하셨다. 다만 대주교님 스스로 "아무것도 한 것이 없이 밥만 축냈다"는 회한을 거침없이 쏟아내셨다. "역사라는 것은 흐르는 것이고 흐름에 좇아 살면서 아무것도 이룬 것 없이 신세만 지고 살아왔다"고 하시면서 겸손의 경지를 넘는 득도의 품격을 보여주셨다.

발달장애인과 함께 점심 식사를 하는 자리에 대주교님과 동행했다. 식당에 있던 모든 발달장애인 친구들이 "사랑해요!"라고 하며 두 팔을 머리 위로 번쩍 들어올렸다. 대주교님이 "우리는" 하고 선창하시니 모두가 "최고다" 하며 제창했다. 단출한 점심 식사였으나 정신적 영양이 풍부한 음식을 먹고 식당에서 나왔다. 모두가 맑게 웃으며 배웅해주었다.

같이 걸어 나오면서 "이 세상에는 아무런 흠이 없는 완벽한 것이 없어"라고 말씀하셨다. 그렇다 하더라도 제일 나쁜 것은 "한쪽에 치우치며 그곳에서 헤어나오지 못하는 것, 그리고 그것 때문에 패를 갈라 싸우며 미워하는 것이다"라고 지적하셨다. 인간들이 원죄 때문에 많은 문제를 안고 살아가지만 한국은 물질적 탐욕에 깊이 빠져 있는 것 같다며 안타까워하셨다. 이 세상을 아름답게 하는 것은 돈보다 사랑이며 돈의 노예가 되면 세상을 해치는 속물이 된다고 말씀하신다. "하나님이 지으신 아름다운 이 지구 동산에 인간이 온갖 해악을 끼치며 멸망의 길을 재촉하니 가슴이 메어진다"고 탄식하셨다.

세계 강국이 된 한국이 이러한 문제들을 정리하지 못하면 무슨 모범국가가 되겠느냐며 우리에게 밝은 미래가 점점 멀어져가는 것 같다고 말씀하셨다. 차 앞까지 천천히 걸어 나오셔서 우리를 배웅하시는 김성수 대주교님의 자태는 저녁 황혼에 비쳐 불그레 빛나 보이기까지 했다.

품격 잃은 우리 세대는
선진국 국민이 될 수 없다는 냉정한 평가 앞에서

문학과지성사 창립자인 김병익 선생님의 심경 토로를 마주하며 이것이 우리들의 일그러진 모습이 아닐까 생각하니 매우 우울해진다.

> "우리는 품격 없이 급하게 성장하고 두려움 없이 세상을 접하며 부끄러움 없이 허세를 부려온 것이 아닐까? 바로 품격 상실의 시대인 것이다. '어떻게 사회적 품위를 다시 세우고 고양시킬 수 있는가'라는 질문에 대해 답하려고 보니 지금으로서는 자신이 없다. 앞으로 한 세대, 두 세대는 지나야 이 사회에 안정과 가치관이 생기고 다른 계층 간의 화합과 절제가 형성될 것으로 보인다."

그는 디지털 세대에 대한 기대도 잊지 않았다.

> "요즘 디지털 세대는 전쟁도 모르고, 분단도 의식하지 않고, 후진국 의식에도 젖어 있지 않다. 이 세대에 와서야 한국이 선진국 국민으로서의 자질을 가질 수 있지 않을까 생각한다. 콤플렉스와 한이 없는 세대이니만큼 이 세대에 대한 기대가 크다. 어차피 시간이 가면 이 디지털 세대가 사회의 중심을 이루고 사회 발전의 맨 앞자리를 차지하고 주도자가 될 테니, 그 시간을 만들어주는 것이다."

많은 것을 이루었지만 그것을 지키기 위해 분투하며 콤플렉스와 한을 품은 우리 세대가 선진국 국민이 될 수 없다는 설파를 들으며, 성경 창세기에서 지도자 모세가 가나안 복지를 눈앞에 두고 멈출 수밖에 없었던 이야기가 떠오른다. 우리 세대는 대한민국의 근현대사에서 어떤 평가를 받으며 자리매김하고 있을까? 다음 선진국 세대를 위해 지금 할 수 있는 일이 무엇일까? 많은 성찰의 시간과 되새김이 필요할 것 같다.

그래도 회한은 남는다

최근 한국의 2022년 종합 국력이 세계 6위로서 일본과 프랑스를 제치고 강국의 반열에 올랐다고 알려졌다(BAV 그룹과 펜실베니아대 와튼스쿨 조사). 미국, 중국, 러시아, 독일, 영국 다음이다. 그러나 최고의 국가Best Countries에서는 20위에 그쳤다. 지난해 15위에서 더 밀려난 것이다. 스위스, 독일, 캐나다, 미국, 스웨덴, 일본, 오스트레일리아, 영국, 프랑스, 덴마크 순으로 상위 10위권의 좋은 국가가 되었다.

이것은 무엇을 의미하는가? 경제력, 군사력을 바탕으로 중국, 러시아가 포함된 강국 반열에 올랐으나 정신세계의 개방성, 모험성, 사회적 목적 등에서 크게 뒤처지며 좋은 나라 반열에서 더욱 멀어져가는 것이다. 이것이 우리나라가 처한 현주소인 것이다. “한국은 경제적 권력을 얻는데 탁월했지만 이것을 국민의 행복으로 연결시키는 능력이 크게 부족했다”는 유발 하라리의 《사피엔스》 속 평가가 가슴에 와닿는다. 국력은 커졌으나 좋은 나라가 되기에는 많이 부족하다는 평가일 것이다. 우리는 근현대사 탐구를 통해 역사로부터 날카로운 질문을 받았고 많은 교훈을 얻었으며 미래 한국의 길을 찾기 위해 부심했다. 그 길은 바로 세계 6대 강국을 넘어서 국민, 인간이 살기에 좋은 나라가 되도록 또 한 번의 역사의 반전을 이루는 길이다.

이념은 학문 영역에 묶어두자

우리 국민은 부지불식 간에 이념 과잉에 중독되고 있다. 그리고 많은 국민이 맹신자가 되어간다. 그러다 보니 인식 세계의 균형을 상실하고 상대방을 적대시하며 스스로 작아진다. 그리고 오랫동안 이념 과잉의 정치화 과정에서 학문 세계·시민 사회·정치권이 한데 어우러져 이념의 광신도 그룹처럼 행동해왔다. 역사 인식의 양극단화가 분열·분노·분절의 씨앗이고 뿌리라고 언급했다. 이것도 학문 세계·시민 사회·정치권의 동지적 결합에서 비롯된 것이라는 평가도 있다. 각자의 위치로 돌아가 응분의 자기 역할에 충실해야 한다. 이제 현실에서 저만치 떨어져 있는 우리의 인식 세계가 스스로를 얼마나 병들게 하는지 깨달을 때가 되었다. 모두가 스스로를 창조적으로 파괴할 때가 되지 않았나 생각해본다.

열린 민족주의와 닫힌 민족주의

우리의 근현대사에서 해양 세력의 일부로서 확장성을 넓히고 세계화의 최대 수혜자가 되었던 사실을 확인할 수 있다. 그런데도 아직 우리는 민족주의의 함정에 빠질 때가 많다. 그리고 이것이 극단적인 배타성으로까지 연결되기도 한다. 닫힌 민족주의는 때로 현실감을 떨어뜨리며 국가 이익의 계산 능력을 약화시키고 적과 동지를 구분하는 신경세포를 마비시키기도 한다. 그리고 축소 불균형 상태를 만들어간다. 우리 민족의 역사에서 민족 정기·민족적 자긍심이 정신적인 버팀목이었고 중요한 자산이었다. 그러나 이제 그 민족주의는 열려 있어야 한다. 세계의 주류 세력이 되어가는 한국이 남을 포용하고 열린 마음으로 그들과 협력하지 못한다면 앞으로 우리는 크게 위축될 것이다. 그동안 한국이 세계화의 최대 수혜국의 하나였듯이 우리는 세계의 일부일 때 융성해왔다. 따라서 민족정기를 가슴에 새기면서도 이제 우리는 열린 민족주의로 나가야 한다.

신뢰 자산의 축적이 답이다

우리는 지금 선진도상국 아니면 2류 선진국에 머물고 있다는 것이 자평이다. 어쩌면 반쪽짜리 선진국인지도 모른다. 물적 자본, 인적 자본의 축적에 성공한 한국이지만 사회적 신뢰는 크게 낮은 수준이다. 특유의 쏠림과 질주 본능하에 기와 끼와 생존 본능이 강한 국민이 엮어낸 치열한 생존 게임 안에서 우리의 정신세계는 혼돈 속에 빠져든다. 그리고 서로를 불신하고 분노하며 스스로 자학하기도 한다. 남보다 앞서야 산다고 "내일이면 늦으리"를 외치며 밀치며 분투한다. 젊은이들은 미래의 희망 인자를 찾으러 헤매는데 현실의 벽 앞에서 절규한다. 이 과정에서 사회적 신뢰 자산은 점점 고갈되어 간다. 그러면서 모두가 지쳐가는지도 모른다. 사회적 신뢰 자산의 고갈은 분열·분쟁·투쟁·질주의 원인을 제공한다. 이제 우리가 서 있는 곳, 품격 잃은 도시를 바라보며 깊은 회한에 빠진다. 이 모든 것이 국가 이중 구조, 신뢰 없는 사회가 만들어온 선진도상국증후군을 이루는 것이 아니겠는가?

더욱이 지금은 국가 지도력에 대한 신뢰의 위기 상태다. 이제 국가·사회 지도자 각자에게 무거운 책임이 부여된다는 역사의 지적을 피할 수 없을 것이다. 전·현직 대통령, 각료, 정치·사회 지도자, 성직자, 교수, 언론인 모두가 자신이 서 있는 곳을 확인해보며 자신의 책임이 어디에 있는지 생각할 때이다.

공인이 공인답지 않고 이익 앞에서 굴절하며 생존형 인간이 되어가는 대한민국의 공직 환경 앞에서 국가의 미래를 걱정하는 많은 국민은 깊은 한숨을 몰아쉰다. 이제 공공 부문이 국민으로부터 믿음을 회복해야 한다. 이 책이 외치고 울리려고 하는 바가 바로 여기에 맞닿아 있다. 이제 책을 덮으며 생존을 위해 지쳐가는 국민들 그리고 미래가 두렵고 힘든 모든 이에게 이 책을 바친다. 그래도 이 책에서 많은 가치형 인물들이 현실의 문제를 꿰뚫어보며 국가의 미래를 위해 울리고 외치고 있음을 말씀드린다.

주

프롤로그

1 니얼 퍼거슨 지음, 홍기빈 옮김,《둠 재앙의 정치학》, 21세기북스.

2 https://foreignpolicy.com/2012/05/17/meet-the-guts/.

3 통계청 인구동향 데이터.

4 "과학기술, 국운 융성의 원천이다", 조청원 과학기술공제회 이사장, 〈전자신문〉 월요논단, 2010.2.8, https//www.etnews.com/201002050065"https://www.etnews.com/201002050065.

1부

1 당시 중국에서는 시진핑의 등장을 '3,000년래 대사변'이라 표현했다. 〈학습시보〉, 2012.7.2.

2 김숙영, 〈동아일보〉, 2022.8.23.

3 일본 교토대학교 화학과 출신 이태규와 이승기, 도쿄대학교 농학과 우장춘, 미국에서 공부한 최규남(의학), 이원철(이학), 조응천(전기공학), 박철재(물리), 독일에서 공부한 신윤경까지 총 8명이다.

4 김두헌(문학), 이병도(문학), 전풍진(이학), 김동인(이학), 원태삼(이학), 이춘근(의학).

5 OECD 통계(중국, 러시아 제외)를 보더라도 이공계 박사는 2019년 기준 한국이 일본보다 많으며 2020년대 중반에는 미국, 영국, 독일에 이어 OECD 즉 서방 선진국 중에서도 4위를 기록할 것이다. 중국, 러시아를 포함한 전 세계 통계로도 5위 또는 6위에 이를 것이다.

6 I. B. Bishop,《Korea and her Neighbours》, 1905.

7 상원청문회, 2011.6·25.

8 Mara Hvistendahl,《Where Have All the Girls Gone?》, 〈Foreign Policy〉, 2011.6.27.

9 단위 1,000=1, 미국 3,105, 브라질 1,447, 중국 1,051, 일본 953, 멕시코 795, 이탈리아 705, 한국 705.

10 〈중앙일보〉 인터뷰.

11 KOTRA, 해외주요경쟁국 중견기업 조사보고서, 2013. 2010년 기준.

12 吉野誠, 2002,《明治維新と征韓論-吉田松陰から西鄕隆盛へ》, 明石書店, 제1장 吉田松陰と朝鮮 참조.

13 이태진, 2022,《일본제국의 '동양사' 개발과 천황제 파시즘》, 일제식민사학 비판총서1, 사회평론아카데미, 91~98면.

14 1882년 임오군란 당시 일본 측에서부터 개화주의자라는 지적이 나왔다. 이태진, 1987, 〈한국 근대의 수구·개화 구분과 일본 침략주의〉,《한국사시민강좌》33, 56면.

15 이태진, 2002, 〈운양호 사건의 진상-사건 경위와 일본 국기 게양설의 진위-〉,《조선의 정치와 사회》(최승희 교수 정년 기념 논문집), 집문당.

16 조미수호통상조약 체결 과정에 대해서는 이보형, 1982, 〈한미수호통상조약 체결〉,《한미수교 100주년 기념논집》제2장, 김원모, 2019,《상투쟁이 견미 사절, 한글 국서 제정》상, 제2장 슈펠트·이홍장의 한미조약 체결 교섭 시말, 단국대학교 출판부.

17 이태진, 2004, 〈19세기 한국의 국제법 수용과 중국과의 전통적인 관계 청산을 위한 투쟁〉,《역사학보》181.

18 이태진, 2018, 〈대한제국의 산업근대화와 중립국 승인 외교-1902년 고종 즉위 40주년 칭경예식 기획의 배경〉, 국립고궁박물관 엮음,《대한제국-세계적인 흐름에 맞추다》.

19 이하 〈교육조서〉에 관한 서술은 이태진, 2019, 〈국민 탄생의 역사-3·1독립만세운동의 배경-〉, 이태진·사사가와 노리가쓰 공편,《3·1독립만세운동과 식민지배체제》(지식산업사)에 근거한다.

20 독립협회의 성격에 관해서는 이태진, 2000,《고종시대의 재조명》, 태학사, 33~37면 참조.

21 이태진, 2019, 앞 논문, 28~29면.

22 유한철, 1997, 〈1906년 광무황제의 사학설립 조칙과 문명학교 설립 사례〉,《한국민족운동사연구》, 우송 조동걸선생 정년기념논총 간행위원회.

23 이태진, 2019, 앞 논문, 61~63면. 이태진, 2016,《일본의 한국병합 강제연구-조약 강제와 저항의 역사-》, 314~316면.

24 이태진, 2009, 〈고종황제의 독살과 일본정부 수뇌부〉,《역사학보》204.

25 김용섭,《한국근대농업사연구-농업개혁론·농업정책》, 1975, 일조각, 625~626면.

26 서울 도시개조 사업에 대해서는 이태진, 2000, 〈대한제국의 황성 만들기-최초의 근대

적 도시개조사업〉, 앞 책 참조.

27 황태연, 2017, 《백성의 나라 대한제국》, 청계, 1059면. 이 표는 이윤상, 1996, 《1894-1910 재정제도와 운영의 변화》, 서울대학교 박사학위 논문, 〈표 2-4. 세입예산〉에서 연도 총액만을 정리한 것임.

28 황태연, 2017, 앞 책, 1059면.

29 이태진, 2018, 앞 논문, 30~34면.

30 와다 하루키 저, 이웅현 역, 《러일전쟁-기원과 개전》 2,880~2,881면. 고종황제의 친서는 1993년 서울 정도 600년 해외 자료 수집사업의 일환으로 발굴되었다.

31 김문자 저, 김흥수 역, 2022, 《러일전쟁과 대한제국》, 그물, 77~78면. 영국, 미국, 독일, 덴마크, 이탈리아, 프랑스 등이 회답을 보냈다.

32 이하의 국제 평화운동에 관한 서술은 이태진, 2017, 앞의 글.

33 위와 같은 책, 287~290면.

34 Georg Schild, The Roosevelt Administration and the United Nations: RE-CREATION OR REJECTION OF THE LEAGUE EXPERIENCE?, 〈World Affairs〉, Summer 1995, Vol.158 No. 1.

35 Foster Rhea Dulles and Gerald E. Ridinger, 1955, "The Anti-Colonial Policies of Franklin D. Roosevelt", 〈Political Science Quarterly〉, Vol. 70, No. 1 (Mar., 1955), pp. 1~18, The Academy of Political Science.

36 《해방전후사의 인식 2》, 한길사, 1985.

37 Arthur Bunce, The Future of Korea I. , Far Easter Survey, Vol. XIII, No. 8, American Council, Institute of Pacific Relations, April 19, 1944, pp. 67~68. 황윤희, 2009, 〈번스(Arthur C. Bunce)의 내한 활동과 문제의식〉, 《숭실사학》 23, 166면, 재인용, 169쪽.

38 안종철, 2010, 〈해방 전후 아더 반스(Arthur C. Bunce)의 활동과 미국이 대한정책〉, 《미국사연구》 31, 미국사학회.

39 키니(Robert A. Kinney, 농상국 소속, 무역 및 노동), 스트롱(Gorden Strong, 재무국 소속, 원조문제), 앤드슨(Anderson, 농촌지도) 등이 단원이었다.

40 이훈구는 충남 서천 출신으로 동경제국대학 농과대학을 나와 미국 캔자스 주립대학을 거쳐 위스콘신대학교 농업경제학과에서 1929년에 박사 학위를 받았다. 아서 번스

는 같은 학과에서 1937년에 박사 학위를 받았다. 이훈구의 박사 논문 〈한국의 토지 활용과 농촌경제(Land Utilization and Rural Economy in Korea)〉는 농지 개혁과 직접 관련되는 것이었다. 농무장관 이훈구는 러취 군정장관이 '번스안'과 관련되는 조치를 발표할 때는 항상 자리를 함께하였다. 이훈구에 관한 연구로는 방기중, 1996, 〈일제하 이훈구의 농업론과 경제 자립사상〉, 《역사문제연구》 창간호. 황윤희, 2009, 앞 논문, 김진영, 2020, 〈일제 식민지 시기 이훈구의 현실 참여와 사회개혁론 연구〉, 서울대학교 대학원 석사 논문 등이 있다.

41 토지매각 대상자, 지불 방법, 몰수 및 전매, 분배 토지의 규모와 형태, 관리기관 등을 구체적으로 제시하였다.

42 1945년 9월 16일 창당 한국민주당(한민당)은 〈창당 선언문과 정책 세목〉에서 토지 사유의 극도 제한과 농민 본위의 경작권 균등 확립을 추구하였다. 지주제가 전제된 소작입법에 안주하는 형세에서 벗어나지 못했다. 공산당(남로당)의 토지 강령도 토지는 농민에게 적정 분배하는 것을 결의로 내세우는 데 그쳤다. 1947년 2월 20일에 전국농민총연맹이 발표한 〈전농의 토지개혁 법령 초안〉에서 비로소 소작제를 철폐하고 몰수의 대상을 5정보 이상의 조선인 지주의 소유 토지를 내세웠다. 좌익 측도 아직은 무상 몰수를 내세우지 않던 때였다. 어느 쪽이나 '번스안'을 계기로 입법 의원 논의가 시작되면서 나온 대응에 불과했다. 이 밖에 전문가 개인의 안으로 토지 국유론(金俊輔, 수원농대 교수), 한전(限田)·공전(公田)론(金容甲 안) 등이 있었지만 모두 1947년도에 나왔다. 김성호 외, 1989, 《농지개혁사연구》, 한국농촌경제연구원, 340~342면.

43 정병준, 2003, 〈한국농지개혁 검토-완료시점·추동력·성격〉, 《역사비평》 겨울호(통권 65), 144~150면.

44 장상환, 〈농지개혁과정에 관한 실증적 연구〉, 《경제사학》 8권, 경제사학회, 1984, 327면.

45 정병준, 2003, 앞 논문, 147면.

46 이태진, 2022, 〈한국 참가 문제를 둘러싼 미국과 영국의 의견 차이: 샌프란시스코 평화조약의 가변성〉, 《샌프란시스코 체제를 넘어서-동아시아 냉전과 식민지·전쟁범죄의 청산》, 메디치.

47 소련군이 진주하여 군정이 실시되면서 8월 27일 건준 측과 공산 측 위원 각 16명씩 평안남도 인민정치위원회로 개편하여 조만식이 위원장으로 유임하였다. 북한에서도 민

족주의자와 공산주의자에 의한 여러 조직이 설립되었다. 9월 8일 소련군 주도로 '북조선 5도 인민위원회'가 조직되고 10월 8~10일에 '5도 인민위원회 연합회'로 개칭되었다. 11월 9일에는 북조선 5도 행정국이 출범하였다.

48 《자유신문》은 "좌익 계열에 동조하여 신탁 통치를 찬성했다"라는 소개(《한국민족문화대백과사전》)가 있으나 이는 잘못된 평가다. 창간호에는 '각계의 성원' 난에 송진우의 "世紀 대업에 봉사", 안재홍의 "자유는 협동에서"(이상 창간호), 유억겸의 "중임 완수 부탁", 이극로의 "공정한 언론 기대"(이상 10월 6일자) 등이 실렸다. 신문의 제호대로 자유 민주주의 입장에서 좌·우에 편향되지 않는 기사와 논설을 싣고 있는 것을 금방 확인할 수 있다.

49 〈자유신문〉, 10월 27일 자. '독립전선 통일코자 3당 일치단결 결정 國民大會準備會의 알선으로, 공동성명서 결의'.

50 6명의 '거인'은 김구 주석, 김규식 부주석, 이시영 국무위원, 김상덕 문화부장, 유동열 참모총장, 엄항섭 선전부장 등.

51 〈자유신문〉, 11월 26일, '국가 독립의 시간을 최소한도로 단축 金九 주석 환국 第一聲 방송'.

52 주 35와 같음.

53 3국 외무상은 소련의 뱌체슬라프 몰로토프, 영국의 앤서니 이든(중간에 어니스트 베빈으로 교체), 그리고 미국의 제임스 M. 번스 등이었다.

54 https://en.wikipedia.org/wiki/Potsdam_Conference.

55 루스벨트 대통령의 전후 국제질서 확립에 관한 4가지 정책은 '국제주의적 비전'으로 정의된다. 이정복, 《한국 정치의 분석과 이해》, 서울대 출판문화원, 1995 초판, 2017 개정 증보 5판. 7면 〈추가〉 이 글을 완성한 뒤, 2022년 5월에 이완범이 〈미국 루스벨트 행정부의 전후 한반도 신탁 통치 구상 형성-그 이상과 현실〉, 《한국독립운동사연구》 78(독립기념관 한국독립운동사연구소)가 발표된 것을 알았다. 이 논문도 루스벨트 대통령의 반 식민주의가 신탁 통치안의 연원이 된 것으로 서술했다.

56 주 34와 같음.

57 https://en.wikipedia.org/wiki/James_F._Byrnes.

58 https://en.wikipedia.org/wiki/James_F._Byrnes.

59 이정복, 앞 책, 14면.

60 이승렬, 2021,《근대 시민의 형성과 대한민국》, 그물, 616~617면.

61 이승만 대통령 스스로 "민국당은 부자의 자녀들이 많아서 마치 영국의 토리당과 같다.(중략) 한민당도 5·10 선거에서 농민을 위한 농지 개혁을 굳게 약속하지 않았는가?"라고 비판하였다. 〈국도신문〉, 1950.6.4.

62 휘그당은 1830년대 팔머스턴(Palmerston) 수상 시절에 당명을 자유당(Liberal Party)으로 바꾸었다.

63 정병준은 이승만 대통령이 농지 개혁에 임한 태도에 관해 농업에서의 자작농의 육성, 지주의 산업자본가로의 전환, 공업의 발전이라는 농공업의 유기적 발전을 전망했으나, 실제로 과연 지주의 산업자본 전환이라는 계획에 얼마나 실천 의지를 갖고 심혈을 기울였는지는 문제라고 지적했다. 정병준, 앞 논문, 134~135면.

64 조봉암 사건에 관해서는 박태균, 1995,《조봉암연구》(한국현대인물연구), 창작과비평사 참조.

65 이정복, 앞 책, 585면.

66 박정희 저, 남정욱 풀어씀,《민족의 저력》, 박정희 전집 01, 박정희 시집, 2017, 26면.

67 이정복, 앞 책, 599면.

68 일반적으로 1963년 당시 1인당 국민총소득은 80~90달러로 알려진다. 한편, 1973년 세계은행의 집계는 1,320달러로 되어 있다. 경제개발 5개년 실행 이전은 전자가 맞는 것으로 판단하고 경제개발 5개년 실행 이후는 세계경제은행 집계를 취한다. https://data.worldbank.org/indicator/.

69 박정희의 고속도로에 대한 열망은 집권 초기인 1963년 10월 제주도의 한라산 횡단 도로 1단계 구간 개통 때 이미 표명되었다. 1964년 12월 독일 방문 때 본에서 쾰른으로 가는 아우토반 주행 중 수행원과 모두 정차하여 아우토반의 노면, 중앙분리대, 교차 시설 등을 주의 깊게 살폈다고 한다. 금수재 지음,《박정희와 고속도로》, 2021, 기파랑, 59면, 77면.

70 https://seoulsolution.kr/ko/content, 강남개발계획, 강명구 교수 작성.

71 박정희 저, 남정욱 풀어씀, 앞 책, 125면.

72 이정복, 앞 책, 615면.

73 이정복은 "제5공화국 시대의 대통령 중심제도 유신 시대와 같은 극단적인 '단극(單極) 통치형' 정치제도였다. 유신 체제의 운영 원리를 그대로 계승한 신유신 체제였다"라고

규정했다. 앞 책, 615면.

74 김종필은 1987년 정계에 복귀해 11월에 신민주공화당을 창당하고 총재에 추대되고 구 민주공화당과 유정회의 후신인 국민당을 흡수했다.

75 1983년 5월 단식투쟁을 벌인 김영삼은 1984년 12월 신한민주당을 창당하고 다음 해 2월 12일 총선거에서 제1야당으로 부상하였다. 이로써 제5공화국 정당 체계는 여당인 민정당과 선명 야당인 신한민주당으로 이루어졌다. 이정복, 앞 책, 617면.

76 이정복, 앞 책, 620면.

77 이정복, 앞 책, 620면.

78 https://ko.wikipedia.org/wiki/민족해방-운동권.

79 https://ko.wikipedia.org/wiki/민중민주파.

80 북한의 지지(곧 소련의 지지)를 받은 조선공산당의 박헌영계가 인민당의 48파, 신민당의 중앙간부파와 합하여 남로당을 결성한 것을 의미한다. 《해방전후사의 인식》 3, 1987, 한길사 153면.

81 민주화운동기념사업회 연구소 편, 2006, 《한국민주화운동사 연표》, 548면, 〈11.12 남한 사회주의노동자동맹 사건〉, 여기에 5단계 혁명 과정이 제시되었다.

82 민주화운동기념사업회 연구소 편, 2006, 앞 책, 540면, 〈5·14 전국교직원노동조합결성〉, 543면, 〈합법성 쟁취 범국민결의 대회〉.

83 위와 같음. 이후 전교조는 합법화 투쟁을 꾸준히 전개하였다. 그 결과 1998년 10월 30일 노사정위원회는 제10차 본회의에서 '교원노조 설립 및 운영에 관한 특별법' 제정에 합의하였다. 1999년 7월부터 교원노조의 활동이 전면 합법화되었다.

84 노동단체로는 1946년 대한독립촉성전국노동총동맹이 처음이었다. 1949년 국제자유노동조합연맹에 창립회원으로 참가했다.

85 민주화운동기념사업회 연구소 편, 2006, 앞 책, 527~528면.

86 1990년 1월 22일 서울대학교에서 첫 협의회가 열릴 예정이었으나, 경찰의 원천 봉쇄로 수원의 성균관대학교 캠퍼스로 장소를 옮겨 단병호를 초대 위원장으로 선출하였다. 앞 책, 553~554면.

87 https://ko.wikipedia.org/wiki/전국민주노동조합총연맹.

88 https://nodong.org/data_paper/84833.

89 노명환, 〈역사의 관점에서 보는 김대중의 대중 경제론과 햇볕정책: 모델로서 서독의

사회시장경제제도와 동방정책〉, 2021,《역사학연구》81, 호남사학회. 김대중과 박현채의 관계에 관해서는《프레시언》, 2022.10.7., "DJ '대중경제론'은 박현채 작품" 〈기고〉 〈'민족경제론'의 정치적 버전…진보진영의 '공동저술' 성격도〉 참조.

90 《시대를 보는 미래 한국》, 2022.10.7, [데이터로 보는 세상], https://www.futurekorea.co.kr/news/articleView.html?idxno=146234.

91 채진원, 2016, 〈한국시민단체의 기원과 전개 그리고 과제〉,《인문사회 21》Vol.7 No.6, 경희대학교.

92 2010년대에 들어서기 전까지는 시민사회단체에 대한 시민들의 지지도와 신뢰도가 매우 높았던 것으로 평가된다. http://encykorea.aks.ac.kr/Contents/Item/E0068219.

93 조동기, 2006, 〈중산층의 사회인구학적 특성과 주관적 계층의식〉,《한국인구학》29-3, 89면.

94 https://ko.wikisource.org/wiki/대한민국 제19대 대통령선거 후보자 10대 공약.

95 KITA NET 무역통상정보 무역뉴스, 2021.12.27.

96 안철수 후보의 10대 공약 개요: ① 미래먹거리와 청년 일자리 창출, ② 자주·실용·평화 책임 외교전략과 한반도 평화통일 추진, ③ 공적연금 통합을 통한 청년의 미래 지키기, ④ 코로나19 피해 보상, ⑤ 내 집 마련 대책, ⑥ 창의적 미래 교육, ⑦ 강성 귀족노조 혁파와 공정 시장 경제 확립, ⑧ 안심 복지, ⑨ 책임총리 책임장관제, ⑩ 탄소 중립 추진과 식량 주권.

97 이태진, 2003, 〈한국 근대의 수구·개화의 구분과 일본 침략주의〉,《한국사시민강좌》33, 55면, 山田央子, 1999,《明治政黨論史》, 創文社, 20면.

98 모라치오 비틀러 지음, 김경희 · 김동규 옮김,《공화주의》, 인간사랑, 44쪽.

2부

1 1992년 대통령 선거 때 김영삼 후보가 김대중 후보를 누르고 대통령에 당선되었다.

2 1950년 5월 30일에 있었던 제2대 국회의원 총선거를 말한다.

3 윤기섭(1887~1959). 신흥무관학교장을 지낸 독립유공자이다. 1950년 5월 30일에 치러진 제2대 국회의원 총선거에 출마하여 서대문을에서 조소앙을 꺾고 당선되었으나 곧 6·25 전쟁이 일어나면서 납북되었다. 1959년 북한에서 반혁명분자로 몰려 숙청되었

다. 한국 정부는 1989년 그에게 건국훈장 대통령장을 추서했다.

4 언론 보도를 통해 잘 알려진 것처럼 이종찬 전 원장은 윤석열 대통령과 초등학교 시절부터 서울대 법대까지 죽마고우로 알려진 연세대 이철우 교수의 부친이다. 어려서부터 서로의 집을 드나들며 교류가 있었다고 하고, 2021년 6월 윤석열 대통령은 검찰총장 사퇴 후 첫 공개 일정으로 이종찬 전 원장의 조부인 우당 이회영기념관 개관식에 참석했다.

5 우당 이회영 선생. 이종찬 전 원장의 조부이다.

6 독립운동가이며 대종교의 초대 교주이다.

7 중국 질린성 허룽(和龍)시를 말한다.

8 독립운동가. 여러 활동 중 하나로 신흥무관학교 운영에도 기여하였다.

9 이 전 원장은 이 대목에서 순간적으로 해당 의원의 이름을 기억하지 못했다. 짐작이 가는 인물은 있었으나 굳이 확인하지 않았다. 여기에서는 "아무개 의원"으로 쓰기로 한다.

10 막후 협상을 통한 타협을 했다는 뜻이다.

11 Karl Gunnar Myrdal(1898~1987)은 스웨덴 출신의 경제학자이자 사회학자로 미국 카네기재단의 위촉으로 흑인 문제를 연구한 '미국의 딜레마(An American Dilemma, 1938)', 아시아의 빈곤 문제를 분석한 '아시아의 드라마(Asian Drama)' 등의 연구로 알려졌다. 1973년에는 빈곤 국가의 경제개발이론을 발전시킨 공로로 노벨경제학상을 수상했다. 소셜엔지니어링을 옹호하고, 복지국가를 넘어 복지세계(Welfare world)를 주창하기도 한 참여적 접근은 1940~1950년대 약 10년간 유엔 유럽경제위원회 사무총장을 역임한 이력에서도 살펴볼 수 있다.

12 인도 출신의 경제학자. 빈곤과 불평등 문제를 주로 연구했으며 빈곤의 정도를 측정하기 위한 '센 지수', 사람의 역량을 측정하기 위한 '인간 개발 지수(Human Development Index)' 등을 개발했다. 옥스퍼드대학교 교수를 지냈고 현재는 하버드대학교에 재직하고 있다. 1998년 아시아인 최초로 노벨경제학상을 받았다.

13 김도연, "[김도연 칼럼] 과학기술과 경제성장, 그리고 민주주의", 〈동아일보〉, 2022.4.21, https://www.donga.com/news/Opinion/article/all/20220421/112996142/1.

14 황철주·이광형·윤석진, "이젠 기술패권 '기정학' 시대…안보직결 '양자·우주' 키워야", 〈서울경제〉, 2022.4.18, https://www.sedaily.com/NewsVIew/264QQO93GR.

15 황철주·이광형, "실패해도 또 부딪치고 넘어져야, 머스크 같은 괴짜·혁신 나

와", [왜 기업가정신인가], 〈서울경제〉, 2021.5.19, https://www.sedaily.com/NewsVIew/22MF7E039K.

16 이광형, "尹 정부, '국방+산업' 기술로 '동맹+경제' 잡아야", 〈한국일보〉, 2022.4.26, https://www.hankookilbo.com/News/Read/A2022042611280005247.

17 이광형, "나는 '대체불가능한 일'만 한다… 학생들 '꿈' 키우고 나라 바꿀 '실험'들 해낼 것", 〈한국대학신문〉 UNN, 2022.1.24, http://news.unn.net/news/articleView.html?idxno=523036.

18 "[서경이 만난 사람] 김도연 포스텍 총장, 대학교육 30년째 제자리...'산학일체' 새 프레임 짜야", 〈서울경제〉, 2019.1.2, https://www.sedaily.com/NewsVIew/1VE40YOML1.

19 "[김태완의 인간탐험] '혁신가' 김도연 포스텍 총장이 말하는 궁력! 한국대학 교육·연구 중심에서 創業·創職의 가치창출 대학으로", 〈월간조선〉, 2019.2, http://monthly.chosun.com/client/news/viw.asp?ctcd=&nNewsNumb=201902100032.

20 "세상 변화는 '빛의 속도' 대학 시계는 30년 전, 청년들에게 못할 짓 한다", 〈조선일보〉 사설, 2021.9.7.

21 "[파워 인터뷰] ① 카이스트 '미니 석사과정' 만든다…AI·SW 인재 부족 해소에 기여", 〈아주경제〉, 2021.7.12, https://www.ajunews.com/view/20210711132752693.

22 멀리 있는 나라와 화친하고 가까이 있는 나라를 공격함.

23 김대중 전 대통령이 1998년 3월 주미 대사로 임명했고 2000년 8월까지 재임했다.

24 헤이세이는 아키히토 일왕 시절인 1989년 1월부터 2019년 4월까지 사용된 일본의 연호(年號)이고, 레이와는 나루히토 일왕이 즉위한 2019년 5월부터 사용되고 있는 연호이다. 즉 아키히토가 퇴위하고 나루히토가 즉위할 때를 말하고 있는 것이다.

25 아시아를 벗어나 유럽으로 들어간다는 뜻. 일본 개화기의 사상가 후쿠자와 유키치가 주창한 일본의 나아갈 길로, 일본 지식인들에게 큰 영향을 끼쳤다.

26 카터 미국 전 대통령 주선으로 1994년 7월 25~27일 김영삼 대통령과 김일성 주석 간 최초의 남북정상회담을 평양에서 갖기로 합의했다. 하지만 회담일을 20일 정도 앞둔 7월 8일 김일성이 갑자기 사망함으로써 이 회담은 무산되었다.

27 오데르-나이세 선(Oder-Neisse line)은 독일과 폴란드 사이의 국경선이다. 오데르-나이세 선 동쪽 지역의 일부가 옛 독일의 영토였기 때문에 헬무트 콜은 통일 독일이 옛 영토를 군사적으로 회복할 수도 있다는 뜻을 우회적으로 표시하였으나, 국제 사회의 반

발로 독일 통일이 무산될 위기에 처하자 오데르-나이세 선을 통일 독일과 폴란드 사이의 국경으로 받아들이겠다고 발표하였다.

대한민국의 미래

1 P. Drucker, 《Managing in the Next Society》, 2002.

2 H. Kissinger, International Herald Tribune, 2009.01.12.

3 〈문화일보〉, 2011.6.16.

4 국회 재난안전대책 특별위원회 전체회의, 2017.12.19.

5 "우리나라 남부지방은 이미 온대기후가 아니라 아열대에 가깝다. 일평균기온이 5도 이하면 겨울, 20도 이상이면 여름이라 정의할 때 부산·제주 등에선 사실상 겨울이 사라졌다. 열대나 아열대 지역에서 나타나는 순간적 국지성호우인 스콜(Squall)과 닮은 '한국형 스콜'이 나타났다"는 기상청 발표가 2011년이니 벌써 10년이 넘었다(권원태 전 국립기상연구소장, 〈조선일보〉 인터뷰, '한반도는 이미 아열대기후', 2022.8.15).

6 "인류의 장기 미래에 관심 있는 이들에게 한국은 새로운 기술과 조직들이 어떻게 인류사회의 구조에 영향을 주는지 살펴볼 수 있는 최고의 실험실이라고 봅니다. …… 한국은 오늘날 인류가 직면한 딜레마를 압축적으로 보여주는 곳"이라 강조했다(〈동아일보〉, 신년 인터뷰, 2016.1.4).

| Reminder |

근현대사가 우리에게 던져준 10가지 기본 질문

1. 구한말 서세동점기에 왜 우리는 일본의 식민 통치를 막지 못했나? 그것은 운명적 경로였나?

2. 이승만 대통령은 남한만의 단독 정부를 수립했고 동서 냉전 시대 초기에 해양 세력과 친화하며 자유세계의 일원이 되었다. 이 선택은 옳았는가?

3. 박정희 대통령의 민족 중흥, 경제 발전은 어떤 역사적 의미를 갖고 있는가? 역사는 그를 어떻게 자리매김해야 할 것인가?

4. 한국의 압축 성장, 압축 고도화를 통한 경제·사회 발전을 견인했던 핵심 요인은 무엇이었나?

5. 한국 민주화 성공의 동인은 무엇이었나? 지금 한국의 민주주의는 순항하고 있는가?

6. 한국의 산업화·민주화 세력은 역사 발전에 어떤 기여를 하고 무슨 문제를 남겼나? 현재 한국의 주류 세력을 구성하고 있는 그들은 우리 역사에서 어떤 평가를 받아야 하나?

7. 소위 87년 체제는 그동안 한국의 정치·사회 발전을 위해 어떤 기여를 했고 어떤 폐해를 가져왔는가?

8. 산업화, 민주화, 선진국화를 이룬 풍요로운 대한민국의 국민은 왜 행복하지 못한가?

9. 한국은 왜 분열 공화국이 되었나? 그 씨앗과 뿌리는 무엇이고, 무엇이 이를 확대·증폭시켜왔는가?

10. 한국은 진정 선진국인가? 다음 세대를 위해 현 세대는 어떻게 행동하고 어떤 결단을 내려야 하는가?

근현대사가 가르쳐준 교훈과 다가올 미래
한국의 새 길을 찾다

1판 1쇄 인쇄 2023년 1월 4일
1판 1쇄 발행 2023년 1월 11일

지은이 한국의 새 길을 찾는 원로 그룹, NEAR 재단 편저
펴낸이 고병욱

기획편집실장 윤현주 **책임편집** 유나경 **기획편집** 장지연 조은서
마케팅 이일권 김도연 김재욱 오정민 복다은
디자인 공희 진미나 백은주 **외서기획** 김혜은
제작 김기창 **관리** 주동은 **총무** 노재경 송민진

펴낸곳 청림출판(주)
등록 제1989-000026호

본사 06048 서울시 강남구 도산대로 38길 11 청림출판(주) (논현동 63)
제2사옥 10881 경기도 파주시 회동길 173 청림아트스페이스 (문발동 518-6)
전화 02-546-4341 **팩스** 02-546-8053
홈페이지 www.chungrim.com **이메일** cr1@chungrim.com
블로그 blog.naver.com/chungrimpub **페이스북** www.facebook.com/chungrimpub

ISBN 978-89-352-1402-0 (03300)